Louis John Velthuis

Anreizkompatible Erfolgsteilung und Erfolgsrechnung

GABLER EDITION WISSENSCHAFT

Schriften zur quantitativen Betriebswirtschaftslehre

Herausgegeben von
Professor Dr. Kurt Bohr,
Universität Regensburg,
Professor Dr. Wolfgang Bühler,
Universität Mannheim,
Professor Dr. Werner Dinkelbach,
Universität Saarbrücken,
Professor Dr. Günter Franke,
Universität Konstanz,
Professor Dr. Peter Hammann,
Universität Bochum,
Professor Dr. Klaus-Peter Kistner,
Universität Bielefeld (schriftführend),
Professor Dr. Helmut Laux,
Universität Frankfurt (Main),
Professor Dr. Otto Rosenberg,
Universität Paderborn,
Professor Dr. Bernd Rudolph,
Universität München

In der Schriftenreihe werden hervorragende Forschungsergebnisse aus der gesamten Betriebswirtschaftslehre veröffentlicht. Die einzelnen Beiträge sollen quantitativ ausgerichtet sein. Hierbei wird von einer weiten Interpretation des Begriffes ausgegangen. Es werden sowohl Arbeiten mit mathematischem Hintergrund und mathematischen Anwendungen als auch empirisch orientierte Beiträge aufgenommen. Ebenso werden Arbeiten veröffentlicht, bei denen die betriebswirtschaftliche Interpretation formaler Ergebnisse im Vordergrund stehen.

Louis John Velthuis

Anreizkompatible Erfolgsteilung und Erfolgsrechnung

Deutscher Universitäts-Verlag

Bibliografische Information Der Deutschen Bibliothek
Die Deutsche Bibliothek verzeichnet diese Publikation in der Deutschen
Nationalbibliografie; detaillierte bibliografische Daten sind im Internet über
<http://dnb.ddb.de> abrufbar.

Habilitationsschrift Universität Frankfurt am Main, 2003

1. Auflage April 2004

Alle Rechte vorbehalten
© Deutscher Universitäts-Verlag/GWV Fachverlage GmbH, Wiesbaden, 2004

Lektorat: Brigitte Siegel / Sabine Schöller

Der Deutsche Universitäts-Verlag ist ein Unternehmen von
Springer Science+Business Media.
www.duv.de

Das Werk einschließlich aller seiner Teile ist urheberrechtlich geschützt.
Jede Verwertung außerhalb der engen Grenzen des Urheberrechtsgesetzes
ist ohne Zustimmung des Verlags unzulässig und strafbar. Das gilt insbesondere für Vervielfältigungen, Übersetzungen, Mikroverfilmungen und die
Einspeicherung und Verarbeitung in elektronischen Systemen.

Die Wiedergabe von Gebrauchsnamen, Handelsnamen, Warenbezeichnungen usw. in diesem
Werk berechtigt auch ohne besondere Kennzeichnung nicht zu der Annahme, dass solche
Namen im Sinne der Warenzeichen- und Markenschutz-Gesetzgebung als frei zu betrachten
wären und daher von jedermann benutzt werden dürften.

Umschlaggestaltung: Regine Zimmer, Dipl.-Designerin, Frankfurt/Main
Druck und Buchbinder: Rosch-Buch, Scheßlitz
Gedruckt auf säurefreiem und chlorfrei gebleichtem Papier
Printed in Germany

ISBN 3-8244-8118-9

Vorwort

Die vorliegende Arbeit wurde im Sommersemester 2003 vom Fachbereich Wirtschaftswissenschaften der Johann Wolfgang Goethe-Universität Frankfurt am Main als Habilitationsschrift angenommen. Sie ist während meiner Zeit als Wissenschaftlicher Assistent bei Herrn Prof. Dr. Dr. h.c. Helmut Laux am Lehrstuhl für Organisation & Management entstanden.

Mein besonderer Dank gilt Herrn Laux der mich nicht nur in meinem Habilitationsvorhaben bestärkt und unterstützt hat. Er hat meine Interesse am wissenschaftlichen Arbeiten geweckt. In der schönen und langen Zeit als sein Assistent konnte ich sehr viel von ihm lernen.

Herrn Prof. Dr. Ralf Ewert danke ich für die Übernahme des Zweitgutachtens und für seine Diskussionsbereitschaft.

Mein Dank gilt insbesondere auch Herrn Prof. Dr. Robert Gillenkirch und Herrn Dr. Matthias Schabel. Als Kollegen und Freunde waren Sie eine sehr große Hilfe in allen Phasen der Arbeit.

Meiner lieben Frau, Dr. Angela Velthuis, danke ich für ihre großartige Unterstützung. Sie hat mir bei der Überarbeitung des Manuskripts sehr geholfen und mich in schwierigen Phasen stets bestärkt und ermuntert.

Schließlich danke ich der KPMG Deutsche Treuhand-Gesellschaft AG für die großzügige finanzielle Unterstützung der Drucklegung.

Louis John Velthuis

Inhaltsverzeichnis

Symbolverzeichnis XIII

I Einführung 1
1 Problemstellung und Motivation 1
2 Aufbau der Arbeit 7

II Analyse im statischen Modellrahmen 9
1 Einführung 9
2 Anreizkompatibilität und Paretoeffizienz 12
2.1 Grundlagen 12
    2.1.1 Nutzenfunktion und Entscheidungsverhalten 12
    2.1.2 Abbildung der Wahrscheinlichkeitsverteilung 14
    2.1.3 Erfolgsbeteiligung und implizierte Risikoeinstellung 15
2.2 Paretoeffiziente Risikoteilung 18
    2.2.1 Einführung 18
    2.2.2 Ermittlung und Gestalt paretoeffizienter Teilungsregeln 19
    2.2.3 Abhängigkeit der Teilungsregel vom Lagrange-Multiplikator 20
    2.2.4 Paretoeffizienz und Linearität 21
2.3 Anreizkompatible Teilungsregeln 22
    2.3.1 Einführung 22
    2.3.2 Die notwendige und hinreichende Bedingung der Anreizkompatibilität 23
    2.3.3 Ermittlung und Gestalt anreizkompatibler Teilungsregeln 25
    2.3.4 Anreizkompatibilität und Linearität 28
2.4 Anreizkompatibilität, Paretoeffizienz, Linearität und die HARA-Klasse 30
    2.4.1 Der Zusammenhang zwischen den Bedingungen AK, PE und L 30
    2.4.2 Zur Problematik bei Nichterfüllung der Bedingungen 31
    2.4.3 Zur Bedeutung der HARA-Klasse 32
2.5 Zum Konflikt zwischen Anreizkompatibilität und Paretoeffizienz 35
    2.5.1 Einführung 35
    2.5.2 Analyse aufgrund eines allgemeinen Ansatzes 35
    2.5.3 Analyse aufgrund einer Taylor-Approximation 39
3 Partielle Anreizkompatibilität 41
3.1 Einführung 41
3.2 Partielle Anreizkompatibilität bei kleinen Lotterien 41
3.3 Partielle Anreizkompatibilität bei gegebener Ausgangsverteilung 43
    3.3.1 Die Entscheidungssituation 43
    3.3.2 Approximation der Nutzenänderungen 44

	3.3.3	Partielle Anreizkompatibilität bei konstanten Grenznutzenwerte und proportionaler Teilung von y 45
	3.3.4	Partielle Anreizkompatibilität bei proportionaler Teilung von y und quasi-linearer Teilung von x 46
	3.3.5	Quasi-konstante Grenznutzenwerte oder quasi-lineare Teilung als notwendige Voraussetzung für Partielle Anreizkompatibilität 47
4	BERÜCKSICHTIGUNG ZUSTANDSABHÄNGIGER NUTZENFUNKTIONEN 49
4.1	Einführung 49
4.2	Paretoeffiziente zustandsabhängige Risikoteilung 50
4.3	Anreizkompatible zustandsabhängige Entlohnung 54
4.4	Anreizkompatible zustandsabhängige Entlohnung bei exogenem Einkommen 56

III	ANALYSE IM DYNAMISCHEN MODELLRAHMEN 61
1	EINFÜHRUNG 61
2	EIGENSCHAFTEN MEHRPERIODIGER NUTZENFUNKTIONEN 65
2.1	Allgemeine Eigenschaften mehrperiodiger Nutzenfunktionen 65
2.2	Nutzen-Unabhängigkeit 69
	2.2.1 Perioden-Nutzen-Unabhängigkeit bei multiplikativ- und additiv-separierbaren Nutzenfunktionen 69
	2.2.2 Projekt-Nutzen-Unabhängigkeit 71
	2.2.3 Universelle-Nutzen-Unabhängigkeit 71
2.3	Konstante Zeitpräferenzen 72
3	ENTSCHEIDUNGSSITUATION IM DYNAMISCHEN MODELLRAHMEN 76
3.1	Die allgemeine Entscheidungssituation 76
3.2	Konkretisierung der Entscheidungssituation 78
4	PARETOEFFIZIENTE ZEITLICHE TEILUNG UND RISIKOTEILUNG 81
4.1	Die Bedeutung der zeitlichen Teilung, die Historie und die zukünftige Entwicklung 81
4.2	Paretoeffiziente Teilung bei unsicheren Erwartungen bezüglich der Umweltentwicklung 82
4.3	Paretoeffiziente Teilung bei sicheren Erwartungen bezüglich der Umweltentwicklung 85
4.4	Bedeutung und Grenzen der Antizipation zukünftiger Erfolge 90
4.5	Bedeutung der Berücksichtigung vergangener Erfolge 92
4.6	Bedingungen für die Paretoeffizienz einer isolierten Erfolgsbeteiligung 98
5	ANREIZKOMPATIBLE ZEITLICHE TEILUNG UND RISIKOTEILUNG 100
5.1	Die allgemeine notwendige und hinreichende Bedingung der Anreizkompatibilität im Zwei-Zeitpunkt-Fall 100
5.2	Risikoaversionskoeffizient und Zeitpräferenz bezüglich der Ergebnisse bei Cash Flow-Teilung 106
5.3	Zur Abhängigkeit der Entlohnung von den Cash Flows 111
	5.3.1 Zusammenhang zwischen dem Zeitpunkt des Cash Flow-Anfalls und dem Zeitpunkt der Entlohnung 111
	5.3.2 Zur Abhängigkeit der Grenzentlohnung von den Zeitpräferenzen 114

	5.3.3	Zu den Komponenten der Grenzentlohnung	116
	5.3.4	Entlohnung von Cash Flows zu mehreren Zeitpunkten	117
5.4		Anreizkompatible Entlohnung bei konstanten Zeitpräferenzen	118
	5.4.1	Charakteristik der Nutzenfunktionen	118
	5.4.2	Zur Abhängigkeit der Entlohnung von den Cash Flows bei konstanten Zeitpräferenzen	119
	5.4.3	Veranschaulichung der Risikoaversionskoeffizienten bezüglich der Ergebnisse	124
5.5		Anreizkompatible Entlohnung bei Perioden-Nutzen-Unabhängigkeit	127
6		VEREINBARKEIT VON ANREIZKOMPATIBILITÄT UND PARETOEFFIZIENZ	130
6.1		Bedingungen für die Vereinbarkeit von Anreizkompatibilität und Paretoeffizienz	130
6.2		Gestaltung von anreizkompatiblen Teilungsregeln vor dem Hintergrund einer paretoeffizienten zeitlichen Teilung	136
7		VERANSCHAULICHUNG ANHAND EXPONENTIELLER NUTZENFUNKTIONEN	139
7.1		Eigenschaften der betrachteten Nutzenfunktionen	139
7.2		Isolierte Erfolgsbeteiligung, Endwert- sowie Ertragswertbeteiligung	140
7.3		Zeitliche Differenzierung der Entlohnung	145
8		CASH FLOW-TEILUNG BEI ZUSTANDSABHÄNGIGEN NUTZENFUNKTIONEN	146
8.1		Darstellung der zustandsabhängigen Funktionen	146
8.2		Paretoeffiziente zustandsabhängige Teilung	147
8.3		Anreizkompatible zustandsabhängige Teilung	148
	8.3.1	Bedingung der Anreizkompatibilität und Implikationen	148
	8.3.2	Abhängigkeit der Entlohnung von den Cash Flows	149
	8.3.3	Notwendigkeit der Berücksichtigung aller Cash Flows	150
9		CASH FLOW-TEILUNG IM T-ZEITPUNKT-FALL	152
9.1		Paretoeffiziente zeitliche Teilung und Risikoteilung	152
9.2		Anreizkompatible zeitliche Teilung und Risikoteilung	155
	9.2.1	Die allgemeine notwendige und hinreichende Bedingung der Anreizkompatibilität im T-Zeitpunkt-Fall	155
	9.2.2	Zeitpräferenz bezüglich der Ergebnisse bei Cash Flow-Teilung	157
	9.2.3	Zur Abhängigkeit der Entlohnung von den Cash Flows	159
9.3		Zur Vereinbarkeit von Anreizkompatibilität und Paretoeffizienz	163
9.4		Konstante Zeitpräferenzen und Perioden-Nutzen-Unabhängigkeit	164
	9.4.1	Anreizkompatible Entlohnung bei konstanten Zeitpräferenzen	164
	9.4.2	Anreizkompatible Entlohnung bei Perioden-Nutzen-Unabhängigkeit	166
9.5		Verallgemeinerung für T Perioden und N Personen	168
IV		**BERÜCKSICHTIGUNG DES RECHNUNGSWESENS**	**169**
1		EINFÜHRUNG	169
2		ABHÄNGIGKEIT DER BEMESSUNGSGRUNDLAGE VON CASH FLOW-BESTANDTEILEN	170
3		ANREIZKOMPATIBLE BEMESSUNGSGRUNDLAGEN IM ZWEI-ZEITPUNKT-FALL	172
4		ÜBERPRÜFUNG PRAKTISCHER RESIDUALGEWINNKONZEPTE	178

5	KALKULATORISCHE ZINSEN BEI ZUSTANDSABHÄNGIGER ZEITPRÄFERENZ	184
6	BERÜCKSICHTIGUNG DES RECHNUNGSWESEN IM T-ZEITPUNKT-FALL	186
V	**BERÜCKSICHTIGUNG DES KAPITALMARKTES**	**189**
1	EINFÜHRUNG	189
2	NUTZENFUNKTIONEN IM KAPITALMARKTZUSAMMENHANG	191
2.1	Zum Zusammenhang von Entlohnungsnutzen und Konsumnutzen bei Sicherheit	191
2.2	Zum Zusammenhang Entlohnungsnutzen und Konsumnutzen im State Preference Ansatz	194
2.3	Implikationen des Kapitalmarktzusammenhangs für die Nutzenfunktionen	197
	2.3.1 Orientierung am Erwartungswert des Nutzens aus dem Marktwert	197
	2.3.2 Zur Zeitpräferenz und Zustandspräferenz	198
3	BEDEUTUNG DES KAPITALMARKTES FÜR ANREIZKOMPATIBILITÄT	200
3.1	Grenzen der strengen Anreizkompatibilität und die Rolle des Marktmechanismus	200
3.2	Berücksichtigung von externem Einkommen im Kapitalmarktzusammenhang	201
3.3	Bedeutung des Kapitalmarktes für eine paretoeffiziente Teilung	202
3.4	Bedeutung des Kapitalmarktes für die Angleichung der Präferenzen	203
3.5	Zur Existenz einer einheitlichen Zielfunktion der Anteilseigner	205
4	ANREIZKOMPATIBLE TEILUNGSREGELN IM KAPITALMARKTGLEICHGEWICHT	207
4.1	Anreizkompatible Teilungsregeln aus Sicht eines beliebigen Anteilseigners	207
4.2	Anreizkompatible Teilungsregeln aus Sicht eines repräsentativen Anteilseigners	209
	4.2.1 Begründung eines repräsentativen Anteilseigners auf der Basis von Nutzenfunktionen	209
	4.2.2 Eigenschaften der Nutzenfunktion eines repräsentativen Anteilseigners	211
5	MARKTWERTMAXIMIERUNG ALS PARTIELLES GLEICHGEWICHTSKONZEPT	213
5.1	Einführung	213
5.2	Die Analyse von DeAngelo	214
5.3	Implikationen der Kapitalmarktbedingungen für die Anreizgestaltung	217
	5.3.1 Eigenschaften der Nutzenfunktionen der Anteilseigner	217
	5.3.2 Gestaltung von Teilungsregeln unter *Spanning* und *Competitivity*	217
6	PARTIELLE ANREIZKOMPATIBILITÄT ALS TOTALES GLEICHGEWICHTSKONZEPT	222
7	ANREIZKOMPATIBILITÄT VOR DEM HINTERGRUND DES CAPM	226
7.1	Einführung	226
7.2	Eigenschaften des Kapitalmarktgleichgewichts	227
7.3	Implikationen für die Anreizgestaltung	229
7.4	Vereinbarkeit von Marktwert- und Nutzenmaximierung	231
7.5	Residualgewinnbeteiligung und die Problematik der Verwendung risikoangepaßter Zinssätze	233
7.6	Berücksichtigung der expliziten Bewertung aus Sicht des Managers	236

VI	SCHLUßBETRACHTUNG	239
1	ZUSAMMENFASSENDE DISKUSSION	239
2	BEDEUTUNG DER ANREIZKOMPATIBILITÄT BEI BESCHRÄNKTEM AKTIONSRAUM	242

ANHANG ... 247

LITERATURVERZEICHNIS ... 277

Symbolverzeichnis

A	Agent
a	Gewichtungsfaktor
B	Bemessungsgrundlage
b	Konstante
C	Konsum
c	Gewichtungsfaktor
d	Konstante
$E(\cdot)$	Erwartungswertoperator
e	Aktion bzw. Entscheidung des Agenten
EK	Eigenkapital
$f(\cdot)$	Dichtefunktion
$F(\cdot)$	Funktion
G	Gewinn
GP_0	sichere Anlage
g	Gewichtungs- bzw. Proportionalitätsfaktor; Faktor für Entlohnung des Cash Flow
h	Gewichtungs- bzw. Proportionalitätsfaktor; Faktor für Erfolgswirksamkeit des Cash Flow
i	Index Cash Flow-Komponente
j	Index
K	Kurswert
KW	Kapitalwert
k	risikoangepaßter Zinssatz; Gewichtungsfaktor
L	Lagrange-Funktion
ln	natürlicher Logarithmus
m	Index Aktie
M	Marktportefeuille
MW	Marktwert
N	Nenner
n	Anzahl; Index
P	Prinzipal; Prämie
p	Index Repräsentativer Prinzipal
q	Index Anteilseigner
r	sicherer Zinssatz

RG	Residualgewinn
S	Fixum
s(·)	Teilungsregel bzw. Entlohnungsfunktion
s	Prämiensatz
SÄ	Sicherheitsäquivalent
t	Zeitindex
T	Ende des Betrachtungszeitraumes
U(·)	Nutzenfunktion des Prinzipals
Û(·)	Transformierte Nutzenfunktion
u(·)	Perioden-Nutzenfunktion
V(·)	Nutzenfunktion des Agenten
W	Bar- bzw. Endwert; Vermögen
w	Wahrscheinlichkeit
x	Cash Flow; Ergebnisvariable
x_i	Cash Flow-Bestandteil
y	Cash Flow; Ergebnisvariable
Z	Zähler
z	Zustand; Proportionaler Anteil
α	Risikoaversionskoeffizient bezüglich des Arguments der Nutzenfunktion
α̂	Risikoaversionskoeffizient bezüglich der Ergebnisse
γ	individuelle Zeitpräferenz bezüglich des Anteils
γ̂	Zeitpräferenz bezüglich der Ergebnisse
η	individuelle Auf- bzw. Abzinsungsfaktor
η̂	Auf- bzw. Abzinsungsfaktor bezüglich der Ergebnisse
λ	Lagrange-Multiplikator; Parameter für Investitionsvolumen
κ	Risikokoeffizient der Entlohnung
π	Preis für einen zustandsbedingten Zahlungsanspruch
μ	Erwartungswert
σ^2	Varianz
σ	Standardabweichung
σ_{nm}	Kovarianz
τ	Zeitpunkt
ω	Funktionsparameter
ψ	Risikotoleranz
Δ	Differenz

I Einführung

1 Problemstellung und Motivation

Agency-Beziehungen sind durch die Delegation von Entscheidungsbefugnissen durch einen Prinzipal an einen Agenten gekennzeichnet. Um die Entscheidungen des Agenten in seinem Sinne zu steuern, vereinbart der Prinzipal mit dem Agenten typischerweise eine "Erfolgsbeteiligung". Bei der Gestaltung von Erfolgsbeteiligungen ist neben der Steuerung des Entscheidungsverhaltens des Agenten eine zweite Zielsetzung zu berücksichtigen: Die (im Idealfall paretoeffiziente) Risikoteilung zwischen den Beteiligten. Zur Analyse einer Teilungsregel vor diesem Hintergrund ist deren Einfluß auf das Verhalten des Agenten explizit zu berücksichtigen. In bezug auf die Art und Weise der Berücksichtigung haben sich zwei unterschiedliche Ansätze im Rahmen der normativen Agency-Theorie herauskristallisiert: Das *Konzept der Anreizkompatibilität* und das *Grundmodell der Agency-Theorie*.

Das theoretische Konzept der *Anreizkompatibilität* (Preference Similarity) von WILSON (1968; 1969) fordert, daß eine Teilungsregel so zu gestalten ist, daß der Agent aufgrund seiner Entscheidung nur dann einen finanziellen Vorteil erzielt, wenn dies auch für den Prinzipal gilt. Das Konzept der Anreizkompatibilität berücksichtigt dabei ausschließlich monetäre Nutzenkomponenten, und es werden keine einschränkenden Annahmen bezüglich des Aktionsraums des Agenten getroffen. Zur Bestimmung einer anreizkompatiblen Teilungsregel muß der Prinzipal lediglich seine eigene Nutzenfunktion und die Nutzenfunktion des Agenten kennen. Die Teilungsregel wird so festgelegt, daß der Agent bei seinen Entscheidungen nur dann eine (Erwartungs-) Nutzensteigerung aufgrund seiner Entlohnung erzielt, wenn gleichzeitig auch der (Erwartungs-) Nutzen des Prinzipals nach Entlohnung steigt. Orientieren sich die Beteiligten ausschließlich an finanziellen Zielgrößen, so gewährleistet Anreizkompatibilität für eine *beliebige* Wahrscheinlichkeitsverteilung, daß der Agent stets die Entscheidung trifft, die auch der Prinzipal treffen würde.

Das auf MIRRLEES (1974; 1976) und HOLMSTRÖM (1977; 1979) zurückgehende *Grundmodell der Agency-Theorie* hat eine Entscheidungssituation zum Gegenstand, in der im Gegensatz zum Konzept der Anreizkompatibilität nicht monetäre Nutzenkomponenten aufgrund von Anstrengungen des Agenten explizit berücksichtigt werden.¹⁾ Andererseits ist der Aktionsraum des Agenten annahmegemäß wohl definiert und beschränkt. Der Prinzipal kennt sowohl die Nutzenfunktion des Agenten als auch den Erfolgs-Aktivitäts-Zusammenhang. Aufgrund eines stark spezifizierten Modellrahmens können *optimale* Teilungsregeln ermittelt werden, die einen Trade-off zwischen Verhaltenssteuerung und Risikoteilung ermöglichen.²⁾ Die Lösungen solcher Modelle zeigen sich allerdings bezüglich der a priori angenommenen Alternativenmenge als nicht robust, so daß für den Prinzipal ein hohes Informationserfordernis hinsichtlich des Aktionsraums des Agenten besteht. Das Grundmodell eignet sich folglich eher für die Analyse von Delegationsbeziehungen, in denen der Aktionsraum des Agenten wohl definiert und beschränkt ist und der Prinzipal zudem darüber informiert ist bzw. sich informieren kann.

Anreizkompatible Teilungsregeln sind hingegen zwar vom Prinzip her nicht optimal, aber robust. Der Vorteil des Konzeptes der Anreizkompatibilität liegt insbesondere zum einen darin, daß die ermittelte Lösung für einen beliebigen Aktionsraum des Agenten Gültigkeit besitzt, zum anderen in der geringen Informationserfordernis. Dieses Konzept gewinnt daher in Situationen an Bedeutung, in denen der Aktionsraum des Agenten groß und der Prinzipal wenig über die zur Verfügung stehenden Aktionsmöglichkeiten und deren Konsequenzen informiert ist. Ein aus Sicht des Prinzipals weitgehend unbeschränkter Aktionsraum ist insbesondere für solche Agency-Beziehungen charakteristisch, in denen der Prinzipal gerade deshalb eine Entscheidung an einen qualifizierten Agenten delegiert, weil er relativ uninformiert ist. In der Realität sind Agency-Beziehungen häufig durch einen relativ uninformierten Prinzipal gekennzeichnet. Beispielsweise sind Anteilseigner i.d.R. allenfalls nur grob über den (zukünftigen) Handlungsraum des Manager als Agenten informiert.

Die grundlegenden Arbeiten zum Konzept der Anreizkompatibilität stammen von WILSON und wurden zunächst von ROSS (1973; 1974) aufgegriffen. Die Analyse von WILSON und ROSS erfolgt in einem *statischen* Modellrahmen. Sie zeigen u.a., daß Anreizkompatibilität für eine beliebige Wahrscheinlichkeitsverteilung dann und nur dann vorliegen kann, wenn die Teilungsregel so gestaltet wird, daß die Nutzenfunktionen der Beteiligten bezüglich der Ergebnisse *"ähnlich"* sind. ROSS spricht in diesem Zusammenhang von *Similarity*.³⁾ WILSON und ROSS analysieren insbesondere die Ge-

---

1) Grundlegende Arbeiten zum Grundmodell der Agency-Theorie sind ferner: HARRIS/RAVIV (1978); HARRIS/RAVIV (1979); SHAVELL (1979); GROSSMAN/HART (1983).
2) Zur Gestaltung optimaler Anreizverträge im Grundmodell der Agency-Theorie vgl. GILLENKIRCH (1997).
3) Vgl. insbesondere ROSS (1974).

stalt und die Eigenschaften anreizkompatibler Teilungsregeln, wobei sie der Frage nachgehen, unter welchen Voraussetzungen die Bedingung der Anreizkompatibilität mit der Bedingung der paretoeffizienten Risikoteilung im Einklang steht. Notwendige Bedingung hierfür ist die *Linearität* der Teilungsregel.[4] ROSS verdeutlicht, daß Anreizkompatibilität, Paretoeffizienz und Linearität stets gleichzeitig erfüllt sind, wenn Nutzenfunktionen aus der gleichen HARA-Klasse zugrunde gelegt werden.

Mit der Entwicklung des Grundmodells der Agency-Theorie verschwand das Konzept der Anreizkompatibilität für viele Jahre weitgehend aus der wissenschaftlichen Diskussion.[5] Aufbauend auf den grundlegenden Arbeiten von MIRRLEES und HOLMSTRÖM wurde das Grundmodell vielfach aufgegriffen und für unterschiedliche Situationen spezifiziert und erweitert. Im Vergleich zu der Vielzahl der Arbeiten, die auf dem Grundmodell der Agency-Theorie basieren, erscheint die Anzahl der Arbeiten zum Konzept der Anreizkompatibilität heute verschwindend gering. Gleichwohl hat das Konzept in der jüngsten Vergangenheit eine Wiederauflebung erfahren; insbesondere in den Arbeiten von LAUX (1999, 2003), PRATT/ZECKHAUSER (1989) und PRATT (2000) wurde das Konzept wieder aufgegriffen.

PRATT/ZECKHAUSER (1989) gehen der Beziehung zwischen den Bedingungen der Anreizkompatibilität und der Paretoeffizienz nach, indem sie in einem statischen Modellrahmen die Problematik nichtlinearer paretoeffizienter Teilungsregeln analysieren. Da diese nicht anreizkompatibel sind, kann es sich für die Beteiligten als vorteilhaft erweisen, randomisierte Auswahlentscheidungen zu treffen.[6] PRATT (2000) verallgemeinert und vervollständigt die formale Analyse des statischen Modellrahmens. Insbesondere zeigt er, daß es notwendig und hinreichend für die Linearität anreizkompatibler Teilungsregeln ist, daß sich die Nutzenfunktionen bis auf eine innere und äußere Transformation unterscheiden.[7] Der Titel des Aufsatzes von PRATT, "Efficient Risk Sharing: The last Frontier", suggeriert, daß zum Thema Anreizkompatibilität alles weitgehend erforscht sei. Es ist aber zu beachten, daß bis auf die Analyse von LAUX die bisherigen Arbeiten zum Konzept der Anreizkompatibilität in einem *statischen Modellrahmen* erfolgen.

Die grundlegenden Arbeiten zur Anreizkompatibilität erfolgen bei LAUX (1999; 2003) auch im *dynamischen* Modellrahmen. Im Vordergrund steht dort die anreiz-

---

[4] Der Zusammenhang Anreizkompatibilität, Paretoeffizienz und Linearität ist auch im Kapitalmarktzusammenhang von großer Bedeutung, denn hierbei existiert ein repräsentativer Agent bzw. Prinzipal. Nutzenfunktionen aus der gleichen HARA-Klasse werden des öfteren fälschlicherweise als notwendige Voraussetzung hierfür angesehen.

[5] LAUX hat jedoch das Konzept der Anreizkompatibilität schon relativ früh wieder aufgegriffen, vgl. LAUX (1979), S. 287-309.

[6] Vgl. hierzu auch PRATT (2000), S. 1546.

[7] Vgl. PRATT (2000), S. 1547. Vgl. zu diesem Ergebnis aber bereits VELTHUIS (1998), S. 32.

kompatible Erfolgsbeteiligung vor dem Hintergrund des Rechnungswesens sowie des Kapitalmarktes. Bei der Verknüpfung von Fragen der Anreizgestaltung mit denen des Rechnungswesens werden Implikationen für eine anreizkompatible Erfolgsrechnung aufgezeigt.[8] Hierbei wird insbesondere von Sicherheit ausgegangen, und es werden sowohl gleiche als auch ungleiche Zeitpräferenzen der Beteiligten berücksichtigt. Bei der Berücksichtigung des Kapitalmarktes werden unter anderem anreizkompatible Teilungsregeln explizit im Rahmen konkreter Kapitalmarktmodelle hergeleitet und diskutiert. Die Vielzahl der Ergebnisse von LAUX macht deutlich, daß "the last Frontier" sicher noch nicht erreicht ist. Im Rahmen seiner Analysen werden teilweise vereinfachende Annahmen sowohl in bezug auf die Entscheidungssituation als auch in bezug auf die Nutzenfunktionen (bzw. Bewertungsfunktionen) der Beteiligten getroffen. Sofern die betrachtete Entscheidungssituation eingeschränkt ist, stellt sich die Frage, inwieweit die Ergebnisse Allgemeingültigkeit besitzen.

Ein dem Konzept der Anreizkompatibilität eng verwandtes Konzept hat in der Literatur zur Verhaltenssteuerungsfunktion des (internen) Rechnungswesens in den vergangenen Jahren stärkere Beachtung gefunden: ROGERSON (1997) und REICHELSTEIN (1997; 1999) haben Teilungsregeln und Periodenerfolgsrechnungen im Hinblick auf die Gewährleistung von *"Goal Congruence"* untersucht. Goal Congruence entspricht dem Konzept der Anreizkompatibilität bis auf einen Unterschied: Anstelle der eigentlichen Präferenzfunktion des Prinzipals wird ein exogen vorgegebenes Ziel formuliert und gefordert, daß der Agent seinen Nutzen nur dann erhöhen kann, wenn er die vorgegebene Zielgröße erhöht. Ferner wird nicht berücksichtigt, daß die Beteiligung des Agenten an dieser Zielgröße zu einer Verminderung derselben beiträgt. Insofern kann Goal Congruence als Vereinfachung von Anreizkompatibilität interpretiert werden. Aufgrund ihrer Ähnlichkeit erfordern beide Konzepte dieselben Analysemethoden. Die nachfolgenden Ergebnisse zu Anreizkompatibilität lassen sich daher in einfacher Weise für Goal Congruence modifizieren, weshalb dieses Konzept in dieser Arbeit nicht weiter betrachtet wird.

Die Beiträge zu Goal Congruence im dynamischen Modellrahmen sind, ähnlich wie die Beiträge von LAUX zur Anreizkompatibilität, durch die Betrachtung eingeschränkter Entscheidungssituationen gekennzeichnet. Insofern werfen beide Stränge der Literatur grundlegende Fragen auf:

---

[8] Im Mehrperiodenfall bezieht sich das Konzept der Anreizkompatibilität nicht nur auf die Entlohnungsfunktion, sondern auch auf die Bemessungsgrundlage. Eine Manipulation der Bemessungsgrundlage zum Nachteil des Prinzipals soll damit ausgeschlossen werden.

Kapitel I.1 Problemstellung und Motivation

- Welche allgemeinen notwendigen und hinreichenden Bedingungen lassen sich formulieren, die Erfolgsbeteiligungen und Erfolgsrechnungen erfüllen müssen, um anreizkompatibel zu sein?
- Welche grundlegenden Prinzipien für die Erfolgsrechnung und für die Anreizgestaltung ergeben sich aus diesen Bedingungen?
- Welche Rolle spielt der Kapitalmarkt bei der Beantwortung der ersten beiden Fragen?

Diese grundlegenden Fragen implizieren ihrerseits zahlreiche Einzelfragen wie zum Beispiel: Inwieweit lassen sich Bemessungsgrundlagen von der Entlohnungsfunktion separieren? Inwieweit läßt sich die Entlohnung in einer Periode unabhängig von den Ergebnissen anderer Perioden bestimmen? Welche Bedeutung haben dabei die Antizipation zukünftiger bzw. die Berücksichtigung vergangener Ergebnisse in der Bemessungsgrundlage? Wann dürfen Erfolgskomponenten vernachlässigt werden? Welche Implikationen hat der Kapitalmarktzusammenhang für die Präferenzen der Beteiligten und damit für die Eigenschaften anreizkompatibler Teilungsregeln und Bemessungsgrundlagen?

Ziel der Arbeit ist die Analyse von anreizkompatiblen Teilungsregeln und Bemessungsgrundlagen in einem *allgemeinen dynamischen* Modellrahmen unter besonderer Berücksichtigung des *Rechnungswesens* und des *Kapitalmarktzusammenhangs*.

Im Rahmen der Analyse wird den oben gestellten grundlegenden Fragen nachgegangen. Die *praktische* Bedeutung dieser Fragen spiegelt sich in jüngeren Entwicklungen zur "wertorientierten Unternehmensführung" wider. Insbesondere Beratungsunternehmen vermarkten mit großem Erfolg sogenannte "Value Based Management"-Ansätze, deren erklärtes Ziel es ist, Entscheidungen im Unternehmen in Richtung auf das Ziel der Steigerung des Shareholder Value zu unterstützen bzw. zu steuern. Dies beinhaltet insbesondere auch die Gestaltung von Anreizsystemen, um die Interessen von Managern und Eigentümern miteinander in Einklang zu bringen, letztlich also nichts anderes als Anreizkompatibilität. Der Nachweis von *allgemeinen notwendigen* Bedingungen für Anreizkompatibilität hat eine große Bedeutung sowohl für die praktische Konzeption von Anreizsystemen als auch für deren theoretische Beurteilung. Im Rahmen der praktischen Gestaltung wird der betreffende Handlungsspielraum von vornherein eingeengt. Aus theoretischer Sicht lassen sich bestehende Konzepte auf einfache Weise überprüfen, indem die Erfüllung der Prinzipien kontrolliert wird.

Die grundlegenden Fragen der Arbeit wie auch die jüngere Entwicklung in der Literatur zu Goal Congruence und Anreizkompatibilität weisen Parallelen zur sogenannten "*Unanimity*-Literatur" der 70er und 80er Jahre auf. Diese Literatur ist durch die Suche nach notwendigen und hinreichenden Bedingungen für Einmütigkeit (Unanimity) der Eigentümer einer Unternehmung bezüglich der Unternehmenspolitik gekennzeichnet. Einmütigkeit kann zum einen wie bei Anreizkompatibilität aufgrund einer Angleichung der individuellen Präferenzfunktionen der Beteiligten geschaffen werden. Zum anderen - und dies kennzeichnet den Schwerpunkt der Literatur - kann Einmütigkeit präferenzunabhängig gewährleistet sein, wenn Bedingungen existieren, unter denen unternehmerische Entscheidungen nach Dominanzkriterien beurteilt werden können. Dazu müssen entweder die relevanten Cash Flow-Verteilungen spezielle Eigenschaften aufweisen, oder in dominante Verteilungen überführt werden können. Zentrale Kapitalmarktbedingungen für letzteres sind "Spanning" und "Competitivity". Unter diesen Bedingungen ist die Bewertung der betrachteten Entscheidungen durch die Eigentümer exogen gegeben; die Zielsetzung der Marktwertmaximierung wird dann von allen Beteiligten einmütig verfolgt. Weder der Rückgriff auf spezifische Cash Flow-Verteilungen, noch die Unterstellung von Kapitalmarktbedingungen, die die Bewertungsfunktionen der Beteiligten exogen werden lassen, sind geeignete Ausgangspunkte für die vorliegende Arbeit. Zum einen sollte man sich für den Sonderfall eines (stark) eingeschränkten Aktionsraums des Agenten mit nur eng definierten Cash Flow-Verteilungen nicht mit anreizkompatiblen Teilungsregeln begnügen, sondern optimale Teilungsregeln wie im Grundmodell der Agency-Theorie ermitteln. Zum anderen kann man bei der unternehmensinternen Anreizgestaltung nicht davon ausgehen, daß die Bewertung eines Agenten *exogen* gegeben ist. Statt dessen ist vielmehr davon auszugehen, daß die Bewertung von der Art und der Stärke der Beteiligung des Agenten am Erfolg abhängt. Für interne Steuerungszwecke kommt man daher nicht umhin, die subjektive Bewertung des Agenten *explizit* zu betrachten.

So wie die Unanimity-Literatur notwendige und hinreichende Bedingungen dafür identifiziert, daß unter den Beteiligten unabhängig von ihren Präferenzen Einmütigkeit besteht, besteht ein Ziel der vorliegenden Arbeit insbesondere darin, notwendige und hinreichende Bedingungen dafür zu identifizieren, dass zwischen einem Prinzipal und einem Agenten Einmütigkeit unabhängig von den Rahmenbedingungen bezüglich der Cash Flow-Verteilungen und des Kapitalmarktes besteht. Dies soll allerdings nicht bedeuten, daß der Kapitalmarktzusammenhang in der vorliegenden Arbeit ausgeblendet werden soll; vielmehr wird berücksichtigt, welchen Einfluß der Kapitalmarkt auf die Präferenzen der Beteiligten und damit auf deren Angleichung im Zuge der Schaffung von Anreizkompatibilität hat.

2 Aufbau der Arbeit

Die Arbeit besteht neben Einleitung und Schluß aus vier Teilen sowie einem Anhang. In Teil II der Arbeit erfolgt eine allgemeine Analyse von Anreizkompatibilität im *statischen Modellrahmen*. Hierauf aufbauend werden in Teil III der Arbeit Bedingungen für Anreizkompatibilität in einem allgemeinen *dynamischen Modellrahmen* hergeleitet. Eine besondere Berücksichtigung des *Rechnungswesens* in bezug auf die Gestaltung anreizkompatibler Bemessungsgrundlagen erfolgt in Teil IV. Implikationen des *Kapitalmarktzusammenhangs* für die Nutzenfunktionen der Beteiligten, und damit einhergehend, für Teilungsregeln und Bemessungsgrundlagen werden in Teil V behandelt.

In Teil II der Arbeit sollen die wichtigsten Ergebnisse zur *Anreizkompatibilität* aus der Literatur dargestellt und vertieft werden. Hierbei wird die besondere Bedeutung des Konzepts der *Paretoeffizienz* für die Analyse anreizkompatibler Teilungsregeln deutlich. Zum einen verbleiben Freiheitsgerade bei der Gestaltung anreizkompatibler Teilungsregeln, die für eine effiziente Teilung genutzt werden können. Zum anderen sind anreizkompatible Teilungsregeln nur dann robust, wenn sie zugleich paretoeffizient sind. Dieser letzte Aspekt ist insbesondere für die dynamische Betrachtung wichtig. Für die Analyse vor dem Hintergrund des Kapitalmarktzusammenhangs ist sowohl das Konzept *zustandsabhängiger Nutzenfunktionen* als auch das Konzept der *Partiellen Anreizkompatibilität* von LAUX von besonderer Bedeutung. Beide Konzepte werden im allgemeinen *statischen Modellrahmen* dargestellt und erweitert.

Teil III bildet den Hauptkern der Arbeit. Als Grundlage für die Analyse im *allgemeinen dynamischen Modellrahmen* werden mehrperiodige Nutzenfunktionen analysiert. Hierbei sind neben allgemeinen Eigenschaften insbesondere die Eigenschaften von Interesse, die zu einer zeitlichen Separation führen (können), nämlich *Perioden-Nutzen-Unabhängigkeit* und *konstante Zeitpräferenzen*. Auf Basis allgemeiner Nutzenfunktionen, eines uneingeschränkten Aktionsraums des Agenten sowie eines unbeschränkten Lösungsraums möglicher Entlohnungsverträge wird die *allgemeine notwendige und hinreichende Bedingung für Anreizkompatibilität* hergeleitet und bewiesen. Die Bedingung gewährleistet, daß stets die *Risikopräferenzen, Zeitpräferenzen* und *Zustandspräferenzen bezüglich der Ergebnisse* für beide Kooperationspartner übereinstimmen. Die Implikationen für anreizkompatible Teilungsregeln und Bemessungsgrundlagen werden herausgearbeitet. Es ergeben sich *Prinzipien*, die beachtet werden müssen, sofern die (finanziellen) Interessen von Prinzipal und Agent tatsächlich im

Einklang stehen müssen. Bei der vertiefenden Analyse von anreizkompatiblen und von paretoeffizienten Teilungsregeln im dynamischen Modellrahmen steht insbesondere auch die Bedeutung der Berücksichtigung der *"Historie"*, d.h. vergangener Ergebnisse, sowie die Bedeutung der *Antizipation* zukünftiger Ergebnisse im Mittelpunkt.

Bei der besonderen Berücksichtigung des *Rechnungswesens* in Teil IV der Arbeit wird auf Basis der allgemeinen notwendigen Bedingung der Anreizkompatibilität ein *allgemeines Prinzip der Barwertidentität* bezüglich der Bemessungsgrundlage nachgewiesen. Bei der Verwendung von Residualgewinnen als Bemessungsgrundlage muß hierbei auch in Risikosituationen Barwertidentität gegeben sein, wobei der *sichere Zinssatz des Prinzipals* (bzw. seine endogene Zeitpräferenzrate) relevant ist. Die Verwendung eines *risikoangepaßten* Zinssatzes zur Berechnung der Kapitalkosten in der Praxis zeigt sich hierbei als problematisch.

Bei der Analyse von Anreizkompatibilität im Kapitalmarktzusammenhang in Teil V der Arbeit wird explizit berücksichtigt, daß die Kooperationspartner außerhalb der Agency-Beziehung Einkommen erzielen. Insofern wird von zustandsabhängigen Nutzenfunktionen ausgegangen. Es wird untersucht, inwieweit der Handel am Kapitalmarkt die spezifischen Eigenschaften der Nutzenfunktionen der Kooperationspartner beeinflußt (bzw. determiniert) und welche Implikationen sich daraus für die Anreizgestaltung ergeben. Die Analyse erfolgt zum einen vor dem Hintergrund eines beliebigen Investors als Prinzipal und zum anderen vor dem Hintergrund eines repräsentativen Investors. Unter bestimmten Kapitalmarktbedingungen kann sich die Gestaltung anreizkompatibler Teilungsregeln auf Basis der Nutzenfunktionen erübrigen. Unter Spanning und Competitivity ergibt sich nämlich als Zielsetzung *Marktwertmaximierung*, und Einmütigkeit kann stets auf einfache Weise erreicht werden. Die Zielsetzung der Marktwertmaximierung als *partielles Gleichgewichtskonzept* und seine Implikationen werden ausführlich diskutiert. Als Pendant zur Marktwertmaximierung als partielles Gleichgewichtskonzept wird die besondere Bedeutung von *Partieller Anreizkompatibilität* als *totales Gleichgewichtskonzept* herausgestellt.

Zum Abschluß erfolgt eine *zusammenfassende Diskussion* der wichtigsten Ergebnisse der Arbeit sowie der Bedeutung des Konzepts der Anreizkompatibilität.

II Analyse im statischen Modellrahmen

1 Einführung

In diesem Teil der Arbeit wird das Konzept der Anreizkompatibilität in einem *allgemeinen statischen Modellrahmen* dargestellt und vertiefend analysiert. Dazu werden in Kapitel 2 die Konzepte der Anreizkompatibilität und Paretoeffizienz diskutiert und ihre Beziehungen zueinander aufgezeigt. Im einzelnen wird zunächst die Steuerung des Entscheidungsverhaltens eines Agenten mittels einer Teilungsregel untersucht. Hierbei wird, analog zum Arrow-Pratt Risikoaversionskoeffizienten, ein Maß entwickelt, um das Entscheidungsverhalten bezüglich der *Ergebnisse* zu beurteilen. Dieses Maß wird als *Risikoaversionskoeffizient bezüglich der Ergebnisse* definiert. Es setzt sich zusammen aus dem Arrow-Pratt Risikoaversionskoeffizienten (multipliziert mit der Grenzentlohnung) sowie aus der normierten Krümmung, welche als *Risikokoeffizient* der Entlohnung definiert wird. Anhand der entwickelten Maßzahlen lassen sich Entscheidungsverhalten und Risikoprämie beurteilen. Dies ist insbesondere dann von Bedeutung, wenn die Bedingung der Anreizkompatibilität und die Bedingung der Paretoeffizienz für die jeweils gegeben Nutzenfunktionen nicht simultan erfüllt werden können.

Im zweiten Abschnitt werden die Eigenschaften paretoeffizienter Teilungsregeln und die notwendige und hinreichende Bedingung gemäß HUANG/LITZENBERGER (1985) für deren linearen Verlauf dargestellt.

Im dritten Abschnitt werden anreizkompatible Teilungsregeln behandelt. Die Ähnlichkeit der Nutzenfunktion (unter Berücksichtigung der Teilungsregel) wird als notwendige und hinreichende Bedingung für Anreizkompatibilität bewiesen. Anschließend werden Eigenschaften sowie Gestalt einer anreizkompatiblen Teilungsregel ausführlich diskutiert. Es wird gezeigt, daß die Risikoaversionskoeffizienten bezüglich der Ergebnisse beider Kooperationspartner identisch sind und daß diese c.p. minimal werden, wenn sich die anreizkompatible der paretoeffizienten Grenzentlohnung annähert. Ferner wird die notwendige und hinreichende Bedingung für einen linearen Verlauf einer anreizkompatiblen Teilungsregel gemäß VELTHUIS (1998) bzw. PRATT (2000) aufgezeigt.

Im vierten Abschnitt werden die grundlegenden Ergebnisse von ROSS zum Zusammenhang zwischen den Bedingungen der Anreizkompatibilität (AK), Paretoeffizienz (PE) und Linearität (L) sowie die Bedeutung der HARA-Klasse von Nutzenfunktionen dargestellt. Es wird weiterhin gezeigt, daß Nutzenfunktionen aus der gleichen HARA-Klasse zwar hinreichend für Paretoeffizienz, jedoch weder notwendig noch hinreichend für die Linearität einer anreizkompatiblen Teilungsregel sind. Es ergibt sich ferner, daß für den Fall einer (aufgrund der Nutzenfunktionen) nicht linearen anreizkompatiblen Teilungsregel grundsätzlich ein Konflikt zwischen den Bedingungen der Anreizkompatibilität und der Paretoeffizienz besteht.

Im letzten Abschnitt des zweiten Kapitels wird im Rahmen eines formalen Ansatzes untersucht, wie eine anreizkompatible Teilungsregel gestaltet werden sollte, um den Konflikt zu einer paretoeffizienten Risikoteilung möglichst gering zu halten. Es zeigt sich hierbei, daß die Teilungsregel so linear wie möglich gestaltet werden sollte, damit nicht nur die Risikoprämien gering sind, sondern auch die Risikoauswahl vorteilhaft ist.

Im dritten Kapitel wird das Konzept der Partiellen Anreizkompatibilität von LAUX behandelt. Aufbauend auf die Approximationen auf Basis der Taylor-Reihen-Entwicklungen im zweiten Kapitel werden Voraussetzungen herausgearbeitet, die gewährleisten, daß Anreizkompatibilität *annähernd* erfüllt ist. Zum einen wird Partielle Anreizkompatibilität in Bezug auf die Sicherheitsäquivalente formuliert und für kleine Lotterien analysiert. Zum anderen wird Partielle Anreizkompatibilität auf der Basis von Nutzenänderungen bei einer gegebenen Ausgangsverteilung behandelt. Hierbei werden die Ergebnisse von LAUX aufgezeigt, verallgemeinert und erweitert. Wie deutlich wird, stehen die Voraussetzungen für Partielle Anreizkompatibilität in engem Bezug zum Zusammenhang zwischen Paretoeffizienz, Linearität und Anreizkompatibilität. Das Konzept der Partiellen Anreizkompatibilität ist insbesondere für die später Analyse im Kapitalmarktzusammenhang von Bedeutung.

In Kapitel 4 wird der statische Modellrahmen erweitert, um zustandsabhängige Nutzenfunktionen zu berücksichtigen. Die explizite Berücksichtigung von zustandsabhängigen Nutzenfunktionen hat zum einen Bedeutung für die Verallgemeinerung von Bedingungen bzw. Prinzipien der Anreizkompatibilität. Zum anderen muß im Kapitalmarktzusammenhang grundsätzlich von zustandsabhängigen Nutzenfunktionen ausgegangen werden. Bei der Analyse von paretoeffizienten und anreizkompatiblen Teilungsregeln wird die besondere Bedeutung der Zustandspräferenz hervorgehoben. Bei paretoeffizienter Teilung stimmen die *individuellen Zustandspräferenzen* stets überein. Bei einer anreizkompatiblen Teilung hingegen müssen die *Zustandspräferenzen bezüglich der Ergebnisse* miteinander im Einklang stehen. Es wird bei verifizierbaren Zuständen bewiesen, wie die notwendige und hinreichende Bedingung

Kapitel II.1 Einführung

der Anreizkompatibilität zu modifizieren ist, damit dies gewährleistet ist. Bei der Analyse von zustandsabhängigen Nutzenfunktionen aufgrund von externem Einkommen wird gezeigt, daß es für Anreizkompatibilität notwendig ist, daß beide Parteien wechselseitig am externen Einkommen des anderen in direkter oder indirekter Weise beteiligt werden.

2 Anreizkompatibilität und Paretoeffizienz

2.1 Grundlagen

2.1.1 Nutzenfunktion und Entscheidungsverhalten

Es wird davon ausgegangen, daß sich der jeweils betrachtete Entscheider an einer (zustandsunabhängigen) *von Neumann-Morgenstern-Nutzenfunktion* U(x) orientiert,[1] wobei er seinen Erwartungsnutzen maximiert:[2]

$$E[U(x)] \to \max! \qquad (1)$$

Als *Maß für die Risikoaversion* des Entscheiders dient der *Arrow-Pratt-Risikoaversionskoeffizient* $\alpha(x)$, der wie folgt definiert ist:[3]

$$\alpha(x) = -\frac{U''(x)}{U'(x)}. \qquad (2)$$

PRATT zeigt über die Entwicklung der Taylor-Reihe um die Stelle μ, daß das Sicherheitsäquivalent SÄ bzw. die Risikoprämie RP einer Ergebnisverteilung wie folgt approximiert werden kann, wenn die Varianz der Verteilung gering ist:[4]

$$S\ddot{A} \approx \mu - \frac{\alpha(\mu)}{2} \cdot \sigma^2 \quad \text{bzw.} \quad RP(\mu) \approx \frac{\alpha(\mu)}{2} \cdot \sigma^2. \qquad (3)$$

Der Kehrwert des Risikoaversionskoeffizienten wird als Risikotoleranz $\psi(x)$ bezeichnet.[5]

Für die Analyse ist es von großer Bedeutung, inwieweit verschiedene Nutzenfunktionen zum gleichen Entscheidungsverhalten führen.

Es gilt die folgende Proposition:

---

1) Vgl. VON NEUMANN/MORGENSTERN (1944).
2) Dies entspricht dem Bernoulli-Prinzip.
3) Vgl. PRATT (1964), S. 122 sowie S. 128. PRATT und ARROW entwickelten den Risikoaversionskoeffizienten als Maßzahl für die lokale absolute Risikoaversion unabhängig voneinander. Vgl. PRATT (1964), S. 135-136.
4) Vgl. PRATT (1964), S. 125-126. Sofern der Entscheider eine exponentielle Nutzenfunktion besitzt und das Ergebnis normalverteilt ist, gilt die Beziehung exakt:
$$S\ddot{A} = \mu - \frac{\alpha}{2} \cdot \sigma^2,$$
vgl. FREUND (1956), S. 255. Zur Verdeutlichung der Herleitung siehe VELTHUIS (1998), S. 11-12.
5) Vgl. INGERSOLL (1987), S. 39.

Kapitel II.2 Anreizkompatibilität und Paretoeffizienz

Die Nutzenfunktion $\hat{U}(x)$ führt für beliebige Wahrscheinlichkeitsverteilungen dann und nur dann zu der gleichen Entscheidung wie U(x), wenn sie aus U(x) aufgrund einer positiven linearen Transformation hervorgeht:

$$\hat{U}(x) = a \cdot U(x) + b \quad \text{mit } a > 0 \text{ und b beliebig.} \tag{4}$$

Es ist allgemein bekannt, daß eine *kardinale* Nutzenfunktion U(x) bis auf eine positive lineare Transformation bestimmt ist. Daß diese Bedingung *hinreichend* ist, folgt unmittelbar nach Bildung der jeweiligen Erwartungswerte in (4):[6]

$$E[\hat{U}(x)] = a \cdot E[U(x)] + b. \tag{5}$$

Insofern führt eine Orientierung an der Nutzenfunktion $\hat{U}(x)$ stets zu der gleichen Entscheidung wie einer Orientierung an U(x). Daß die Beschränkung der Nutzenfunktion bis auf eine positive lineare Transformation (bei beliebiger Wahrscheinlichkeitsverteilung) auch *notwendig* ist für gleiches Entscheidungsverhalten, hat für die Arbeit grundlegende Bedeutung und soll hier deshalb bewiesen werden:

Beweis:

Sei $\hat{U}(x)$ eine beliebige monoton steigende Transformation von U(x):

$$\hat{U}(x) = F[U(x)]. \tag{6}$$

Werden beide Seiten abgeleitet, folgt:

$$\hat{U}'(x) = F'[U(x)] \cdot U'(x). \tag{7}$$

Nach erneutem Ableiten folgt:

$$\hat{U}''(x) = F''[U(x)] \cdot U'(x)^2 + F'[U(x)] \cdot U''(x). \tag{8}$$

Nach Division von (8) durch (7) und Multiplikation von beiden Seiten mit -1 erhält man:

$$-\frac{\hat{U}''(x)}{\hat{U}'(x)} = -\frac{F''[U(x)] \cdot U'(x)}{F'[U(x)]} - \frac{U''(x)}{U'(x)}. \tag{9}$$

---

[6] Vgl. z.B. BAMBERG/COENENBERG (1996), S. 75.

Das Entscheidungsverhalten kann dann und nur dann für beliebige Wahrscheinlichkeitsverteilungen gleich sein, wenn die Risikoaversionskoeffizienten gleich sind. Folglich muß $F''[U(x)] = 0$ gelten, und damit

$$\hat{U}(x) = a \cdot U(x) + b \quad \text{mit } a > 0 \text{ und b beliebig} \quad \text{q.e.d.} \quad (4)$$

Ein alternativer Beweis befindet sich zur Verdeutlichung im Anhang.

2.1.2 Abbildung der Wahrscheinlichkeitsverteilung

Die Aufgabe des Agenten besteht darin, Entscheidungen über Projekte zu treffen, wobei er eine Wahrscheinlichkeitsverteilung über den Erfolg (Cash Flow) generiert. Der Aktionsraum des Agenten soll hierbei grundsätzlich so allgemein wie möglich bzw. wie nötig abgebildet werden.

Die *allgemeinste Formulierung* kommt im Rahmen der **Zustandsraum-Formulierung** (State-Space-Approach) zum Ausdruck. Hierbei hängt das *Ergebnis* x *explizit* sowohl vom Aktion des Agenten e als auch vom Umweltzustand z ab:[7]

$$x = x(e, z). \quad (10)$$

Die Wahrscheinlichkeitsverteilung bei gegebener Aktion e ist durch die Angabe der möglichen Ergebnisse $x = x(e, z)$ sowie durch die betreffenden Wahrscheinlichkeiten der Umweltzustände w(z) vollständig beschrieben.

Bei der **MIRRLEES-Formulierung** hingegen hängt die *Wahrscheinlichkeit* w(x) bzw. die Dichte f(x) eines bestimmten Ergebnisses x, ausschließlich von der gewählte Aktion des Agenten e ab:[8]

$$w(x) = w(x|e) \quad \text{bzw.} \quad f(x) = f(x|e). \quad (11)$$

Eine explizite Betrachtung von Umweltzuständen erfolgt dabei nicht. Hier ist Wahrscheinlichkeitsverteilung bei gegebener Aktion e durch die Angabe der möglichen Ergebnisse $x = x(e)$ sowie durch die zugehörigen Wahrscheinlichkeiten der einzelnen Ergebnisse w(x) vollständig charakterisiert.

Die Zustandsraum-Formulierung läßt sich (für die gegebene Aktion e) stets in die Mirrlees-Formulierung überführen. Hierzu braucht man lediglich für jedes x die Wahrscheinlichkeiten der Zustände, in denen das Ergebnis x erzielt wird, zu aggregieren.

---

[7] Vgl. GILLENKIRCH (1997), S. 57-58; ROSS (1973), S. 134; HARRIS/RAVIV (1979), S. 234.
[8] Vgl. MIRRLEES (1974), S. 246; HOLMSTRÖM (1979), S. 77.

Durch die Überführung findet ein Informationsverlust statt, da, wie angemerkt, keine explizite Berücksichtigung der Umweltzustände mehr erfolgt. D.h. es wird nicht berücksichtigt, in welchem Umweltzustand ein bestimmtes Ergebnis erzielt wird. Dieser Informationsverlust ist nur bei zustandsunabhängigen Nutzenfunktionen bedeutungslos. Bei zustandsabhängigen Nutzenfunktionen ist, wie später gezeigt wird, nicht nur das erzielte Ergebnis, sondern auch der Zustand z für die Bewertung von Bedeutung.

Grundsätzlich zeigt sich die Mirrlees-Formulierung einfacher und übersichtlicher für die formale Analyse. Deshalb wird dieser Ansatz gewählt, sofern keine zustandsabhängigen Nutzenfunktionen bzw. Bewertungen zu berücksichtigen sind. Insofern bleibt die Allgemeingültigkeit der Analyse bestehen.

Die explizite Angabe der Aktion bzw. Anstrengung des Agenten e erübrigt sich grundsätzlich bei der Betrachtung anreizkompatibler Teilungsregeln. Denn eine anreizkompatible Teilungsregel soll im Hinblick auf jede *beliebige* Aktion des Agenten zu Interessenharmonie führen. Deshalb wird im Rahmen der Arbeit auf die explizite Darstellung der Anstrengung e verzichtet. Im Rahmen der Zustandsraum-Formulierung erfolgt deshalb die folgende verkürzte Darstellungsweise:

$$x = x(z) \equiv x_z. \tag{12}$$

Im Rahmen der Mirrlees-Formulierung wird dementsprechend die Wahrscheinlichkeitsverteilung lediglich durch die Angabe der Wahrscheinlichkeiten w(x) charakterisiert.

Bei den betrachteten Agency-Beziehungen wird stets davon ausgegangen, daß die Wahrscheinlichkeitsurteile nicht divergieren.[9]

2.1.3 Erfolgsbeteiligung und implizierte Risikoeinstellung

Im Rahmen einer Delegationsbeziehung verfügt ein einzelner Entscheider i.d.R. nicht über das gesamte Ergebnis x, sondern das Ergebnis x wird aufgrund einer Teilungsregel (Entlohnungsfunktion) auf die Kooperationspartner aufgeteilt. Die Beteiligten orientieren sich dann primär an ihrem jeweiligen Anteil und nur indirekt am Ergebnis x. Um das Entscheidungsverhalten hierbei genauer analysieren zu können, wird nun ein Entscheider (Agent) betrachtet, der mit der *Teilungsregel* s(x) am Ergebnis x beteiligt ist. Seine *Nutzenfunktion* lautet:

$$V \equiv V[s(x)]. \tag{13}$$

---

9) Vgl. PRATT (2000), S. 1545.

Will man Aussagen über das *Entscheidungsverhalten bezüglich der Entlohnung* treffen, so können die Ergebnisse des letzten Abschnittes unmittelbar übertragen werden. Für den *Risikoaversionskoeffizienten bezüglich der Entlohnung* gilt entsprechend:

$$\alpha[s(x)] = -\frac{V''[s(x)]}{V'[s(x)]}, \qquad (14)$$

wobei zu beachten ist, daß die Ableitungen jeweils bezüglich des Arguments s(x) erfolgen.

Als Näherung für das *Sicherheitsäquivalent der Entlohnung* $SÄ_S$ erhält man:

$$SÄ_S \approx \bar{s} - \frac{1}{2} \cdot \alpha[\bar{s}] \cdot \sigma_s^2 \qquad (15)$$

mit $\bar{s} = E[s(x)]$ und $\sigma_s^2 = E[(s(x) - \bar{s})^2]$.

Hierbei werden die Nutzenwerte $V[s(x)]$ über die Entwicklung einer Taylor-Reihe um die Stelle $\bar{s} = E[s(x)]$ approximiert.

Will man Aussagen über das *Entscheidungsverhalten bezüglich der Ergebnisse* machen, so muß die konkrete Gestalt der Entlohnungsfunktion zusätzlich beachtet werden. Analog zum Risikoaversionskoeffizient von ARROW/PRATT (1964) wird nun ein Maß entwickelt, um Aussagen über die *Risikoeinstellung bezüglich der Ergebnisse* zu treffen. Dieses Maß wird als *Risikoaversionskoeffizient bezüglich der Ergebnisse* $\hat{\alpha}(x)$ bezeichnet und wie folgt definiert:

$$\hat{\alpha}(x) \equiv -\frac{\frac{d^2 V[s(x)]}{dx^2}}{\frac{dV[s(x)]}{dx}}. \qquad (16)$$

Nach entsprechender Ableitung der Nutzenfunktion ergibt sich:

$$\hat{\alpha}(x) = -\frac{V''[s(x)] \cdot s'(x)^2 + V'[s(x)] \cdot s''(x)}{V'[s(x)] \cdot s'(x)} \qquad (17)$$

⇔
$$\hat{\alpha}(x) = \alpha[s(x)] \cdot s'(x) - \frac{s''(x)}{s'(x)}.$$

Der Risikoaversionskoeffizient bezüglich der Ergebnisse $\hat{\alpha}(x)$ setzt sich aus zwei Termen zusammen. Der erste Term $\alpha[s(x)] \cdot s'(x)$ ist unmittelbar plausibel; je höher der Risikoaversionskoeffizient α[s(x)] bezüglich der Entlohnung ist und je stärker der Entscheider am Ergebnis x partizipiert, desto höher ist $\hat{\alpha}(x)$. Im zweiten Term $-\dfrac{s''(x)}{s'(x)}$ geht die normierte Krümmung der Teilungsregel ein. Dieser Term hat die gleiche Struktur wie ein Risikoaversionskoeffizient und wird als *Risikokoeffizient der Entlohnung* κ(x) definiert:

$$\kappa(x) \equiv -\frac{s''(x)}{s'(x)}. \tag{18}$$

Unter Beachtung der Definition des Risikokoeffizienten κ(x) kann der Risikoaversionskoeffizient bezüglich der Ergebnisse nun vereinfachend folgendermaßen dargestellt werden:

$$\hat{\alpha}(x) = \alpha[s(x)] \cdot s'(x) + \kappa(x). \tag{19}$$

Bei einer konvexen Entlohnungsfunktion ist der Risikokoeffizient κ(x) negativ. Der Grund hierfür ist, daß bei einer konvexen Entlohnungsfunktion eine Erhöhung der Streuung der Ergebnisse zu einer Vergrößerung der erwarteten Entlohnung führt. Für eine konkaven Entlohnungsfunktion gilt das Umgekehrte.

Für ein besseres Verständnis des Koeffizienten κ(x) wird die Entlohnungsfunktion s(x) über eine Taylor-Reihe um die Stelle μ approximiert:

$$s(x) \approx s(\mu) + (x-\mu) \cdot s'(\mu) + \tfrac{1}{2}(x-\mu)^2 \cdot s''(\mu). \tag{20}$$

Hierbei wurde von einem vernachlässigbaren Restglied dritter Ordnung ausgegangen. Für den Erwartungswert der Entlohnung erhält man:

$$E[s(x)] \approx s(\mu) + \underbrace{E[x-\mu]}_{=0} \cdot s'(\mu) + \tfrac{1}{2}\underbrace{E\left[(x-\mu)^2\right]}_{=\sigma^2} \cdot s''(\mu) \tag{21}$$

$$= s(\mu) + \tfrac{1}{2} \cdot \sigma^2 \cdot s''(\mu).$$

Bei einer linearen Entlohnungsfunktion ergibt sich eine erwartete Entlohnung in Höhe von s(μ). Ist die Entlohnungsfunktion konvex (bzw. konkav), dann führt dies dazu, daß der Erwartungswert der Entlohnung über (bzw. unter) der Entlohnung an der Stelle des Erwartungswertes s(μ) liegt. Der Erwartungswert der Entlohnung liegt um so mehr über (bzw. unter) s(μ), je stärker die Krümmung und je größer die Varianz der Wahrscheinlichkeitsverteilung über x sind. Der Entscheider ist somit hinsichtlich der Ergebnisverteilung um so risikoaverser, je geringer die Krümmung der Entlohnungsfunktion ist. Folglich geht der Risikokoeffizient der Entlohnung positiv in dem Risikoaversionskoeffizienten bezüglich der Ergebnisse ein.

Der risikoaverse Agent orientiert sich bei seinen Entscheidungen, wie im Anhang gezeigt wird, am Sicherheitsäquivalent bezüglich der Ergebnisse $SÄ_x$:

$$SÄ_x \approx \mu - \frac{\hat{\alpha}(\mu)}{2} \cdot \sigma^2 \quad \text{mit} \quad \hat{\alpha}(\mu) = \alpha[s(\mu)] \cdot s'(\mu) + \kappa(\mu). \tag{22}$$

Zur Bestimmung des Risikoabschlages ist hierbei der Risikoaversionskoeffizient bezüglich der Ergebnisse $\hat{\alpha}(\cdot)$ relevant.

Das Sicherheitsäquivalent der Entlohnung $SÄ_s$ läßt sich, wie im Anhang gezeigt wird, wie folgt approximieren:

$$SÄ_s \approx E[s(x)] - \frac{1}{2} \cdot \alpha[s(\mu)] \cdot s'(\mu)^2 \cdot \sigma^2. \tag{23}$$

Für die Risikoprämie, die vom Agenten gefordert wird, ist also der Risikoaversionskoeffizient $\alpha[s(\cdot)]$ zu berücksichtigen.

2.2 Paretoeffiziente Risikoteilung

2.2.1 Einführung

Eine Teilungsregel, die unter Risikoteilungsgesichtspunkten optimal ist, wird als *paretoeffizient* bezeichnet.[10] Beim Konzept der paretoeffizienten Risikoteilung geht es darum, eine *gegebene* Wahrscheinlichkeitsverteilung über den Erfolg so auf die Kooperationspartner aufzuteilen, daß der Nutzenerwartungswert eines Kooperationspartners durch eine Umverteilung der zustandsabhängigen Erfolge nicht erhöht werden kann, ohne daß der erwartete Nutzen eines anderen sinkt.[11] Risikoteilung ist neben Motivation bzw. Entscheidungssteuerung die bedeutendste Zielsetzung bei der Anreizgestaltung. Nur im Idealfall können beide Zielsetzungen miteinander in Einklang gebracht werden, so daß im allgemeinen ein Trade-off zwischen den beiden Zielsetzungen erfolgen muß.

Es wird nun gezeigt, wie paretoeffiziente Teilungsregeln ermittelt werden können, und welche Eigenschaften sie aufweisen.

---

10) Vgl. RAIFFA (1973), S. 239.
11) Vgl. WILSON (1968), S. 123.

2.2.2 Ermittlung und Gestalt paretoeffizienter Teilungsregeln

Eine paretoeffiziente Teilungsregel s(x) kann ermittelt werden, indem der Erwartungsnutzen der einen Partei (des Prinzipals) unter Konstanthaltung des Erwartungsnutzens der anderen Partei (des Agenten) maximiert wird.[12] Die entsprechende Lagrange-Funktion lautet:

$$L \;=\; E(U[x - s(x)]) + \lambda \cdot \left(E(V[s(x)]) - \overline{V}\right). \tag{23}$$

Wird die Lagrange-Funktion für jeden x-Wert punktweise nach s(x) (partiell) abgeleitet, erhält man nach Nullsetzung und Umformung die folgenden notwendigen Bedingungen für ein Maximum:

$$U'[x - s(x)] \;=\; \lambda \cdot V'[s(x)] \quad \forall x \tag{24}$$

$$\Leftrightarrow \qquad \frac{U'[x - s(x)]}{V'[s(x)]} \;=\; \lambda \quad \forall x. \tag{25}$$

Dies ist die *Grundbedingung einer paretoeffizienten Teilungsregel*:[13]

Bei einer paretoeffizienten Teilungsregel sind die Grenznutzenverhältnisse für alle x konstant. Diese notwendige und hinreichende Bedingung[14], die eine paretoeffiziente Teilungsregel erfüllen muß, geht auf BORCH zurück.[15]

Werden beide Seiten von (24) nach x abgeleitet, erhält man:[16]

$$U''[x - s(x)] \cdot [1 - s'(x)] \;=\; \lambda \cdot V''[s(x)] \cdot s'(x). \tag{26}$$

Ist ausschließlich der Prinzipal risikoneutral ($U'' = 0$), folgt $s'(x) = 0$ und damit trägt der Prinzipal das gesamte Risiko. Ist hingegen nur der Agent risikoneutral ($V'' = 0$), ergibt sich analog eine Grenzentlohnung in Höhe von eins ($s'(x) = 1$). Sind beide Kooperationspartner risikoneutral, existieren unendlich viele Teilungsregeln, die die obige Bedingung erfüllen.

Um den Fall der Risikoaversion beider Parteien zu untersuchen, wird Gleichung (26) durch (24) geteilt:

---

[12] Vgl. REES (1985), S. 7.
[13] Vgl. ROSS (1974), S. 218 und REES (1985), S. 7.
[14] Vgl. BORCH (1962), S. 427.
[15] Vgl. BORCH (1960) und BORCH (1962).
[16] Vgl. VELTHUIS (1998), S. 18.

$$\frac{U''[x-s(x)]\cdot[1-s'(x)]}{U'[x-s(x)]} = \frac{V''[s(x)]\cdot s'(x)}{V'[s(x)]}. \tag{27}$$

Unter Beachtung der Definition für den Risikoaversionskoeffizienten folgt:[17]

$$\alpha_P[x-s(x)]\cdot[1-s'(x)] = \alpha_A[s(x)]\cdot s'(x) \tag{28}$$

$$\Leftrightarrow \qquad s'(x) = \frac{\alpha_P[x-s(x)]}{\alpha_P[x-s(x)]+\alpha_A[s(x)]}. \tag{29}$$

Für die Grenzentlohnung kann man auch unter Verwendung der Risikotoleranz ψ schreiben:[18]

$$s'(x) = \frac{\psi_A}{\psi_A + \psi_P}. \tag{30}$$

Bei Risikoaversion beider Parteien bestimmen sich die Grenzanteile aufgrund des Verhältnisses der Risikoaversionskoeffizienten bzw. Risikotoleranzen. Die Partei, die relativ risikoaverser ist, erhält einen geringeren Grenzanteil am Erfolg und trägt damit weniger Risiko.

2.2.3 Abhängigkeit der Teilungsregel vom Lagrange-Multiplikator

Für die spätere Darstellung ist es von Bedeutung, wann eine lineare paretoeffiziente Teilungsregel bei Variation von λ linear bleibt. Als Grundlage wird deshalb zunächst die Abhängigkeit der Teilungsregel von λ allgemein untersucht.

Wird die Bedingung (24) nach λ abgeleitet, erhält man:[19]

$$-U''[x-s(x)]\cdot\frac{ds(x)}{d\lambda} = V'[s(x)] + \lambda\cdot V''[s(x)]\cdot\frac{ds(x)}{d\lambda}. \tag{31}$$

Wird (31) durch (24) geteilt, folgt:

$$\alpha_P[x-s(x)]\cdot\frac{ds(x)}{d\lambda} = \frac{1}{\lambda} - \alpha_A[s(x)]\cdot\frac{ds(x)}{d\lambda}. \tag{32}$$

---

17) Vgl. WILSON (1968), S. 128.
18) Vgl. WILSON (1968), S. 128.
19) Vgl. ROSS (1974), S. 223.

Kapitel II.2 Anreizkompatibilität und Paretoeffizienz

$$\Leftrightarrow \qquad \frac{\mathrm{d}s(x)}{\mathrm{d}\lambda} \cdot (\alpha_P[x-s(x)] + \alpha_A[s(x)]) = \frac{1}{\lambda}.$$

Unter Verwendung der Gleichung der paretoeffizienten Grenzentlohnung (28) ergibt sich:

$$\frac{\mathrm{d}s(x)}{\mathrm{d}\lambda} = \frac{1}{\lambda} \cdot s'(x) \cdot \psi_P[x-s(x)]. \tag{33}$$

Werden beide Seiten nach x abgeleitet, ergibt sich:

$$\frac{\mathrm{d}\frac{\mathrm{d}s(x)}{\mathrm{d}\lambda}}{\mathrm{d}x} = \frac{\mathrm{d}s'(x)}{\mathrm{d}\lambda} = \frac{1}{\lambda} \cdot s''(x) \cdot \psi_P[\cdot] + \frac{1}{\lambda} \cdot s'(x) \cdot \psi_P'[\cdot] \cdot [1-s'(x)]. \tag{34}$$

Diese Gleichung dient nun als Basis um Aussagen darüber zu machen, wann eine lineare paretoeffiziente Teilungsregel bei Variation von λ linear bleibt.

2.2.4 Paretoeffizienz und Linearität

Ist die Teilungsregel in der Ausgangssituation *linear*, vereinfacht sich die obige Bedingung zu:

$$\frac{\mathrm{d}s'(x)}{\mathrm{d}\lambda} = \frac{1}{\lambda} \cdot s'(x) \cdot \psi_P'[x-s(x)] \cdot [1-s'(x)]. \tag{35}$$

Bleibt die Teilungsregel linear, muß sich die Grenzentlohnung für alle x um den gleichen Betrag verändern, d.h. die linke Seite der Gleichung muß eine Konstante sein. Demnach muß $\psi_P'[x-s(x)]$ ebenfalls eine Konstante sein, d.h. die Risikotoleranz muß linear sein.

Gleichung (30) kann auch wie folgt dargestellt werden:

$$\psi_A[s(x)] \cdot [1-s'(x)] = \psi_P[x-s(x)] \cdot s'(x). \tag{36}$$

Wird Gleichung (36) für den Fall einer linearen Teilungsregel abgeleitet, erhält man:[20]

$$\psi_A'[s(x)] \cdot s'(x) \cdot [1-s'(x)] = \psi_P'[x-s(x)] \cdot [1-s'(x)] \cdot s'(x) \tag{37}$$

$$\psi_A'[s(x)] = \psi_P'[x-s(x)].$$

---

20) Vgl. ROSS (1974), S. 222.

Zusammenfassend gilt, daß die paretoeffiziente Teilungsregel für ein beliebiges λ, dann und nur dann linear ist, wenn die beiden Risikotoleranzen jeweils linear sind und die gleiche Steigung im jeweiligen Argument haben.[21] In diesem Fall lassen sich die Risikotoleranzen wie folgt darstellen:

$$\psi_P[x-s(x)] = \frac{x-s(x)}{1-\omega} + \frac{h}{g} \tag{38}$$

und

$$\psi_A[s(x)] = \frac{s(x)}{1-\omega} + \frac{c}{d}. \tag{39}$$

Funktionen mit linearer Risikotoleranz (bzw. mit entsprechend hyperbolischer absoluter Risikoaversion) bilden die sogenannte HARA-Klasse.[22]

Die Zugehörigkeit der Nutzenfunktionen zur gleichen HARA-Klasse wird fälschlicherweise als *notwendige* Bedingung dafür angesehen, daß paretoeffiziente Teilungsregeln linear sind.[23] Die Zugehörigkeit zur HARA-Klasse ist jedoch lediglich hinreichend.[24]

Notwendige (und hinreichende) Bedingung für die Linearität einer paretoeffizienten Teilungsregel gemäß HUANG/LITZENBERGER ist, daß die Nutzenfunktion des Prinzipals wie folgt aus der Nutzenfunktion des Agenten konstruiert werden kann:[25]

$$U(y) = \frac{1}{\lambda} \int_0^y V' \cdot \left(\frac{S+s \cdot t}{1-s}\right) + b \, dt \qquad \forall y \in \mathbb{R}. \tag{40}$$

Eine konkretere Bedingung wird im nächsten Abschnitt dargestellt.

2.3 Anreizkompatible Teilungsregeln

2.3.1 Einführung

Eine anreizkompatible Teilungsregel soll gewährleisten, daß der Agent stets im Sinne des Prinzipals entscheidet. Dabei werden explizit nur finanzielle Nutzenkomponenten betrachtet. Sehr allgemein formuliert besagt die Bedingung der Anreizkompatibilität,

---

21) Vgl. ROSS (1974), S. 224.
22) Vgl. INGERSOLL (1987), S. 39.
23) Vgl. HUANG/LITZENBERGER (1985), S. 381.
24) Als Beispiel: $U[x-s(x)] = -e^{-\sqrt{a[x-s(x)]}}$ und $V[s(x)] = -e^{-\sqrt{b[s(x)]}}$.

   Für $\lambda = \frac{a}{b}$ existiert eine lineare Teilungsregel und zwar $s(x) = \frac{a}{a+b} \cdot x$.
25) Vgl. HUANG/LITZENBERGER (1985), S. 383-384.

daß der Agent stets dann einen finanziellen Vorteil (bzw. Nachteil) erzielt, wenn er so entscheidet, daß der Prinzipal ebenfalls einen finanziellen Vorteil (bzw. Nachteil) erzielt. Hierdurch wird finanzielle Interessenharmonie gewährleistet. Diese Anforderung kann bei sicheren Erwartungen auf einfache Weise erfüllt werden; es genügt, wenn der Erfolg x zwischen den Vertragspartnern mittels einer monoton steigenden Teilungsregel s(x) geteilt wird. Die Steigung der Teilungsregel kann hierbei in den Grenzen $0 < s'(x) < 1$ beliebig gewählt werden. Hierbei ist der (finanzielle) Nutzen des Prinzipals stets eine monoton steigende Funktion des Agenten.

In Risikosituationen sind die Freiheitsgrade geringer. Es wird gezeigt, daß die Bedingung der Anreizkompatibilität dann und nur dann erfüllt ist, wenn die Teilungsregel so gestaltet wird, daß sich der Nutzen des Agenten aufgrund einer positiv linearen Transformation des Nutzens des Prinzipals ergibt. Es wird anschließend ausführlich aufgezeigt, welche Implikationen sich hierbei für die Gestalt einer anreizkompatiblen Teilungsregel ergeben, und welche Eigenschaften hiermit verbunden sind. Insbesondere konzentriert sich die spätere Analyse auf lineare anreizkompatible Teilungsregeln, wobei die Bedingung der Paretoeffizienz gleichzeitig erfüllt ist.

2.3.2 Die notwendige und hinreichende Bedingung der Anreizkompatibilität

Die Nutzenfunktion eines Individuums ist, wie gezeigt wurde, genau bis auf eine positiv lineare Transformation bestimmt. Dies beinhaltet, daß zwei Nutzenfunktionen dann und nur dann stets zu den gleichen Entscheidungen führen, wenn sie bis auf eine solche Transformation übereinstimmen. Anreizkompatibilität beinhaltet, daß der Agent stets im Sinne des Prinzipals entscheidet. In Risikosituationen ist dies für eine beliebige Alternativenmenge dann und nur dann gewährleistet, wenn sich beide *Nutzenfunktionen bezüglich der Ergebnisse* bis auf eine positiv lineare Transformation entsprechen.

Proposition II.1: *Eine Teilungsregel ist für eine beliebige Wahrscheinlichkeitsverteilung dann und nur dann anreizkompatibel, wenn folgende Beziehung gilt:* [26]

$$U[x - s(x)] = a \cdot V[s(x)] + b \qquad \forall x. \quad (41)$$

Beweis:[27]

---

26) Vgl. zu dieser Bedingung WILSON (1969), S. 295-296; ROSS (1973), S. 135-136; VELTHUIS (1998), S. 23; LAUX (1999), S. 81; LAUX (2003), S.96.
27) Vgl. zum Beweis VELTHUIS (1998), S. 21-23.

Der Prinzipal mit der Nutzenfunktion $U[x-s(x)]$ sei indifferent zwischen einem sicheren Ergebnis x_2 und einer Lotterie mit den Ergebnissen x_1 und x_3:

$$U[x_2 - s(x_2)] = (1-w) \cdot U[x_1 - s(x_1)] + w \cdot U[x_3 - s(x_3)] \qquad (42)$$

$\Leftrightarrow \quad U[x_2 - s(x_2)] - U[x_1 - s(x_1)] = w \cdot \big(U[x_3 - s(x_3)] - U[x_1 - s(x_1)]\big).$

Eine anreizkompatible Teilungsregel muß gewährleisten, daß der Agent ebenfalls indifferent ist. Es muß folglich gelten:

$$V[s(x_2)] = (1-w) \cdot V[s(x_1)] + w \cdot V[s(x_3)] \qquad (43)$$

$\Leftrightarrow \quad V[s(x_2)] - V[s(x_1)] = w \cdot \big(V[s(x_3)] - U[s(x_1)]\big).$

Wird die Gleichung (42) durch (43) geteilt, folgt:

$$\frac{U[x_2 - s(x_2)] - U[x_1 - s(x_1)]}{V[s(x_2)] - V[s(x_1)]} = \frac{U[x_3 - s(x_3)] - U[x_1 - s(x_1)]}{V[s(x_3)] - V[s(x_1)]}. \qquad (44)$$

Die Differenzquotienten auf beiden Seiten der Gleichung stimmen überein. Sie geben die *mittlere* Steigung der Funktion $U[x-s(x)]$ in Abhängigkeit von $V[s(x)]$ an. Gleichung (44) besagt, daß die mittlere Steigung der Funktion $U[x-s(x)]$ auf beiden Streckenabschnitten gleich ist.

Nun lassen sich beliebig viele Werte-Tripel auswählen und somit beliebig viele Streckenabschnitte vergleichen, wobei die Beziehung (44) stets gilt. Hieraus folgt, daß die mittlere Steigung der Funktion $U[x-s(x)]$ in Abhängigkeit von $V[s(x)]$ stets eine Konstante sein muß und damit gilt:

$$U[x-s(x)] = a \cdot V[s(x)] + b \qquad \forall x. \quad (41)$$

Daß diese Beziehung auch hinreichend ist, läßt sich wie bei Individualentscheidungen leicht zeigen:[28]

$$E(U[x-s(x)]) = a \cdot E(V[s(x)]) + b. \qquad \text{q.e.d.} \quad (45)$$

Zur Verdeutlichung befindet sich ein auf Risikoaversionskoeffizienten bezogener alternativer Beweis im Anhang.

---

28) Vgl. LAUX (1999), S. 82.

Sofern der Zustand z verifizierbar ist, ergeben sich zusätzliche Freiheitsgrade für eine anreizkompatible Erfolgsbeteiligung. Wie die Bedingung der Anreizkompatibilität dann zu modifizieren ist, wird in Kapitel 4 gezeigt.

2.3.3 Ermittlung und Gestalt anreizkompatibler Teilungsregeln

Eine anreizkompatible Teilungsregel kann, ausgehend von der Beziehung (41), stets ermittelt werden, indem den Parametern a und b konkrete Werte zugewiesen werden und anschließend für jeden x-Wert überprüft wird, welchen Anteil s(x) die Gleichung erfüllt.[29]

Um konkrete Aussagen bezüglich der Gestalt einer anreizkompatiblen Teilungsregel machen zu können, wird Gleichung (41) auf beiden Seiten nach x abgeleitet:[30]

$$U'[x-s(x)] \cdot [1-s'(x)] = a \cdot V'[s(x)] \cdot s'(x). \qquad (46)$$

Die Bedingung (46) besagt, daß bei einer Erhöhung des Ergebnisses x um eine marginale Einheit der „Grenzvorteil" des Prinzipals gleich dem mit a gewichteten „Grenzvorteil des Agenten" ist. Der Grenzvorteil ergibt sich jeweils aufgrund des Grenznutzens multipliziert mit dem Grenzanteil. Ist der Grenznutzen des Agenten relativ hoch, wird zum Ausgleich ein geringerer Grenzanteil gewählt und umgekehrt.[31] Hierdurch wird erreicht, daß der Vorteil, den der Prinzipal aus einer Veränderung der Wahrscheinlichkeitsverteilung über den Erfolg erzielt, stets das a-fache des Vorteils des Agenten beträgt.

Wird die Bedingung (46) auf beiden Seiten nach x abgeleitet, erhält man:

$$U''[x-s(x)] \cdot [1-s'(x)]^2 - U'[x-s(x)] \cdot s''(x) \qquad (47)$$

$$= a \cdot \left(V''[s(x)] \cdot s'(x)^2 + V'[s(x)] \cdot s''(x) \right).$$

Wird (47) durch (46) geteilt und werden beide Seiten mit -1 multipliziert, so erhält man:

$$-\frac{U''[x-s(x)]}{U'[x-s(x)]} \cdot [1-s'(x)] + \frac{s''(x)}{1-s'(x)} = -\frac{V''[s(x)]}{V'[s(x)]} \cdot s'(x) - \frac{s''(x)}{s'(x)}. \qquad (48)$$

---

[29] Zur graphischen Veranschaulichung vgl. LAUX (1999), S. 84-98.
[30] Vgl. ROSS (1974), S. 225.
[31] Vgl. VELTHUIS (1998), S. 29.

Unter Beachtung der Definition für den *absoluten Risikoaversionskoeffizienten* sowie für den *Risikokoeffizienten der Entlohnung* kann man hierfür schreiben:

$$\alpha_P[x-s(x)]\cdot[1-s'(x)]+\kappa_P(x) = \alpha_A[s(x)]\cdot s'(x)+\kappa_A(x). \tag{49}$$

Der linken (bzw. rechten) Seite entspricht der *Risikoaversionskoeffizient bezüglich des Ergebnisses* für den Prinzipal (bzw. für den Agenten), vgl. Abschnitt 2.1. Bei einer anreizkompatiblen Teilungsregel stimmen die Risikoaversionskoeffizienten bezüglich der Ergebnisse somit überein:

$$\hat{\alpha}_P(x) = \hat{\alpha}_A(x). \tag{50}$$

Wie man anhand von (50) erkennt, erfolgt ein Ausgleich der Differenzen im Ausmaß der Risikoaversionskoeffizienten $\alpha(x)$ nicht nur aufgrund der Grenzanteile, sondern auch aufgrund der (normierten) Krümmung der Teilungsregel mittels des jeweiligen Risikokoeffizienten. Eine Erhöhung des Grenzanteils $s'(x)$ führt c.p. zu einer stärkeren Risikobeteiligung des Agenten und gleichzeitig zu einer geringeren Risikobeteiligung des Prinzipals. Eine Erhöhung der Krümmung führt c.p. zu einer Senkung des Risikokoeffizienten des Agenten und gleichzeitig zu einer Erhöhung des Risikokoeffizienten des Prinzipals. Grund hierfür ist, daß bei einem konvexen Anteil eine Erhöhung der Streuung der Ergebnisse zu einer Vergrößerung des erwarteten Anteils führt. Für einen konkaven Anteil gilt das Umgekehrte.

Ist die anreizkompatible Teilungsregel linear und gilt damit $s''(x) = 0$, dann folgt aus (49):

$$\alpha_P[x-s(x)]\cdot[1-s'(x)] = \alpha_A[s(x)]\cdot s'(x). \tag{51}$$

Hierbei erfolgt die Angleichung der Risikoaversionskoeffizienten bezüglich der Ergebnisse ausschließlich über den Grenzanteil $s'(x)$. Ein Vergleich mit (28) zeigt, daß die Teilungsregel paretoeffizient ist. Wie später noch gezeigt wird, ist eine solche Situation nur dann möglich, wenn die Nutzenfunktionen im Vorfeld schon ähnlich sind. Sie unterscheiden sich (abgesehen von einer äußeren linearen Transformation) nur aufgrund einer inneren linearen Transformation.

Die Rolle der Krümmung zum Ausgleich von originären Bewertungsunterschieden wird um so deutlicher, je mehr sich die Nutzenfunktionen in der Ausgangssituation unterscheiden. Zur Veranschaulichung wird von einem risikoneutralen Prinzipal und einem risikoaversen Agenten ausgegangen. Die Bedingung (48) vereinfacht sich hierbei wie folgt:

$$\frac{s''(x)}{1-s'(x)} = \alpha_A[s(x)]\cdot s'(x)-\frac{s''(x)}{s'(x)}. \tag{52}$$

Kapitel II.2 Anreizkompatibilität und Paretoeffizienz

In diesem Fall verläuft die anreizkompatible Teilungsregel *konvex*; der Anteil des Prinzipals verläuft dementsprechend konkav. Der *Risikokoeffizient der Entlohnung* $\kappa(x)$ ist für den Prinzipal folglich positiv und für den Agenten negativ. Dies führt dazu, daß sich der Prinzipal *risikoavers* gegenüber riskanten Alternativen verhält. Gleichzeitig verhält sich der Agent bezüglich x weniger risikoavers als bei linearer Teilung.

Zur Verdeutlichung des Entscheidungsverhaltens bezüglich der Ergebnisse bei anreizkompatiblen Teilungsregeln und der Konsequenzen, die sich ergeben, wenn von der Bedingung der Anreizkompatibilität abgewichen wird, dienen die folgenden Darstellungen.

Es wird davon ausgegangen, daß der Nutzen des Prinzipals eine (zunächst beliebig) monoton steigende Funktion des Nutzens des Agenten ist.

$$U[x - s(x)] = F(V[s(x)]). \tag{53}$$

Wie im Anhang zu Abschnitt 2.3.2 gezeigt wird, folgt hieraus:

$$\hat{\alpha}_P(x) = -\frac{F''(V[s(x)])}{F'(V[s(x)])} \cdot V'[s(x)] \cdot s'(x) + \hat{\alpha}_A(x). \tag{54}$$

Die Risikoaversionskoeffizienten $\hat{\alpha}(x)$ bezüglich der Ergebnisse und damit das Entscheidungsverhalten stimmen dann und nur dann für beliebige Wahrscheinlichkeitsverteilung überein, wenn $F''(V[s(x)]) = 0$ gilt (dies entspricht der notwendigen Bedingung der Anreizkompatibilität). Ist die Transformation konvex, $F''(V[s(x)]) > 0$, folgt: $\hat{\alpha}_P(x) < \hat{\alpha}_A(x)$. Der Agent verhält sich aus Sicht des Prinzipals dann zu risikoavers. Gilt hingegen $F''(V[s(x)]) < 0$ und damit $\hat{\alpha}_P(x) > \hat{\alpha}_A(x)$, verhält sich der Agent aus Sicht des Prinzipals zu wenig risikoavers. Im Extremfall kann das Entscheidungsverhalten einer Partei risikofreudig sein. Die Risikoeinstellungen bezüglich der Ergebnisse weichen c.p. um so mehr voneinander ab, je höher der Betrag der normierten Krümmung $\left| -\frac{F''(V[s(x)])}{F'(V[s(x)])} \right|$ ist. Dieser Ausdruck hat ebenfalls die formale Struktur eines Risikoaversionskoeffizienten.

Der für beide Parteien identische Risikoaversionskoeffizient $\hat{\alpha}(x)$ bezüglich der Ergebnisse ist grundsätzlich nicht gegeben. Bei einer anreizkompatiblen Teilungsregel bestehen Freiheitsgrade für die Gestaltung der Teilungsregel, wobei im allgemeinen $\hat{\alpha}(x)$ hiervon betroffen wird. Die optimale Gestaltung einer anreizkompatiblen Teilungsregel wird im Abschnitt 2.5 diskutiert. Wie noch gezeigt wird, sollte aus Gründen der Effizienz sowohl bei der Auswahlentscheidung, als auch bezüglich der Risikoteilung ein möglichst kleiner Wert für den Risikoaversionskoeffizienten $\hat{\alpha}(x)$ induziert werden.

Wegen $\hat{\alpha}(x) = \hat{\alpha}_P(x) = \hat{\alpha}_A(x)$ kann man schreiben:

$$\hat{\alpha}(x) = \hat{\alpha}_P(x) \cdot [1 - s'(x)] + \hat{\alpha}_A(x) \cdot s'(x). \tag{55}$$

Wird die Definitionsgleichung für $\hat{\alpha}_P(x)$ und $\hat{\alpha}_A(x)$ eingesetzt, folgt:

$$\hat{\alpha}(x) = \alpha_P[x - s(x)] \cdot [1 - s'(x)]^2 + \alpha_A[s(x)] \cdot s'(x)^2. \tag{56}$$

Der Risikoaversionskoeffizient $\hat{\alpha}(x)$ ist c.p. minimal, wenn die paretoeffiziente Grenzentlohnung gewählt wird:

$$s'(x) = \frac{\alpha_P[x - s(x)]}{\alpha_A[x - s(x)] + \alpha_P[s(x)]}. \tag{29}$$

Die Grenzentlohnung ist allerdings nicht beliebig wählbar, sofern Anreizkompatibilität gewährleistet werden soll. Die Gleichung (29) bietet jedoch einen ersten Anhaltspunkt, wie eine anreizkompatible Entlohnungsfunktion zu gestalten ist, wenn diese zu einer möglichst geringen Risikoaversion sowohl des Prinzipals als auch des Agenten bezüglich des Ergebnisses führen soll. Für den Fall eines risikoneutralen Prinzipals sollte die anreizkompatible Teilungsregel möglichst flach verlaufen.

Die Gleichung (29) kann nur für den Spezialfall einer linearen anreizkompatiblen Teilungsregel exakt erfüllt werden. Zunächst wird der Frage nachgegangen, unter welcher Bedingung eine anreizkompatible Teilungsregel linear ist.

2.3.4 Anreizkompatibilität und Linearität

Die notwendige und hinreichende Bedingung dafür, daß eine anreizkompatible (AK) Teilungsregel linear und damit paretoeffizient (PE) ist, kann gemäß eines Theorems von VELTHUIS wie folgt formuliert werden:[32]

Die Bedingungen der Anreizkompatibilität wird dann und nur dann aufgrund einer linearen Teilungsregel erfüllt, wenn die Nutzenfunktionen bis auf eine äußere und eine innere lineare Transformation übereinstimmen:

$$U[x - s(x)] = a \cdot V(c \cdot [x - s(x)] + d) + b. \tag{57}$$

---

32) Vgl. VELTHUIS (1998), S. 33.

Kapitel II.2 Anreizkompatibilität und Paretoeffizienz

Das Ergebnis ist plausibel: Daß sich die Funktionen bis auf eine *äußere* lineare Transformation unterscheiden, steht im Einklang mit der Bedingung der Anreizkompatibilität. Daß sich die Funktionen bis auf eine *innere* lineare Transformation unterscheiden, läßt sich durch eine lineare Entlohnungsfunktion ausgleichen.[33] Der Funktionstyp U bzw. V muß dabei für beide Parteien grundsätzlich der gleiche sein; eine Unterscheidung erfolgt lediglich aufgrund einer unterschiedlichen "Gewichtung" des Arguments (d.h. der Zielgröße). Die Nutzenfunktionen müssen also schon im Vorfeld "ähnlich" sein.[34] Ein entsprechendes Theorem wird auch von PRATT bewiesen.[35] PRATT bezeichnet Funktionen, die Gleichung (61) erfüllen, als *conformal*.[36]

Die entsprechende lineare Teilungsregel lautet:

$$s(x) = \frac{c}{1+c} \cdot x + \frac{d}{1+c}. \tag{58}$$

Wird die Teilungsregel gemäß (58) in $V[s(x)]$ bzw. $U[x-s(x)]$ eingesetzt, erhält man die folgenden Nutzenfunktionen bezüglich der Ergebnisse:[37]

$$V[s(x)] = V\left[\frac{c}{1+c} \cdot x + \frac{d}{1+c}\right] \equiv V^s(x) \tag{59}$$

bzw.
$$U[x-s(x)] = a \cdot V\left[\frac{c}{1+c} \cdot x + \frac{d}{1+c}\right] + b \equiv U^s(x). \tag{60}$$

Ein Vergleich von (60) und (59) zeigt: $U^s = a \cdot V^s + b$. Die Nutzenfunktionen bezüglich der Ergebnisse unterscheiden sich gemäß der Grundbedingung der Anreizkompatibilität nur aufgrund einer linearen Transformation.

Zur Verdeutlichung von Gleichung (57) wird das Beispiel exponentieller Nutzenfunktionen betrachtet:

$$V[s(x)] = -e^{-\alpha_A \cdot s(x)} \quad \text{bzw.} \quad U[x-s(x)] = -e^{-\alpha_P \cdot [x-s(x)]}.$$

---

[33] Vgl. VELTHUIS (1998), S. 33.
[34] Ist eine solche Ähnlichkeit bei Nutzenfunktionen im Vorfeld gegeben, so sprechen DYBVIG/SPATT (zwar im Kapitalmarktzusammenhang) von "preference similarity". In einem Kapitalmarktzusammenhang haben Prinzipal und Agent identische Präferenzen, bis auf "leverage using the riskless asset." Gemäß DYBVIG/SPATT entstehen bei "incentive similarity" identische induzierte Präferenzen bei Zugrundelegung der optimalen Teilungsregel im Gleichgewicht. Vgl. DYBVIG/SPATT (1985), S. 3.
[35] Vgl. PRATT (2000), Proposition 3 auf S. 1549.
[36] Vgl. PRATT (2000), S. 1549.
[37] Vgl. VELTHUIS (1998), S. 32.

Hierbei gilt:

$$U[x-s(x)] = V\left(\frac{\alpha_P}{\alpha_A}\cdot[x-s(x)]\right) = -e^{-\alpha_A\cdot\left(\frac{\alpha_P}{\alpha_A}\cdot[x-s(x)]\right)} = -e^{-\alpha_P\cdot[x-s(x)]}.$$

Die innere lineare Transformation erfolgt dabei mit $c = \frac{\alpha_P}{\alpha_A}$ und $d = 0$.

Damit Anreizkompatibilität und paretoeffiziente Risikoteilung simultan erreicht werden, müssen also die Nutzenfunktionen schon im Vorfeld "ähnlich" sein.

2.4 Anreizkompatibilität, Paretoeffizienz, Linearität und die HARA-Klasse

2.4.1 Der Zusammenhang zwischen den Bedingungen AK, PE und L

Nun wird der Zusammenhang zwischen der Bedingung der Anreizkompatibilität (AK), der Paretoeffizienz (PE) sowie der Linearität (L) aufgezeigt. Die drei Bedingungen können wie folgt dargestellt werden:

AK $\qquad \alpha_P\cdot[1-s'(x)] + \dfrac{s''(x)}{1-s'(x)} = \alpha_A\cdot s'(x) - \dfrac{s''(x)}{s'(x)}$ \hfill (48)

PE $\qquad \alpha_P\cdot[1-s'(x)] = \alpha_A\cdot s'(x)$ \hfill (28)

L $\qquad s''(x) = 0$. \hfill (61)

Sind zwei der drei Bedingungen erfüllt, so ist die dritte Bedingung ebenfalls zwingend erfüllt:[38]

- Aus **AK** und **L** folgt **PE**.[39]
  Beweis: Wird die Bedingung L in AK eingesetzt, folgt PE.

- Aus **PE** und **L** folgt **AK**.
  Beweis: Wird die Bedingung PE auf der linken bzw. rechten Seite mit $\dfrac{s''(x)}{1-s'(x)} = 0$
  bzw. $-\dfrac{s''(x)}{s'(x)} = 0$ aufgrund von L erweitert, folgt AK.

- Aus **AK** und **PE** folgt **L**.

---

[38] Vgl. ROSS (1974), S. 221-222; PRATT(2000), S. 1547; LAUX (2003), S. 107-108.
[39] Vgl. WILSON (1969), S. 299.

Kapitel II.2 Anreizkompatibilität und Paretoeffizienz

Beweis: Wird die Bedingung **PE** in **AK** eingesetzt, folgt **L**:

$$\frac{s''(x)}{1-s'(x)} = -\frac{s''(x)}{s'(x)} \tag{62}$$

$$\Leftrightarrow \quad s'(x) \cdot s''(x) = -[1-s'(x)] \cdot s''(x)$$

$$\Leftrightarrow \quad s''(x) = 0 \qquad \text{q.e.d.}$$

Damit folgt auch, daß entweder alle drei Bedingungen, nur eine oder gar keine der Bedingungen erfüllt ist. Ist eine der Bedingungen gegeben, dann ist eine zweite Bedingung dann und nur dann erfüllt, wenn auch die dritte Bedingung erfüllt ist. Es lassen sich somit zugleich notwendige und hinreichende Bedingungen formulieren.

Auf die einzelnen Bedingungen bezogen gelten die folgenden Aussagen:

- Eine *anreizkompatible* Entlohnungsfunktion ist dann und nur dann *linear*, wenn sie *paretoeffizient* ist.
- Eine *paretoeffiziente* Entlohnungsfunktion ist dann und nur dann *anreizkompatibel*, wenn sie *linear* ist.
- Eine *lineare* Entlohnungsfunktion ist dann und nur dann *paretoeffizient*, wenn sie *anreizkompatibel* ist.

Die Notwendigkeit der jeweiligen Bedingung ist keinesfalls selbstverständlich und wurde in der Literatur teilweise übersehen.[40] So zum Beispiel - wie im Anhang gezeigt wird - von BORCH, einen der ersten, der sich mit paretoeffizienter Risikoteilung auseinandersetzten.[41]

2.4.2 Zur Problematik bei Nichterfüllung der Bedingungen

Besteht in der Ausgangssituation eine paretoeffiziente Risikoteilung und ist die Teilungsregel nicht linear, dann besteht keine Anreizkompatibilität zwischen Gruppenmitgliedern und Einmütigkeit ist nicht erfüllt. Wie PRATT/ZECKHAUSER gezeigt haben, können sich die Gruppenmitglieder dann auf *randomisierte Auswahlentscheidungen* einigen. Sie zeigen, daß eine randomisierte Auswahlentscheidung über einzelne Lotterien für jedes Gruppenmitglied vorteilhaft sein kann, obwohl jede einzelne Lotterie isoliert betrachtet nicht akzeptiert wird.[42]

---

40) Vgl. HORST/SCHMIDT/TERBERGER (1982).
41) Vgl. BORCH (1984), S. 207-210.
42) Vgl. PRATT/ZECKHAUSER (1989), S. 219-227 sowie PRATT (2000), S. 1546-1549.

Besteht in der Ausgangssituation Anreizkompatibilität und ist die Teilungsregel nicht linear, dann besteht keine Paretoeffizienz. Innerhalb der Kooperation kann es dann zu *Nachverhandlungen* kommen. Nachdem eine riskante Alternative gewählt ist, können stets beide einen Vorteil erzielen, wenn es zu einer zustandsabhängigen Umverteilung kommt. Wird die Möglichkeit der Nachverhandlung schon vor einer Auswahlentscheidung antizipiert, dann wird Anreizkompatibilität zerstört. Anreizkompatible Teilungsregeln, die nicht paretoeffizient sind, erweisen sich somit als nicht *robust*.

2.4.3 Zur Bedeutung der HARA-Klasse

WILSON und ROSS zeigten, daß die drei Bedingungen PE, AK und L *stets* dann simultan erfüllt sind, wenn die Nutzenfunktionen jeweils aus der HARA-Klasse stammen, vgl. Abschnitt 2.2.4.[43] Die Verwendung von Nutzenfunktionen aus der HARA-Klasse ist insbesondere im Rahmen der Kapitalmarkttheorie sehr geläufig.

Nutzenfunktionen, die der HARA-Klasse angehören, erfüllen nachfolgende allgemeine Funktionsgleichung:

$$U(x) = \frac{1-\omega}{\omega} \cdot \left(g \cdot \frac{x}{1-\omega} + h \right)^\omega, \qquad (63)$$

mit x als Argument der Nutzenfunktion und ω, g sowie h als Parameter. Der Definitionsbereich ist dabei beschränkt: $g \cdot \frac{x}{1-\omega} + h > 0$.[44]

Mehrere Funktionstypen gehören, auch wenn auf den ersten Blick nicht ersichtlich, der HARA-Klasse an. Deshalb soll die HARA-Klasse näher erläutert werden: Den konkreten Funktionstyp erhält man durch die Wahl von ω (sowie ggf. h).[45] Für einen risikoneutralen Entscheider gilt $\omega = 1$. Einer quadratischen Nutzenfunktion entspricht $\omega = 2$. Eine exponentielle Nutzenfunktion ergibt sich für den Extremfall $\omega \to \infty$ und $h = 1$. Eine logarithmische Nutzenfunktion erhält man bei der Grenzbetrachtung $\omega \to 0$ und $h = 0$. Potenzfunktionen ergeben sich durch die Wahl von $h = 0$.[46]

---

43) Vgl. WILSON (1969), S. 300; ROSS (1974), S. 223-224.
44) Vgl. INGERSOLL (1987), S. 39.
45) Vgl. INGERSOLL (1987), S. 39.
46) Die entsprechenden Funktionsgleichungen sind bei:
 - risikoneutraler Nutzenfunktion: $U(x) = g \cdot x + h$
 - quadratischer Nutzenfunktion: $U(x) = -\frac{1}{2}(h - g \cdot x)^2$
 - exponentieller Nutzenfunktion: $U(x) = -e^{-g \cdot x}$
 - logarithmischer Nutzenfunktion: $U(x) = \ln x$
 - Potenzfunktion: $U(x) = \frac{x^\omega}{\omega}$.

Kapitel II.2 Anreizkompatibilität und Paretoeffizienz

Der Risikoaversionskoeffizient einer HARA-Funktion beträgt:[47]

$$\alpha(x) = \frac{1}{\dfrac{x}{1-\omega} + \dfrac{h}{g}}. \quad (64)$$

Für das Maß der Risikotoleranz Ψ erhält man entsprechend:[48]

$$\psi(x) = \frac{x}{1-\omega} + \frac{h}{g}. \quad (65)$$

Nutzenfunktionen der HARA-Klasse weisen also stets eine lineare Risikotoleranz auf.[49]

Sind beide Nutzenfunktionen aus der gleichen HARA-Klasse,

$$U[x - s(x)] = \frac{1-\omega}{\omega} \cdot \left(g \cdot \frac{x - s(x)}{1-\omega} + h \right)^{\omega} \quad (66)$$

und

$$V[s(x)] = \frac{1-\omega}{\omega} \cdot \left(c \cdot \frac{s(x)}{1-\omega} + d \right)^{\omega}, \quad (67)$$

sind, wie gezeigt wurde, *alle paretoeffizienten* Teilungsregeln linear.[50]

Die Menge der linearen paretoeffizienten Teilungsregeln kann ermittelt werden, indem die allgemeinen HARA-Grenznutzenfunktionen in $U'[x - s(x)] = \lambda \cdot V'[s(x)]$ eingesetzt werden. Wie im Anhang gezeigt wird, ergibt sich:

$$s(x) = \left(\left(\lambda \cdot \frac{c^{\omega}}{g^{\omega}} \right)^{\frac{1}{\omega-1}} + 1 \right)^{-1} \cdot \left[x + \frac{(1-\omega) \cdot h}{g} - \left(\lambda \cdot \frac{c^{\omega}}{g^{\omega}} \right)^{\frac{1}{\omega-1}} \frac{(1-\omega) \cdot d}{c} \right]. \quad (68)$$

---

[47] Es gilt: $U'(x) = g \cdot \left(g \cdot \dfrac{x}{1-\omega} + h \right)^{\omega-1}$ bzw. $U''(x) = -g^2 \cdot \left(g \cdot \dfrac{x}{1-\omega} + h \right)^{\omega-2}$, und damit

$$\alpha(x) = -\frac{U''(x)}{U'(x)} = \frac{g}{g \cdot \dfrac{x}{1-\omega} + h} = \frac{1}{\dfrac{x}{1-\omega} + \dfrac{h}{g}}.$$

[48] Vgl. INGERSOLL (1987), S. 40.
[49] Vgl. INGERSOLL (1987), S. 39.
[50] Vgl. ROSS (1974), S. 224.

Lineare paretoeffiziente Teilungsregeln aufgrund von (68) sind, wie erläutert, zugleich *anreizkompatibel*. Man kann den folgenden Zusammenhang direkt anhand der Nutzenfunktionen (66) und (67) erkennen: Haben beide Kooperationspartner eine Nutzenfunktion aus der HARA-Klasse mit demselben Parameter ω, dann stimmen beide Funktionen (abgesehen von einer äußeren linearen Transformation) bis auf eine innere lineare Transformation überein. Gemäß des Theorems von VELTHUIS und PRATT läßt sich dann stets eine lineare Teilungsregel konstruieren, die anreizkompatibel ist.

Anreizkompatible Teilungsregeln aufgrund von Nutzenfunktionen aus der gleichen HARA-Klasse sind *nicht* zwingend linear und damit paretoeffizient. Zur Verdeutlichung dient das folgende Beispiel: $U[x - s(x)] = \sqrt{x - s(x)}$; $V[s(x)] = \sqrt{s(x)}$; sowie für die notwendige Bedingung der Anreizkompatibilität $U[x - s(x)] = V[s(x)] + 1$ (d.h. a = 1 und b = 1). Die entsprechende anreizkompatible Teilungsregel lautet:[51]

$$s(x) = \left(\sqrt{0{,}5 \cdot x - 0{,}25} - 0{,}5\right)^2.$$

Folglich ist die Menge der anreizkompatiblen Teilungsregeln größer als die Menge der paretoeffizienten Teilungsregeln. Dies liegt daran, daß die Grundbedingung der Anreizkompatibilität mehr Freiheitsgrade aufweist als die Grundbedingung der Paretoeffizienz.

Das obige läßt sich wie folgt zusammenfassen:

Nutzenfunktionen aus der gleichen HARA-Klasse sind
- *hinreichend, aber nicht notwendig für die Linearität einer paretoeffizienten Teilungsregel*
- *weder hinreichend noch notwendig für die Linearität einer anreizkompatiblen Teilungsregel.*

Im Anhang wird gezeigt, daß sich bei Nutzenfunktionen aus der gleichen HARA-Klasse genau dann eine anreizkompatible Teilungsregel ergibt, die linear ist, wenn b = 0 in der Bedingung der Anreizkompatibilität gewählt wird, oder von logarithmischen Nutzenfunktionen ausgegangen wird.

Wird eine Nutzenfunktion der HARA-Klasse positiv proportional transformiert, d.h. a > 0 und b = 0, folgt:

---

[51] Jede paretoeffiziente Teilungsregel hat im Beispiel die proportionale Form:
$$s(x) = \frac{\lambda^2}{1 + \lambda^2} \cdot x,$$
wobei die Bedingung der Anreizkompatibilität nun wie folgt erfüllt wird:
$U[x - s(x)] = \lambda \cdot V[s(x)]$.

$$\hat{U}(x) = a \cdot U(x) = a\frac{1-\omega}{\omega}\left(g\frac{x}{1-\omega}+h\right)^{\omega} = \frac{1-\omega}{\omega}\left(a^{\frac{1}{\omega}}g\frac{x}{1-\omega}+a^{\frac{1}{\omega}}h\right)^{\omega} \quad (69)$$

$\Leftrightarrow \qquad \hat{U}(x) = \frac{1-\omega}{\omega}\cdot\left(\hat{g}\cdot\frac{x}{1-\omega}+\hat{h}\right)^{\omega}$ mit $\hat{g}=a^{\frac{1}{\omega}}\cdot g$ und $\hat{h}=a^{\frac{1}{\omega}}\cdot h$. (70)

Wie man erkennt, läßt sich die *äußere* Transformation in eine *innere* Transformation überführen. Dies hat besondere Bedeutung für die Gestaltung anreizkompatibler Teilungsregeln: Es läßt sich stets eine neue Teilungsregel aufgrund einer linearen Transformation einer bestehenden Teilungsregel bestimmen.

2.5 Zum Konflikt zwischen Anreizkompatibilität und Paretoeffizienz

2.5.1 Einführung

Wie gezeigt wurde, erfüllt eine anreizkompatible Entlohnungsfunktion die Bedingung der paretoeffizienten Risikoteilung dann und nur dann, wenn sie linear ist. Es besteht folglich ein Konflikt zwischen den beiden Zielsetzungen, wenn die anreizkompatible Entlohnungsfunktion nicht linear ist. Der Konflikt wird sehr deutlich für den Extremfall eines risikoneutralen Prinzipals und eines risikoaversen Agenten. Hierbei ergibt sich eine konvexe anreizkompatible Teilungsregel. Paretoeffizient wäre hingegen lediglich die Zahlung eines Fixums. Im folgenden soll aufgezeigt werden, wie anreizkompatible Teilungsregeln gestaltet werden sollen, um den Konflikt möglichst gering zu halten. Die Analyse erfolgt zunächst aufgrund eines allgemeinen Ansatzes und anschließend aufgrund einer Taylor-Approximation.

2.5.2 Analyse aufgrund eines allgemeinen Ansatzes

Im Rahmen der formalen Analyse wird der Erwartungsnutzen des Prinzipals unter Beachtung einer Mindestnutzenbedingung für den Agenten sowie der Bedingung der Anreizkompatibilität maximiert. Zwecks Vereinfachungen der Bedingungen im Optimum wird die Bedingung der Anreizkompatibilität für jeden x-Wert wie folgt umgeformt:

$$U[x-s(x)] = a\cdot V[s(x)]+b \quad (71)$$

$\Leftrightarrow \qquad (U[x-s(x)]-a\cdot V[s(x)]-b)\cdot f(x) = 0,$

mit f(x) als Wahrscheinlichkeitsdichte.

Die Lagrange-Funktion kann nun wie folgt dargestellt werden:

$$L = \int U[x-s(x)] \cdot f(x)\,dx + \lambda_{PE} \cdot \left(\int V[s(x)] \cdot f(x)\,dx - V_{min}\right) \quad (72)$$

$$+ \int \lambda_{AK}(x) \cdot \left(U[x-s(x)] - a \cdot V[s(x)] - b\right) \cdot f(x)\, dx.$$

Wird die Lagrange-Funktion für jeden x-Wert nach der Entlohnung s(x) partiell abgeleitet (punktweise Optimierung), erhält man folgende Bedingung erster Ordnung für jedes x:

$$-U' \cdot f(x) + \lambda_{PE} \cdot V' \cdot f(x) - \lambda_{AK}(x) \cdot (U' + a \cdot V') \cdot f(x) = 0 \quad (73)$$

$$\Leftrightarrow \qquad -U' + \lambda_{PE} \cdot V' - \lambda_{AK}(x) \cdot (U' + a \cdot V') = 0.$$

Für $\lambda_{AK}(x) = 0$, d.h. wenn die Bedingung der Anreizkompatibilität nicht den Erwartungsnutzen des Prinzipals schmälert, ergibt sich die Bedingung der paretoeffizienten Risikoteilung $-U' + \lambda_{PE} \cdot V' = 0$. Die hierbei gewährte Entlohnung wird mit $s(x)_{PE}$ bezeichnet. Für $\lambda_{AK}(x) > 0$ folgt $-U' + \lambda_{PE} \cdot V' > 0$. Da mit steigender Entlohnung der Grenznutzen des Prinzipals U' steigt und der Grenznutzen des Agenten V' fällt, beinhaltet dies eine geringere Entlohnung als bei paretoeffizienter Risikoteilung: $s(x) < s(x)_{PE}$. Umgekehrt folgt aus $\lambda_{AK}(x) < 0$, daß die Entlohnung höher ist als bei paretoeffizienter Risikoteilung: $s(x) > s(x)_{PE}$.

Es ist zu beachten, daß eine partielle Erhöhung der Entlohnung stets zu einer Verminderung der Anreiz-Nebenbedingung führt. Im Optimum müssen die Parameter a und b simultan so angepaßt werden, daß die Anreiz-Nebenbedingung erfüllt ist. Wird nach den Faktoren a und b abgeleitet und null gesetzt, erhält man die folgenden Bedingungen:

$$\int \lambda_{AK}(x) \cdot V[s(x)] \cdot f(x)\, dx = 0 \quad (74)$$

und

$$\int \lambda_{AK}(x) \cdot f(x)\, dx = 0. \quad (75)$$

Dabei sind zwei Fälle zu unterscheiden. Im ersten Fall gilt $\lambda_{AK}(x) = 0$ für alle x. Im zweiten Fall gilt grundsätzlich $\lambda_{AK}(x) \neq 0$. Hier muß teilweise $\lambda_{AK}(x) > 0$ sowie $\lambda_{AK}(x) < 0$ gelten, damit die obige Bedingung erfüllt ist. Dies beinhaltet, wie noch gezeigt wird, daß die Entlohnung im Hinblick auf die Risikoteilung teilweise zu gering und teilweise zu hoch ist.

Wird nach den Lagrange-Multiplikatoren λ_{PE} und λ_{AK} abgeleitet, erhält man:

Kapitel II.2 Anreizkompatibilität und Paretoeffizienz

$$\int V[s(x)] \cdot f(x)\,dx - V_{min} = 0 \qquad (76)$$

und $\qquad U[x - s(x)] - a \cdot V[s(x)] - b = 0 \qquad$ für alle x. (77)

Wird die Anreizbedingung abgeleitet, ergibt sich:

$$U' \cdot (1 - s') = a \cdot V' \cdot s' \qquad (78)$$

$\Leftrightarrow \qquad\qquad a = \dfrac{U' \cdot (1 - s')}{V' \cdot s'}. \qquad (79)$

Wird (79) in die Optimalitätsbedingung gemäß (73) eingesetzt, so kann man schreiben:

$$\lambda_{PE} = \frac{U'}{V'} \cdot \left(1 + \frac{\lambda_{AK}(x)}{s'}\right) \qquad (80)$$

bzw. $\qquad \lambda_{AK}(x) = s' \cdot \left(\lambda_{PE} \cdot \dfrac{V'}{U'} - 1\right). \qquad (81)$

Der Lagrange-Multiplikator bezüglich der Anreizbedingung $\lambda_{AK}(x)$ ist betraglich um so höher, je mehr von einer paretoeffizienten Risikoteilung abgewichen wird (vgl. den Klammerausdruck), und je höher die Grenzentlohnung ist.

Für $\lambda_{AK}(x)$ kann man auch unter Beachtung von (79) schreiben:

$$\lambda_{AK}(x) = \frac{\lambda_{PE}}{a} - s' \cdot \left(\frac{\lambda_{PE}}{a} + 1\right). \qquad (82)$$

Wird nach x abgeleitet, folgt:

$$\lambda_{AK}'(x) = -s''(x) \cdot \left(\frac{\lambda_{PE}}{a} + 1\right). \qquad (83)$$

Ist die (anreizkompatible) Entlohnungsfunktion *linear*, gilt $\lambda_{AK}(x) = 0$ und damit, wie erläutert, $s(x) = s(x)_{PE}$.

Ist die (anreizkompatible) Entlohnungsfunktion hingegen *konvex*, $s''(x) > 0$ (z.B. der Prinzipal ist risikoneutral und der Agent ist risikoavers), so folgt $\lambda_{AK}'(x) < 0$. Damit gilt für kleine x-Werte $\lambda_{AK}(x) > 0$ und somit $s(x) < s(x)_{PE}$. Umgekehrt gilt für hohe x-Werte $\lambda_{AK}(x) < 0$ und folglich $s(x) > s(x)_{PE}$. Bezüglich der Risikoteilung wäre es vorteilhaft, dem Agenten bei kleinen x-Werten mehr Entlohnung und bei großen x-Werten weniger Entlohnung zu gewähren. Zusammenfassend gilt: *Eine konvexe anreiz-*

kompatible Teilungsregel läuft zunächst unter und dann über der entsprechenden paretoeffizienten Teilungsregel.

Ist die (anreizkompatible) Entlohnungsfunktion *konkav*, $s''(x) < 0$, so folgt $\lambda_{AK}'(x) < 0$. Es gilt dann umgekehrt $s(x) > s(x)_{PE}$ für kleine x-Werte und $s(x) < s(x)_{PE}$ für hohe x-Werte: *Eine konkave anreizkompatible Teilungsregel läuft zunächst über und dann unter der entsprechenden paretoeffizienten Teilungsregel.*

Wie in Abschnitt 2.3 gezeigt wurde, stimmen bei einer anreizkompatiblen Entlohnungsfunktion die Risikoaversionskoeffizienten bezüglich der Ergebnisse überein:

$$\alpha_P \cdot (1-s') + \frac{s''}{1-s'} = \alpha_A \cdot s' - \frac{s''}{s'}. \tag{48}$$

Diese Bedingung kann wie folgt umgeformt werden:[52]

$$s''(x) = s' \cdot (1-s') \cdot [\alpha_A \cdot s' - \alpha_P \cdot (1-s')] \tag{84}$$

bzw.
$$s' = \frac{\alpha_P}{\alpha_P + \alpha_A} + \frac{s''}{(\alpha_P + \alpha_A) \cdot s' \cdot (1-s')}. \tag{85}$$

Der erste Summand entspricht der Grenzentlohnung bei paretoeffizienter Risikoteilung:

$$s'(x) = s'(x)_{PE} + \frac{s''}{(\alpha_P + \alpha_A) \cdot s' \cdot (1-s')}. \tag{86}$$

Hieraus läßt sich folgern:[53] *Eine konvexe (bzw. konkave) anreizkompatible Entlohnungsfunktion weist eine größere (bzw. geringere) Steigung auf als die entsprechende paretoeffiziente Entlohnungsfunktion.*

Die (anreizkompatible) Grenzentlohnung weicht c.p. um so mehr von der paretoeffizienten Grenzentlohnung ab, je höher der Betrag $|s''(x)|$, d.h. je stärker die Krümmung.

Aufgrund der Bedingung $\lambda_{AK}'(x) = -s''(x) \cdot \left(\frac{\lambda_{PE}}{a} + 1\right)$ in Verbindung mit der Bedingung $\int \lambda_{AK}(x) \cdot f(x) \, dx = 0$ folgt ferner: Der Lagrange-Multiplikator $\lambda_{AK}(x)$ (als Schatten-

---

[52] Vgl. VELTHUIS (1998), S. 30. Alternativ kann man schreiben:
$$s''(x) = \frac{(\alpha_A U' - \alpha_P a V')U' a V'}{(U' + a V')^3}.$$
[53] Vgl. VELTHUIS (1998), S. 30.

Kapitel II.2 Anreizkompatibilität und Paretoeffizienz

preis für die Einhaltung der Bedingung der Anreizkompatibilität) ist betraglich (für fast jedes x) um so größer, je stärker die Krümmung ist.[54)]

Folglich kann man allgemein schließen: Bei der Gestaltung einer anreizkompatiblen Teilungsregel sollte eine möglichst geringe Krümmung gewählt werden und somit sollte die Teilungsregel tendenziell so linear wie möglich sein.

2.5.3 Analyse aufgrund einer Taylor-Approximation

Wie in Abschnitt 2.1 gezeigt wurde, orientiert sich der Agent bei seinen Entscheidungen am Sicherheitsäquivalent bezüglich der Ergebnisse $S\ddot{A}_{Ax}$:

$$S\ddot{A}_{Ax} \approx \mu - \frac{\hat{\alpha}_A(\mu)}{2} \cdot \sigma^2 \qquad (87)$$

mit $\qquad \hat{\alpha}_A(\mu) = \alpha_A[s(\mu)] \cdot s'(\mu) + \kappa_A(\mu)$.

Für den Prinzipal gilt entsprechend:

$$S\ddot{A}_{Px} \approx \mu - \frac{\hat{\alpha}_P(\mu)}{2} \cdot \sigma^2 \qquad (88)$$

mit $\qquad \hat{\alpha}_P(\mu) = \alpha[x - s(\mu)] \cdot (1 - s'(\mu)) + \kappa_P(\mu)$.

Bei einer anreizkompatiblen Teilungsregel gilt aufgrund von $\hat{\alpha}_P(x) = \hat{\alpha}_A(x)$:

$$S\ddot{A}_{Px} = S\ddot{A}_{Ax}. \qquad (89)$$

Für das Sicherheitsäquivalent der Entlohnung $S\ddot{A}_S$ gilt, wie gezeigt wurde:

$$S\ddot{A}_S \approx E[s(x)] - \frac{1}{2} \cdot \alpha_A[s(\mu)] \cdot s'(\mu)^2 \cdot \sigma^2. \qquad (90)$$

Analog ergibt sich als Sicherheitsäquivalent des Nettoerfolges:

$$S\ddot{A}_{1-s} \approx E[x - s(x)] - \frac{1}{2} \cdot \alpha_P[\mu - s(\mu)] \cdot [1 - s'(\mu)]^2 \cdot \sigma^2. \qquad (91)$$

---

54) Eine (anreizkompatible) Teilungsregel ist konvex (bzw. konkav), wenn das Verhältnis der Risikoaversionskoeffizienten größer ist als das gewichtete Grenznutzenverhältnis. Aus (84) folgt $s''(x) > 0$ für den Fall:
$\alpha_A \cdot s' - \alpha_P \cdot (1 - s') > 0$
$\Leftrightarrow \frac{\alpha_A}{\alpha_P} > \frac{1 - s'}{s'} = \frac{a \cdot V'}{U'}$.
Vgl. VELTHUIS (1998), S. 31.

Die Kooperationsbedingung kann auch wie folgt formuliert werden:

$$SÄ_s = SÄ_{min}. \tag{92}$$

Als Zielfunktion für den Prinzipal ergibt sich dann durch Einsetzen approximativ:

$$SÄ_{1-s} \approx \mu - \frac{1}{2} \cdot \alpha_P [\mu - s(\mu)] \cdot [1 - s'(\mu)]^2 \cdot \sigma^2 \tag{93}$$

$$-\frac{1}{2} \cdot \alpha_A [s(\mu)] \cdot s'(\mu)^2 \cdot \sigma^2 - SÄ_{min}$$

bzw. $SÄ_{1-s} \approx \mu - \frac{1}{2} \cdot \left(\alpha_P [\mu - s(\mu)] \cdot [1 - s'(\mu)]^2 + \alpha_A [s(\mu)] \cdot s'(\mu)^2 \right) \cdot \sigma^2 - SÄ_{min}.$ (94)

Der Ausdruck in der runden Klammer ist der Risikoaversionskoeffizient bezüglich der Ergebnisse an der Stelle μ, vgl. Gleichung (56). Es gilt:

$$\hat{\alpha}(\mu) = \alpha_P [\mu - s(\mu)] \cdot [1 - s'(\mu)]^2 + \alpha_A [s(\mu)] \cdot s'(\mu)^2. \tag{95}$$

Der Risikoaversionskoeffizient $\hat{\alpha}(\mu)$ entspricht somit approximativ der Summe der beiden Risikoprämien. Schließlich erhalten wir das Ergebnis:

$$SÄ_{1-s} \approx \mu - \frac{1}{2} \cdot \hat{\alpha}(\mu) \cdot \sigma^2 - SÄ_{min}. \tag{96}$$

Schon bei gegebener Verteilung führt eine Verminderung des Risikoaversionskoeffizienten $\hat{\alpha}(\mu)$ zu einer Senkung beider Risikoprämien und deshalb zu einer Erhöhung von $SÄ_{1-s}$. Ändert sich die Wahl der Wahrscheinlichkeitsverteilung bei einer Verminderung von $\hat{\alpha}(\mu)$, bedeutet dies eine weitere Erhöhung von $SÄ_{1-s}$. Der Risikoaversionskoeffizient $\hat{\alpha}(\mu)$ ist, wie in Abschnitt 2.3 gezeigt wurde, nahezu minimal, wenn die Grenzentlohnung nahezu paretoeffizient gewählt wird.

Es läßt sich somit das folgende Fazit ziehen:
Anreizkompatible Teilungsregeln sollten im Hinblick auf die Auswahl und Teilung von Risiken so linear wie möglich gewählt werden.

3 Partielle Anreizkompatibilität

3.1 Einführung

In Kapitel 2 wurden Bedingungen dafür aufgezeigt, daß Anreizkompatibilität streng erfüllt ist. Nun werden Voraussetzungen herausgearbeitet, die gewährleisten, daß Anreizkompatibilität *annähernd* erfüllt ist. LAUX spricht in diesem Zusammenhang von *Partieller Anreizkompatibilität*.[1] Das Konzept der Partiellen Anreizkompatibilität von LAUX unterstellt *kleine* Erfolgsänderungen.[2] LAUX zeigt, daß (partielle) Anreizkompatibilität besteht, sofern die Ausgangsverteilung paretoeffizient geteilt ist, die individuellen Grenznutzenwerte quasi-konstant sind und die Erfolgsänderungen proportional geteilt werden.[3] Die Bedingung quasi-konstanter Grenznutzenwerte setzt voraus, daß die Änderungen der individuellen Anteile so gering sind, daß sich die Grenznutzenwerte nicht spürbar ändern.[4] Die Bedingungen von LAUX stehen im engen Zusammenhang zu den Bedingungen Paretoeffizienz (P), Linearität (L) und Anreizkompatibilität (AK). Es ist aber zu beachten, daß von einer *Näherung* bezüglich der Nutzenfunktion ausgegangen wird. In Kapitel 2 wurde gezeigt, wie aufgrund von Taylor-Reihen-Entwicklungen ein Nutzenwert bzw. ein Sicherheitsäquivalent approximiert werden kann. Auf Basis der Approximationen werden die Ergebnisse von LAUX aufgezeigt, verallgemeinert und erweitert.

Zunächst wird Partielle Anreizkompatibilität in bezug auf die Sicherheitsäquivalente formuliert und für kleine Lotterien analysiert. Anschließend wird Partielle Anreizkompatibilität auf der Basis von Nutzenänderungen bei einer gegebenen Ausgangsverteilung behandelt.

3.2 Partielle Anreizkompatibilität bei kleinen Lotterien

Es wird analysiert, wann Partielle Anreizkompatibilität bei kleinen Lotterien im Sinne PRATTS gegeben ist. In Kapitel 2, Abschnitte 1 und 5, wurde gezeigt, wie das *Sicherheitsäquivalent bezüglich der Ergebnisse* approximiert werden kann. Für den Agenten gilt für kleine Lotterien, in denen Momente dritter Ordnung nicht berücksichtigt werden (vgl. Formel (2.87) in Kapitel 2):

---

1) Vgl. LAUX (2003), S. 109.
2) Vgl. LAUX (2003), S. 109.
3) Vgl. LAUX (2003), S. 109-112.
4) Vgl. LAUX (2003), S. 109.

$$\text{SÄ}_{Ax} \approx \mu - \frac{\hat{\alpha}_A(\mu)}{2} \cdot \sigma^2 \qquad (1)$$

mit $\quad \hat{\alpha}_A(\mu) = \alpha_A[s(\mu)] \cdot s'(\mu) - \dfrac{s''(\mu)}{s'(\mu)}. \qquad (2)$

Für den Prinzipal gilt entsprechend (vgl. Formel (2.88) in Kapitel 2):

$$\text{SÄ}_{Px} \approx \mu - \frac{\hat{\alpha}_P(\mu)}{2} \cdot \sigma^2 \qquad (3)$$

mit $\quad \hat{\alpha}_P(\mu) = \alpha_P[x-s(\mu)] \cdot (1-s'(\mu)) + \dfrac{s''(\mu)}{1-s'(\mu)}. \qquad (4)$

Bei einer partiell anreizkompatiblen Teilungsregel muß gelten:[5]

$$\text{SÄ}_{Px} \approx \text{SÄ}_{Ax} \qquad (5)$$

und damit $\quad \hat{\alpha}_P(\mu) \approx \hat{\alpha}_A(\mu). \qquad (6)$

Bedingung (6) besagt, daß die *Risikoaversionskoeffizienten bezüglich der Ergebnisse* annähernd gleich sind. Werden die beiden Risikoaversionskoeffizienten $\hat{\alpha}_P(\mu)$ und $\hat{\alpha}_A(\mu)$ gemäß (2) und (4) eingesetzt, erhält man die folgende Bedingung für Partielle Anreizkompatibilität P-AK:

P-AK $\quad \alpha_P[\mu - s(\mu)] \cdot [1-s'(\mu)] + \dfrac{s''(\mu)}{1-s'(\mu)} \approx \alpha_A[s(\mu)] \cdot s'(\mu) - \dfrac{s''(\mu)}{s'(\mu)}. \qquad (7)$

Die Bedingung der Partiellen Anreizkompatibilität besagt, daß die Risikoaversionskoeffizienten bezüglich der Ergebnisse um die Stelle µ annähernd gleich sind. Folglich nehmen Prinzipal und Agent bei der Bewertung von kleinen Lotterien fast die gleichen Risikoabschläge vor.

Proposition II.2: *Partielle Anreizkompatibilität besteht unter den folgenden Bedingungen:*

1. *Zu teilen sind kleine Lotterien im Sinne von* PRATT, *d.h. Momente dritter Ordnung werden nicht berücksichtigt.*
2. *Es besteht paretoeffiziente Risikoteilung zumindest um µ, d.h.*

$$\alpha_P[\mu - s(\mu)] \cdot [1-s'(\mu)] = \alpha_A[s(\mu)] \cdot s'(\mu). \qquad (8)$$

---

[5] Bei strenger Anreizkompatibilität gilt, wie bereits gezeigt:
$\text{SÄ}_{Px} = \text{SÄ}_{Ax}$ und $\hat{\alpha}_P(\mu) = \hat{\alpha}_A(\mu)$.

Kapitel II.3 Partielle Anreizkompatibilität

3. Die Entlohnungsfunktion ist quasi-linear an der Stelle μ, d.h.

$$s''(\mu) \approx 0. \tag{9}$$

Beweis:
Aufgrund von Bedingung 1 läßt sich Partielle Anreizkompatibilität gemäß Gleichung (7) formulieren.
Wird Gleichung (8) gemäß Bedingung 2 in (7) eingesetzt, so erhält man:

$$\frac{s''(\mu)}{1 - s'(\mu)} \approx -\frac{s''(\mu)}{s'(\mu)} \tag{10}$$

$\Leftrightarrow \qquad s''(\mu) \approx 0.$ \hfill q.e.d.

Ist also die Teilungsregel paretoeffizient und in der "Mitte" des relevanten Bereichs annähernd linear, dann besteht Partielle Anreizkompatibilität für kleine Lotterien.

3.3 Partielle Anreizkompatibilität bei gegebener Ausgangsverteilung

3.3.1 Die Entscheidungssituation

Es wird nun von einer *gegebenen* Ausgangswahrscheinlichkeitsverteilung über x ausgegangen. Das Ergebnis x wird gemäß Teilungsregel $s_x(x)$ *paretoeffizient* geteilt. Der Agent kann nun über weitere Projekte entscheiden, wobei eine *neue* Verteilung über ein zusätzliches Ergebnis y generiert wird. Das Ergebnis y wird über eine Teilungsregel $s_y(y)$ ebenfalls aufgeteilt.

Da eine paretoeffiziente Risikoteilung bezüglich x besteht, gelten die Beziehungen (vgl. Gleichung (2.24) und (2.28) in Kapitel 2):

$$U'[x - s_x(x)] = \lambda \cdot V'[x - s_x(x)] \tag{11}$$

und $\qquad \alpha_P[x - s_x(x)] \cdot [1 - s_x'(x)] = \alpha_A[s_x(x)] \cdot s_x'(x). \tag{12}$

Es stellt sich die Frage, wann Partielle Anreizkompatibilität bezüglich der Verteilung y gewährleistet ist. Die Bedingung der *Partiellen Anreizkompatibilität* in bezug auf die Verteilung y kann auf Basis von Nutzenänderungen wie folgt formalisiert werden:

$$\Delta U \approx a \cdot \Delta V + b \quad \text{mit } a > 0. \tag{13}$$

D.h. für jedes Ergebnis x ist die Nutzenänderung des Prinzipals aufgrund von y approximativ eine lineare Funktion der Nutzenänderung des Agenten. Es wird zunächst gezeigt, wie die Nutzenänderungen angenähert werden können.

3.3.2 Approximation der Nutzenänderungen

Der zusätzliche Nutzen für den Agent aufgrund von y bei einer Realisation des Ergebnisses x beträgt:

$$\Delta V = V[s_x(x) + s_y(y)] - V[s_x(x)]. \tag{14}$$

Der Nutzenwert $V[s_x(x) + s_y(y)]$ kann wie folgt um die Stelle $s_x(x)$ approximiert werden:

$$V[s_x(x) + s_y(y)] \approx V[s_x(x)] + s_y(y) \cdot V'[s_x(x)] + \frac{1}{2} s_y(y)^2 \cdot V''[s_x(x)]. \tag{15}$$

Wird (15) in ΔV eingesetzt, folgt:

$$\Delta V \approx s_y(y) \cdot V'[s_x(x)] + \frac{1}{2} s_y(y)^2 \cdot V''[s_x(x)] \tag{16}$$

$$\Leftrightarrow \qquad \Delta V \approx s_y(y) \cdot V'[s_x(x)] \cdot \left[1 - \frac{1}{2} s_y(y) \cdot \alpha_A[s_x(x)]\right]. \tag{17}$$

Analog erhält man für die Nutzenänderung des Prinzipals:

$$\Delta U \approx [y - s_y(y)] \cdot U'[x - s_x(x)] \cdot \left[1 - \frac{1}{2}[y - s_y(y)] \cdot \alpha_P[x - s_x(x)]\right]. \tag{18}$$

Es wird nun für verschiedene Fälle untersucht, inwieweit die Bedingung der *Partiellen Anreizkompatibilität* auf Basis von *approximativen Nutzenänderungen* erfüllt ist, d.h. inwieweit gilt:

$$\Delta U \approx a \cdot \Delta V + b \tag{13}$$

bzw. für b = 0:
$$\Delta U \approx a \cdot \Delta V. \tag{19}$$

3.3.3 Partielle Anreizkompatibilität bei konstanten Grenznutzenwerten und proportionaler Teilung von y

Nach dem THEOREM VON LAUX besteht Partielle Anreizkompatibilität unter den folgenden drei Bedingungen:[6]

1. *In der Ausgangssituation besteht bezüglich x eine paretoeffiziente Risikoteilung.*
2. *Die Grenznutzenwerte sind quasi-konstant.*
3. *Es erfolgt eine proportionale Teilung bezüglich y.*

LAUX zeigt, daß, sofern die Ausgangsverteilung paretoeffizient geteilt wird und die Grenznutzenwerte quasi-konstant sind, es für Partielle Anreizkompatibilität *hinreichend* ist, wenn die Erfolgsänderungen proportional geteilt werden.[7]

Es wird nun ausgehend von den ersten beiden Bedingungen formal gezeigt, daß proportionale Teilung *notwendig* für partielle Anreizkompatibilität ist.

Die Annahme konstanter Grenznutzenwerte impliziert, daß die Entlohnung aufgrund von y jeweils so klein ist, daß die folgende Approximation verwendet werden kann:

$$\Delta V \approx s_y(y) \cdot V'[s_x(x)] \quad (20)$$

bzw.
$$\Delta U \approx [y - s_y(y)] \cdot U'[x - s_x(x)]. \quad (21)$$

Die Approximation (20) bzw. (21) beinhaltet, daß der Ausdruck $1/2 \cdot s_y(y)^2 \cdot V''[s_x(x)]$ bzw. $1/2 \cdot [y - s_y(y)]^2 \cdot U''[x - s_x(x)]$ vernachlässigbar ist.

Durch Einsetzen der Nutzenänderungen gemäß (20) und (21) in $\Delta U \approx a \cdot \Delta V + b$ gemäß (13) erhält man:

$$[y - s_y(y)] \cdot U'[x - s_x(x)] \approx a \cdot (s_y(y) \cdot V'[s_x(x)]) + b \quad (22)$$

Es läßt sich zeigen, daß bei Risikoaversion der Parteien stets b = 0 gelten muß. Damit folgt unter Berücksichtigung der Bedingung der Paretoeffizienz (11) $U' = \lambda \cdot V'$:

$$[y - s_y(y)] \cdot \lambda \approx a \cdot s_y(y) \quad (23)$$

---

[6] Vgl. LAUX (2003), S. 109.
[7] Vgl. LAUX (2003), S. 110-112.

$$\Leftrightarrow \qquad s_y(y) \approx \frac{\lambda}{\underbrace{a+\lambda}_{\equiv z_A}} \cdot y\,. \qquad (24)$$

Es muß somit eine *proportionale* Teilung gegeben sein.

3.3.4 Partielle Anreizkompatibilität bei proportionaler Teilung von y und quasi-linearer Teilung von x

Sofern eine paretoeffiziente Ausgangsverteilung gegeben ist, müssen die Grenznutzenwerte nicht quasi-konstant sein, damit die Bedingung der Partiellen Anreizkompatibilität erfüllt ist. Partielle Anreizkompatibilität kann, wie anschließend bewiesen wird, auch dann vorliegen, wenn sich die Grenznutzenwerte merklich ändern.

Proposition II.3: *Partielle Anreizkompatibilität besteht unter den folgenden drei Bedingungen:*
   1. *Eine paretoeffiziente Risikoteilung besteht in der Ausgangssituation bezüglich x.*
   2. *Es erfolgt eine proportionale Teilung bezüglich y.*
   3. *Die Teilungsregel bezüglich x ist quasi-linear.*

Ausgehend von den ersten beiden Bedingungen wird gezeigt, daß die dritte Bedingung *notwendig* für partielle Anreizkompatibilität ist:

Proportionale Teilung impliziert:

$$s_y(y) = z_A \cdot y \qquad (25)$$

und

$$y - s_y(y) = z_P \cdot y\,. \qquad (26)$$

Werden die Gleichungen für proportionale Teilung in die Gleichungen für die Nutzenänderungen (17) und (18) eingesetzt, so ergibt sich:

$$\Delta V \approx z_A \cdot y \cdot V'[s_x(x)] \cdot \left[1 - \frac{1}{2} \cdot z_A \cdot y \cdot \alpha_A[s_x(x)]\right] \qquad (27)$$

und

$$\Delta U \approx z_P \cdot y \cdot U'[x - s_x(x)] \cdot \left[1 - \frac{1}{2} \cdot z_P \cdot y \cdot \alpha_P[x - s_x(x)]\right]. \qquad (28)$$

Hierbei wird beachtet, daß auch Momente zweiter Ordnung relevant sind.

Werden die Nutzenänderungen in $\Delta U \approx a \cdot \Delta V$ gemäß (19) eingesetzt, erhält man unter Berücksichtigung von $U' = \lambda \cdot V'$ gemäß (11):

Kapitel II.3 Partielle Anreizkompatibilität

$$z_P \cdot y \cdot U' \left[1 - \frac{1}{2} \cdot z_P \cdot y \cdot \alpha_P \right] \approx a \cdot z_A \cdot y \cdot V' \left[1 - \frac{1}{2} \cdot z_A \cdot y \cdot \alpha_A \right] \quad (29)$$

$$\Leftrightarrow \quad z_P \cdot \lambda \cdot \left[1 - \frac{1}{2} \cdot z_P \cdot y \cdot \alpha_P \right] \approx a \cdot z_A \cdot \left[1 - \frac{1}{2} \cdot z_A \cdot y \cdot \alpha_A \right]. \quad (30)$$

Diese Gleichung ist nur erfüllt, wenn folgende Beziehung für alle x gilt:

$$z_P \cdot \alpha_P [x - s_x(x)] \approx z_A \cdot \alpha_A [s_x(x)]. \quad (31)$$

Diese Bedingung ist ihrerseits für alle x nur erfüllt, wenn das Verhältnis der Risikoaversionskoeffizienten bei der Teilungsregel $s_x(x)$ nahezu eine Konstante ist, die paretoeffiziente Teilungsregel $s_x(x)$ folglich nahezu linear verläuft.

3.3.5 Quasi-konstante Grenznutzenwerte oder quasi-lineare Teilung als notwendige Voraussetzung für Partielle Anreizkompatibilität

Es wird nun der Fall behandelt, daß weder quasi-konstante Grenznutzenwerte noch eine quasi-lineare paretoeffiziente Teilungsregel bezüglich x gegeben ist.

Proposition II.4: *Bestehen weder quasi-konstante Grenznutzenwerte noch eine quasi-lineare paretoeffiziente Teilungsregel bezüglich x, dann existiert keine anreizkompatible (zustandsunabhängige) Entlohnungsfunktion $s_y(y)$.*

Beweis:
Einsetzen der (allgemeinen) Nutzenveränderungen gemäß (17) und (18) in $\Delta U \approx a \cdot \Delta V$ gemäß (19) ergibt:

$$[y - s_y(y)] \cdot U'[x - s_x(x)] \cdot \left[1 - \frac{1}{2} [y - s_y(y)] \cdot \alpha_P [x - s_x(x)] \right] \quad (32)$$

$$\approx a \cdot s_y(y) \cdot V'[s_x(x)] \cdot \left[1 - \frac{1}{2} s_y(y) \cdot \alpha_A [s_x(x)] \right].$$

Bei paretoeffizienter Teilung gilt $U' = \lambda \cdot V'$ gemäß (11) und somit:

$$\lambda [y - s_y(y)] \cdot \left[1 - \frac{1}{2} [y - s_y(y)] \alpha_P [x - s_x(x)] \right] \approx a \cdot s_y(y) \cdot \left[1 - \frac{1}{2} s_y(y) \alpha_A [s_x(x)] \right]. \quad (33)$$

Diese Bedingung ist für alle x nur dann erfüllt, wenn das Verhältnis der Risikoaversionskoeffizienten bei der Teilungsregel $s_x(x)$ nahezu eine Konstante ist und die paretoeffiziente Teilungsregel $s_x(x)$ folglich quasi-linear verläuft. Dies gilt unabhängig von einer proportionalen Teilung bezüglich y.

Ist in der Ausgangssituation die paretoeffiziente Entlohnungsfunktion nicht linear und/oder sind die Grenznutzenwerte nicht konstant, dann muß die Entlohnungsfunktion $s_y(y)$ zustandsabhängig ermittelt werden.

Wie zustandsabhängige Teilungsregeln ermittelt werden können, wird im folgenden Kapitel gezeigt.

Sowohl das Konzept der Partiellen Anreizkompatibilität als auch das Konzept der zustandsabhängigen Nutzenfunktionen haben große Bedeutung für die Gestaltung anreizkompatibler Teilungsregeln im Kapitalmarktzusammenhang.

4 Berücksichtigung zustandsabhängiger Nutzenfunktionen

4.1 Einführung

Der statische Modellrahmen wird nun erweitert, um zustandsabhängige Nutzenfunktionen zu berücksichtigen.[1] Die explizite Berücksichtigung von zustandsabhängigen Nutzenfunktionen hat zum einen Bedeutung für die Verallgemeinerung von Bedingungen bzw. Prinzipien der Anreizkompatibilität. Zum anderen muß im Kapitalmarktzusammenhang grundsätzlich von zustandsabhängigen Nutzenfunktionen ausgegangen werden.

Bei zustandsabhängigen Nutzenfunktionen hängt der jeweilige Nutzenwert, welcher der Agent seiner Entlohnung zuordnet, explizit davon ab, welcher Zustand z eingetreten ist. Für die Nutzenfunktion des Agenten kann man schreiben:

$$V[\cdot] = V[s(x)|z] \equiv V_z[s(x)]. \tag{1}$$

Für den Prinzipal gilt entsprechend:

$$U[\cdot] = U[x - s(x)|z] \equiv U_z[x - s(x)]. \tag{2}$$

Folglich sind auch die Grenznutzen-Funktionen grundsätzlich zustandsabhängig. Zu ihrer Darstellung wird die folgende Kurzschreibweise verwendet:

$$\frac{\partial V[s(x)|z]}{\partial s(x)|z} \equiv V'_z[s(x)]. \tag{3}$$

Hierbei bezeichnet der Ausdruck $\partial s(x)|z$ eine Erhöhung der Entlohnung im Zustand z um eine marginale Einheit.

Für den Prinzipal beträgt der zustandsabhängige Grenznutzen analog:

$$\frac{\partial U[(x - s(x))|z]}{\partial(x - s(x))|z} \equiv U'_z[x - s(x)]. \tag{4}$$

---

[1] Zum Konzept und zur Bedeutung zustandsabhängiger Nutzenfunktionen vgl. insbesondere LAUX/SCHNEEWEIß (1972) sowie LAUX (2003), S. 35-45.

Bei zustandsabhängigen Nutzenfunktionen ist es von Bedeutung, in welchem Umweltzustand ein Ergebnis erzielt wird. Für die Darstellungen ist es daher zweckmäßig, *explizit* den Zustand anzugeben, in dem ein Ergebnis bzw. Cash-Flow erzielt wird:

$$x = x(z) \equiv x_z. \tag{5}$$

Die Entlohnungsfunktion kann sofern der Zustand z verifizierbar ist, und davon wird grundsätzlich ausgegangen, *zustandsabhängig* festgelegt werden:

$$s(x) = s(x_z|z) \equiv s_z(x_z). \tag{6}$$

Der Prinzipal bzw. der Agent orientiert sich am Erwartungswert des Nutzens der nun wie folgt dargestellt werden kann:

$$E(U[\cdot]) = \sum w(z) \cdot U_z[x_z - s_z(x_z)] \tag{7}$$

bzw. $\qquad\qquad E(V[\cdot]) = \sum w(z) \cdot V_z[s_z(x_z)]. \tag{8}$

Zunächst wird eine paretoeffiziente zustandsabhängige Risikoteilung, anschließend werden anreizkompatible zustandsabhängige Teilungsregeln ermittelt. Im letzten Abschnitt wird der Fall untersucht, daß die Zustandsabhängigkeit der Nutzenfunktionen ausschließlich aufgrund von exogenem Einkommen resultiert.

4.2 Paretoeffiziente zustandsabhängige Risikoteilung

Bei der Analyse paretoeffizienter zustandsabhängiger Teilung wird die Entscheidungssituation gegebenenfalls modifiziert, um einen Vergleich mit einer anreizkompatiblen Teilung zu ermöglichen. Hierbei werden die folgenden Spezialfälle betrachtet:

- Fall a) Es sind nur Teilmengen der Zustände verifizierbar. D.h. der einzelne Zustand z kann nicht überprüft werden, sondern nur der "Oberzustand" $\hat{z}$ mit $z \in \hat{z}$. Eine Differenzierung der Entlohnungsfunktion ist dann nur bezüglich der Oberzuständen $\hat{z}$ möglich und damit folgt:

$$s_z(x_z) = s_{\hat{z}}(x_z) \qquad \text{für } z \in \hat{z}. \tag{9}$$

- Fall b) Die zustandsabhängigen Nutzenfunktionen sind für einzelne Umweltzustände identisch. Dieser Sachverhalt kann auf analoge Weise berücksichtigt wer-

Kapitel II.4 Berücksichtigung zustandsabhängiger Nutzenfunktionen

den, indem man die entsprechenden Zustände zu einem Oberzustand $\hat{z}$ zusammenfaßt. Es gilt dann:

$$U_z[x-s(x)] = U_{\hat{z}}[x-s(x)] \qquad \text{für } z \in \hat{z}. \qquad (10)$$

Bei zustandsbedingten Nutzenfunktionen kann die Lagrange-Funktion wie folgt dargestellt werden:

$$L = \sum w(z) \cdot U_z[x_z - s_z(x_z)] + \lambda \cdot \left[\sum w(z) \cdot V_z[s_z(x_z)] - V_{min}\right]. \qquad (11)$$

Das Optimum ergibt sich, indem die Lagrange-Funktion *punktweise für jeden Zustand* z maximiert wird. Man erhält:

$$\frac{\partial L}{\partial s_z(x_z)} = w(z) \cdot -U'_z[x_z - s_z(x_z)] + \lambda \cdot w(z) \cdot V'_z[s_z(x_z)] = 0 \qquad \forall z. \qquad (12)$$

Bei zustandsbedingten Nutzenfunktionen muß folglich für *jeden Zustand* z die folgende Bedingung erfüllt sein:

$$U'_z[x_z - s_z(x_z)] = \lambda \cdot V'_z[s_z(x_z)] \qquad \forall z. \qquad (13)$$

Die Entlohnung des Agenten wird zwischen den einzelnen Zuständen z solange variiert, bis das Verhältnis der Grenznutzenwerte der einzelnen Parteien in jedem Zustand übereinstimmt. Diese Vorgehensweise ist grundsätzlich nur dann möglich, wenn die Zustände jeweils überprüfbar bzw. verifizierbar sind. Eine explizite Überprüfung des Umweltzustandes z erübrigt sich, wenn jedem Zustand z ein anderes Ergebnis x_z entspricht.

Für den Fall a), daß nur Oberzustände $\hat{z}$ überprüfbar sind, ist die Bedingung (13) wie folgt zu modifizieren:

$$\sum_{z \in \hat{z}} w(z) \cdot U'_z[x_z - s_{\hat{z}}(x_z)] = \sum_{z \in \hat{z}} w(z) \cdot V'_z[s_{\hat{z}}(x_z)] = 0 \qquad \forall x_z, \hat{z}. \qquad (14)$$

Hierbei wird das Risiko im Oberzustand $\hat{z}$ paretoinferior geteilt, sofern die Grenznutzenwerte jeweils im Oberzustand $\hat{z}$ nicht konstant sind.

Nun wird die Bedeutung der *Zustandspräferenz* für eine zustandsabhängige Teilung näher analysiert.

Um Aussagen bezüglich der Abhängigkeit der Entlohnung vom zustandsabhängigen Grenznutzen zu treffen, wird die Bedingung (13) für den Zustand z* sowie für den Zustand z** betrachtet:

$$U'_{z^*}[x_{z^*} - s_{z^*}(x_{z^*})] = \lambda \cdot V'_{z^*}[s_{z^*}(x_{z^*})] \qquad (15)$$

und
$$U'_{z^{**}}[x_{z^{**}} - s_{z^{**}}(x_{z^{**}})] = \lambda \cdot V'_{z^{**}}[s_{z^{**}}(x_{z^{**}})]. \qquad (16)$$

Werden die beiden Bedingungen dividiert, so folgt:

$$\frac{U'_{z^*}[x_{z^*} - s_{z^*}(x_{z^*})]}{U'_{z^{**}}[x_{z^{**}} - s_{z^{**}}(x_{z^{**}})]} = \frac{V'_{z^*}[s_{z^*}(x_{z^*})]}{V'_{z^{**}}[s_{z^{**}}(x_{z^{**}})]}. \qquad (17)$$

Das Verhältnis der Grenznutzenwerte bezüglich zweier Zustände sind für Prinzipal und Agent stets gleich. Die linke (bzw. rechte) Seite der Gleichung kann als *relative Zustandspräferenz* des Prinzipals (bzw. des Agenten) bezüglich der Zustände z^* und z^{**} interpretiert werden.

Wird nun außerdem davon ausgegangen, daß die Ergebnisse x_z in beiden Zuständen gleich hoch sind, d.h. $x_{z^*} = x_{z^{**}} = x$, so ergibt sich: Hat der Agent in dem Zustand z^* einen verhältnismäßig höheren Grenznutzen, so erhält er einen höheren Anteil im Zustand z^* im Vergleich zum Zustand z^{**}: $s_{z^*}(x_{z^*}) > s_{z^{**}}(x_{z^{**}})$. Zur Verdeutlichung wird zunächst von einer gleich hohen Entlohnung in beiden Zuständen ausgegangen, d.h. $s_{z^*}(x_{z^*}) = s_{z^{**}}(x_{z^{**}}) = s$. In diesem Fall ist Gleichung (17) nicht erfüllt. Es gilt vielmehr:

$$\frac{U'_{z^*}[x-s]}{U'_{z^{**}}[x-s]} < \frac{V'_{z^*}[s]}{V'_{z^{**}}[s]}. \qquad (18)$$

Damit das Risiko paretoeffizient geteilt wird, muß der Anteil $s_{z^*}(x_{z^*})$ erhöht bzw. der Anteil $s_{z^{**}}(x_{z^{**}})$ gesenkt werden bis Gleichung (17) erfüllt ist. Eine Erhöhung des Anteils $s_{z^*}(x_{z^*})$ führt hierbei dazu, daß V'_{z^*} sinkt und U'_{z^*} steigt. Eine Senkung von $s_{z^{**}}(x_{z^{**}})$ führt hingegen zu einer Erhöhung von $V'_{z^{**}}$ und einer Senkung von $U'_{z^{**}}$. Es wird dabei jeweils eine Erhöhung der linken Seite und eine Reduzierung der rechten Seite der Gleichung erzielt.

Die Zusammenhänge lassen sich für den Fall zustandsabhängiger Nutzenfunktionen bei exogenem Einkommen relativ anschaulich verdeutlichen. Hierbei sind Nutzenfunktionen deshalb zustandsabhängig, weil die Beteiligten auch außerhalb der Kooperation riskantes Vermögen beziehen. Erzielt die eine Partei in einem Zustand einen verhältnismäßig geringen Anteil, so erhält sie im Rahmen der Kooperation in diesem Zustand einen relativ hohen Anteil.

Die *Zustandspräferenz* des Agenten bezüglich eines Zustandes kommt durch die folgende Normierung zum Ausdruck:

Kapitel II.4 Berücksichtigung zustandsabhängiger Nutzenfunktionen

$$\frac{w(z^*) \cdot V'_{z^*}[s_{z^*}(x_{z^*})]}{\sum w(z) \cdot V'_z[s_z(x_z)]}. \tag{19}$$

Es läßt sich aufgrund von (13) bzw. (15) leicht zeigen, daß die folgende Bedingung gilt:[2]

$$\frac{w(z^*) \cdot U'_{z^*}[x_{z^*} - s_{z^*}(x_{z^*})]}{\sum w(z) \cdot U'_z[x_z - s_z(x_z)]} = \frac{w(z^*) \cdot V'_{z^*}[s_{z^*}(x_{z^*})]}{\sum w(z) \cdot V'_z[s_z(x_z)]}. \tag{20}$$

Eine paretoeffiziente Teilung über die Zustände impliziert, daß die Zustandspräferenz des Prinzipals und des Agenten gleich sind. Wäre dies nicht der Fall, so würde sich eine zustandsabhängige Umverteilung lohnen.

Nun soll die konkrete *Gestalt* einer zustandsabhängigen Teilungsregel kurz untersucht werden. Hierbei ist zu beachten, daß die Wahrscheinlichkeitsverteilung über die Ergebnisse *gegeben* ist. Folglich ist das Ergebnis in einem Zustand z eindeutig durch den betreffenden Zustand z determiniert. Aussagen über die konkrete Gestalt der Entlohnungsfunktion $s_z(x_z)$ im allgemeinen Fall erübrigen sich; die Entlohnungsfunktion degeneriert zu einem Punkt.

Um dennoch Aussagen über die Gestalt einer zustandsabhängigen Teilungsregel zu ermöglichen, wird der Fall b) betrachtet. Hierbei sind, wie erläutert, die Nutzenfunktionen für die Zustände $z \in \hat{z}$ identisch. In diesem Fall kann die Bedingung (13) wie folgt modifiziert werden:

$$U'_{\hat{z}}[x_z - s_{\hat{z}}(x_z)] = \lambda \cdot V'_{\hat{z}}[s_{\hat{z}}(x_z)] \quad \forall x_z, \hat{z}. \tag{21}$$

Dabei sind theoretisch (unendlich) viele mögliche Ergebnisse in einem Oberzustand $\hat{z}$ denkbar. Aussagen über die Gestalt einer zustandsabhängigen Teilungsregel lassen sich nun erzielen, indem das Ergebnis x_z in Gleichung (21) variiert wird.[3]

Werden beide Seiten von (21) nach x_z abgeleitet, erhält man:

$$U''_{\hat{z}}[x_z - s_{\hat{z}}(x_z)] \cdot \left[1 - s'_{\hat{z}}(x_z)\right] = \lambda \cdot V''_{\hat{z}}[s_{\hat{z}}(x_z)] \cdot s'_{\hat{z}}(x_z) \quad \forall x_z, \hat{z}. \tag{22}$$

Wird (22) durch (21) geteilt, folgt nach Umformung:

---

2) Diese Bedingung ist allgemein im Rahmen des State Preference Ansatzes bekannt.
3) Wie bereits angemerkt, ist dies für den Fall, in dem das Ergebnis eindeutig aufgrund des Zustandes determiniert ist, nicht möglich. Es muß eben stets beachtet werden, daß im Rahmen des Konzeptes der Paretoeffizienz die Wahrscheinlichkeitsverteilung stets *gegeben* ist.

$$s'_{\hat{z}}(x_z) = \frac{\alpha_{P\hat{z}}[x_z - s_{\hat{z}}(x_z)]}{\alpha_{P\hat{z}}[x_z - s_{\hat{z}}(x_z)] + \alpha_{A\hat{z}}[s_{\hat{z}}(x_z)]} \quad \forall z \in \hat{z}. \quad (23)$$

Die zustandsabhängige Grenzentlohnung für jeden Oberzustand $\hat{z}$ wird aufgrund des Verhältnisses der zustandsabhängigen Risikoaversionskoeffizienten bestimmt. Die Bestimmungsgleichung impliziert, daß der Agent in Oberzuständen, in denen er relativ stark risikoavers ist, relativ gering am unsicheren Erfolg beteiligt wird. Sind die Risikoaversionskoeffizienten für jeden Oberzustand gleich, folgt für jeden Zustand die gleiche Grenzentlohnung.[4] Ein Ausgleich erfolgt lediglich in Form eines zustandsabhängigen Fixums.

4.3 Anreizkompatible zustandsabhängige Entlohnung

Bei der Betrachtung zustandsabhängiger anreizkompatibler Teilungsregeln muß beachtet werden, daß das Ergebnis x_z nun nicht mehr eindeutig aufgrund des Zustandes z determiniert ist. Grundsätzlich ist für jeden Zustand z jedes Ergebnis x_z möglich. Wie im Anhang bewiesen wird, erhält man bei zustandsabhängigen Nutzenfunktionen die folgende *notwendige* und *hinreichende* Bedingung der Anreizkompatibilität.

Proposition II.5 *Notwendig und hinreichend für Anreizkompatibilität bei zustandsabhängigen Nutzenfunktionen ist, daß der Nutzen des Prinzipals eine linear steigende Funktion des Nutzens des Agenten in jedem Zustand ist*

$$U_z[x_z - s_z(x_z)] = a \cdot V_z[s_z(x_z)] + b_z \quad \forall x_z, z, \quad (24)$$

wobei die lineare Transformation bis auf den Faktor b_z zustandsunabhängig sein muß.

Wäre der Proportionalitätsfaktor a *zustandsabhängig*, so würde es sich für den Agenten lohnen, eine zustandsabhängige Transformation zu Lasten des Prinzipals vorzunehmen.

Wie im Anhang gezeigt, gewährleistet die Bedingung (24), daß die *relativen Zustandspräferenzen bezüglich der Ergebnisse* der Beteiligten übereinstimmen:

---

[4] Dies ist bei exponentiellen zustandsabhängigen Nutzenfunktionen gegeben, sofern der Risikoaversionskoeffizient zustands*un*abhängig ist.

Kapitel II.4 Berücksichtigung zustandsabhängiger Nutzenfunktionen

$$\frac{\frac{\partial U_{z*}[\cdot]}{\partial x_{z*}}}{\frac{\partial U_{z**}[\cdot]}{\partial x_{z**}}} = \frac{\frac{\partial V_{z*}[\cdot]}{\partial x_{z*}}}{\frac{\partial V_{z**}[\cdot]}{\partial x_{z**}}}. \qquad (25)$$

Werden beide Seiten der Bedingung (24) nach x_z abgeleitet, folgt:

$$U'_z[x_z - s_z(x_z)] \cdot \left[1 - s'_z(x_z)\right] = a \cdot V'_z[s_z(x_z)] \cdot s'_z(x_z) \quad \forall x_z, z \qquad (26)$$

bzw.
$$s'_z(x_z) = \frac{U'_z[x_z - s_z(x_z)]}{U'_z[x_z - s_z(x_z)] + a \cdot V'_z[s_z(x_z)]} \quad \forall x_z, z. \qquad (27)$$

Anhand Gleichung (27) läßt sich der folgende Zusammenhang erkennen. Hat der Agent in einem Zustand einen im Vergleich zum Prinzipal relativ *hohen* zustandsbezogenen Grenznutzen, so erhält er zum Ausgleich des Bewertungsunterschiedes eine verhältnismäßig *niedrige* Grenzentlohnung. Dies steht grundsätzlich im Gegensatz zu dem Prinzip der Paretoeffizienz. Bei einem relativ hohen zustandsbezogenen Grenznutzen lohnt es sich, dem Agenten eine hohe Entlohnung zu gewähren.[5]

Wird die Bedingung (26) ihrerseits auf beiden Seiten nach x_z abgeleitet, folgt unter Verwendung der Kurzschreibweise:

$$U''_z \cdot \left(1 - s'_z\right)^2 - U'_z \cdot s''_z = a \cdot V''_z \cdot {s'_z}^2 + a \cdot V'_z \cdot s''_z. \qquad (28)$$

Wird analog zu den Darstellungen in Kapitel 2 durch die Gleichung (26) geteilt, folgt:

$$\alpha_{Pz} \cdot \left(1 - s'_z\right) + \frac{s''_z}{\left(1 - s'_z\right)} = \alpha_{Az} \cdot s'_z - \frac{s''_z}{s'_z}. \qquad (29)$$

Analog zum Standardfall gibt die linke bzw. rechte Seite von (29) den *zustandsbedingten Risikoaversionskoeffizienten* des Prinzipals bzw. des Agenten *bezüglich der Ergebnisse* an.

Gemäß (29) ergibt sich die Krümmung aufgrund der zustandsbedingten Risikoaversionskoeffizienten sowie der Grenzentlohnung.

Um einen Vergleich mit zustandsbedingten paretoeffizienten Teilungsregeln zu ermöglichen, wird davon ausgegangen, daß die Nutzenfunktionen für die Zustände $z \in \hat{z}$ identisch sind (Fall b). Für Gleichung (29) kann man dann schreiben:

---

[5] Die führt wiederum zur Reduzierung des Grenznutzens in dem betrachteten Zustand bis das Verhältnis der Grenznutzenwerte eine Konstante ist.

$$\alpha_{P\hat{z}} \cdot \left(1 - s'_{\hat{z}}\right) + \frac{s''_{\hat{z}}}{\left(1 - s'_{\hat{z}}\right)} = \alpha_{A\hat{z}} \cdot s'_{\hat{z}} - \frac{s''_{\hat{z}}}{s'_{\hat{z}}}. \tag{30}$$

Ein Vergleich mit (23) zeigt, daß eine anreizkompatible zustandsbedingte Teilungsregel nur dann zugleich paretoeffizient ist, wenn sie in jedem Zustand linear ist.

4.4 Anreizkompatible zustandsabhängige Entlohnung bei exogenem Einkommen

Es wird nun der Fall zustandsabhängiger Nutzenfunktionen bei exogenem Einkommen betrachtet. Wird außerhalb der Kooperationsbeziehung Einkommen erzielt, so sind die Nutzenfunktionen stets zustandsabhängig, sofern keine Risikoneutralität vorliegt.

Besteht die Zustandsabhängigkeit der Nutzenfunktionen ausschließlich aufgrund von exogenem Einkommen, und hiervon wird im folgenden ausgegangen, so kann man für (1) und (2) schreiben:

$$V_z[s_z(x_z)] = V[x_{Az} + s_z(x_z)] \tag{31}$$

und
$$U_z[x_z - s_z(x_z)] = U[x_{Pz} + x_z - s_z(x_z)]. \tag{32}$$

Hierbei bezeichnet x_{Az} bzw. x_{Pz} das exogene Einkommen des Agenten bzw. des Prinzipals.

Im Rahmen der Analyse wird eingangs grundsätzlich jeweils angenommen, das externe Einkommen sei in jedem Zustand ein Datum.

Werden die Nutzenfunktionen (31) und (32) in die notwendige und hinreichende Bedingung für Anreizkompatibilität (24) eingesetzt, so folgt:

$$U[x_{Pz} + x_z - s_z(x_z)] = a \cdot V[x_{Az} + s_z(x_z)] + b_z \quad \forall x_z, z. \tag{33}$$

Es ist zu beachten, daß, wie schon in Kapitel 2 angemerkt, die Entlohnungsfunktion auch dann zustandsabhängig festgelegt werden kann, wenn gar kein externes Einkommen erzielt wird. Dies soll zunächst vertieft werden. Für den Fall $x_{Pz} = x_{Az} = 0$ folgt aus (33) die Bedingung:

$$U[x_z - s_z(x_z)] = a \cdot V[s_z(x_z)] + b_z \quad \forall x_z, z. \tag{34}$$

Auf der Grundlage von (34) kann gemäß dem Standardfall für jeden Zustand eine zustandsabhängige Entlohnungsfunktion ermittelt werden. Sind beispielsweise die

Parteien risikoneutral, dann unterscheiden sich die einzelnen zustandsabhängigen Teilungsregeln nur aufgrund des jeweiligen Fixums.

Nun wird der Fall betrachtet, daß nur der Prinzipal externes Einkommen bezieht, d.h. $x_{Az} = 0$, und somit gilt gemäß (33):

$$U[x_{Pz} + x_z - s_z(x_z)] = a \cdot V[s_z(x_z)] + b_z \quad \forall x_z, z. \tag{35}$$

Werden beide Seiten nach x_z abgeleitet, erhält man:

$$U'[\cdot] \cdot \left(1 - \frac{\partial s_z(x_z)}{\partial x_z}\right) = a \cdot V'[\cdot] \cdot \frac{\partial s_z(x_z)}{\partial x_z}. \tag{36}$$

Die Grenzentlohnung beträgt bei ausführlicher Schreibweise:

$$s'_z(x_z) = \frac{U'[x_{Pz} + x_z - s_z(x_z)]}{U'[x_{Pz} + x_z - s_z(x_z)] + a \cdot V'[s_z(x_z)]} \quad \forall x_z, z. \tag{37}$$

Nach Gleichung (37) wird analog zu (27) der folgende Zusammenhang deutlich. In Zuständen, in denen der Prinzipal ein relativ hohes externes Einkommen hat, ist sein Grenznutzen klein. Damit Gleichung (37) erfüllt ist, muß der Grenznutzen des Agenten und/oder die Grenzentlohnung gering sein. Der Grenznutzen des Agenten ist dann gering, wenn die zustandsabhängige Entlohnung hoch ist.

Die Darstellung wird nun für den Fall erweitert, daß das externe Einkommen x_{Pz} im Zustand z *nicht* gegeben ist. Werden beide Seiten von (35) nach x_{Pz} abgeleitet, erhält man:

$$U'[\cdot] \cdot \left(1 - \frac{\partial s_z(x_z)}{\partial x_{Pz}}\right) = a \cdot V'[\cdot] \cdot \frac{\partial s_z(x_z)}{\partial x_{Pz}}. \tag{38}$$

Hieraus folgt in Verbindung mit (37):

$$\frac{\partial s_z(x_z)}{\partial x_{Pz}} = \frac{U'[x_{Pz} + x_z - s_z(x_z)]}{U'[x_{Pz} + x_z - s_z(x_z)] + a \cdot V'[s_z(x_z)]} \overset{!}{=} \frac{\partial s_z(x_z)}{\partial x_z}. \tag{39}$$

Die Grenzentlohnung ist für x_{Pz} und x_z stets die gleiche. Der Agent muß also in jedem Zustand z auch am Einkommen des Prinzipals beteiligt werden, und zwar grundsätzlich in gleicher Weise wie an den Cash Flows innerhalb der Kooperation.[6]

---

6) Es sei denn, es wird für *jedes* Einkommen x_{Pz} eine zustandsabhängige Entlohnungsfunktion ermittelt.

Nur so wird gewährleistet, daß die Bewertung der Kooperationspartner bei Risikoaversion übereinstimmt. Für die Entlohnung ist es folglich irrelevant, ob der Cash Flow innerhalb oder außerhalb der Kooperation erzielt wird. Dieses Ergebnis steht im Gegensatz zum Prinzip der Controllability.[7] Der Agent muß unter Anreizkompatibilität an *allen* Cash Flow-Komponenten beteiligt werden, auch an denen, die er nicht beeinflussen kann. Die Beteiligung des Agenten kann hierbei auf *direkte* Weise erfolgen, indem er an der Summe $x_{Pz} + x_z$ mittels einer zustands*un*abhängigen bzw. zustandsabhängigen Entlohnungsfunktion beteiligt wird:

$$s_z(x_z) = s(x_{Pz} + x_z) \tag{40}$$

bzw.
$$s_z(x_z) = s_z(x_{Pz} + x_z). \tag{41}$$

Sie kann auch auf *indirekte* Weise erfolgen, indem die Entlohnungs*funktion* wie folgt zustandsabhängig festgelegt wird:

$$s_z(x_z) = s_z(x_z | x_{Pz}). \tag{42}$$

Nun wird der Fall betrachtet, daß nur der Agent externes Einkommen bezieht, d.h. $x_{Az} > 0$ und $x_{Pz} = 0$; somit vereinfacht sich (33) zu:

$$U[x_z - s_z(x_z)] = a \cdot V[x_{Az} + s_z(x_z)] + b_z \quad \forall x_z, z. \tag{43}$$

Werden beide Seiten nach x_z und x_{Az} abgeleitet, erhält man:

$$U'[\cdot] \cdot \left(1 - \frac{\partial s_z(x_z)}{\partial x_z}\right) = a \cdot V'[\cdot] \cdot \frac{\partial s_z(x_z)}{\partial x_z} \tag{44}$$

bzw.
$$U'[\cdot] \cdot \left(-\frac{\partial s_z(x_z)}{\partial x_{Az}}\right) = a \cdot V'[\cdot] \cdot \left(1 + \frac{\partial s_z(x_z)}{\partial x_{Az}}\right). \tag{45}$$

Es läßt sich zeigen, daß bei Risikoaversion auch der Prinzipal am externen Einkommen des Agenten beteiligt werden muß. Die Bedingung (44) kann nur erfüllt werden, wenn:

$$\frac{\partial s_z(x_z)}{\partial x_{Az}} < 0. \tag{46}$$

---

[7] Zum Prinzip der Controllability vgl. GILLENKIRCH (2003), S. 56-58; ANTLE/DEMSKI (1988), S. 701.

Kapitel II.4 Berücksichtigung zustandsabhängiger Nutzenfunktionen 59

D.h. steigt das Einkommen des Agenten außerhalb der Kooperation, dann muß seine Entlohnung sinken. Hierbei partizipiert der Prinzipal auf *indirekte* Weise am Einkommen des Agenten außerhalb der Kooperation.

Es ist auch hier möglich, eine *direkte* Beteiligung zu vereinbaren. Um dies zu verdeutlichen, wird das Gesamteinkommen des Agenten mit s* bezeichnet:

$$s^*_z \equiv s_z(x_z) + x_{Az}. \qquad (47)$$

Es gilt demgemäß:

$$s_z(x_z) = s^*_z - x_{Az}. \qquad (48)$$

Dabei führt der Agent privates Einkommen in voller Höhe an den Prinzipal ab und erhält die Entlohnung s^*_z. Hier wird er dann wiederum direkt oder indirekt an der Summe $x_{Az} + x_z$ beteiligt. Das Einkommen des Prinzipals beträgt:

$$x_z - s_z(x_z) = x_z - s^*_z + x_{Az}. \qquad (49)$$

Werden nun x_z und s_z in die Nutzenfunktionen eingesetzt, so folgt:

$$U[x_{Az} + x_z - s^*_z(x_z)] = a \cdot V[s^*_z(x_z)] + b_z \qquad \forall x_z, z. \qquad (50)$$

Die Entlohnungsfunktion s* kann nun wie bei privatem Einkommen des *Prinzipals* bestimmt werden. Somit wird der Agent dann direkt oder indirekt an der Summe $x_{Az} + x_z$ beteiligt:

$$s^*_z(x_z) = s(x_{Az} + x_z) \qquad (51)$$

bzw.
$$s^*_z(x_z) = s_z(x_z | x_{Az}). \qquad (52)$$

Ein anreizkompatibles Entlohnungssystem impliziert somit, daß der Agent Einkommen, welches er außerhalb der Kooperation erzielt, vollständig abführt.[8] Dennoch bleiben Freiheitsgrade für die Entlohnungshöhe in jedem Zustand, da der Faktor b_z unabhängig von externem Einkommen frei wählbar ist.[9]

Die letzten Ergebnisse können zur folgenden Proposition zusammengefaßt werden:

Proposition II.6: *Bestehen zustandsabhängige Nutzenfunktionen aufgrund von externem Einkommen und ist die Höhe des externen Einkommens nicht jeweils eindeutig durch den verifizierbaren Zustand z determiniert, so ist es für Anreizkompatibili-*

---

8) Der Gedanke an einen Kibbuz oder an Kommunismus liegt hierbei nahe.
9) Sofern natürlich der Zustand z verifizierbar ist.

tät notwendig, daß beide Parteien wechselseitig am externen Einkommen des anderen in direkter oder indirekter Weise beteiligt werden.

Die Zusammenhänge sind insbesondere für die spätere Analyse von anreizkompatiblen Teilungsregeln im Kapitalmarktzusammenhang von grundsätzlicher Bedeutung. Partizipieren die Kooperationspartner (z.B. Manager und Anteilseigner) am Kapitalmarkthandel, so erzielen sie externes Einkommen, welches bei der Gestaltung von anreizkompatiblen Teilungsregeln berücksichtigt werden muß. Ist die Höhe des externen Einkommens für jeden überprüfbaren Zustand z für jeden Kooperationspartner *gegeben*, so läßt sich Anreizkompatibilität auf relativ einfache Weise erzielen, indem für jeden Zustand eine zustandsabhängige Teilungsregel vereinbart wird. Damit das externe Einkommen tatsächlich gegeben ist, müssen die Kooperationspartner nach Vertragsabschluß grundsätzlich vom Kapitalmarkthandel ausgeschlossen werden. Ist die Höhe des externen Einkommens für jeden überprüfbaren Zustand z *nicht* für jeden Kooperationspartner *gegeben*, dann müssen unter strenger Anreizkompatibilität gemäß Proposition II.6 alle Kooperationspartner wechselseitig am externen Einkommen der anderen in direkter oder indirekter Weise beteiligt werden.

III Analyse im dynamischen Modellrahmen

1 Einführung

Bei der bisherigen Analyse im *statischen Modellrahmen* erfolgte eine *Ein-Zeitpunkt-Betrachtung* bezüglich der Konsequenzen aus der Kooperation und deren Bewertung. Zum einen konnte der Agent nur die Wahrscheinlichkeitsverteilung zu einem bestimmten Zeitpunkt aufgrund seiner Entscheidungen verändern. Zum anderen konnten Zahlungen nur zu diesem Zeitpunkt erfolgen, wobei die Nutzenfunktionen der Beteiligten vollständig bezüglich der entsprechenden Anteile definiert waren.

Tatsächlich hat der Agent in aller Regel Einfluß auf Cash Flows zu verschiedenen Zeitpunkten, so z.B. bei Investitionsentscheidungen. Auch die Entlohnung des Agenten erfolgt zu mehreren Zeitpunkten.

Im folgenden wird die Analyse auf den Mehrzeitpunkt- bzw. Mehrperiodenfall erweitert. Dadurch wird der Einbezug von Investitionsentscheidungen sowie von Periodisierungen von Cash Flows im Rahmen des *Rechnungswesens* möglich. Die Analyse erfolgt dann in einem *dynamischen Modellrahmen*. Auch für die Berücksichtigung des *Kapitalmarktzusammenhangs* ist es zweckmäßig, explizit – zumindest bezüglich der Zahlungen zwischen den Kooperationspartnern – von zwei Zeitpunkten auszugehen. Die Begründung hierfür liegt darin, dass im Rahmen der gängigen Kapitalmarktmodelle Anlagemöglichkeiten betrachtet werden, wobei die Einzahlungen grundsätzlich zu einem späteren Zeitpunkt als die Auszahlung erfolgen. Voraussetzung für die mehrperiodige, dynamische Analyse ist die Berücksichtigung von *mehrperiodigen Nutzenfunktionen* der Beteiligten.

Bei der Analyse im dynamischen Rahmen können langfristige Verträge grundsätzlich bedingten Charakter haben. Insbesondere kann die Entlohnung des Agenten zu einem Zeitpunkt nicht nur von den erzielten Ergebnissen zu diesem Zeitpunkt, sondern auch von den Ergebnissen bzw. Umweltentwicklungen früherer Zeitpunkte abhängen. Unter bestimmten Bedingungen kann ein bedingter Vertrag aber auch die Antizipation von zukünftigen Cash Flows beinhalten, soweit sie bekannt und verifizierbar sind.

In einer Agency-Beziehung können die Gründe für bedingte Verträge zum einen in den *Präferenzen* der Beteiligten liegen, und zum anderen darin, daß sich die sonstigen Rahmenbedingungen des Agency-Settings über die Zeit verändern bzw. konkretisieren.[1] So mag sogenanntes Income-Smoothing oder eine zugehende Information über die Produktivität des Agenten ein Grund hierfür sein.[2] Sind langfristige Verträge nicht von bedingter Natur, dann können sie grundsätzlich durch kurzfristige (einperiodige) Verträge ersetzt werden. Hierdurch kann auch die Analyse erheblich erleichtert werden. Bei der Betrachtung paretoeffizienter sowie anreizkompatibler Entlohnungsverträge können die Gründe für einen (langfristigen) bedingten Vertrag ausschließlich in den *Präferenzen* der Beteiligten und damit in den *Eigenschaften der Nutzenfunktionen* liegen.

Als Basis für die Analyse im dynamischen Modellrahmen werden in Kapitel 2 *Eigenschaften* mehrperiodiger Nutzenfunktionen vor dem Hintergrund von Individualentscheidungen untersucht. Es wird im Rahmen der Darstellungen und Diskussion auf den in der wissenschaftlichen Literatur verbreiteten Fall eingegangen, daß *Perioden-Nutzen-Unabhängigkeit* besteht. Hierbei sind Nutzenfunktionen in zeitlicher Hinsicht multiplikativ- oder additiv-separierbar. Additive oder multiplikative Separierbarkeit sind von besonderer Bedeutung für die Gestaltung von paretoeffizienten sowie anreizkompatiblen Teilungsregeln. Für die Analyse von anreizkompatiblen Bemessungsgrundlagen in Teil IV der Arbeit, ist insbesondere der Fall *konstanter Zeitpräferenzen* von praktischem Interesse. Bei konstanten Zeitpräferenzen ist der durch die Nutzenfunktion implizierte Aufzinsungsfaktor unabhängig vom Einkommensstrom. Es wird nachgewiesen, daß bei konstanten Zeitpräferenzen die Nutzenfunktion eines Entscheiders stets in Abhängigkeit des Endwerts bzw. Barwerts des Einkommensstroms dargestellt werden kann.

In Kapitel 3 wird die Entscheidungssituation im dynamischen Modellrahmen beschrieben.

Bei der Analyse paretoeffizienter Teilungsregeln in Kapitel 4 wird sich zeigen, daß die Entlohnung des Agenten so festgelegt werden muß, daß es zu einem *Ausgleich der Zeitpräferenzen* bzw. der erwarteten Zeitpräferenzen kommt. Hierbei können sich *bedingte* Teilungsregeln als optimal erweisen, welche sowohl die Historie als auch die zukünftige Entwicklung berücksichtigen. Es wird auch der Frage nachgegangen, unter welchen Voraussetzungen sich bezüglich der Präferenzen bzw. *Eigenschaften*

---

[1] Zu den Charakteristika mehrperiodiger Principal-Agent-Probleme siehe GILLENKIRCH (2003), S. 77-83. Für einen Überblick über Agency-Probleme im dynamischen Rahmen siehe LAFFONT/MARTIMORT (2002), S. 302-346.

[2] Vgl. FELLINGHAM/NEWMAN/SUH (1985), S. 341.

Kapitel III.1 Einführung

der Nutzenfunktionen eine Antizipation sowie die Berücksichtigung der Historie erübrigt.

In Kapitel 5 wird die Gestaltung von anreizkompatiblen Teilungsregeln im Zwei-Zeitpunkt-Fall untersucht. Als Basis für die Analyse wird zunächst die allgemeine und notwendige Bedingung für Anreizkompatibilität im Zwei-Zeitpunkt-Fall hergeleitet. Hierbei müssen sich analog zum statischen Modellrahmen die Nutzenfunktionen *bezüglich der Cash Flows* bis auf eine positiv lineare Transformation entsprechen. Diese Bedingung gewährleistet, daß Prinzipal und Agent sowohl die *gleiche Zeitpräferenz* als auch die *gleiche Risikopräferenz* jeweils *bezüglich der (Brutto-) Cash Flows* haben. Daher stimmen die Risikoabschläge und Diskontfaktoren bei einer Bewertung von unsicheren Zahlungsströmen überein. Anschließend wird gezeigt, wie die betreffenden Risikoaversionskoeffizienten und Zeitpräferenzen bezüglich der Ergebnisse von den individuellen Präferenzen und von der Entlohnung abhängen. Damit die Präferenzen bezüglich der Ergebnisse in Einklang gebracht werden, ist es notwendig, gewisse *Prinzipien* bei der Entlohnung zu beachten. Es wird nachgewiesen, daß, sofern der Zeitpunkt des Cash Flow-Anfalls und der Zeitpunkt der Entlohnung auseinanderfallen, grundsätzlich ein Ausgleich in Form einer *Verzinsung zur endogenen Zeitpräferenzrate des Prinzipals* berücksichtigt werden muß. Ferner wird gezeigt, daß die Verhältnisse zwischen den Grenzentlohnungen zu den verschiedenen Zeitpunkten so zu wählen sind, daß Unterschiede in den Zeitpräferenzen der Beteiligten ausgeglichen werden. Die Ergebnisse werden konkretisiert und es wird aufgezeigt, daß sich zumindest gedanklich die Grenzentlohnung in zwei Komponenten aufspalten läßt: Die erste Komponente wird nur durch den Zeitpunkt der Entlohnung bestimmt; die zweite Komponente ergibt sich aufgrund des Unterschieds zwischen dem Zeitpunkt des Cash Flow-Anfalls und dem Zeitpunkt der Entlohnung. Außerdem wird nachgewiesen, daß im Rahmen einer anreizkompatiblen Entlohnung alle Cash Flow-Komponenten *vollständig* zu erfassen sind. Nach der allgemeinen Analyse werden die wichtigsten Zusammenhänge für den Fall konstanter Zeitpräferenzen sowie für den Fall der Perioden-Nutzen-Unabhängigkeit vertieft. Der Fall *konstanter Zeitpräferenzen* ist von großer Bedeutung für die Analyse von anreizkompatiblen Teilungsregeln und Bemessungsgrundlagen vor dem Hintergrund des *Rechnungswesens* sowie des *Kapitalmarktzusammenhangs*. Es wird nachgewiesen, daß bei konstanten Zeitpräferenzen eine isolierte Erfolgsbeteiligung nur bei linearen (Perioden-) Entlohnungsfunktionen anreizkompatibel sein kann. Darüber hinaus wird gezeigt, daß bei *Perioden-Nutzen-Unabhängigkeit* Anreizkompatibilität stets mittels einer isolierten Erfolgsbeteiligung hergestellt werden kann.

Anschließend werden in Kapitel 6 die Bedingungen nachgewiesen, unter denen eine anreizkompatible Risikoteilung als auch zeitliche Teilung mit der Zielsetzung der Paretoeffizienz vereinbar sind. Für den Fall, daß eine Übereinstimmung der beiden Zielsetzungen nicht erzielt werden kann, wird untersucht, wie Freiräume bei der Gestaltung anreizkompatibler Teilungsregeln und Bemessungsgrundlagen genutzt werden können, um zumindest eine "gute" zeitliche Teilung und Risikoteilung zu ermöglichen.

Die Zusammenhänge werden in Kapitel 7 anhand eines einfachen Beispiels mit exponentiellen CARA-Nutzenfunktionen verdeutlicht. Hierbei steht insbesondere der zeitliche Aspekt der Entlohnung im Vordergrund.

In Kapitel 8 werden die Ergebnisse für den Fall zustandsabhängiger Nutzenfunktionen im Mehrperiodenfall verallgemeinert. Insbesondere wird gezeigt, daß eine Verzinsung zur *zustandsabhängigen* endogenen Zeitpräferenzrate des Prinzipals berücksichtigt werden muß, wenn der Zeitpunkt des Cash Flow-Anfalls und Zeitpunkt der Entlohnung auseinanderfallen. Analog werden die Verhältnisse zwischen den Grenzentlohnungen zu den verschiedenen Zeitpunkten so gewählt, daß Unterschiede in den *zustandsabhängigen* Zeitpräferenzen der Beteiligten ausgeglichen werden. Ferner wird gezeigt, daß im dynamischen Modellrahmen die *Berücksichtigung aller Cash Flows* (und somit auch externes Einkommen) grundsätzlich nicht nur zwingend ist, damit die Bewertungen von Prinzipal und Agent zum Zeitpunkt t übereinstimmen, sondern damit auch die zukünftigen Bewertungen übereinstimmen. Die zukünftige Bewertung des Prinzipals (bzw. des Agenten) ist dann und nur dann unabhängig vom heutigen externen Einkommen, wenn Perioden-Nutzen-Unabhängigkeit besteht.

In Kapitel 9 wird nicht mehr von nur zwei Zeitpunkten ausgegangen, sondern es wird der allgemeine T-Zeitpunkt-Fall betrachtet. Es wird gezeigt, wie die wichtigsten Ergebnisse auf den T-Zeitpunkt-Fall übertragen und verallgemeinert werden können. Ferner wird kurz aufgezeigt, wie die Ergebnisse für N Personen zu modifizieren sind.

2 Eigenschaften mehrperiodiger Nutzenfunktionen

2.1 Allgemeine Eigenschaften mehrperiodiger Nutzenfunktionen

Im dynamischen Analyserahmen wird der Anfang der ersten Periode als Zeitpunkt 0 und das Ende der letzten Periode der Betrachtung als Zeitpunkt T bezeichnet. Es wird davon ausgegangen, daß sich der Entscheider ausschließlich an den Ergebnissen zu den einzelnen Zeitpunkten der Betrachtung $x_0, x_1, ..., x_T$ anhand der *allgemeinen* VON NEUMANN-MORGENSTERN-Nutzenfunktion orientiert:

$$U[\cdot] = U[x_0, x_1, ..., x_T]. \qquad (1)$$

Sofern nicht ausdrücklich erwähnt, werden grundsätzlich keine einschränkenden Annahmen bezüglich der Nutzenfunktionen $U[\cdot]$ getroffen.

Während im statischen Modellrahmen *einzelne Wahrscheinlichkeiten* $w(x)$ bzw. $w(z)$ relevant sind, werden im dynamischen Modellrahmen *Zustandsfolgen* betrachtet:

$$w(x_0 \cap x_1 \cap ... \cap x_T) \qquad (2)$$

bzw.
$$w(z_0 \cap z_1 \cap ... \cap z_T). \qquad (3)$$

Die Wahrscheinlichkeit für das Eintreten eines Zustandes z_t zum Zeitpunkt t hängt grundsätzlich von der *Historie* ab, d.h. davon, welche Zustände in den vorhergehenden Zeitpunkten eingetreten sind. Dieser Sachverhalt wird durch die bedingte Wahrscheinlichkeit für den Zustand z_t bei gegebener Zustandsfolge $(z_0, z_1, ..., z_{t-1})$ ausgedrückt:

$$w(z_t | z_0, z_1, ..., z_{t-1}). \qquad (4)$$

Nur für den Sonderfall der stochastischen Unabhängigkeit in zeitlicher Hinsicht ist die Wahrscheinlichkeit für den Zustand z_t unabhängig von der *Historie*.

Für die MIRRLEES-Formulierung gilt entsprechend, daß die Wahrscheinlichkeit für das Ergebnis (bzw. für den Cash Flow) x_t von den erzielten Ergebnissen zu den früheren Zeitpunkten (Historie) abhängt:

$$w(x_t | x_0, x_1, ..., x_{t-1}). \qquad (5)$$

Auch im dynamischen Modellrahmen wird zunächst von zustandsabhängigen Nutzenfunktionen abstrahiert, so daß von der MIRRLEES-Formulierung als Basis für die Analyse ausgegangen werden kann.

Zum Zeitpunkt t hängt nicht nur das Ergebnis x_t, sondern auch die *zukünftige Entwicklung* von der Historie ab.

Um die Übersicht zu erleichtern, wird für die Historie und für die zukünftige Umweltentwicklung die folgende Kurzschreibweise verwendet:

$$X_0^t \equiv x_0 \cap x_1 \cap ... \cap x_t \qquad (6)$$

und

$$X_t^T \equiv x_t \cap x_{t+1} \cap ... \cap x_T. \qquad (7)$$

Der Ausdruck X_0^t gibt also die gesamte *vergangene* Entwicklung der Cash Flows (bzw. Ergebnisse) bis einschließlich x_t an. Der Ausdruck X_t^T bildet hingegen die gesamte *zukünftige* Entwicklung der Cash Flows (bzw. Ergebnisse) bis zum Zeitpunkt T ab.

Sofern x_t schon bekannt bzw. noch nicht bekannt ist, kann die Abhängigkeit der zukünftigen Entwicklung von der Historie zum Zeitpunkt t nun wie folgt dargestellt werden:

$$w_t\!\left(X_{t+1}^T \big| X_0^t\right) \quad \text{bzw.} \quad w_t\!\left(X_t^T \big| X_0^{t-1}\right). \qquad (8)$$

Der unbedingte *Erwartungsnutzen* des Entscheiders kann allgemein folgendermaßen ausgedrückt werden:

$$E(U[\cdot]) = \sum w[x_0 \cap x_1 \cap ... \cap x_T] \cdot U[x_0, x_1, ..., x_T]. \qquad (9)$$

Den *Grenznutzen* bei einer Erhöhung des Ergebnisses x_t zum Zeitpunkt t erhält man über die entsprechende partielle Ableitung:

$$\frac{\partial U[x_0, x_1, ..., x_T]}{\partial x_t} \equiv U_t'[x_0, x_1, ..., x_T] \quad \text{mit } U_t' > 0. \qquad (10)$$

Es wird also stets - wie im statischen Modellrahmen - von einem positiven Grenznutzen ausgegangen.

Der unbedingte Erwartungswert des Grenznutzens beträgt entsprechend:

$$\frac{\partial E(U[\cdot])}{\partial x_t} = \sum w[x_0 \cap x_1 \cap ... \cap x_T] \cdot U_t'[x_0, x_1, ..., x_T]. \qquad (11)$$

III.2 Eigenschaften mehrperiodiger Nutzenfunktionen

Es wird auch hier Risikoneutralität oder Risikoaversion bei einer isolierten Änderung von x_t unterstellt. Für die zweite Ableitung bezüglich x_t gilt folglich:

$$U_t''[\cdot] \leq 0. \tag{12}$$

Der Grenznutzen U_t' kann auch von den Ergebnissen in den anderen Zeitpunkten abhängen. Dies kommt über die Kreuzableitung zum Ausdruck:

$$\partial \frac{\frac{\partial U[x_0, x_1, \ldots, x_T]}{\partial x_t}}{\partial x_{t^*}} \equiv U_{tt^*}''[x_0, x_1, \ldots, x_T]. \tag{13}$$

Sofern die Nutzenfunktionen stetig differenzierbar sind, und davon wird ausgegangen, entsprechen sich die Kreuzableitungen, d.h.

$$U_{t^*t}''[x_0, x_1, \ldots, x_T] = U_{tt^*}''[x_0, x_1, \ldots, x_T]. \tag{14}$$

Hierbei sei der Grenznutzen wiederum konstant oder fallend:

$$U_{t^*t}''[\cdot] \leq 0. \tag{15}$$

Es ist ferner davon auszugehen, daß bei *Risikoneutralität* nicht nur $U_t''[\cdot] = 0$, sondern auch $U_{t^*t}''[\cdot] = 0$ gilt.[1]

Analog zum statischen Modellrahmen kann man sich bei der Entscheidung über eine Lotterie, die nur die Periode t betrifft, am *Risikoaversionskoeffizienten* der betreffenden Periode orientieren:

$$\alpha_t[x_0, x_1, \ldots, x_T] \equiv -\frac{U_t''[x_0, x_1, \ldots, x_T]}{U_t'[x_0, x_1, \ldots, x_T]}. \tag{16}$$

Bei einer (Investitions-) Entscheidung, die ausschließlich die Ergebnisse *zweier* Perioden t und t* betrifft, kann man sich an der entsprechenden *marginalen Substitutionsrate* orientieren. Die marginale Substitutionsrate einer Geldeinheit in Periode t* für eine Geldeinheit in Periode t beträgt:

$$-\frac{dx_{t^*}}{dx_t} = \frac{\partial U[x_0, x_1, \ldots, x_T]/\partial x_t}{\partial U[x_0, x_1, \ldots, x_T]/\partial x_{t^*}} = \frac{U_t'[x_0, x_1, \ldots, x_T]}{U_{t^*}'[x_0, x_1, \ldots, x_T]}. \tag{17}$$

---

[1] Wenn der Grenznutzen bezüglich x_t unabhängig von der Höhe von x_t ist, macht es wenig Sinn, daß er dann abhängig von x_{t^*} ist.

Um die Darstellungsweise zu vereinfachen, wird die *Zeitpräferenz* bezüglich der Periode t wie folgt allgemein definiert:

$$\frac{U'_{t-1}[x_0, x_1, \ldots, x_T]}{U'_t[x_0, x_1, \ldots, x_T]} \equiv \gamma_t[x_0, x_1, \ldots, x_T], \tag{18}$$

d.h. wird das Ergebnis (bzw. das Einkommen) zum Zeitpunkt t−1 um eine marginale Einheit erhöht, kann es zum Zeitpunkt t um γ_t Einheiten reduziert werden, damit der Entscheider indifferent ist. Die Zeitpräferenz kann demnach als *Aufzinsungsfaktor* interpretiert werden, dem der Entscheider Einkommensänderungen zwischen den Zeitpunkten t−1 und t zugrunde legt. Die Zeitpräferenz γ_t ist eine *endogene* Größe, die sich auf Basis der Verhältnisse von Grenznutzenwerten ergibt. Wie die zugrundeliegenden Grenznutzenwerte kann die Zeitpräferenz nicht nur für verschiedene Zeitpunkte, sondern auch für einen gegebenen Zeitpunkt t unterschiedlich sein. Für den Sonderfall, daß die Zeitpräferenz für einen gegeben Zeitpunkt t konstant ist, wird von einer *konstanten Zeitpräferenz* gesprochen. Dies beinhaltet nicht, daß die Zeitpräferenzen für jeden Zeitpunkt gleich sind.

Für den Zeitraum vom Zeitpunkt 0 bis t läßt sich der folgende Ausdruck als *Aufzinsungsfaktor* des Entscheiders interpretieren:

$$\frac{U'_0}{U'_t} = \frac{U'_0}{U'_1} \cdot \frac{U'_1}{U'_2} \cdot \ldots \cdot \frac{U'_{t-1}}{U'_t} = \prod_{\tau=1}^{t} \gamma_\tau \equiv \eta^t. \tag{19}$$

Auch die Aufzinsungsfaktoren η^t sind grundsätzlich endogene Größen.[2] Für den Sonderfall konstanter Zeitpräferenzen sind die Aufzinsungsfaktoren ebenfalls unabhängig von den Ergebnissen gegeben.

Der *Abzinsungsfaktor* des Entscheiders bezogen auf den Zeitpunkt t = 0 beträgt entsprechend:

$$\frac{U'_t}{U'_0} = \frac{1}{\eta^t} \equiv \eta^{-t}. \tag{20}$$

Der Auf- bzw. Abzinsungsfaktor für den Zeitraum t bis τ wird analog als $\eta^{\tau-t}$ bzw. $\eta^{t-\tau}$ definiert:

$$\frac{U'_t}{U'_\tau} \equiv \eta^{\tau-t} \quad \text{bzw.} \quad \frac{U'_\tau}{U'_t} \equiv \eta^{t-\tau}. \tag{21}$$

---

[2] Insofern steht t in η^t für einen Zeitindex, nicht für einen Exponenten.

III.2 Eigenschaften mehrperiodiger Nutzenfunktionen

Grundsätzlich können sowohl der *Risikoaversionskoeffizient* α_t als auch die *Zeitpräferenz* γ_t gleichfalls von den Ergebnissen in anderen Perioden abhängen. Dies führt unter anderem dazu, daß Entscheidungen im Mehrperiodenfall nicht isoliert voneinander getroffen werden können. Unter bestimmten Bedingungen sind die Nutzenfunktionen jedoch so gestaltet, daß zumindest in bestimmten Grenzen eine *Separation* von Entscheidungen möglich ist.

Separationsmöglichkeiten haben eine große Bedeutung für die Gestaltung von Teilungsregeln und werden deshalb im folgenden relativ ausführlich behandelt.

2.2 Nutzen-Unabhängigkeit

2.2.1 Perioden-Nutzen-Unabhängigkeit bei multiplikativ- und additivseparierbaren Nutzenfunktionen

In betriebswirtschaftlichen Modellen wird aus Gründen der Komplexitätsreduktion häufig implizit oder explizit *Nutzen-Unabhängigkeit* unterstellt. Nutzen-Unabhängigkeit kann sich auf verschiedene Nutzenkomponenten in sachlicher und/oder in zeitlicher Hinsicht beziehen. Im Mehrperiodenfall bezeichnet man Nutzen-Unabhängigkeit in *zeitlicher* Hinsicht als *Perioden-Nutzen-Unabhängigkeit*.

Unter *Perioden-Nutzen-Unabhängigkeit* können Lotterien, deren Konsequenzen jeweils nur *einzelne Perioden* betreffen (der Fokus der Betrachtung), stets isoliert von der übrigen Perioden beurteilt werden.[3]

Notwendig, aber nicht hinreichend für Perioden-Nutzen-Unabhängigkeit ist zunächst, daß eine Entscheidung über eine Lotterie, die nur *eine einzelne* Periode betrifft, unabhängig von den Ergebnissen in den *anderen* Perioden getroffen werden kann. Wie gezeigt worden ist, sind Nutzenfunktionen genau bis auf eine positiv lineare Transformation bestimmt. Perioden-Nutzen-Unabhängigkeit kann sich daher nur ergeben, wenn sich die nicht im Fokus liegenden Perioden als multiplikative oder additive Faktoren darstellen lassen. Dies bedeutet, daß für jede Periode eine (bis auf eine positiv lineare Transformation eindeutig bestimmte) *Perioden-Nutzenfunktion* existiert

---

[3] Vgl. RICHARD (1975). Gemäß INGERSOLL besteht *Perioden-Nutzen-Unabhängigkeit dann und nur dann*, wenn sich die Gesamtnutzenfunktion wie folgt darstellen läßt:

$$U[\cdot] = \frac{1}{k} \cdot \left[e^{k \cdot \Sigma k_t \cdot V_t(x_t)} - 1 \right] \text{ mit } k_t > 0.$$

Additive Separierbarkeit ergibt sich für $k \to 0$, multiplikative Separierbarkeit für $k > 0$ und $k < 0$. Vgl. INGERSOLL (1987), S. 35 sowie S. 43.
Multiplikative Separierbarkeit folgt aufgrund der exponentiellen Gesamtnutzenfunktion:

$$U[\cdot] = \frac{1}{k} \Pi e^{k \cdot k_t \cdot V_t(x_t)}.$$

und der Gesamtnutzen sich *additiv* oder *multiplikativ* aus den betreffenden Funktionen zusammensetzt.

Bei zeitlich *additiver Separierbarkeit* ist die Gesamtnutzenfunktion (bis auf eine positive lineare Transformation) wie folgt bestimmt:

$$U[\cdot] = \sum_{t=0}^{T} u_t(x_t). \qquad (22)$$

Additiv-separierbare Nutzenfunktionen sind aus Vereinfachungsgründen in der Betriebswirtschaftslehre weit verbreitet. In vielen mehrperiodigen Agency-Modellen wird von additiver Separierbarkeit ausgegangen.[4] Bei Risikoneutralität liegt wegen $U_t''[\cdot] = 0$ und $U_{t^*t}''[\cdot] = 0$ stets eine additiv separierbare Nutzenfunktion vor.

Die der *multiplikativen Separierbarkeit* entsprechende Gesamtnutzenfunktion lautet:

$$U[\cdot] = \prod u_t(x_t). \qquad (23)$$

Bei additiver und multiplikativer Separierbarkeit können die Funktionen $u_t(x_t)$ als *Perioden-Nutzenfunktionen* interpretiert werden.

Bei der Entscheidung über eine Lotterie, die nur die Periode t betrifft, kann man sich bei vorliegender Separierbarkeit an den Risikoaversionskoeffizienten dieser Periode orientieren.

$$\alpha_t(x_t) = -\frac{u_t''(x_t)}{u_t'(x_t)}. \qquad (24)$$

Notwendig für Perioden-Nutzen-Unabhängigkeit ist zudem, daß eine (Investitions-) Entscheidung, die ausschließlich die Ergebnisse *zweier* Perioden t und t* betrifft, losgelöst von der Ergebnissen in den *anderen* Perioden getroffen werden kann. Dies kann nur dann der Fall sein, wenn die betreffende marginale Substitutionsrate (bzw. Zeitpräferenz) von den Ergebnissen in den anderen Perioden unabhängig ist. Auch dies ist bei additiver und multiplikativer Separierbarkeit gegeben. Die marginale Substitutionsrate einer Geldeinheit in Periode t* für eine Geldeinheit in Periode t beträgt bei additiver Separierbarkeit:

$$\frac{U_t'[x_0,x_1,\ldots,x_T]}{U_{t^*}'[x_0,x_1,\ldots,x_T]} = \frac{u_t'(x_t)}{u_{t^*}'(x_t^*)}, \qquad (25)$$

und bei multiplikativer Separierbarkeit:

---

4) Vgl. FELLINGHAM, J./NEWMANN, D./SUH, Y. (1985), S. 343.

III.2 Eigenschaften mehrperiodiger Nutzenfunktionen

$$\frac{U_t'[x_0,x_1,\ldots,x_T]}{U_{t^*}'[x_0,x_1,\ldots,x_T]} = \frac{u_{t^*} \cdot u_t'(x_t)}{u_t \cdot u_{t^*}'(x_t^*)}. \quad (26)$$

2.2.2 Projekt-Nutzen-Unabhängigkeit

Wie erläutert wurde, können bei *Perioden-Nutzen-Unabhängigkeit* Lotterien, deren Konsequenzen jeweils nur *einzelne Perioden* betreffen, stets isoliert von den Ergebnissen der *übrigen* Perioden beurteilt werden. Dies beinhaltet jedoch nicht, daß solche Lotterien unabhängig davon beurteilt werden können, welche Ergebnisse in den *betreffenden Perioden* schon erzielt worden sind. Besteht eine solche Unabhängigkeit bzw. Separierbarkeit, wird hier von *Projekt-Nutzen-Unabhängigkeit* gesprochen.

Notwendig für Projekt-Nutzen-Unabhängigkeit ist zunächst, daß eine Entscheidung über eine Lotterie, die nur *eine einzelne* Periode betrifft, von den bisherigen (sicheren) Ergebnissen in *dieser* Periode unabhängig ist. Die Bedingung hierfür ist im Ein-Perioden-Fall bekannt, nämlich *konstante absolute Risikoaversion*. Dies impliziert Risikoneutralität oder exponentielle Nutzenfunktionen.[5] Außerdem ist es *notwendig*, daß eine (Investitions-) Entscheidung, die ausschließlich die Ergebnisse *zweier* Perioden t und t* betrifft, losgelöst von den bisherigen Ergebnissen in *diesen* Perioden getroffen werden kann. Das heißt, daß die Zeitpräferenz von den Ergebnissen in den einzelnen Zeitpunkten unabhängig ist. Die *Zeitpräferenz* ist dann *konstant*.

2.2.3 Universelle-Nutzen-Unabhängigkeit

Besteht Projekt- *und* Perioden-Nutzen-Unabhängigkeit, dann wird hier der Begriff der *universellen Nutzen-Unabhängigkeit* (bzw. der universellen Separierbarkeit) verwendet. Dies läßt stets eine isolierte Bewertung von Projekten zu, sofern kein Risiko-, Erfolgs- oder Restriktionsverbund vorliegt.[6]

Universelle-Nutzen-Unabhängigkeit besteht dann und nur dann, wenn
- additive Separierbarkeit und Risikoneutralität vorliegt,[7] oder
- multiplikative Separierbarkeit aufgrund von exponentiellen Nutzenfunktionen gegeben ist:

$$U[\cdot] = \frac{1}{k} \cdot \left[e^{k \cdot \Sigma k_t \cdot x_t} - 1 \right]. \quad (27)$$

---

5) Zum Beweis vgl. HAKANSSON (1970), S. 591-592 und BELL (1995), S. 23.
6) Zu den verschiedenen Verbundeffekten siehe LAUX/LIERMANN (2003), S. 191-193.
7) Hierbei ist eine isolierte Bewertung von Projekten auch bei einem Risikoverbund möglich.

Ist ferner die Zeitpräferenzrate zu jedem Zeitpunkt die gleiche, dann kann hierfür auch die folgende Darstellungsweise gewählt werden:

$$U[\cdot] = -e^{-\alpha \cdot \Sigma (1+r)^{-t} \cdot x_t}. \tag{28}$$

Der Entscheider orientiert sich dabei am Barwert der Erfolge mittels einer einfachen exponentiellen Nutzenfunktion.

2.3 Konstante Zeitpräferenzen

Eine Voraussetzung für universelle Nutzen-Unabhängigkeit ist, daß die Zeitpräferenzen konstant sind. Das heißt, daß die Zeitpräferenz jeweils von den Ergebnissen in den einzelnen Zeitpunkten unabhängig ist. Konstante Zeitpräferenzen können jedoch vorliegen, ohne daß universelle Nutzen-Unabhängigkeit gegeben ist. Konstante Zeitpräferenzen sind insbesondere zu vermuten, wenn auf einem vollkommenen Kapitalmarkt bei Sicherheit Beträge unbegrenzt zum risikolosen Zinssatz angelegt bzw. aufgenommen werden können. Für die spätere Analyse, insbesondere für die Berücksichtigung des Rechnungswesens, hat das Vorliegen konstanter Zeitpräferenzen eine große Bedeutung.

Um die *Zeitpräferenz* genauer zu analysieren, wird eine beliebige Indifferenzkurve des Entscheiders für die Zeitpunkte t und t−1 betrachtet. Entlang einer Indifferenzkurve ist der Gesamtnutzen des Entscheiders eine Konstante und damit ist das totale Differential für die zwei Zeitpunkte gleich null:

$$dU[\cdot] = U'_{t-1} \cdot dx_{t-1} + U'_t \cdot dx_t \overset{!}{=} 0. \tag{29}$$

Hieraus folgt:

$$\left| \frac{dx_t}{dx_{t-1}} \right| = \gamma_t = \frac{U'_{t-1}}{U'_t}. \tag{30}$$

Wird die Zeitpräferenz γ_t nach x_{t-1} und x_t abgeleitet, erhält man:

$$\frac{d\gamma_t}{dx_{t-1}} = \frac{U''_{t-1} \cdot U'_t - U'_{t-1} \cdot U''_{t-1\,t}}{U'^2_t} = \frac{U''_{t-1} - \gamma_t \cdot U''_{t-1\,t}}{U'_t} \tag{31}$$

und

$$\frac{d\gamma_t}{dx_t} = \frac{U''_{t-1\,t} \cdot U'_t - U'_{t-1} \cdot U''_t}{U'^2_t} = \frac{U''_{t-1\,t} - \gamma_t \cdot U''_t}{U'_t}. \tag{32}$$

III.2 Eigenschaften mehrperiodiger Nutzenfunktionen

Es ist davon auszugehen, daß mit steigendem Anteil x_{t-1} (bzw. x_t) die Zeitpräferenz γ_t konstant bleibt oder sinkt (bzw. steigt). Dies ist mit dem linearen oder konvexen Verlauf der Indifferenzkurven zu begründen: Die Steigung einer Indifferenzkurve und damit die Zeitpräferenz in einem Punkt gibt an, auf wieviel (marginale) Einheiten Einkommen im Zeitpunkt t der Entscheider bereit ist zu verzichten, wenn sein Einkommen in Zeitpunkt t-1 um eine Einheit steigt. Existiert kein vollkommener Kapitalmarkt, so ist vom *konvexen* Verlauf der Indifferenzkurven auszugehen:

- ist x_{t-1} klein (und x_t groß), dann ist der Entscheider bereit, eine relativ große Verminderung von x_t in Kauf zu nehmen, wenn x_{t-1} erhöht wird (hohe Zeitpräferenz)
- ist x_{t-1} groß (und x_t klein), dann ist der Entscheider bereit, eine relativ geringe Verminderung von x_t in Kauf zu nehmen, wenn x_{t-1} erhöht wird (niedrige Zeitpräferenz).

Es wird dementsprechend davon ausgegangen, daß gilt:

$$\frac{d\gamma_t}{dx_{t-1}} = \frac{U''_{t-1} - \gamma_t \cdot U''_{t-1\,t}}{U'_t} \leq 0 \qquad (33)$$

und

$$\frac{d\gamma_t}{dx_t} = \frac{U''_{t-1\,t} - \gamma_t \cdot U''_t}{U'_t} \geq 0. \qquad (34)$$

Die Zeitpräferenz ist *dann und nur dann* eine *Konstante* in x_{t-1} und x_t, wenn, wie im Anhang bewiesen wird, folgendes gilt:[8]

$$U''_{t-1} - \gamma_t \cdot U''_{t-1\,t} = 0 \qquad (35)$$

sowie

$$U''_{t-1\,t} - \gamma_t \cdot U''_t = 0. \qquad (36)$$

Es stellt sich die Frage, unter welchen Voraussetzungen die beiden Bedingungen ihrerseits erfüllt sind.

---

[8] Damit wird impliziert, daß die Determinante der Nutzenfunktion gleich null ist. Die entsprechende Determinante der Nutzenfunktion beträgt: $U''_{t-1} \cdot U''_t - U''_{t-1\,t} \cdot U''_{t-1\,t}$.
Wird nämlich $U''_{t-1\,t} - \gamma_t \cdot U''_t = 0$ nach γ_t aufgelöst und in $U''_{t-1} - \gamma_t \cdot U''_{t-1\,t} = 0$ eingesetzt, folgt: $U''_{t-1} \cdot U''_t - U''_{t-1\,t} \cdot U''_{t-1\,t} = 0$.

Bei *additiv-separierbaren* Nutzenfunktionen sind die Kreuzableitungen stets gleich null. Da die Zeitpräferenz γ_1 stets positiv ist, sind die beiden Bedingungen nur erfüllt für $U''_{t-1} = 0$ und $U''_t = 0$, d.h. für *Risikoneutralität* zu beiden Zeitpunkten.
Sind die Kreuzableitungen nicht gleich null, folgt aus den beiden Bedingungen:

$$U''_{t-1} = \gamma_t^2 \cdot U''_t = \gamma_t \cdot \frac{U'_{t-1}}{U'_t} \cdot U''_t \quad (37)$$

⇔ $$\alpha_{t-1} = \gamma_t \cdot \alpha_t. \quad (38)$$

Das Verhältnis der Risikoaversionskoeffizienten muß demnach ebenfalls eine Konstante sein.

Bei *multiplikativ-separierbaren* Nutzenfunktionen hängt der Risikoaversionskoeffizient in einer Periode nur vom Einkommen in dieser Periode ab. Der Risikoaversionskoeffizient muß folglich zu jedem Zeitpunkt eine Konstante sein. Die Bedingung ist demnach dann und nur dann erfüllt, wenn die Nutzenfunktion eine multiplikativ-separierbare *exponentielle Nutzenfunktion* ist.

Wie angemerkt, können konstante Zeitpräferenzen vorliegen, ohne daß universelle Nutzen-Unabhängigkeit gilt. Konstante Zeitpräferenzen liegen stets vor, wenn die Nutzenfunktion folgendermaßen dargestellt werden kann:

$$U[\cdot] = U(\sum k_t \cdot x_t + k). \quad (39)$$

Der Entscheider orientiert sich dann mittels einer Nutzenfunktion $U[\cdot]$ mit (nahezu) beliebiger Gestalt am Endwert bzw. Barwert des Einkommenstroms.[9] Exponentielle Nutzenfunktionen der Form $U[\cdot] = \frac{1}{k} \cdot \left[e^{k \cdot \sum k_t \cdot x_t} - 1 \right]$ sowie lineare Nutzenfunktionen der Form $U[\cdot] = \sum k_t \cdot x_t$ sind hiervon Spezialfälle.

Es soll nun bewiesen werden, daß eine Nutzenfunktion der allgemeinen Form $U[\cdot] = U(\sum k_t \cdot x_t + k)$ für konstante Zeitpräferenzen *notwendig* ist.

Für den Beweis wird das totale Differential für eine beliebige Nutzenfunktion $U[\cdot]$ betrachtet:

$$dU[\cdot] = U'_0 \cdot dx_0 + U'_1 \cdot dx_1 + \cdots + U'_T \cdot dx_T = \sum_{t=0}^{T} U'_t \cdot dx_t. \quad (40)$$

Wird die Beziehung gemäß (21):

---

[9] Nutzenfunktionen dieses Typs implizieren "Domain Additivity". Hierbei orientiert sich der Entscheider an der Summe der Zielgrößen und nicht an den einzelnen Zielgrößen an sich. Vgl. FELLINGHAM, J./NEWMANN, D./SUH, Y. (1985), S. 344.

III.2 Eigenschaften mehrperiodiger Nutzenfunktionen

$$U'_t = \eta^{T-t} \cdot U'_T \qquad (41)$$

in (40) eingesetzt, folgt:

$$dU[\cdot] = \sum_{t=0}^{T} \eta^{T-t} \cdot U'_T \cdot dx_t = U'_T \cdot \sum_{t=0}^{T} \eta^{T-t} \cdot dx_t. \qquad (42)$$

D.h. der Entscheider orientiert sich am Endwert der Ergebnisänderungen aufgrund seines Grenznutzens U'_T. Bei konstanter Zeitpräferenz sind die Aufzinsungsfaktoren η^{T-t} konstant.

Wird sukzessive integriert, ergibt sich:

$$U[\cdot] = U\left(a \cdot \sum_{t=0}^{T} \eta^{T-t} \cdot x_t + b\right) \qquad \text{q.e.d.} \quad (43)$$

Das Argument der Nutzenfunktion ist somit eine beliebige lineare Transformation des Endwerts des Cash Flow-Stroms. Bei geeigneter Wahl des Faktors a kann gleichermaßen einer Orientierung am Barwert erfolgen.

3 Entscheidungssituation im dynamischen Modellrahmen

3.1 Die allgemeine Entscheidungssituation

Die Entscheidungssituation wird nun für den dynamischen Modellrahmen modifiziert. Im statischen Modellrahmen bestimmt der Agent aufgrund seiner Aktionen bzw. Entscheidungen die Wahrscheinlichkeitsverteilung über das Ergebnis (Cash Flow) x zu einem Zeitpunkt. Im dynamischen Modellrahmen determiniert er hingegen den Strom der Cash Flows bzw. dessen Bestandteile (wie z.B. Anschaffungsauszahlungen und Umsätze) zu den einzelnen Zeitpunkten t. Formal ausgedrückt generiert der Agent zu jedem Zeitpunkt t einen beliebigen Vektor x_t von Cash Flow-Bestandteilen x_{ti}. Der Cash Flow x_t ergibt sich als Summe der Bestandteile:

$$x_t = \sum_{i=1}^{n} x_{ti}. \tag{1}$$

Die Cash Flows fließen direkt an den Prinzipal. Es können sowohl *sichere* als auch *unsichere Erwartungen* bezüglich der einzelnen Cash Flow-Bestandteile bestehen. Die Aktionen können *beliebiger* Natur sein. Damit sind nicht nur *Realinvestitionen*, sondern auch *Finanzierungsmaßnahmen* bzw. *Finanzinvestitionen* berücksichtigt. *Steuerzahlungen* werden auch explizit oder implizit berücksichtigt. Ist der Agent Manager in einem Unternehmen und ist der Prinzipal der Unternehmenseigner, so wird die Unternehmenssteuer als Cash Flow-Bestandteil x_{ti} dargestellt. Private steuerliche Zahlungen müssen entweder direkt auf analoge Weise berücksichtigt werden, oder indirekt, indem explizit von zustandsabhängigen Nutzenfunktionen ausgegangen wird. Zunächst wird jedoch von der expliziten Berücksichtigung zustandsabhängiger Nutzenfunktionen abstrahiert.

Werden zustandsabhängige Nutzenfunktionen nicht explizit berücksichtigt, so ist es, wie in Kapitel II.4 gezeigt wurde, für Anreizkompatibilität notwendig, bei Risikoaversion das *externe Einkommen* beider Parteien so wie Cash Flow-Komponenten zu berücksichtigen, die im Rahmen der Kooperationsbeziehung anfallen. Folglich beinhaltet der Cash Flow x_t auch das externe Einkommen der beiden Kooperationspartner.

Der Agent orientiert sich ausschließlich an seinem Nutzen aufgrund der Entlohnungen $s_0, s_1, \ldots, s_T$ anhand der *allgemeinen* Nutzenfunktion:

Kapitel III.3 Entscheidungssituation im dynamischen Modellrahmen 77

$$V[\cdot] = V[s_0, s_1, \ldots, s_T]. \tag{2}$$

Der Prinzipal orientiert sich entsprechend an den Netto-Cash Flows (also an dem Cash Flow abzüglich der Entlohnung) $x_0 - s_0, x_1 - s_1, \ldots, x_T - s_T$ anhand der *allgemeinen* Nutzenfunktion:

$$U[\cdot] = U[x_0 - s_0, x_1 - s_1, \ldots, x_T - s_T]. \tag{3}$$

Bis auf die Ausnahme, daß zunächst von zustandsabhängigen Nutzenfunktionen abstrahiert wird, werden keine einschränkenden Annahmen bezüglich der Nutzenfunktionen der Beteiligten vorgenommen.

Der Erwartungsnutzen des Agenten bzw. Prinzipals kann nun wie folgt dargestellt werden:

$$E_0(V[\cdot]) = \sum w[s_0 \cap s_1 \cap \ldots \cap s_T] \cdot V[s_0, s_1, \ldots, s_T]. \tag{4}$$

bzw.
$$E_0(U[\cdot]) = \sum w[x_0 - s_0 \cap \ldots \cap x_T - s_T] \cdot U[x_0 - s_0, \ldots, x_T - s_T]. \tag{5}$$

Es wird unterstellt, daß der Vertrag über die Entlohnungen s_t unmittelbar vor dem Zeitpunkt t = 0 abgeschlossen wird. Im dynamischen Modellrahmen kann die Entlohnung s_t zunächst grundsätzlich in allgemeiner Form von allen realisierten Cash Flow-Bestandteilen x_{ti} (und damit von den Vektoren $\mathbf{x_t}$) abhängen:[1]

$$s_t = s_t(\mathbf{x_0}, \mathbf{x_1}, \ldots, \mathbf{x_T}). \tag{6}$$

In manchen Situationen kann sich eine Differenzierung hinsichtlich der verschiedenen Cash Flow-Bestandteile erübrigen bzw. nicht möglich sein.[2] Der Agenten wird dann an den Brutto-Cash Flows beteiligt:

$$s_t = s_t(x_0, x_1, \ldots, x_T). \tag{7}$$

In der späteren Analyse (Teil IV der Arbeit) wird unter Einbeziehung des Rechnungswesens die Situation untersucht, in der die Entlohnung s_t explizit von einer Bemessungsgrundlage B_t abhängt. Es gilt dann:

$$s_t = s_t(B_t) = s_t[B_t(\mathbf{x_0}, \mathbf{x_1}, \ldots, \mathbf{x_T})]. \tag{8}$$

---

[1] Bei sicheren Erwartungen kann die Entlohnung auch von zukünftigen Cash Flow-Bestandteilen abhängen.
[2] Eine Differenzierung kann sich insbesondere deshalb erübrigen, weil die individuellen Präferenzen unabhängig davon sind, welche Art von Cash Flow-Bestandteilen erzielt worden sind.

Die Bemessungsgrundlage kann hierbei eine beliebige Transformation der Vektoren der Cash Flow-Bestandteile sein. So kann der Residualgewinn oder der Cash Flow als Bemessungsgrundlage für die Entlohnung des Agenten dienen. Es soll zunächst von der expliziten Betrachtung von solchen Transformationen abgesehen werden und ausschließlich in allgemeiner Form die Cash Flows als Bemessungsgrundlage betrachtet werden.

Wie noch deutlich wird, kann es bei bestimmten Präferenzen sinnvoll sein, den Agenten jeweils ausschließlich direkt am (Brutto-)Cash Flow der betreffenden Periode zu beteiligen, d.h.:

$$s_t = s_t(x_t). \tag{9}$$

In diesem Teil der Arbeit werden paretoeffiziente und anreizkompatible Teilungsregeln bei einer allgemeinen Cash Flow-Beteiligung im dynamischen Modellrahmen analysiert. Um die Übersichtlichkeit der Analyse zu erhöhen, wird zunächst die Betrachtung auf lediglich zwei Zeitpunkte eingeschränkt. Dies ist ausreichend, um die meisten der grundlegenden Ergebnisse aufzuzeigen. Später werden die Ergebnisse auf den allgemeinen Fall von T-Zeitpunkten übertragen und gegebenenfalls modifiziert bzw. vertieft.

3.2 Konkretisierung der Entscheidungssituation

Um die Darstellungen zu vereinfachen, wird der Zwei-Zeitpunkt-Fall $t = 0$ und $t = 1$ und damit der Einperiodenfall betrachtet. Der Agent beeinflußt mit seinen (Investitions-)Entscheidungen lediglich die Cash Flows bzw. deren Bestandteile zu den Zeitpunkten $t = 0$ und $t = 1$. Der Cash Flow x_0 bzw. x_1 ergibt sich als:

$$x_0 = \sum_{i=1}^{n} x_{0i} \tag{10}$$

bzw.
$$x_1 = \sum_{i=1}^{n} x_{1i}. \tag{11}$$

Es können grundsätzlich sowohl sichere als auch unsichere Erwartungen bezüglich der Cash Flow-Bestandteile zu den einzelnen Zeitpunkten bestehen. Um die Übersicht zu erleichtern, wird außerdem zunächst keine Differenzierung der Entlohnung in den einzelnen Cash Flow-Bestandteilen betrachtet. Bei einer Cash Flow-Beteiligung im Zwei-Zeitpunkt-Fall gilt daher:

$$s_0[\cdot] = s_0(x_0, x_1) \tag{12}$$

Kapitel III.3 Entscheidungssituation im dynamischen Modellrahmen 79

bzw.
$$s_1[\cdot] = s_1(x_0, x_1). \tag{13}$$

Hängt $s_1(\cdot)$ von x_0 ab, so wird zum Zeitpunkt t = 1 der vergangene Cash Flow in der Entlohnung berücksichtigt. Im folgenden wird in diesem Fall von der Berücksichtigung der "Historie" gesprochen. Hängt $s_0(\cdot)$ von x_1 ab, so wird von "Antizipation" gesprochen. Es allerdings zu beachten, daß nur beim Sonderfall sicherer Erwartungen (bzw. bei einem sicheren Projekt) Antizipation möglich ist. Bei unsicheren Erwartungen bezüglich t = 1 kann s_0 hingegen ausschließlich explizit von x_0 abhängen:

$$s_0[\cdot] = s_0(x_0). \tag{14}$$

Im Zwei-Zeitpunkt-Fall orientiert sich der Agent ausschließlich an seinem Nutzen aufgrund der Entlohnung s_0 in t = 0 bzw. s_1 in t = 1 gemäß der allgemeinen Nutzenfunktion:

$$V[s_0(x_0), s_1(x_0, x_1)]. \tag{15}$$

Der Prinzipal orientiert sich entsprechend an der folgenden Nutzenfunktion:

$$U[x_0 - s_0(x_0), x_1 - s_1(x_0, x_1)]. \tag{16}$$

Für den Erwartungswert des Nutzens des Agenten bzw. des Prinzipals kann man, sofern z_0 und damit x_0 gegeben ist, schreiben:

$$E_0(V[\cdot]) = \sum w(x_1) \cdot V[s_0(x_0), s_1(x_0, x_1)]. \tag{17}$$

bzw.
$$E_0(U[\cdot]) = \sum w(x_1) \cdot U[x_0 - s_0(x_0), x_1 - s_1(x_0, x_1)]. \tag{18}$$

Bei einer Erhöhung der Entlohnung des Agenten $s_0(x_0)$ zum Zeitpunkt t = 0 verändert sich sein (Gesamt-)Nutzen in jedem Zustand und somit für jedes mögliche Ergebnis x_1. Die entsprechende partielle Ableitung beträgt:

$$\frac{\partial V[s_0(x_0), s_1(x_1, x_0)]}{\partial s_0(x_0)} \equiv V_0'[s_0(x_0), s_1(x_0, x_1)]. \tag{19}$$

Der Grenznutzen V_0' hängt grundsätzlich von der Entlohnung s_1 zum Zeitpunkt 1 und damit von x_1 ab.

Der entsprechende Erwartungswert des Grenznutzens beträgt:

$$\frac{\partial E_0(V[\cdot])}{\partial s_0(x_0)} = \sum w(x_1) \cdot V_0'[s_0(x_0), s_1(x_0, x_1)]. \tag{20}$$

Bei einer Erhöhung der Entlohnung des Agenten $s_1(x_0,x_1)$ für den Zeitpunkt $t = 1$ verändert sich seinen (Gesamt-)Nutzen hingegen ausschließlich in dem betreffenden Zustand. Die entsprechende partielle Ableitung beträgt:

$$\frac{\partial V[s_0(x_0),s_1(x_0,x_1)]}{\partial s_1(x_0,x_1)} \equiv V_1'[s_0(x_0),s_1(x_0,x_1)]. \tag{21}$$

Für den Prinzipal gilt analog:

$$\frac{\partial U[x_0 - s_0(x_0), x_1 - s_1(x_0,x_1)]}{\partial [x_0 - s_0(x_0)]} \equiv U_0'[x_0 - s_0(x_0), x_1 - s_1(x_0,x_1)] \tag{22}$$

bzw.
$$\frac{\partial E_0(U[\cdot])}{\partial [x_0 - s_0(x_0)]} = \sum w(x_1) \cdot U_0'[x_0 - s_0(x_0), x_1 - s_1(x_0,x_1)] \tag{23}$$

und
$$\frac{\partial U[x_0 - s_0(x_0), x_1 - s_1(x_0,x_1)]}{\partial [x_1 - s_1(x_0,x_1)]} \equiv U_1'[x_0 - s_0(x_0), x_1 - s_1(x_0,x_1)]. \tag{24}$$

Es wird nun eine paretoeffiziente Teilung im Zwei-Zeitpunkt-Fall behandelt.

4 Paretoeffiziente zeitliche Teilung und Risikoteilung

4.1 Die Bedeutung der zeitlichen Teilung, die Historie und die zukünftige Entwicklung

Im dynamischen Modellrahmen geht es beim Konzept der Paretoeffizienz darum, eine *gegebene* Wahrscheinlichkeitsverteilung sowohl über die Zustände der einzelnen Zeitpunkte (Risikoteilung), als auch über die Zeitpunkte (zeitliche Teilung) effizient aufzuteilen. Das Hauptaugenmerk der nachfolgenden Analyse liegt insbesondere auf der effizienten *zeitlichen* Teilung. Hierbei wird die Entlohnung so festgelegt, daß es zu einem *Ausgleich der (erwarteten) Zeitpräferenzen* kommt.

Bei der Betrachtung paretoeffizienter Entlohnungsverträge im dynamischen Modellrahmen können sich *bedingte* Verträge als optimal erweisen. Wie erläutert wurde, können die Gründe für einen (langfristigen) bedingten Vertrag in dieser Arbeit ausschließlich in den *Präferenzen* der Beteiligten und damit in den *Eigenschaften der Nutzenfunktionen* liegen. Es wird der Frage nachgegangen, inwieweit sich bedingte Verträge zum einen aufgrund der Antizipation von zukünftigen Cash Flows und zum anderen aufgrund der Berücksichtigung vergangener Cash Flows ergeben. Es wird gezeigt, daß sich bei *gleichen konstanten Zeitpräferenzen* zwar stets die Antizipation zukünftiger Erfolge, jedoch nicht die Berücksichtigung vergangener Erfolge erübrigt. Ferner wird verdeutlicht, daß *Perioden-Nutzen-Unabhängigkeit* weder notwendig noch hinreichend dafür ist, daß eine paretoeffiziente Teilung ohne Antizipation und unabhängig von der Historie erfolgen kann. Erfolgt keine Antizipation und wird die Historie nicht beachtet, dann besteht eine isolierte Erfolgsbeteiligung. Es wird bewiesen, daß eine isolierte Erfolgsbeteiligung nur dann paretoeffizient sein kann, wenn entweder die Nutzenfunktionen additiv-separierbar sind oder die Nutzenfunktionen so ähnlich sind, daß die Teilungsregeln für jede Periode linear sind und sich nur im Fixum unterscheiden.

Bei der Analyse paretoeffizienter Teilungsregeln wird zunächst davon ausgegangen, daß der Umweltzustand z_0 zum Zeitpunkt der Vertragsgestaltung in $t = 0$ bekannt ist. Wie noch deutlich wird, erleichtert diese Annahme die Übersicht und zieht nur eine geringe Einschränkung der Allgemeingültigkeit nach sich. Wäre z_0 nicht bekannt, dann müßte zwar für jeden möglichen Umweltzustand z_0 ein bedingter Entlohnungsvertrag zum Zeitpunkt $t = 0$ festgelegt werden. Die bedingten Verträge hätten jedoch jeweils die gleichen Eigenschaften wie der Entlohnungsvertrag für den Fall, daß der Umweltzustand z_0 bekannt ist (vgl. hierzu Abschnitt 4.5). Die Annahme, daß der Umweltzustand z_0 zum Zeitpunkt der Vertragsgestaltung bekannt ist, beinhaltet bei gegebener Wahrscheinlichkeitsverteilung auch sicherere Erwartungen bezüglich des Cash Flows x_0.

4.2 Paretoeffiziente Teilung bei unsicheren Erwartungen bezüglich der Umweltentwicklung

Es wird der Fall analysiert, daß sichere Erwartungen bezüglich t = 0 und unsichere Erwartungen bezüglich t = 1 bestehen. Dies bedeutet, daß zum Zeitpunkt der Vertragsgestaltung und der Entlohnung in t = 0 die Umweltentwicklung z_1 noch nicht bekannt ist. Mit einem (bereits realisierten) Investitionsobjekt ist beispielsweise in t = 0 die sichere Einzahlung x_0 und in t=1 eine unsichere Einzahlung x_1 verbunden.

Da das Ergebnis x_0 gegeben ist, braucht die Entlohnungsfunktion zum Zeitpunkt 1 grundsätzlich *nicht explizit* von x_0 abzuhängen, und man kann schreiben:

$$s_1(x_0, x_1) = s_1(x_1) \tag{1}$$

Eine Entlohnungsfunktion, die bezüglich der zeitlichen Teilung und der Risikoteilung paretoeffizient ist, kann wie im statischen Modellrahmen ermittelt werden, indem der Nutzen des Prinzipals unter der Nebenbedingung maximiert wird, daß der Agent einen exogen vorgegebenen Mindesterwartungsnutzen V_{min} erzielt:[1]

$$\underset{s_0, s_1}{\text{Max}}\ E\big(U[x_0 - s_0(x_0), x_1 - s_1(x_1)]\big) \tag{2}$$

unter der Nebenbedingung

$$E\big(V[s_0(x_0), s_1(x_1)]\big) \geq V_{min}. \tag{3}$$

Die entsprechende Lagrange-Funktion kann wie folgt dargestellt werden:

$$L = \sum w(x_1) \cdot U[x_0 - s_0(x_0), x_1 - s_1(x_1)] \tag{4}$$

$$+ \lambda \cdot \left[\sum w(x_1) \cdot V[s_0(x_0), s_1(x_1)] - V_{min} \right].$$

---

1) Vgl. REES (1985), S. 7.

Sofern eine innere Lösung existiert, erhält man das Optimum, indem die Lagrange-Funktion nach $s_0(x_0)$ und für jeden möglichen x_1-Wert nach der Entlohnung $s_1(x_1)$ partiell abgeleitet wird und die Ableitungen jeweils gleich Null gesetzt werden:

$$\frac{\partial L}{\partial s_0(x_0)} = -\sum w(x_1) \cdot U_0'[x_0 - s_0(x_0), x_1 - s_1(x_1)] \tag{5}$$

$$+\lambda \cdot \sum w(x_1) \cdot V_0'[s_0(x_0), s_1(x_1)] = 0$$

sowie
$$\frac{\partial L}{\partial s_1(x_1)} = -w(x_1) \cdot U_1'[x_0 - s_0(x_0), x_1 - s_1(x_1)] \tag{6}$$

$$+\lambda \cdot w(x_1) \cdot V_1'[s_0(x_0), s_1(x_1)] = 0 \qquad \text{für alle } x_1.$$

Unter Verwendung der Kurzschreibweise folgt:

$$E_0(U_0') = \lambda \cdot E_0(V_0') \tag{7}$$

sowie $\qquad\qquad U_1' = \lambda \cdot V_1' \qquad$ für alle x_1. (8)

Die Gleichung (8) entspricht bezüglich der Aufteilung von x_1 der Gleichung für eine paretoeffiziente *Risikoteilung* im statischen Modellrahmen, wobei das Verhältnis der Grenznutzenwerte eine Konstante sein muß. Wird die Bedingung (8) auf beiden Seiten nach x_1 abgeleitet, erhält man auch hier eine analoge Bedingung:

$$U_1'' \cdot \left[1 - \frac{\partial s_1(x_1)}{\partial x_1}\right] = \lambda \cdot V_1'' \cdot \frac{\partial s_1(x_1)}{\partial x_1}. \tag{9}$$

Wird (8) eingesetzt, erhält man das bekannte Ergebnis, daß sich die Grenzentlohnung zum Zeitpunkt 1 aufgrund der Risikoaversionskoeffizienten der betreffenden Periode ergibt:

$$\alpha_{P1}(x_1) \cdot \left[1 - \frac{\partial s_1(x_1)}{\partial x_1}\right] = \alpha_{A1}(x_1) \cdot \frac{\partial s_1(x_1)}{\partial x_1} \tag{10}$$

$\Leftrightarrow \qquad\qquad \dfrac{\partial s_1(x_1)}{\partial x_1} = \dfrac{\alpha_{P1}(x_1)}{\alpha_{P1}(x_1) + \alpha_{A1}(x_1)}.$ (11)

Bei der Aufteilung des Cash Flows x_0 gemäß (7) sind hingegen Erwartungswerte des Grenznutzens relevant, obwohl x_0 eine sichere Größe ist. Dies liegt daran, daß der Grenznutzen U_0' bzw. V_0' auch von dem Netto-Cash Flow bzw. Entlohnung zum Zeitpunkt 1 und damit von x_1 abhängen kann.

Aus den beiden Gleichungen (7) und (8) ergibt sich:

$$\frac{E(U_0')}{U_1'} = \frac{E(V_0')}{V_1'} \quad \text{bzw.} \quad \frac{E(U_0')}{E(U_1')} = \frac{E(V_0')}{E(V_1')}. \qquad (12)$$

Die linke bzw. rechte Seite der Gleichung kann jeweils als *"Zeitpräferenz"* (bezogen auf Erwartungswerte) des Prinzipals bzw. des Agenten interpretiert werden. *Eine paretoeffiziente Teilung impliziert, daß die Zeitpräferenzen bzw. erwarteten Zeitpräferenzen von Prinzipal und Agent gleich sind.*

Zudem ergibt sich der folgende Zusammenhang:

$$\frac{w(x_1) \cdot U_1'}{E(U_1')} = \frac{w(x_1) \cdot V_1'}{E(V_1')}. \qquad (13)$$

Die linke bzw. rechte Seite der Gleichung kann als *Zustandspräferenz* des Prinzipals bzw. des Agenten interpretiert werden, sofern man x_1 einem Zustand z zuordnet. *Eine paretoeffiziente Teilung impliziert, daß die Zustandspräferenzen von Prinzipal und Agent übereinstimmen.*

Daß die Umweltentwicklung z_1 zum Zeitpunkt der Entlohnung in t = 0 noch nicht bekannt ist, hat grundsätzlich negative Konsequenzen für die *zeitliche Verteilung* der Entlohnung. Dies liegt daran, daß erst zum Zeitpunkt t = 1 bekannt wird, wie hoch der zu verteilende „Kuchen" insgesamt ist. Hätten die Parteien diese Information schon zum Zeitpunkt t = 0 gehabt, dann wäre evtl. eine andere zeitliche Verteilung optimal gewesen. Um diese Problematik genauer zu analysieren, wird im nächsten Abschnitt der Fall betrachtet, daß die Umweltentwicklung z_1 schon zum Zeitpunkt t = 0 bekannt ist. Anschließend wird anhand eines Vergleichs der Fälle diskutiert, inwieweit eine Antizipation der zukünftigen Umweltentwicklung von Vorteil ist.

4.3 Paretoeffiziente Teilung bei sicheren Erwartungen bezüglich der Umweltentwicklung

Es wird nun von dem Spezialfall sicherer Erwartungen ausgegangen, wobei die Umweltentwicklung z_1 schon zum Zeitpunkt t = 0 bekannt ist. Der Zeitpunkt t = 0 bezieht sich, wie erläutert, auf den Zeitpunkt unmittelbar nach Vertragsabschluß. Folglich bestehen erst unmittelbar *nach* Vertragsabschluß sichere Erwartungen. Die Entlohnung zum Zeitpunkt t = 0 kann dann bedingt in Abhängigkeit von x_1 festgelegt werden, d.h.

$$s_0(\cdot) = s_0(x_0, x_1). \tag{14}$$

Die entsprechende Lagrange-Funktion kann folgendermaßen dargestellt werden:

$$L = \sum w(x_1) \cdot U[x_0 - s_0(x_0, x_1), x_1 - s_1(x_1)] \tag{15}$$

$$+ \lambda \cdot \left[\sum w(x_1) \cdot V[s_0(x_0, x_1), s_1(x_1)] - V_{min} \right].$$

Sofern eine innere Lösung existiert, erhält man hier das Optimum, indem die Lagrange-Funktion für jeden möglichen x_1-Wert jeweils nach der Entlohnung $s_0(x_0, x_1)$ sowie $s_1(x_1)$ partiell abgeleitet wird und die Ableitungen jeweils gleich Null gesetzt werden:

$$\frac{\partial L}{\partial s_0(x_0, x_1)} = -w(x_1) \cdot U_0'[x_0 - s_0(x_0, x_1), x_1 - s_1(x_1)] \tag{16}$$

$$+ \lambda \cdot w(x_1) \cdot V_0'[s_0(x_0, x_1), s_1(x_1)] = 0 \qquad \text{für alle } x_1$$

sowie

$$\frac{\partial L}{\partial s_1(x_1)} = -w(x_1) \cdot U_1'[x_0 - s_0(x_0, x_1), x_1 - s_1(x_1)] \tag{17}$$

$$+ \lambda \cdot w(x_1) \cdot V_1'[s_0(x_0, x_1), s_1(x_1)] = 0 \qquad \text{für alle } x_1.$$

Aus (16) bzw. (17) folgt:

$$U_0'[x_0 - s_0(x_0, x_1), x_1 - s_1(x_1)] = \lambda \cdot V_0'[s_0(x_0, x_1), s_1(x_1)] \tag{18}$$

bzw.

$$U_1'[x_0 - s_0(x_0, x_1), x_1 - s_1(x_1)] = \lambda \cdot V_1'[s_0(x_0, x_1), s_1(x_1)]. \tag{19}$$

Wird (19) durch (18) geteilt, erhält man:

$$\frac{U_0'[\cdot]}{U_1'[\cdot]} = \frac{V_0'[\cdot]}{V_1'[\cdot]} \qquad (20)$$

bzw. $\qquad \gamma_{P1}[\cdot] = \gamma_{A1}[\cdot] \qquad$ für alle x_1. (21)

Bei bekannter Umweltentwicklung erfolgt die paretoeffiziente zeitliche Teilung so, daß die Zeitpräferenz der Beteiligten in jedem Umweltzustand übereinstimmt. Eine zeitliche Teilung gemäß Gleichung (21), die bei sicheren Erwartungen erzielt wird, stellt die bestmöglich zu erreichende zeitliche Teilung dar. Inwieweit sie auch bei unsicheren Erwartungen (vgl. (12)) erreicht werden kann, wird im anschließenden Abschnitt 4.4 untersucht. Zunächst wird für charakteristische Fälle gezeigt, wie die Entlohnungsfunktionen gestaltet sein müssen, damit stets ein *Ausgleich der Zeitpräferenzen* gewährleistet wird.

Die Bedingung (21) gilt für jedes x_1 und muß somit auch bei einer Variation von x_1 erhalten bleiben. Wird (21) nach x_1 abgeleitet, so folgt:

$$\frac{d\gamma_{P1}[\cdot]}{dx_1} = \frac{d\gamma_{A1}[\cdot]}{dx_1} \qquad (22)$$

$\Leftrightarrow \qquad \frac{\partial\gamma_{P1}[\cdot]}{\partial(x_0-s_0)} \cdot \frac{ds_0(x_0,x_1)}{dx_1} + \frac{\partial\gamma_{P1}[\cdot]}{\partial(x_1-s_1)} \cdot [1-s_1'(x_1)]$

$= \frac{\partial\gamma_{A1}[\cdot]}{\partial s_0} \cdot \frac{ds_0(x_0,x_1)}{dx_1} + \frac{\partial\gamma_{A1}[\cdot]}{\partial s_1} \cdot s_1'(x_1).$

Die entsprechenden Ableitungen der Zeitpräferenzen befinden sich im Anhang a) zu diesem Abschnitt.

Bei *konstanter übereinstimmender Zeitpräferenz beider* Parteien ist (22) unabhängig von der Aufteilung stets erfüllt; es gibt damit unendlich viele Aufteilungsmöglichkeiten, die (21) erfüllen.

Interpretation: weisen Prinzipal und Agent eine konstante übereinstimmende Zeitpräferenz auf, so ist es irrelevant, wie das Ergebnis über die Zeit aufgeteilt wird.

Sind die Zeitpräferenzen der Beteiligten zwar konstant und damit exogen vorgegeben, jedoch nicht gleich, dann existiert *keine* innere Lösung. Die Lösung kann dann durch eine zeitliche Umverteilung stets verbessert werden. Für den Fall, daß der Agent eine höhere Zeitpräferenz als der Prinzipal hat, d.h. $\gamma_{A1} > \gamma_{P1}$, wird dies erreicht, indem die Entlohnung zum Zeitpunkt 0 erhöht wird und die Entlohnung zum

Kapitel III.4 Paretoeffiziente zeitliche Teilung und Risikoteilung 87

Zeitpunkt 1 gesenkt wird. Für den Fall $\gamma_{A1} < \gamma_{P1}$ wird umgekehrt die Entlohnung zum Zeitpunkt 0 gesenkt und zum Zeitpunkt 1 sukzessive erhöht.

Es wird nun der Fall *konstanter Zeitpräferenz des Prinzipals* und *variabler Zeitpräferenz des Agenten* betrachtet. D.h. es gilt:

$$\frac{\partial \gamma_{P1}[\cdot]}{\partial(x_0 - s_0)} = 0 \, ; \quad \frac{\partial \gamma_{P1}[\cdot]}{\partial(x_1 - s_1)} = 0 \, ; \quad \frac{\partial \gamma_{A1}(\cdot)}{\partial s_0} < 0 \, ; \quad \frac{\partial \gamma_{A1}(\cdot)}{\partial s_1} > 0 \, . \tag{23}$$

Aus (22) folgt:

$$0 = \frac{\partial \gamma_{A1}[\cdot]}{\partial s_0} \cdot \frac{ds_0(x_0, x_1)}{dx_1} + \frac{\partial \gamma_{A1}[\cdot]}{\partial s_1} \cdot s_1'(x_1) \, . \tag{24}$$

Bei positiver Grenzentlohnung $s_1'(x_1)$ kann die Gleichung nur erfüllt sein für $\frac{ds_0(x_0, x_1)}{dx_1} > 0$.

Interpretation: bei steigender Entlohnung zum Zeitpunkt 1, steigt c.p. die Zeitpräferenz des Agenten. Damit beide Zeitpräferenzen wieder übereinstimmen, muß die Entlohnung zum Zeitpunkt 0 ebenfalls steigen. Dieser Fall kann zum Beispiel dann vorliegen, wenn der Prinzipal Zugang zum Kapitalmarkt hat und der Agent nicht. Bei höherem Erfolg x_1 möchten beide Parteien grundsätzlich ihren Konsum zu beiden Zeitpunkten erhöhen. Dazu ist es optimal, wenn der Agent vom Prinzipal einen Kredit erhält. Letztendlich ermöglicht der Prinzipal dem Agenten de facto Zugang zum Kapitalmarkt.

Nun wird der umgekehrte Fall betrachtet, d.h. *variable Zeitpräferenz des Prinzipals und konstante Zeitpräferenz des Agenten*, und damit:

$$\frac{\partial \gamma_{P1}[\cdot]}{\partial(x_0 - s_0)} < 0 \, ; \quad \frac{\partial \gamma_{P1}[\cdot]}{\partial(x_1 - s_1)} > 0 \, ; \quad \frac{\partial \gamma_{A1}(\cdot)}{\partial s_0} = 0 \, ; \quad \frac{\partial \gamma_{A1}(\cdot)}{\partial s_1} = 0 \, . \tag{25}$$

Aus (22) folgt:

$$\frac{\partial \gamma_{P1}[\cdot]}{\partial(x_0 - s_0)} \cdot - \frac{ds_0(x_0, x_1)}{dx_1} + \frac{\partial \gamma_{P1}[\cdot]}{\partial(x_1 - s_1)} \cdot [1 - s_1'(x_1)] = 0 \, . \tag{26}$$

Bei positiver Grenzentlohnung $0 < s_1'(x_1) < 1$ kann die Gleichung nur für $\frac{ds_0(x_0, x_1)}{dx_1} < 0$ erfüllt sein.

Interpretation: bei steigender Netto-Entlohnung zum Zeitpunkt 1 steigt c.p. die Zeitpräferenz des Prinzipals. Damit beide Zeitpräferenzen wieder übereinstimmen, muß die Netto-Entlohnung zum Zeitpunkt 0 ebenfalls steigen. Folglich muß die Entlohnung zum Zeitpunkt 0 sinken.

Es ist zu vermuten, daß grundsätzlich auch bei *variabler Zeitpräferenz beider Parteien* ein Ausgleich über die Entlohnung zu beiden Zeitpunkten erfolgen muß - es sei denn, die Nutzenfunktionen stimmen weitgehend überein. Hierauf wird im nächsten Abschnitt noch näher eingegangen.

Bei sicheren Erwartungen zum Zeitpunkt 0 über die Umweltentwicklung zum Zeitpunkt 1 wird die Übereinstimmung der Zeitpräferenz für jede mögliche Umweltentwicklung aufgrund bedingter Entlohnungsverträge $s_0(x_0, x_1)$ gewährleistet. Hierbei kann die Höhe des zukünftigen Cash Flows x_1 schon zum Zeitpunkt t = 0 antizipiert werden. Die Zusammenhänge werden nun insbesondere für konstante Zeitpräferenzen und Perioden-Nutzen-Unabhängigkeit vertiefend analysiert. Hierzu wird die Gleichung (18) bzw. (19) nach x_1 abgeleitet; vgl. Anhang b) zu diesem Abschnitt:

$$U_{01}'' \cdot [1 - s_1'(x_1)] - U_0'' \cdot \frac{ds_0(x_0, x_1)}{dx_1} = \lambda \cdot V_{01}'' \cdot s_1'(x_1) + \lambda \cdot V_0'' \cdot \frac{ds_0(x_0, x_1)}{dx_1} \quad (27)$$

bzw. $$U_1'' \cdot [1 - s_1'(x_1)] - U_{10}'' \cdot \frac{ds_0(x_0, x_1)}{dx_1} = \lambda \cdot V_1'' \cdot s_1'(x_1) + \lambda \cdot V_{10}'' \cdot \frac{ds_0(x_0, x_1)}{dx_1}. \quad (28)$$

Die beiden Gleichungen stehen grundsätzlich nur für den Fall *konstanter übereinstimmender Zeitpräferenzen* stets miteinander im Einklang, unabhängig davon, wie die Entlohnung über die Zeit verteilt wird; vgl. hierzu Anhang c) zu diesem Abschnitt.

Bei konstanten übereinstimmenden Zeitpräferenzen, $\gamma_{P1} = \gamma_{A1} = \gamma_1$, gilt:

$$U_{01}'' = \gamma_1 \cdot U_1'' \quad \text{bzw.} \quad V_{01}'' = \gamma_1 \cdot V_1''. \quad (29)$$

Wird dies in (28) eingesetzt, folgt:

$$U_1'' \cdot \left([1 - s_1'(x_1)] - \gamma_1 \cdot \frac{ds_0(x_0, x_1)}{dx_1} \right) = \lambda \cdot V_1'' \cdot \left(s_1'(x_1) + \gamma_1 \cdot \frac{ds_0(x_0, x_1)}{dx_1} \right). \quad (30)$$

Die Ausdrücke in den runden Klammern entsprechen jeweils dem Endwert der gesamten Grenzentlohnung. Wird nun λ gemäß (19) eingesetzt, folgt:

$$\alpha_{P1} \cdot \left([1 - s_1'(x_1)] - \gamma_1 \cdot \frac{ds_0(x_0, x_1)}{dx_1} \right) = \alpha_{A1} \cdot \left(s_1'(x_1) + \gamma_1 \cdot \frac{ds_0(x_0, x_1)}{dx_1} \right) \quad (31)$$

und damit wegen $\gamma_{P1} = \gamma_{A1} = \gamma_1$:

Kapitel III.4 Paretoeffiziente zeitliche Teilung und Risikoteilung 89

$$s_1'(x_1) + \gamma_1 \cdot \frac{ds_0(x_0,x_1)}{dx_1} = \frac{\alpha_{P1}}{\alpha_{P1} + \alpha_{A1}}. \tag{32}$$

Der Endwert der gesamten Grenzentlohnung des Cash Flows x_1 bestimmt sich aufgrund der Risikoaversionskoeffizienten bezüglich des Zeitpunkts 1. Wie erläutert wurde, ist es bei konstanten übereinstimmenden Zeitpräferenzen unerheblich, wie ein gegebener Entlohnungsbetrag über die Zeit verteilt wird, und ob damit der Cash Flow x_1 schon zum Zeitpunkt t = 1 entlohnt wird. Folglich *kann* bei konstanten übereinstimmenden Zeitpräferenzen stets $\frac{ds_0(x_0,x_1)}{dx_1} = 0$ gewählt werden.

Betrachten wir nun den Fall *additiv-separierbarer* Perioden-Nutzenfunktionen. Diese implizieren, daß die Kreuzableitungen jeweils null sind: $U_{01}'' = V_{01}'' = 0$.

In diesem Fall gilt aufgrund von (27) bzw. (28):

$$-U_0'' \cdot \frac{ds_0(x_0,x_1)}{dx_1} = \lambda \cdot V_0'' \cdot \frac{ds_0(x_0,x_1)}{dx_1} \tag{33}$$

bzw. $\quad U_1'' \cdot [1 - s_1'(x_1)] = \lambda \cdot V_1'' \cdot s_1'(x_1). \tag{34}$

Die Bedingung (33) kann nur für $\frac{ds_0(x_0,x_1)}{dx_1} = 0$ und/oder $U_0'' = V_0'' = 0$ erfüllt werden.

Bei additiv-separierbaren Perioden-Nutzenfunktionen *kann* nur bei *Risikoneutralität* der Beteiligten die Entlohnung s_0 von x_1 abhängen.[2] Wie bereits erläutert, impliziert Risikoneutralität über alle Zeitpunkte auch stets den gerade behandelten Fall konstanter Zeitpräferenzen, wobei es irrelevant ist, ob die Entlohnung zum Zeitpunkt null in Abhängigkeit von x_1 gewählt wird oder nicht.

Bei *additiv-separierbaren* Perioden-Nutzenfunktionen *muß* bei *Risikoaversion* stets eine Entlohnung zum Zeitpunkt null gewählt werden, die unabhängig von x_1 ist, d.h. $\frac{ds_0(x_0,x_1)}{dx_1} = 0$.

Bei *multiplikativ-separierbaren* Nutzenfunktionen *muß* hingegen grundsätzlich $\frac{ds_0(x_0,x_1)}{dx_1} \neq 0$ gewählt werden. Dies ist damit zu begründen, daß der Grenznutzen, bezogen auf das Einkommen zum Zeitpunkt t = 0, davon abhängt, welches Einkommen zum Zeitpunkt 1 erzielt wird; vgl. hierzu Anhang d) zu diesem Abschnitt.

---

[2] Eine innere Lösung kann sich allerdings nur dann ergeben, wenn die Zeitpräferenz der Parteien übereinstimmt.

4.4 Bedeutung und Grenzen der Antizipation zukünftiger Erfolge

In Abschnitt 4.2 bzw. 4.3 wurde eine paretoeffiziente Teilung für den Fall untersucht, daß der Zustand z_1 (und damit das Ergebnis x_1) zum Zeitpunkt 0 nicht bekannt bzw. bekannt ist. Vor dem Hintergrund der beiden Fälle soll nun der Frage nachgegangen werden, inwieweit die *Antizipation* zukünftiger Cash Flows (bzw. der entsprechenden Umweltzustände) überhaupt von Vorteil für die Beteiligten ist.

Erfolgt keine Antizipation (d.h. der Zustand z_1 ist nicht bekannt), wird die Entlohnung s_0 zum Zeitpunkt t = 0 so festgelegt, daß gilt:

$$E_0\left(U_0'\right) = \lambda \cdot E_0\left(V_0'\right). \tag{7}$$

Bei einer Antizipation kann die Entlohnung hingegen zum Zeitpunkt t = 0 so bedingt festgelegt werden, d.h. $s_0(\cdot) = s_0(x_0, x_1)$ bzw. $s_0(\cdot) = s_0(x_0 | x_1)$, daß für *jeden* Umweltzustand gilt:

$$U_0' = \lambda \cdot V_0'. \tag{18}$$

In beiden Fällen wird die Teilungsregel zum Zeitpunkt t = 1 so gestaltet, daß stets gilt:

$$U_1' = \lambda \cdot V_1'. \tag{8}$$

Die Bedingung (18) impliziert *stets* die Bedingung (7), jedoch nicht umgekehrt. Eine Antizipation ermöglicht genau dann eine bessere Teilung, sofern es *notwendig* ist, daß die Entlohnungsfunktion s_0, welche die Gleichung $U_0' = \lambda \cdot V_0'$ erfüllt, abhängig von x_1 gewählt werden muß. Umgekehrt erübrigt sich eine Antizipation, wenn die Beziehung $U_0' = \lambda \cdot V_0'$ (sowie $U_1' = \lambda \cdot V_1'$) stets aufgrund einer Entlohnung s_0 erfüllt werden kann, die unabhängig von x_1 ist:

$$\frac{d s_0(x_0, x_1)}{d x_1} = 0 \qquad \text{für alle } x_1. \tag{35}$$

Wie im letzten Abschnitt deutlich wurde, kann bei *konstanten übereinstimmenden Zeitpräferenzen* die Entlohnung beliebig auf die Zeitpunkte verteilt werden. Folglich erübrigt sich hierbei stets die Antizipation, und $\frac{d s_0(x_0, x_1)}{d x_1} = 0$ kann gewählt werden. Konstante übereinstimmende Zeitpräferenzen sind somit hinreichend dafür, daß eine Antizipation nicht von Vorteil ist.

Kapitel III.4 Paretoeffiziente zeitliche Teilung und Risikoteilung 91

Bei *additiv-separierbaren Nutzenfunktionen* und *Risikoaversion* ist es notwendig, daß $\frac{ds_0(x_0,x_1)}{dx_1} = 0$ gewählt wird. Damit wäre eine Antizipation stets von *Nachteil*.

Bei *multiplikativ-separierbaren Nutzenfunktionen* ist es hingegen grundsätzlich notwendig, daß $\frac{ds_0(x_0,x_1)}{dx_1} \neq 0$ gewählt wird. Deshalb ist eine Antizipation von x_1 zum Zeitpunkt 0 stets von *Vorteil*.[3]

Um die Bedeutung der Antizipation allgemeiner zu untersuchen, wird von der *hypothetischen* Möglichkeit der Antizipation ausgegangen, und die Gleichungen (27) und (28) werden erneut betrachtet:

$$U_{01}'' \cdot [1 - s_1'(x_1)] - U_0'' \cdot \frac{ds_0(x_0,x_1)}{dx_1} = \lambda \cdot V_{01}'' \cdot s_1'(x_1) + \lambda \cdot V_0'' \cdot \frac{ds_0(x_0,x_1)}{dx_1} \quad (27)$$

und $\quad U_1'' \cdot [1 - s_1'(x_1)] - U_{10}'' \cdot \frac{ds_0(x_0,x_1)}{dx_1} = \lambda \cdot V_1'' \cdot s_1'(x_1) + \lambda \cdot V_{10}'' \cdot \frac{ds_0(x_0,x_1)}{dx_1}. \quad (28)$

Die beiden Gleichung lassen sich für $\frac{ds_0(x_0,x_1)}{dx_1} = 0$ *nur dann* erfüllen, wenn die Grenzentlohnung $s_1'(x_1)$ so festgelegt werden *kann*, daß für alle x_1 gilt:

$$U_{01}'' \cdot [1 - s_1'(x_1)] = \lambda \cdot V_{01}'' \cdot s_1'(x_1) \quad (36)$$

bzw. $\quad U_1'' \cdot [1 - s_1'(x_1)] = \lambda \cdot V_1'' \cdot s_1'(x_1). \quad (34)$

Hier erkennt man wiederum den Zusammenhang, daß bei *Risikoneutralität* $\frac{ds_0(x_0,x_1)}{dx_1} = 0$ stets gewählt werden kann.

Ferner erkennt man, daß bei *Risikoaversion* der Beteiligten (36) und (34) stets bei *konstanten übereinstimmenden Zeitpräferenzen* der beiden Beteiligten erfüllt sind. Es gilt ja: $U_{01}'' = \gamma_1 \cdot U_1''$ bzw. $V_{01}'' = \gamma_1 \cdot V_1''$.

Daß eine Antizipation bei konstanten übereinstimmenden Zeitpräferenzen nicht von Vorteil ist, läßt sich auch wie folgt veranschaulichen: Auch bei fehlender Antizipation gilt $U_1' = \lambda \cdot V_1'$. Bei konstanter übereinstimmender Zeitpräferenz gilt:

$$\frac{U_0'}{U_1'} = \gamma_1 \quad \text{sowie} \quad \frac{V_0'}{V_1'} = \gamma_1 \quad (37)$$

---

[3] Eine Ausnahme hiervon sind exponentielle CARA-Nutzenfunktionen, für die konstante Zeitpräferenzen bestehen.

und damit: $$U_1' = \frac{U_0'}{\gamma_1} \quad \text{sowie} \quad V_1' = \frac{V_0'}{\gamma_1}. \tag{38}$$

Wird (38) in $U_1' = \lambda \cdot V_1'$ eingesetzt, folgt direkt $U_0' = \lambda \cdot V_0'$.

Bei *Risikoaversion* der beiden Beteiligten können (36) und (34) nur in einem Ausnahmefall erfüllt sein, sofern die Zeitpräferenzen der Beteiligten nicht konstant sind. Bei nicht konstanten Zeitpräferenzen gilt dann: $U_{01}'' \neq \gamma_{P1} \cdot U_1''$ und $V_{01}'' \neq \gamma_{A1} \cdot V_1''$. In diesem Ausnahmefall sind, wie im Anhang 4.4 gezeigt, die Zeitpräferenzen zwar nicht konstant, aber für jeden x_1-Wert stets gleich: $\gamma_{P1}[\cdot] = \gamma_{A1}[\cdot]$. Ferner wird im Anhang gezeigt, daß aufgrund der Gleichungen (36) und (34) für diesen Fall folgt:

$$\frac{\partial \gamma_{P1}[\cdot]}{\partial(x_1 - s_1)} \cdot [1 - s_1'(x_1)] = \frac{\partial \gamma_{A1}[\cdot]}{\partial s_1} \cdot s_1'(x_1). \tag{39}$$

Diese Gleichung erhält man auch, wenn die Gleichung (22) für den Fall $\frac{ds_0(x_0, x_1)}{dx_1} = 0$ betrachtet wird. Änderungen der Zeitpräferenzen müssen hierbei ausschließlich aufgrund der Grenzentlohnung $s_1'(x_1)$ ausgeglichen werden können. Dieser Ausnahmefall ist um so eher zu erwarten, je mehr sich die Nutzenfunktionen der Beteiligten entsprechen.

Es ist davon auszugehen, daß die Nutzenfunktionen in vielen Praxisfällen so sind, daß aufgrund einer Antizipation von zukünftigen Cash Flows x_1 zum Zeitpunkt 0 eine bessere zeitliche Teilung erreicht wird. Es ist jedoch aufgrund von vorherrschenden Situationen der Unsicherheit davon auszugehen, daß einer solchen Antizipation Grenzen gesetzt sind. Für den Fall, daß keine *direkte* Antizipation von z_1 und x_1 möglich ist, kann es sinnvoll sein, die Entlohnung zum Zeitpunkt t = 0 zumindest von Indikatoren abhängig zu machen, die einen unsicheren Rückschluß auf den Umweltzustand z_1 ermöglichen. Auch wenn eine Antizipation von x_1 als ganzes nicht möglich ist, können evtl. einzelne Komponenten wie Umsätze antizipiert werden. Durch eine solche Antizipation wird eine bessere, wenn auch nicht optimale, zeitliche Teilung erreicht.

4.5 Bedeutung der Berücksichtigung vergangener Erfolge

In Abschnitt 4.4 wurde die Bedeutung der Antizipation *zukünftiger* Erfolge (bzw. der zukünftigen Umweltentwicklung) für die Vertragsgestaltung untersucht. Eng verwandt hiermit ist die Bedeutung der *vergangenen* Erfolge (bzw. der vergangenen Umweltentwicklung) für die Vertragsgestaltung. In beiden Fällen können sich *bedingte* Verträge als vorteilhaft erweisen. In diesem Abschnitt soll nun untersucht

Kapitel III.4 Paretoeffiziente zeitliche Teilung und Risikoteilung

werden, inwieweit es vorteilhaft ist, die Entlohnung des Agenten zu einem Zeitpunkt nicht nur von den erzielten Ergebnisse zu diesem Zeitpunkt, sondern auch von den Ergebnissen bzw. von der Umweltentwicklung zu *früheren* Zeitpunkten abhängig zu machen.

Im Rahmen der bisherigen Analyse war das Ergebnis x_0, und damit der Umweltzustand z_0 gegeben. Die Entlohnung s_1 brauchte deshalb grundsätzlich *nicht explizit* von x_0 abzuhängen, und man konnte $s_1(x_0,x_1) = s_1(x_1)$ schreiben. Nun soll die Entscheidungssituation dahingehend modifiziert werden, daß unterstellt wird, der Umweltzustand z_0 (sowie z_1) und damit x_0 (sowie x_1) sei zum Zeitpunkt der Vertragsgestaltung *nicht* mit Sicherheit *gegeben*. In diesem Fall kann die modifizierte Lagrange-Funktion wie folgt dargestellt werden:

$$L = \sum w(x_0 \cap x_1) \cdot U[x_0 - s_0(x_0), x_1 - s_1(x_0, x_1)] \tag{40}$$

$$+\lambda \cdot \left[\sum w(x_0 \cap x_1) \cdot V[s_0(x_0), s_1(x_0, x_1)] - V_{min} \right]$$

mit $\qquad w(x_0 \cap x_1) = w(x_0) \cdot w(x_1|x_0)$. $\qquad (41)$

Analog zu der Darstellung in Abschnitt 4.2 erhält man das Optimum, indem nun *für jedes x_0* (bzw. z_0) gilt:

$$\frac{\partial L}{\partial s_0(x_0)} = -w(x_0) \cdot \sum w(x_1|x_0) \cdot U_0'[x_0 - s_0(x_0), x_1 - s_1(x_0, x_1)] \tag{42}$$

$$+\lambda \cdot w(x_0) \cdot \sum w(x_1|x_0) \cdot V_0'[s_0(x_0), s_1(x_0, x_1)] = 0 \qquad \text{für alle } x_0$$

sowie $\qquad \dfrac{\partial L}{\partial s_1(x_0, x_1)} = -w(x_1|x_0) \cdot U_1'[x_0 - s_0(x_0), x_1 - s_1(x_0, x_1)] \tag{43}$

$$+\lambda \cdot w(x_1|x_0) \cdot V_1'[s_0(x_0), s_1(x_0, x_1)] = 0 \qquad \text{für alle } x_1|x_0 \, .$$

Die beiden Bedingungen kann man auch folgendermaßen darstellen:

$$\sum w(x_1|x_0) \cdot U_0'[x_0 - s_0(x_0), x_1 - s_1(x_0, x_1)] \tag{44}$$

$$= \lambda \cdot \sum w(x_1|x_0) \cdot V_0'[s_0(x_0), s_1(x_0, x_1)] \qquad \text{für alle } x_0$$

sowie $\quad U_1'[x_0 - s_0(x_0), x_1 - s_1(x_0, x_1)] = \lambda \cdot V_1'[s_0(x_0), s_1(x_0, x_1)] \quad \text{für alle } x_0, x_1. \quad (45)$

Für (44) wird die folgende Kurzschreibweise verwendet:

$$E_0(U_0'|x_0) = \lambda \cdot E_0(V_0'|x_0) \qquad \text{für alle } x_0. \quad (46)$$

Gemäß (46) ist das Verhältnis der bedingten Erwartungswerte des Grenznutzens bezüglich x_0 für jeden Cash Flow x_0 eine Konstante.

Für jeden möglichen Wert für x_0 ergibt sich aufgrund von (45) und (46) im allgemeinen ein *bedingter* Entlohnungsvertrag. Zunächst wird die Abhängigkeit der *Grenzentlohnung* $\dfrac{\partial s_1(\cdot)}{\partial x_1}$ von x_0 behandelt.

Hierzu wird die Bedingung (45) auf beiden Seiten nach x_1 für ein gegebenes x_0 abgeleitet:

$$U_1'' \cdot \left[1 - \frac{\partial s_1(x_0, x_1)}{\partial x_1}\right] = \lambda \cdot V_1'' \cdot \frac{\partial s_1(x_0, x_1)}{\partial x_1}. \quad (47)$$

Wird (45) in (47) eingesetzt, erhält man wiederum das Ergebnis, daß sich die *Grenzentlohnung* zum Zeitpunkt 1 aufgrund der Risikoaversionskoeffizienten der betreffenden Periode ergibt:

$$\alpha_{P1}(x_0, x_1) \cdot \left[1 - \frac{\partial s_1(x_0, x_1)}{\partial x_1}\right] = \alpha_{A1}(x_0, x_1) \cdot \frac{\partial s_1(x_0, x_1)}{\partial x_1} \quad (48)$$

$$\Leftrightarrow \qquad \frac{\partial s_1(x_0, x_1)}{\partial x_1} = \frac{\alpha_{P1}(x_0, x_1)}{\alpha_{P1}(x_0, x_1) + \alpha_{A1}(x_0, x_1)}. \quad (49)$$

Nun ist aber die *Grenzentlohnung* bezüglich des Cash Flows x_1 im allgemeinen abhängig von x_0. Die Begründung hierfür ist, daß die Höhe des Einkommens zum Zeitpunkt 0 die Bewertung von (riskantem) Einkommen zum Zeitpunkt 1 und damit die entsprechenden Risikoaversionskoeffizienten beeinflußt. Wie in Kapitel 3 gezeigt, sind die Risikoaversionskoeffizienten α_{P1} und α_{A1} jeweils dann und nur dann unabhängig von dem jeweiligen Einkommen zum Zeitpunkt t = 0, wenn Perioden-Nutzen-Unabhängigkeit und damit additive oder multiplikative Separierbarkeit vorliegt. Bei additiv oder multiplikativ-separierbaren Nutzenfunktionen kann demnach die *Grenzentlohnung* $\dfrac{\partial s_1(\cdot)}{\partial x_1}$ stets unabhängig von x_0 gewählt werden. Wie noch gezeigt wird, beinhaltet dies aber nicht, daß die *Entlohnung* $s_1(\cdot)$ stets unabhängig von x_0 gewählt werden kann.

Kapitel III.4 Paretoeffiziente zeitliche Teilung und Risikoteilung 95

Nun wird untersucht, wann die *Entlohnung* $s_1(\cdot)$ unabhängig von x_0, und damit von der Historie gewählt werden kann, d.h.:

$$\frac{\partial s_1(x_0, x_1)}{\partial x_0} = 0. \quad (50)$$

Die bedingte Teilungsregel $s_1(\cdot)$ muß die folgende Bedingung erfüllen, die sich ergibt, wenn (45) auf beiden Seiten nach x_0 abgeleitet wird:

$$U_{10}'' \cdot [1 - s_0'(x_0)] - U_1'' \cdot \frac{\partial s_1(x_0, x_1)}{\partial x_0} = \lambda \cdot V_{10}'' \cdot s_0'(x_0) + \lambda \cdot V_1'' \cdot \frac{\partial s_1(x_0, x_1)}{\partial x_0}. \quad (51)$$

Diese Bedingung läßt sich für $\frac{\partial s_1(\cdot)}{\partial x_0} = 0$ nur dann erfüllen, wenn die Grenzentlohnung $s_1'(x_1)$ dergestalt festgelegt werden *kann*, daß gilt:

$$U_{10}'' \cdot [1 - s_0'(x_0)] = \lambda \cdot V_{10}'' \cdot s_0'(x_0). \quad (52)$$

Die Entlohnung $s_1(\cdot)$ kann nur dann unabhängig von x_0 gewählt werden, wenn diese Bedingung aufgrund der effizienten Entlohnung zum Zeitpunkt 0 für jedes x_1 erfüllt ist.

Die Bedingung (52) ist bei *additiver Separierbarkeit* und damit auch bei *Risikoneutralität* stets erfüllt. Bei *additiver Separierbarkeit* der Nutzenfunktionen kann somit die Entlohnung $s_1(\cdot)$ immer ohne Beachtung der Historie festgelegt werden. Dieses Ergebnis ist in der Literatur lange bekannt.[4]

Bei *multiplikativ-separierbaren Nutzenfunktionen* ist (wie im Anhang a) zu diesem Abschnitt gezeigt wird) die Bedingung (52) grundsätzlich *nicht* erfüllt. Wie erläutert, kann zwar bei multiplikativ separierbaren Nutzenfunktionen die *Grenzentlohnung* $\frac{\partial s_1(\cdot)}{\partial x_1}$ stets unabhängig von x_0 gewählt werden. Die Höhe der *Entlohnung* $s_1(\cdot)$ bestimmt sich jedoch stets in Abhängigkeit von x_0, d.h. $\frac{\partial s_1(\cdot)}{\partial x_0} \neq 0$.[5]

---

4) Vgl. ROGERSON (1985) sowie FELLINGHAM/NEWMANN/SUH (1985), Proposition 1, S. 345.
5) Eine Ausnahme ist, wenn von exponentiellen (CARA) Nutzenfunktionen ausgegangen wird. Gemäß Proposition 3 (Seite 348) von FELLINGHAM/NEWMANN/SUH (1985) sind exponentielle Nutzenfunktionen hinreichend für paretoeffiziente Verträge ohne Gedächtnis. Anzumerken ist, daß bei CARA Nutzenfunktionen universelle Nutzen-Unabhängigkeit besteht, so daß nicht nur die Historie, sondern auch bisherige Ergebnisse der jeweiligen Periode vernachlässigt werden können.

Bei *Risikoaversion* der Beteiligten ist die Bedingung (52) grundsätzlich auch bei *konstanten übereinstimmenden Zeitpräferenzen* der beiden Beteiligten *nicht* erfüllt. Wie im folgenden klar wird, sind konstante übereinstimmende Zeitpräferenzen nicht hinreichend dafür, daß die Entlohnung $s_1(\cdot)$ unabhängig von x_0 gewählt werden kann.

Im Anhang b) zu diesem Abschnitt wird für den Fall *konstanter übereinstimmender Zeitpräferenzen* nachgewiesen, daß bei einer Änderung von x_0 die folgende Bedingung erfüllt sein muß:

$$s_0'(x_0) + \frac{1}{\gamma_1} \cdot \frac{\partial s_1(x_0, x_1)}{\partial x_0} = \frac{\alpha_{P0}(x_0, x_1)}{\alpha_{P0}(x_0, x_1) + \alpha_{A0}(x_0, x_1)}. \quad (53)$$

Der Barwert der Grenzentlohnung bezüglich x_0 bestimmt sich bei *konstanten Zeitpräferenzen* aufgrund der Risikoaversionskoeffizienten bezüglich des Zeitpunkts t = 0. Es ergibt sich eine mehrdeutige Lösung, wobei *eventuell* $\frac{\partial s_1(\cdot)}{\partial x_0} = 0$ gewählt werden *kann*, und damit:

$$s_0'(x_0) = \frac{\alpha_{P0}(x_0, x_1)}{\alpha_{P0}(x_0, x_1) + \alpha_{A0}(x_0, x_1)}. \quad (54)$$

Hierbei ist zu beachten, daß die Risikoaversionskoeffizienten bezüglich des Zeitpunkts t = 0 auch von x_1 abhängen, sofern Perioden-Nutzen-Unabhängigkeit nicht gegeben ist.[6] Es mag zwar irrelevant sein, wie die Entlohnung von x_0 über die Zeit verteilt wird. Die genaue Höhe hängt aber grundsätzlich auch von x_1 ab. In Abschnitt 3.1 wurde gezeigt, daß bei konstanter Zeitpräferenz gilt:

$$\alpha_0 = \gamma_1 \cdot \alpha_1. \quad (55)$$

Wird dies eingesetzt, so folgt:

$$s_0'(x_0) = \frac{\alpha_{P1}(x_0, x_1)}{\alpha_{P1}(x_0, x_1) + \alpha_{A1}(x_0, x_1)}. \quad (56)$$

Ein Vergleich mit (54) zeigt:

$$s_0'(x_0) = s_1'(x_1). \quad (57)$$

Es wird somit zu jedem Zeitpunkt die gleiche Grenzentlohnung gewählt.

---

6) Bei Perioden-Nutzen-Unabhängigkeit ist der Risikoaversionskoeffizient α_{A0} bzw. α_{P0} unabhängig vom Einkommen zum Zeitpunkt 1.

Dies impliziert, daß die Entlohnungsfunktion zu jedem Zeitpunkt linear ist, oder daß jeweils ausschließlich ein Fixum bezahlt wird.[7] Bei konstanten Zeitpräferenzen kann damit $\frac{\partial s_1(\cdot)}{\partial x_0} = 0$ nur dann gewählt werden, wenn s_0 in x_0 als auch s_1 in x_1 linear sind und die Prämiensätze übereinstimmen.

Wie gezeigt, erübrigt sich zwar stets die Antizipation zukünftiger Erfolge, wenn beide Parteien die *gleiche konstante Zeitpräferenzen* aufweisen. Dies gilt jedoch nicht für die Berücksichtigung vergangener Erfolge. Bei konstanten übereinstimmenden Zeitpräferenzen kann $\frac{\partial s_1(\cdot)}{\partial x_0} = 0$ nur dann gewählt werden, wenn die Entlohnung zu jedem Zeitpunkt *linear* ist und die Prämiensätze übereinstimmen. Sofern nicht eine Partei risikoneutral ist, impliziert dies Anreizkompatibilität, wie später noch deutlich wird. Der grundsätzliche Unterschied in den beiden Fällen liegt darin, daß es bei konstanten Zeitpräferenzen zwar stets irrelevant ist, wie ein *gegebener* Betrag über die Zeit aufgeteilt wird, sofern die Vor- bzw. Nachverlagerung von Zahlungen barwertneutral erfolgt. Die *Höhe* des Betrages ist jedoch nicht irrelevant. Die Höhe der insgesamt zu verteilenden Entlohnung läßt sich erst zum Zeitpunkt 1 bestimmen, wobei die Höhe der beiden Cash Flows x_0 und x_1 relevant ist. Die Cash Flows x_0 und x_1 können nur dann separat entlohnt werden, wenn die Gesamtentlohnung in x_0 und x_1 *linear* ist (bzw. gewählt wird).

Zusammenfassend gilt: Bei *additiver Separierbarkeit* erübrigt sich sowohl die Antizipation zukünftiger Erfolge als auch die Berücksichtigung vergangener Erfolge, bzw. sie sind sogar von Nachteil.

Bei *multiplikativer Separierbarkeit* hingegen erlaubt die Antizipation, als auch die Berücksichtigung der Historie grundsätzlich eine bessere zeitliche Teilung, so daß sich bedingte Verträge ergeben.

Abgesehen von Sonderfällen gilt der Zusammenhang immer bei *Risikoaversion* der Beteiligten, sofern keine additive Separierbarkeit vorliegt.

Ein in der Literatur bekannter Sonderfall ist, wenn beide Kooperationspartner exponentielle (CARA) Nutzenfunktionen aufweisen. Gemäß Proposition 3 von FELLINGHAM/NEWMANN/SUH (1985) sind exponentielle (CARA) Nutzenfunktionen hinreichend für paretoeffiziente Verträge ohne Gedächtnis.[8] Anzumerken ist, daß

---

7) Um dies zu zeigen, wird die Gleichung (57) auf beiden Seiten über x_0 bzw. über x_1 integriert:
$s_0(x_0) + K_0 = s_1{'}(x_1) \cdot x_0 + K_1$
bzw. $s_0{'}(x_0) \cdot x_1 + K_0 = s_1(x_1) + K_1$.
Hierbei sind K_0 und K_1 jeweils Integrationskonstanten.
8) Vgl. FELLINGHAM/NEWMANN/SUH (1985), S. 348.

bei CARA Nutzenfunktionen *universelle* Nutzen-Unabhängigkeit besteht, so daß nicht nur die Historie und die zukünftige Entwicklung, sondern auch andere Ergebnisse der jeweiligen Periode vernachlässigt werden können.

Es wird nun bewiesen, daß alle mögliche *"Sonderfälle"* dadurch charakterisiert sind, daß für jede Periode die paretoeffiziente Teilungsregel linear ist und die Prämiensätze übereinstimmen.

4.6 Bedingungen für die Paretoeffizienz einer isolierten Erfolgsbeteiligung

Erfolgt keine Antizipation und wird die Historie vernachlässigt, so wird die Entlohnung s_t zum Zeitpunkt t nur in Abhängigkeit vom Cash Flow x_t zu diesem Zeitpunkt festgelegt:

$$s_t = s_t(x_t). \tag{58}$$

Dies wird als eine isolierte Erfolgsbeteiligung bezeichnet. Die *notwendigen* Bedingungen für die Paretoeffizienz einer isolierten Erfolgsbeteiligung werden nun vor dem Hintergrund der Darstellung in den letzten beiden Abschnitten hergeleitet.

Eine isolierte Erfolgsbeteiligung ist nur dann paretoeffizient, wenn sich sowohl die Antizipation zukünftiger Erfolge, als auch die Berücksichtigung vergangener Erfolge erübrigt, wenn also stets gilt:

$$U_0' = \lambda \cdot V_0' \tag{18}$$

und
$$U_1' = \lambda \cdot V_1'. \tag{8}$$

Wird die Bedingung $U_0' = \lambda \cdot V_0'$ nach x_1 abgeleitet und die Bedingung $U_1' = \lambda \cdot V_1'$ nach x_0, erhält man die schon isoliert betrachteten Beziehungen:

$$U_{01}'' \cdot [1 - s_1'(x_1)] = \lambda \cdot V_{01}'' \cdot s_1'(x_1) \tag{36}$$

und
$$U_{01}'' \cdot [1 - s_0'(x_0)] = \lambda \cdot V_{01}'' \cdot s_0'(x_0). \tag{52}$$

Diese beiden Bedingung stehen stets miteinander im Einklang für den Fall *additiver Separierbarkeit*.

Falls keine additive Separierbarkeit vorliegt, stehen sie dann und nur dann miteinander im Einklang, wenn gilt:

$$\frac{1 - s_1'(x_1)}{1 - s_0'(x_0)} = \frac{s_1'(x_1)}{s_0'(x_0)}. \tag{59}$$

Kapitel III.4 Paretoeffiziente zeitliche Teilung und Risikoteilung 99

Hieraus folgt direkt Gleichung (57):

$$s_0'(x_0) = s_1'(x_1). \tag{57}$$

Die isolierte Erfolgsbeteiligung muß gemäß (57) *linear* sein, wobei die *Prämiensätze für jede Periode gleich* sind.

Die beiden Ergebnisse können zu folgender Proposition zusammengefaßt werden.

Proposition III.1: *Eine isolierte Erfolgsbeteiligung kann nur dann paretoeffizient sein, wenn*
- *die Nutzenfunktionen additiv-separierbar sind, oder*
- *die Teilungsregeln linear sind und sich bis auf das Fixum entsprechen.*

Additive Separierbarkeit *oder* Linearität ist somit *notwendig*, so daß sich sowohl die Antizipation zukünftiger Erfolge als auch die Berücksichtigung vergangener Erfolge erübrigt. Im Rahmen der späteren Ausführungen wird gezeigt, wie die Nutzenfunktionen der Beteiligten charakterisiert sein müssen, damit die zweite Voraussetzung erfüllt ist.

Zur Verdeutlichung der Zusammenhänge wird das folgende *Beispiel* betrachtet: Prinzipal und Agent orientieren sich mittels einer Wurzelfunktion am Endwert ihres Einkommens aus der Kooperationsbeziehung:

$$V[\cdot] = \sqrt{\gamma_{A1} \cdot s_0(\cdot) + s_1(\cdot)} \tag{60}$$

und

$$U[\cdot] = \sqrt{\gamma_{P1} \cdot (x_0 - s_0(\cdot)) + (x_1 - s_1(\cdot))}. \tag{61}$$

Somit ist Perioden-Nutzen-Unabhängigkeit nicht gegeben, wohl aber konstante Zeitpräferenzen. Außerdem wird unterstellt, daß die Zeitpräferenzen übereinstimmen: $\gamma_{A1} = \gamma_{P1}$.

Eine der paretoeffizienten Lösungen besteht darin, eine isolierte Erfolgsbeteiligung wie folgt zu wählen:

$$s_0(\cdot) = s_0 \cdot x_0 \quad \text{und} \quad s_1(\cdot) = s_1 \cdot x_1 \tag{62}$$

$$\text{mit } s_1 = s_0. \tag{63}$$

Der Agent wird somit linear am Perioden-Cash Flow beteiligt, wobei die Prämiensätze für beide Zeitpunkte gleich sind.

5 Anreizkompatible zeitliche Teilung und Risikoteilung

5.1 Die allgemeine notwendige und hinreichende Bedingung der Anreizkompatibilität im Zwei-Zeitpunkt-Fall

Um eine anreizkompatible Cash Flow-Teilung im dynamischen Modellrahmen analysieren zu können, wird zunächst die *allgemeine* notwendige und hinreichende Bedingung für Anreizkompatibilität im Zwei-Zeitpunkt-Fall hergeleitet. Hierbei wird davon ausgegangen, daß die Entlohnung des Agenten s_0 und s_1 jeweils grundsätzlich in *beliebiger* Form von den Cash Flows beider Perioden abhängen kann. Somit wird u.a. eine *direkte* Beteiligung am Cash Flow bzw. an Cash Flow-Bestandteilen der Form:

$$s_t[\cdot] = s_t(x_0, x_1) \tag{1}$$

bzw.

$$s_t[\cdot] = s_t(\mathbf{x_0}, \mathbf{x_1}), \tag{2}$$

als auch eine *indirekte* Beteiligung der Form:

$$s_t = s_t(B_t) = s_t[B_t(\mathbf{x_0}, \mathbf{x_1})] \tag{3}$$

berücksichtigt. Eine indirekte Beteiligung insbesondere in Form einer Entlohnung aufgrund des Residualgewinns ist für die spätere Darstellung in Teil IV der Arbeit von Bedeutung.

Soll der Agent für beliebige Wahrscheinlichkeitsverteilungen stets im Sinne des Prinzipals entscheiden, so muß die folgende Bedingung der Anreizkompatibilität im Zwei-Zeitpunkt-Fall erfüllt sein:

Proposition III.2: *Notwendig und hinreichend für Anreizkompatibilität ist, daß der Nutzen des Prinzipals eine linear steigende Funktion des Nutzens des Agenten in x_0 und x_1 ist:*

$$U[x_0 - s_0, x_1 - s_1] = a \cdot V[s_0, s_1] + b \qquad \forall \mathbf{x_0}, \mathbf{x_1}. \tag{4}$$

Beweis:

Die notwendige und hinreichende Bedingung der Anreizkompatibilität lautet im Einperiodenfall bei Risiko: $U[x - s(x)] = a \cdot V[s(x)] + b$ für alle x. D.h. beide *Nutzen-*

funktionen bezüglich der Ergebnisse entsprechen sich bis auf eine positiv lineare Transformation. Diese Bedingung läßt sich gemäß Proposition III.2 auch auf den Mehrperiodenfall übertragen.

Betrachtet man Lotterien, die jeweils nur eine isolierte Periode betreffen, dann läßt sich diese Bedingung auf einfache Weise jeweils partiell gemäß Lemma 1 übertragen:

Lemma 1: Das Entscheidungsverhalten bezüglich eines *riskanten* Projektes, das ausschließlich die Cash Flows zum Zeitpunkt t betrifft, ist für eine marginale Lotterie dann und nur dann stets gleich, wenn für Zeitpunkt t gilt:

$$U[x_0 - s_0, x_1 - s_1] = a_t \cdot V[s_0, s_1] + b_t \qquad \forall \mathbf{x_t}. \quad (5)$$

Diese Bedingung gewährleistet, daß die *Risikoaversionskoeffizienten bezüglich der Ergebnisse* hinsichtlich des Zeitpunktes t übereinstimmen:

$$\hat{\alpha}_{Pt}(\cdot) = \hat{\alpha}_{At}(\cdot) \qquad (6)$$

mit
$$\hat{\alpha}_{Pt}(\cdot) \equiv -\frac{\frac{\partial^2 U[\cdot]}{\partial x_t^2}}{\frac{\partial U[\cdot]}{\partial x_t}} \quad \text{und} \quad \hat{\alpha}_{At}(\cdot) \equiv -\frac{\frac{\partial^2 V[\cdot]}{\partial x_t^2}}{\frac{\partial V[\cdot]}{\partial x_t}}. \qquad (7)$$

Beweis von Lemma 1:
Sei bei Konstanthaltung von x_0, d.h. $x_0 = \bar{x}_0$, U eine beliebige Funktion von V in x_1:

$$U[\bar{x}_0 - s_0, x_1 - s_1] = F_1(V[s_0, s_1]). \qquad (8)$$

Werden beide Seiten der Gleichung nach x_1 abgeleitet, erhält man:

$$\frac{\partial U[\bar{x}_0 - s_0, x_1 - s_1]}{\partial x_1} = F_1'(V[s_0, s_1]) \cdot \frac{\partial V[s_0, s_1]}{\partial x_1}. \qquad (9)$$

Nach erneutem Ableiten ergibt sich:

$$\frac{\partial^2 U[\cdot]}{\partial x_1^2} = F_1''(V[\cdot]) \cdot \left(\frac{\partial V[\cdot]}{\partial x_1}\right)^2 + F_1'(V[\cdot]) \cdot \frac{\partial^2 V[\cdot]}{\partial x_1^2}. \qquad (10)$$

Nach Division folgt unter Beachtung der Definition für den Risikoaversionskoeffizienten bezüglich der Ergebnisse $\hat{\alpha}$:

$$\frac{\frac{\partial^2 U[\cdot]}{\partial x_1^2}}{\frac{\partial U[\cdot]}{\partial x_1}} = \frac{F_1''(V[\cdot])}{F_1'(V[\cdot])} \cdot \frac{\partial V[\cdot]}{\partial x_1} + \frac{\frac{\partial^2 V[\cdot]}{\partial x_1^2}}{\frac{\partial V[\cdot]}{\partial x_1}} \qquad (11)$$

bzw.
$$\hat{\alpha}_{P1}(\cdot) = -\frac{F_1''(V[\cdot])}{F_1'(V[\cdot])} \cdot \frac{\partial V[\cdot]}{\partial x_1} + \hat{\alpha}_{A1}(\cdot). \qquad (12)$$

Das Entscheidungsverhalten bezüglich eines riskanten Projektes zum Zeitpunkt 1 kann dann und nur dann stets gleich sein, wenn $\hat{\alpha}_{P1}(\cdot) = \hat{\alpha}_{A1}(\cdot)$ gilt. Damit folgt: $F_1''(V[s_0, s_1]) = 0$, und U muß eine lineare Funktion von V in x_1 sein:

$$U[\bar{x}_0 - s_0, x_1 - s_1] = a_1 \cdot V[s_0, s_1] + b_1 \qquad \forall \mathbf{x_1}. \quad (13)$$

Entsprechend gilt bei Konstanthaltung von x_1, d.h. $x_1 = \bar{x}_1$:

$$U[x_0 - s_0, \bar{x}_1 - s_1] = a_0 \cdot V[s_0, s_1] + b_0 \qquad \forall \mathbf{x_0}. \quad (14)$$

Diese beiden Bedingungen gewährleisten jeweils, daß die Risikoaversionskoeffizienten bezüglich der Ergebnisse für jeden Zeitpunkt übereinstimmen. Folglich weisen Prinzipal und Agent das gleiche Entscheidungsverhalten bezüglich einer Lotterie auf, welche nur einen einzelnen Zeitpunkt betrifft.

Das Entscheidungsverhalten muß unter Anreizkompatibilität nicht nur im Hinblick auf Wahrscheinlichkeitsverteilungen, die nur eine isolierte Periode betreffen, übereinstimmen, sondern auch bezüglich *intertemporaler* Verteilungen. Die beiden obigen Bedingungen lassen sich noch verfeinern, wenn man nun Veränderungen der intertemporalen Verteilung anschaut.

Lemma 2: Das Entscheidungsverhalten bezüglich eines *sicheren* Projektes, das die Cash Flows zu beiden Zeitpunkten betrifft, ist dann und nur dann stets gleich, wenn die linearen Transformationen zu jedem Zeitpunkt übereinstimmen:

$$U[x_0 - s_0, x_1 - s_1] = a \cdot V[s_0, s_1] + b \qquad \forall t. \quad (4)$$

Diese Bedingung gewährleistet, daß die *Zeitpräferenzraten bezüglich der Ergebnisse* übereinstimmen:

$$\hat{\gamma}_{P1} = \hat{\gamma}_{A1} \qquad (15)$$

Kapitel III.5 Anreizkompatible zeitliche Teilung und Risikoteilung

mit $\quad\hat{\gamma}_{P1} \equiv \dfrac{\dfrac{\partial U[\cdot]}{\partial x_0}}{\dfrac{\partial U[\cdot]}{\partial x_1}} \quad$ und $\quad \hat{\gamma}_{A1} \equiv \dfrac{\dfrac{\partial V[\cdot]}{\partial x_0}}{\dfrac{\partial V[\cdot]}{\partial x_1}}.$ (16)

Beweis von Lemma 2:
Zum Beweis wird das totale Differential des Agenten sowie das des Prinzipals gebildet:

$$dV[\cdot] = \frac{\partial V[\cdot]}{\partial x_0} \cdot dx_0 + \frac{\partial V[\cdot]}{\partial x_1} \cdot dx_1 \qquad (17)$$

sowie:

$$dU[\cdot] = \frac{\partial U[\cdot]}{\partial x_0} \cdot dx_0 + \frac{\partial U[\cdot]}{\partial x_1} \cdot dx_1. \qquad (18)$$

Der Agent ist bezüglich einer (marginalen) Veränderung der intertemporalen Verteilung indifferent, wenn sein totales Differential null ist:

$$dV[\cdot] = \frac{\partial V[\cdot]}{\partial x_0} \cdot dx_0 + \frac{\partial V[\cdot]}{\partial x_1} \cdot dx_1 = 0 \qquad (19)$$

$\Leftrightarrow \qquad -\dfrac{dx_1}{dx_0} = \dfrac{\dfrac{\partial V[\cdot]}{\partial x_0}}{\dfrac{\partial V[\cdot]}{\partial x_1}}.$ (20)

Dieser Ausdruck ist die *Zeitpräferenz bezüglich der Ergebnisse* (bzw. Grenzrate der Substitution) aus Sicht des Agenten. Bei einer anreizkompatiblen Teilungsregel muß der Prinzipal ebenfalls indifferent sein. Für den Prinzipal gilt daher analog:

$$dU[\cdot] = \frac{\partial U[\cdot]}{\partial x_0} \cdot dx_0 + \frac{\partial U[\cdot]}{\partial x_1} \cdot dx_1 = 0 \qquad (21)$$

$\Leftrightarrow \qquad -\dfrac{dx_1}{dx_0} = \dfrac{\dfrac{\partial U[\cdot]}{\partial x_0}}{\dfrac{\partial U[\cdot]}{\partial x_1}}.$ (22)

Werden die Bedingungen gleichgesetzt, folgt:

$$\frac{\frac{\partial U[\cdot]}{\partial x_0}}{\frac{\partial U[\cdot]}{\partial x_1}} = \frac{\frac{\partial V[\cdot]}{\partial x_0}}{\frac{\partial V[\cdot]}{\partial x_1}}. \tag{23}$$

D.h. die *Zeitpräferenzen bezüglich der Ergebnisse* sind bei einer anreizkompatiblen Teilungsregel gleich.

Wird die Bedingung (14) bzw. (13) gemäß Lemma 1 für den Zeitpunkt 0 (bzw. 1) nach x_0 (bzw. x_1) abgeleitet, so ergibt sich:

$$\frac{\partial U[x_0 - s_0, \bar{x}_1 - s_1]}{\partial x_0} = a_0 \cdot \frac{\partial V[s_0, s_1]}{\partial x_0} \tag{24}$$

bzw.
$$\frac{\partial U[\bar{x}_0 - s_0, x_1 - s_1]}{\partial x_1} = a_1 \cdot \frac{\partial V[s_0, s_1]}{\partial x_1}. \tag{25}$$

Werden beide Bedingungen dividiert, so erhält man unter Beachtung der Definition für die Zeitpräferenz bezüglich der Ergebnisse $\hat{\gamma}_1$:

$$\frac{\frac{\partial U[\bar{x}_0 - s_0, x_1 - s_1]}{\partial x_0}}{\frac{\partial U[\bar{x}_0 - s_0, x_1 - s_1]}{\partial x_1}} = \frac{a_0}{a_1} \cdot \frac{\frac{\partial V[s_0, s_1]}{\partial x_0}}{\frac{\partial V[s_0, s_1]}{\partial x_1}} \tag{26}$$

bzw.
$$\hat{\gamma}_{P1}(x_0, x_1) = \frac{a_0}{a_1} \cdot \hat{\gamma}_{A1}(x_0, x_1). \tag{27}$$

Das Entscheidungsverhalten bezüglich eines sicheren Projektes kann dann und nur dann stets gleich sein, wenn $\hat{\gamma}_{P1}(x_0, x_1) = \hat{\gamma}_{A1}(x_0, x_1)$ gilt, und damit:

$$\frac{a_0}{a_1} = 1 \iff a_0 = a_1. \tag{28}$$

Daß die Gewichtungsfaktoren a_0 und a_1 übereinstimmen müssen, ist plausibel. Der Faktor a_t gibt die Gewichtung einer Nutzenänderung des Prinzipals zum Zeitpunkt t im Verhältnis zu der entsprechenden Nutzenänderung des Agenten an. Unter Anreizkompatibilität muß die Gewichtung zu jedem Zeitpunkt die gleiche sein. Für den Fall $a_1 > a_0$ ist dies nicht gegeben, und der Agent würde eine Ergebniserhöhung zum Zeitpunkt 1 zu Lasten einer Ergebnissenkung zum Zeitpunkt 0 höher gewichten als der Prinzipal.

Kapitel III.5 Anreizkompatible zeitliche Teilung und Risikoteilung

Wird $a_0 = a_1$ in die Bedingung (14) und (13) gemäß Lemma 1 eingesetzt, folgt bei Betrachtung der Stelle $x_0 = \bar{x}_0$; $x_1 = \bar{x}_1$ und damit $s_0 = \bar{s}_0$; $s_1 = \bar{s}_1$:

$$U[\bar{x}_0 - \bar{s}_0, \bar{x}_1 - \bar{s}_1] = a \cdot V[\bar{s}_0, \bar{s}_1] + b_0 \qquad (29)$$

und
$$U[\bar{x}_0 - \bar{s}_0, \bar{x}_1 - \bar{s}_1] = a \cdot V[\bar{s}_0, \bar{s}_1] + b_1. \qquad (30)$$

Werden beide Gleichungen subtrahiert, folgt außerdem:

$$0 = b_0 - b_1 \quad \Leftrightarrow \quad b_0 = b_1. \qquad (31)$$

Lemma 3: Daß die Nutzenwerte bis auf eine zeitpunktunabhängige lineare Transformation übereinstimmen:

$$U[x_0 - s_0, x_1 - s_1] = a \cdot V[s_0, s_1] + b \qquad \forall\, x_0, x_1, \quad (4)$$

ist *hinreichend* für gleiches Entscheidungsverhalten bezüglich eines beliebigen Projektes.

Beweis von Lemma 3:
Es gilt analog zum statischen Modellrahmen stets:

$$\sum w(x_0 \cap x_1) \cdot U[x_0 - s_0(\cdot), x_1 - s_1(\cdot)] = a \cdot \left[\sum w(x_0 \cap x_1) \cdot V[s_0(\cdot), s_1(\cdot)] \right] + b$$

bzw. kurz: $\qquad E(U[\cdot]) = a \cdot E(V[\cdot]) + b. \qquad (32)$

Außerdem gilt für die bedingten Erwartungswerte zum Zeitpunkt t = 0 bei gegebenem x_0:

$$\sum w(x_0|x_1) \cdot U[x_0 - s_0(\cdot), x_1 - s_1(\cdot)] = a \cdot \left[\sum w(x_0|x_1) \cdot V[s_0(\cdot), s_1(\cdot)] \right] + b$$

bzw. kurz: $\qquad E(U|x_0) = a \cdot E(V|x_0) + b. \qquad (33)$

Damit folgt Proposition III.2. $\qquad$ q.e.d.

Anreizkompatibilität beinhaltet gemäß Proposition III.2, daß sich die Nutzenfunktionen *bezüglich der Cash Flows* (bzw. der Cash Flow-Bestandteile) bis auf eine positiv lineare Transformation entsprechen. Die notwendige und hinreichende Bedingung der Anreizkompatibilität gewährleistet, daß Prinzipal und Agent sowohl die *gleiche Zeitpräferenz* als auch die *gleiche Risikopräferenz* jeweils *bezüglich der (Brutto-) Cash Flows* haben. Daher stimmen die Risikoabschläge und Diskontfaktoren bei einer Bewertung von unsicheren Zahlungsströmen überein.

Die Zeitpräferenz $\hat{\gamma}_1$ bezüglich der Cash Flows gibt an, um wieviel sichere Geldeinheiten der Cash Flow zum Zeitpunkt 1 reduziert werden kann, wenn der Cash Flow zum Zeitpunkt 0 um eine sichere Geldeinheit erhöht wird, damit Prinzipal und Agent indifferent sind. Der Risikoaversionskoeffizient $\hat{\alpha}_t$ gibt entsprechend an, um wieviel Geldeinheiten der Erwartungswert der Cash Flows zum Zeitpunkt t erhöht werden muß, wenn das Risiko (gemessen durch die Varianz) zum Zeitpunkt t um zwei (marginale) Einheiten steigt. Dabei ist zu beachten, daß sich die Nutzenfunktionen bezüglich der jeweiligen Anteile und damit auch die originären Zeitpräferenzen γ_{P1} bzw. γ_{A1} und Risikopräferenzen α_{Pt} bzw. α_{At} stark unterscheiden können. Es soll gerade durch eine anreizkompatible Gestaltung der Teilungsregel und der Bemessungsgrundlage erreicht werden, daß die Präferenzen bezüglich der Cash Flows (und deren Bestandteile) letztendlich übereinstimmen.

Nun wird für eine direkte Cash Flow-Teilung untersucht, wovon die betreffenden Risikoaversionskoeffizienten und Zeitpräferenzen bezüglich der Ergebnisse abhängen, und inwieweit es zu einem Ausgleich kommt.

5.2 Risikoaversionskoeffizient und Zeitpräferenz bezüglich der Ergebnisse bei Cash Flow-Teilung

Bei einer expliziten Entlohnung anhand von (Brutto-) Cash Flows kann die Entlohnung folgendermaßen dargestellt werden (vgl. Gleichung 7 in Kapitel 3):

$$s_0[\cdot] = s_0(x_0, x_1) \tag{34}$$

bzw.
$$s_1[\cdot] = s_1(x_0, x_1). \tag{35}$$

Um den Risikoaversionskoeffizienten des Agenten bezüglich der Cash Flows zum Zeitpunkt 0 zu ermitteln, wird zunächst die partielle Ableitung von dem Nutzenwert $V[\cdot]$ nach x_0 gebildet:

$$\frac{\partial V[\cdot]}{\partial x_0} = \frac{\partial V[\cdot]}{\partial s_0} \cdot \frac{\partial s_0}{\partial x_0} + \frac{\partial V[\cdot]}{\partial s_1} \cdot \frac{\partial s_1}{\partial x_0} = V_0' \cdot \frac{\partial s_0}{\partial x_0} + V_1' \cdot \frac{\partial s_1}{\partial x_0}. \tag{36}$$

Die entsprechende zweite Ableitung beträgt:

$$\frac{\partial^2 V[\cdot]}{\partial x_0^2} = V_0'' \cdot \left(\frac{\partial s_0}{\partial x_0}\right)^2 + V_{01}'' \cdot \frac{\partial s_1}{\partial x_0} \cdot \frac{\partial s_0}{\partial x_0} + V_0' \cdot \frac{\partial^2 s_0}{\partial x_0^2} \tag{37}$$

Kapitel III.5 Anreizkompatible zeitliche Teilung und Risikoteilung

$$+V_{01}'' \cdot \frac{\partial s_0}{\partial x_0} \cdot \frac{\partial s_1}{\partial x_0} + V_1'' \cdot \left(\frac{\partial s_1}{\partial x_0}\right)^2 + V_1' \cdot \frac{\partial^2 s_1}{\partial x_0^2}$$

$$= V_0'' \cdot \left(\frac{\partial s_0}{\partial x_0}\right)^2 + V_0' \cdot \frac{\partial^2 s_0}{\partial x_0^2} + 2 \cdot V_{01}'' \cdot \frac{\partial s_1}{\partial x_0} \cdot \frac{\partial s_0}{\partial x_0} + V_1'' \cdot \left(\frac{\partial s_1}{\partial x_0}\right)^2 + V_1' \cdot \frac{\partial^2 s_1}{\partial x_0^2}.$$

Werden die beiden Ableitungen in der Bestimmungsgleichung für den *Risikoaversionskoeffizienten bezüglich der Ergebnisse* eingesetzt, ergibt sich unter Beachtung der Kurzschreibweise:

$$\hat{\alpha}_{A0} = -\frac{V_0'' \left(\frac{\partial s_0}{\partial x_0}\right)^2 + V_0' \frac{\partial^2 s_0}{\partial x_0^2} + 2 V_{01}'' \frac{\partial s_1}{\partial x_0} \frac{\partial s_0}{\partial x_0} + V_1'' \left(\frac{\partial s_1}{\partial x_0}\right)^2 + V_1' \frac{\partial^2 s_1}{\partial x_0^2}}{V_0' \cdot \frac{\partial s_0}{\partial x_0} + V_1' \cdot \frac{\partial s_1}{\partial x_0}} \quad (38)$$

bzw. nach Umformung:

$$\hat{\alpha}_{A0} = \frac{\alpha_{A0} \left(\frac{\partial s_0}{\partial x_0}\right)^2 - \frac{\partial^2 s_0}{\partial x_0^2} - 2 \frac{V_{01}''}{V_0'} \frac{\partial s_1}{\partial x_0} \frac{\partial s_0}{\partial x_0} + \frac{\alpha_{A1}}{\gamma_{A1}} \left(\frac{\partial s_1}{\partial x_0}\right)^2 - \frac{1}{\gamma_{A1}} \frac{\partial^2 s_1}{\partial x_0^2}}{\frac{\partial s_0}{\partial x_0} + \frac{1}{\gamma_{A1}} \cdot \frac{\partial s_1}{\partial x_0}}. \quad (39)$$

Der Risikoaversionskoeffizient des Agenten bezüglich der Ergebnisse (Cash Flows) zum Zeitpunkt 0 kann somit von Form und Gestalt der Entlohnungsfunktion in beiden Perioden abhängen. Weiterhin gehen die originären Risikoaversionskoeffizienten für beide Zeitpunkte sowie die originäre Zeitpräferenz ein. Der entsprechende Risikoaversionskoeffizient für den Prinzipal $\hat{\alpha}_{P0}$ kann auf analoge Weise ermittelt werden. Wie im Anhang a) zu diesem Abschnitt gezeigt wird, ergibt sich:

$$\hat{\alpha}_{P0} = \frac{\alpha_{P0} \cdot \left(1 - \frac{\partial s_0}{\partial x_0}\right)^2 + \frac{\partial^2 s_0}{\partial x_0^2} + 2 \cdot \frac{U_{01}''}{U_0'} \cdot \left(1 - \frac{\partial s_0}{\partial x_0}\right) \cdot \left(\frac{\partial s_1}{\partial x_0}\right)}{\left(1 - \frac{\partial s_0}{\partial x_0}\right) - \frac{1}{\gamma_{P1}} \frac{\partial s_1}{\partial x_0}} \quad (40)$$

$$+ \frac{\alpha_{P1} \cdot \frac{1}{\gamma_{P1}} \cdot \left(\frac{\partial s_1}{\partial x_0}\right)^2 + \frac{1}{\gamma_{P1}} \cdot \frac{\partial^2 s_1}{\partial x_0^2}}{\left(1 - \frac{\partial s_0}{\partial x_0}\right) - \frac{1}{\gamma_{P1}} \frac{\partial s_1}{\partial x_0}}.$$

Im Vergleich zum statischen ergeben sich im dynamischen Modellrahmen grundsätzlich mehr Freiheitsgrade, um die Risikopräferenzen in Einklang zu bringen. In dem hier betrachteten Zwei-Zeitpunkt-Fall kann die Übereinstimmung von $\hat{\alpha}_{A0}$ mit $\hat{\alpha}_{P0}$ mittels der Entlohnungsfunktion zu *beiden* Zeitpunkten erzielt werden. Eine Erhöhung der Krümmung $\dfrac{\partial^2 s_0}{\partial x_0^2}$ und/oder $\dfrac{\partial^2 s_1}{\partial x_0^2}$ führt dazu, daß $\hat{\alpha}_{A0}$ sinkt und $\hat{\alpha}_{P0}$ steigt.

Zur Bestimmung des Risikoaversionskoeffizienten des Agenten bezüglich der Cash Flows zum Zeitpunkt 1 wird zunächst die partielle Ableitung von dem Nutzenwert V[·] nach x_1 gebildet:

$$\frac{\partial V[\cdot]}{\partial x_1} = \frac{\partial V[\cdot]}{\partial s_0} \cdot \frac{\partial s_0}{\partial x_1} + \frac{\partial V[\cdot]}{\partial s_1} \cdot \frac{\partial s_1}{\partial x_1}. \tag{41}$$

Es ist allerdings zu beachten, daß bei *Risiko* der Umweltzustand z_1 und damit x_1 zum Zeitpunkt t = 0 noch nicht bekannt ist. Daher muß grundsätzlich

$$\frac{\partial s_0}{\partial x_1} = 0 \tag{42}$$

gewählt werden. Es ergibt sich in diesem Fall:

$$\frac{\partial V[\cdot]}{\partial x_1} = \frac{\partial V[\cdot]}{\partial s_1} \cdot \frac{\partial s_1}{\partial x_1}, \tag{43}$$

und ferner:

$$\frac{\partial^2 V[\cdot]}{\partial x_1^2} = \frac{\partial^2 V[\cdot]}{\partial s_1^2} \cdot \left(\frac{\partial s_1}{\partial x_1}\right)^2 + \frac{\partial V[\cdot]}{\partial s_1} \cdot \frac{\partial^2 s_1}{\partial x_1^2}. \tag{44}$$

Für den Risikoaversionskoeffizienten bezüglich der Ergebnisse zum Zeitpunkt 1 erhält man schließlich:

$$\hat{\alpha}_{A1} = -\frac{V_1'' \cdot \left(\dfrac{\partial s_1}{\partial x_1}\right)^2 + V_1' \cdot \dfrac{\partial^2 s_1}{\partial x_1^2}}{V_1' \cdot \dfrac{\partial s_1}{\partial x_1}} = \alpha_{A1} \cdot \frac{\partial s_1}{\partial x_1} - \frac{\dfrac{\partial^2 s_1}{\partial x_1^2}}{\dfrac{\partial s_1}{\partial x_1}}. \tag{45}$$

Die Bestimmungsgleichung für den Risikoaversionskoeffizienten bezüglich der Ergebnisse zum Zeitpunkt 1 entspricht der Bestimmungsgleichung im statischen Modellrahmen. Hier ist allerdings zu beachten, daß die Entlohnung s_1 grundsätzlich

Kapitel III.5 Anreizkompatible zeitliche Teilung und Risikoteilung

auch von dem Ergebnis x_0 abhängen kann. Die Abhängigkeit $\frac{\partial s_1}{\partial x_0}$ kommt zwar nicht explizit in die Bestimmungsgleichung (45) für den Risikoaversionskoeffizienten $\hat{\alpha}_{A0}$ zum Ausdruck, sie ist jedoch insbesondere im Hinblick auf die Angleichung der Präferenzen zum Zeitpunkt 1 von Bedeutung. Der Zusammenhang wird deutlich, wenn man den Fall konstanter Risikoaversion des Prinzipals zum Zeitpunkt 1 und abnehmende Risikoaversion des Agenten in demselben Zeitpunkt in Abhängigkeit der Entlohnung zum Zeitpunkt 0 betrachtet. Wird ein höheres Ergebnis zum Zeitpunkt 0 erzielt, sinkt c.p. der Risikoaversionskoeffizient des Agenten und zum Ausgleich muß dann die Grenzentlohnung zum Zeitpunkt 1 steigen.

Für den Prinzipal erhält man analog, wie im Anhang a) zu diesem Abschnitt gezeigt wird:

$$\hat{\alpha}_{P1} = -\frac{U_1'' \cdot \left(1 - \frac{\partial s_1}{\partial x_1}\right)^2 - U_1' \cdot \frac{\partial^2 s_1}{\partial x_1^2}}{U_1' \cdot \left(1 - \frac{\partial s_1}{\partial x_1}\right)} = \alpha_{P1} \cdot \left(1 - \frac{\partial s_1}{\partial x_1}\right) + \frac{\frac{\partial^2 s_1}{\partial x_1^2}}{\left(1 - \frac{\partial s_1}{\partial x_1}\right)}. \quad (46)$$

Für den Sonderfall, daß der Umweltzustand z_1 schon zum Zeitpunkt der Entlohnung in t = 0 bekannt ist, kann $\frac{\partial s_0}{\partial x_1} \neq 0$ gewählt werden. Die Bestimmungsgleichungen für die Risikoaversionskoeffizienten dieses Sonderfalls befinden sich im Anhang b). Die Höhe der beiden Risikoaversionskoeffizienten bezüglich der Ergebnisse wird im Abschnitt 5.4 vertiefend untersucht.

Es wird nun auf die *Zeitpräferenz bezüglich der Ergebnisse* eingegangen. Als Zeitpräferenz bezüglich der Ergebnisse ergibt sich für den Agenten:

$$\hat{\gamma}_{A1} = \frac{V_0' \cdot \frac{\partial s_0}{\partial x_0} + V_1' \cdot \frac{\partial s_1}{\partial x_0}}{V_0' \cdot \frac{\partial s_0}{\partial x_1} + V_1' \cdot \frac{\partial s_1}{\partial x_1}}. \quad (47)$$

Hierfür kann man auch schreiben:

$$\hat{\gamma}_{A1} = \frac{\gamma_{A1} \cdot \frac{\partial s_0}{\partial x_0} + \frac{\partial s_1}{\partial x_0}}{\gamma_{A1} \cdot \frac{\partial s_0}{\partial x_1} + \frac{\partial s_1}{\partial x_1}} = \gamma_{A1} \cdot \frac{\frac{\partial s_0}{\partial x_0} + \frac{1}{\gamma_{A1}} \cdot \frac{\partial s_1}{\partial x_0}}{\gamma_{A1} \cdot \frac{\partial s_0}{\partial x_1} + \frac{\partial s_1}{\partial x_1}}. \quad (48)$$

Die Zeitpräferenz bezüglich der Ergebnisse $\hat{\gamma}_{A1}$ bestimmt sich somit aufgrund der originären Zeitpräferenz sowie aufgrund der partiellen Grenzentlohnungen.

Interpretation: Der Ausdruck im Zähler bzw. Nenner entspricht dem *"Barwert"* der Grenzentlohnung bezüglich einer Veränderung von x_0 bzw. x_1.

Aus Sicht des Prinzipals gilt analog:

$$\hat{\gamma}_{P1} = \frac{U_0' \cdot \left(1 - \frac{\partial s_0}{\partial x_0}\right) - U_1' \cdot \frac{\partial s_1}{\partial x_0}}{-U_0' \cdot \frac{\partial s_0}{\partial x_1} + U_1' \cdot \left(1 - \frac{\partial s_1}{\partial x_1}\right)} \tag{49}$$

bzw.

$$\hat{\gamma}_{P1} = \frac{\gamma_{P1} \cdot \left(1 - \frac{\partial s_0}{\partial x_0}\right) - \frac{\partial s_1}{\partial x_0}}{-\gamma_{P1} \cdot \frac{\partial s_0}{\partial x_1} + \left(1 - \frac{\partial s_1}{\partial x_1}\right)} = \gamma_{P1} \cdot \frac{1 - \frac{\partial s_0}{\partial x_0} - \frac{1}{\gamma_{P1}} \cdot \frac{\partial s_1}{\partial x_0}}{1 - \gamma_{P1} \cdot \frac{\partial s_0}{\partial x_1} - \frac{\partial s_1}{\partial x_1}}. \tag{50}$$

Interpretation: Der Ausdruck im Zähler bzw. Nenner entspricht dem *"Barwert"* der *Grenz-Netto-Cash Flows* nach Entlohnung bezüglich einer Veränderung von x_0 bzw. x_1.

Unter Anreizkompatibilität müssen die partiellen Grenzentlohnungen so gewählt werden, daß gemäß (15) die Zeitpräferenzen bezüglich der Ergebnisse übereinstimmen:

$$\gamma_{P1} \cdot \frac{1 - \frac{\partial s_0}{\partial x_0} - \frac{1}{\gamma_{P1}} \cdot \frac{\partial s_1}{\partial x_0}}{1 - \gamma_{P1} \cdot \frac{\partial s_0}{\partial x_1} - \frac{\partial s_1}{\partial x_1}} = \gamma_{A1} \cdot \frac{\frac{\partial s_0}{\partial x_0} + \frac{1}{\gamma_{A1}} \cdot \frac{\partial s_1}{\partial x_0}}{\gamma_{A1} \cdot \frac{\partial s_0}{\partial x_1} + \frac{\partial s_1}{\partial x_1}}. \tag{51}$$

Hat der Agent in der Ausgangssituation eine höhere Zeitpräferenz bezüglich der Ergebnisse als der Prinzipal, d.h. $\hat{\gamma}_{A1} > \hat{\gamma}_{P1}$, so präferiert der Agent Cash Flows zum Zeitpunkt 0 stärker im Vergleich zu Cash Flows zum Zeitpunkt 1 als der Prinzipal. Als Ausgleich muß dann die gesamte Grenzentlohnung aufgrund von Cash Flow-Steigerungen zum Zeitpunkt 0 gesenkt bzw. die gesamte Grenzentlohnung aufgrund von Cash Flow-Steigerungen zum Zeitpunkt 1 erhöht werden. Dies wird durch einer Verminderung von $\frac{\partial s_0}{\partial x_0}$ und/oder $\frac{\partial s_1}{\partial x_0}$ bzw. durch einer Erhöhung von $\frac{\partial s_0}{\partial x_1}$ und/oder $\frac{\partial s_1}{\partial x_1}$ erreicht.

Bei *Risiko* muß grundsätzlich

$$\frac{\partial s_0}{\partial x_1} = 0 \qquad (52)$$

gewählt werden, und Gleichung (51) vereinfacht sich zu:

$$\gamma_{P1} \cdot \frac{1 - \dfrac{\partial s_0}{\partial x_0} - \dfrac{1}{\gamma_{P1}} \cdot \dfrac{\partial s_1}{\partial x_0}}{1 - \dfrac{\partial s_1}{\partial x_1}} = \gamma_{A1} \cdot \frac{\dfrac{\partial s_0}{\partial x_0} + \dfrac{1}{\gamma_{A1}} \cdot \dfrac{\partial s_1}{\partial x_0}}{\dfrac{\partial s_1}{\partial x_1}}. \qquad (53)$$

Die Höhe der Zeitpräferenz bezüglich der Ergebnisse wird in Kapitel 6 vertiefend untersucht.

5.3 Zur Abhängigkeit der Entlohnung von den Cash Flows

5.3.1 Zusammenhang zwischen dem Zeitpunkt des Cash Flow-Anfalls und dem Zeitpunkt der Entlohnung

Es wird nun die Abhängigkeit der Entlohnung von den Cash Flows vertiefend untersucht. Ausgangspunkt ist die allgemeine notwendige und hinreichende Bedingung der Anreizkompatibilität gemäß (4).

Wird diese Bedingung auf beiden Seiten nach x_0 und x_1 abgeleitet, erhält man:

$$U_0' \cdot \left(1 - \frac{\partial s_0}{\partial x_0}\right) - U_1' \cdot \frac{\partial s_1}{\partial x_0} = a \cdot \left(V_0' \cdot \frac{\partial s_0}{\partial x_0} + V_1' \cdot \frac{\partial s_1}{\partial x_0}\right) \qquad (54)$$

und

$$-U_0' \cdot \frac{\partial s_0}{\partial x_1} + U_1' \cdot \left(1 - \frac{\partial s_1}{\partial x_1}\right) = a \cdot \left(V_0' \cdot \frac{\partial s_0}{\partial x_1} + V_1' \cdot \frac{\partial s_1}{\partial x_1}\right). \qquad (55)$$

Ist der Umweltzustand z_1 und damit x_1 zum Zeitpunkt $t = 0$ nicht gegeben, so muß in Gleichung (55) $\frac{\partial s_0}{\partial x_1} = 0$ beachtet werden. Es gilt dann:

$$U_1' \cdot \left(1 - \frac{\partial s_1}{\partial x_1}\right) = a \cdot V_1' \cdot \frac{\partial s_1}{\partial x_1}. \qquad (56)$$

Die obigen Gleichungen gelten nicht nur bei einer Variation des (Brutto-) Cash Flows x_t, sondern auch bei einer Veränderung einer einzelnen Komponente des Cash Flows x_{ti}.

Um den Zusammenhang zwischen dem Zeitpunkt des Anfalls des Cash Flows bzw. seiner Komponenten und dem Zeitpunkt der entsprechenden Entlohnung zu untersuchen, werden vier charakteristische Fälle unterschieden. Hierbei wird explizit von der Erhöhung von einzelnen Cash Flow-Komponenten ausgegangen und die folgende Proposition bewiesen:

Proposition III.3: *Fallen Zeitpunkt des Cash Flow-Anfalls und Zeitpunkt der Entlohnung (teilweise) auseinander, dann muß dies grundsätzlich in Form einer Verzinsung zur endogenen Zeitpräferenzrate des Prinzipals berücksichtigt werden.*

Fall a) Komponente x_{0i} wird *unmittelbar* und *ausschließlich* zum Zeitpunkt t = 0 entlohnt.

D.h. $\dfrac{\partial s_0}{\partial x_{0i}} > 0$ und $\dfrac{\partial s_1}{\partial x_{0i}} = 0$. Aufgrund von (54) gilt:

$$U_0' - U_0' \cdot \frac{\partial s_0}{\partial x_{0i}} = a \cdot V_0' \cdot \frac{\partial s_0}{\partial x_{0i}} \tag{57}$$

$$\Leftrightarrow \qquad \frac{\partial s_0}{\partial x_{0i}} = \frac{U_0'}{U_0' + a \cdot V_0'}. \tag{58}$$

Fall b) Komponente x_{0j} wird *erst später* zum Zeitpunkt 1 entlohnt.

D.h. $\dfrac{\partial s_0}{\partial x_{0j}} = 0$ und $\dfrac{\partial s_1}{\partial x_{0j}} > 0$. Aufgrund von (54) gilt:

$$U_0' - U_1' \cdot \frac{\partial s_1}{\partial x_{0j}} = a \cdot V_1' \cdot \frac{\partial s_1}{\partial x_{0j}} \tag{59}$$

$$\Leftrightarrow \qquad \frac{\partial s_1}{\partial x_{0j}} = \frac{U_0'}{U_1' + a \cdot V_1'}. \tag{60}$$

Fall c) Komponente x_{1k} wird *unmittelbar* und *ausschließlich* um Zeitpunkt 1 entlohnt.

D.h. $\dfrac{\partial s_0}{\partial x_{1k}} = 0$ und $\dfrac{\partial s_1}{\partial x_{1k}} > 0$. Aufgrund von (55) gilt:

$$U_1' - U_1' \cdot \frac{\partial s_1}{\partial x_{1k}} = a \cdot V_1' \cdot \frac{\partial s_1}{\partial x_{1k}} \tag{61}$$

$$\Leftrightarrow \qquad \frac{\partial s_1}{\partial x_{1k}} = \frac{U_1'}{U_1' + a \cdot V_1'}. \tag{62}$$

Fall d) Komponente x_{1m} wird *schon früher* zum Zeitpunkt 0 entlohnt.

Kapitel III.5 Anreizkompatible zeitliche Teilung und Risikoteilung

D.h. $\dfrac{\partial s_0}{\partial x_{1m}} > 0$ und $\dfrac{\partial s_1}{\partial x_{1m}} = 0$. Aufgrund von (55) gilt:

$$U_1' - U_0' \cdot \frac{\partial s_0}{\partial x_{1m}} = a \cdot V_0' \cdot \frac{\partial s_0}{\partial x_{1m}} \qquad (63)$$

$$\Leftrightarrow \qquad \frac{\partial s_0}{\partial x_{1m}} = \frac{U_1'}{U_0' + a \cdot V_0'}. \qquad (64)$$

Aus b) und c) folgt:

$$\frac{\partial s_1}{\partial x_{0j}} = \gamma_{P1} \cdot \frac{\partial s_1}{\partial x_{1k}}. \qquad (65)$$

Interpretation: Erhält der Agent seine Entlohnung aufgrund der Erhöhung einer Cash Flow-Komponente zum Zeitpunkt null *erst später* zum Zeitpunkt t = 1, dann beinhaltet die Entlohnung zum Ausgleich eine *Aufzinsung zur (endogenen) Zeitpräferenzrate des Prinzipals*. Die Begründung liegt darin, daß der Agent andernfalls indifferent im Hinblick auf die Erzielung von Komponenten zum Zeitpunkt 0 und zum Zeitpunkt 1 wäre; der Prinzipal bevorzugt jedoch eine frühere Erzielung von Cash Flow-Bestandteilen.

Aus a) und d) folgt analog:

$$\frac{\partial s_0}{\partial x_{1m}} = \frac{1}{\gamma_{P1}} \cdot \frac{\partial s_0}{\partial x_{0i}}. \qquad (66)$$

Interpretation: Erhält der Agent seine Entlohnung aufgrund der Erhöhung einer Cash Flow-Komponente zum Zeitpunkt 1 *schon früher* zum Zeitpunkt t =0, dann beinhaltet die Entlohnung zum Ausgleich eine *Abzinsung zur (endogenen) Zeitpräferenzrate des Prinzipals*. Auch hier liegt die Begründung darin, daß der Agent sonst indifferent bezüglich der Erzielung von Komponenten zum Zeitpunkt 0 und zum Zeitpunkt 1 wäre, und der Prinzipal wiederum früher Cash Flows präferiert.

Der Zusammenhang aufgrund von (65) und (66) kann nun gemäß der obigen Proposition zusammengefaßt werden. Hierbei muß das Auseinanderfallen von Zeitpunkt des Cash Flow-Anfalls und Zeitpunkt der Entlohnung in Form einer Verzinsung zur endogenen Zeitpräferenzrate des Prinzipals berücksichtigt werden. Dies kann erfolgen, indem die Grenzentlohnung jeweils explizit angepaßt wird, oder es wird zunächst die Grenzentlohnung gewählt, die gewählt werden würde, wenn der Zeitpunkt des Cash Flow-Anfalls und der Zeitpunkt der Entlohnung übereinstimmen würden - und anschließend erfolgt ein Ausgleich, in dem die so ermittelte Entlohnung entsprechend auf- oder abgezinst wird.

Es gibt mehrere grundsätzliche Möglichkeiten, die Entlohnung über die Zeitpunkte zu verteilen. Zum einen kann eine isolierte *Erfolgsbeteiligung*, und zum anderen eine Beteiligung am *End-* oder *Ertragswert* erfolgen. Bei der End- bzw. Ertragswertbeteiligung müssen alle Cash Flows auf den End- bzw. Anfangszeitpunkt mittels der Zeitpräferenzrate des Prinzipals auf- bzw. abgezinst werden. Eine weitere Möglichkeit besteht darin, daß nicht eine unmittelbare Cash Flow-Beteiligung erfolgt, sondern eine Beteiligung an einer Bemessungsgrundlage wie am *Residualgewinn*. Das Auseinanderfallen zwischen dem Zeitpunkt des Cash Flow-Anfalls und der Erfolgswirksamkeit in der Bemessungsgrundlage kann dann mittels einer expliziten Verrechnung von kalkulatorischen Zinsen in der Bemessungsgrundlage berücksichtigt werden. Dies wird in Teil IV der Arbeit vertiefend analysiert.

Wie erläutert wurde, ist die Zeitpräferenzrate des Prinzipals grundsätzlich eine *endogene* Größe und wird von seinem Grenznutzen zu den einzelnen Zeitpunkten bestimmt. Sein jeweiliger Grenznutzen hängt wiederum vom erzielten Netto-Cash Flow zu den einzelnen Zeitpunkten ab. Ist die Zeitpräferenzrate des Prinzipals nicht gegeben, so erweist sich die Ermittlung eines anreizkompatiblen Entlohnungssystems als ein sehr komplexes Problem. Die Komplexität wird vereinfacht, wenn von (nahezu) konstanten Zeitpräferenzen ausgegangen wird. Dieser Fall wird in Abschnitt 5.4 vertieft.

Nun soll die allgemeine Abhängigkeit der Grenzentlohnung von den Zeitpräferenzen der Beteiligten herausgearbeitet werden.

5.3.2 Zur Abhängigkeit der Grenzentlohnung von den Zeitpräferenzen

Proposition III.4: *Die Verhältnisse zwischen den Grenzentlohnungen zu den verschiedenen Zeitpunkten werden so gewählt, daß Unterschiede in den Zeitpräferenzen der Beteiligten ausgeglichen werden.*

Diese Proposition impliziert, daß bei *gleichen* Zeitpräferenzen zu jedem Zeitpunkt die *gleiche* Grenzentlohnung gewählt wird und bei *unterschiedlichen* Zeitpräferenzen zu jedem Zeitpunkt eine unterschiedliche Grenzentlohnung gewählt wird. Dieser Zusammenhang ist in der Literatur für den einfachen Fall bekannt, daß sowohl Risikoneutralität (bzw. Sicherheit) als auch konstante Zeitpräferenzen vorliegen.[1]

---

1) Vgl. LAUX (1999), S. 308 sowie GILLENKIRCH/SCHABEL (2001), S. 227-228.

Kapitel III.5 Anreizkompatible zeitliche Teilung und Risikoteilung 115

Um die obige Proposition zu beweisen und um die Aussage zu präzisieren, werden die Cash Flow-Komponenten x_{0i} und x_{1k} betrachtet, die jeweils *unmittelbar* und *ausschließlich* zum Zeitpunkt ihres Anfallens entlohnt werden, vgl. Fall a) und c) in Abschnitt 5.3.1. Hierbei gilt, wie gezeigt wurde:

$$\frac{\partial s_0}{\partial x_{0i}} = \frac{U_0'}{U_0' + a \cdot V_0'} \qquad (58)$$

sowie
$$\frac{\partial s_1}{\partial x_{1k}} = \frac{U_1'}{U_1' + a \cdot V_1'}. \qquad (62)$$

Für (58) kann man unter Berücksichtigung der Definition für die Zeitpräferenzen schreiben:

$$\frac{\partial s_0}{\partial x_{0i}} = \frac{U_0'}{U_0' + a \cdot V_0'} = \frac{U_1' \cdot \gamma_{P1}}{U_1' \cdot \gamma_{P1} + a \cdot V_1' \cdot \gamma_{A1}} = \frac{U_1'}{U_1' + a \cdot \frac{\gamma_{A1}}{\gamma_{P1}} V_1'}. \qquad (67)$$

Ein Vergleich mit (62) zeigt, daß bei gleichen Zeitpräferenzen, d.h. $\gamma_{A1} = \gamma_{P1}$, gilt:

$$\frac{\partial s_0}{\partial x_{0i}} = \frac{\partial s_1}{\partial x_{1k}}. \qquad (68)$$

Bei *gleichen* Zeitpräferenzen wird also zu jedem Zeitpunkt die *gleiche* Grenzentlohnung gewählt.

Hat der Agent eine höhere Zeitpräferenz als der Prinzipal, d.h. $\gamma_{A1} > \gamma_{P1}$, so folgt:

$$\frac{\partial s_0}{\partial x_{0i}} < \frac{\partial s_1}{\partial x_{1k}}. \qquad (69)$$

Somit ist die Grenzentlohnung zum Zeitpunkt t = 1 höher als zum Zeitpunkt t = 0.

Interpretation: Hat der Agent eine höhere Zeitpräferenz als der Prinzipal, mißt er bei *gegebener* Grenzentlohnung zukünftigen Cash Flows, an denen er beteiligt ist, ein relatives geringes Gewicht im Vergleich zum Prinzipal bei. Zum Ausgleich dieses Bewertungsunterschiedes muß die Grenzentlohnung im Zeitablauf steigen.[2]

Während LAUX von Risikoneutralität und Sicherheit ausgeht, unterstellen GILLENKIRCH/SCHABEL Risikoneutralität, vgl. LAUX (1999), S. 288 und GILLENKIRCH/SCHABEL (2001), S. 220. Zum Beweis der Notwendigkeit bei additiv-separierbaren Nutzenfunktionen, siehe VELTHUIS (1999), S. 9-10.

[2] Vgl. LAUX (1999), S. 309.

Hat der Agent hingegen eine niedrigere Zeitpräferenz als der Prinzipal, d.h. $\gamma_{A1} < \gamma_{P1}$, so gilt:

$$\frac{\partial s_0}{\partial x_{0i}} > \frac{\partial s_1}{\partial x_{1k}}. \tag{70}$$

In diesem Fall sinkt die Grenzentlohnung im Zeitablauf.

Es wird nun gezeigt, daß sich die Grenzentlohnung in zwei Komponenten aufspalten läßt.

5.3.3 Zu den Komponenten der Grenzentlohnung

Proposition III.5: *Die Grenzentlohnung läßt sich in zwei Komponenten aufspalten:*
- *die erste Komponente wird nur durch den Zeitpunkt der Entlohnung bestimmt und*
- *die zweite Komponente ergibt sich aufgrund des Unterschiedes zwischen dem Zeitpunkt des Cash Flow-Anfalls und dem Zeitpunkt der Entlohnung.*

Hierbei wird die *erste Komponente* für den Zeitpunkt 0 gemäß (58) bzw. für den Zeitpunkt 1 gemäß (62) wie folgt definiert:

$$s_0' \equiv \frac{\partial s_0}{\partial x_{0i}} = \frac{U_0'}{U_0' + a \cdot V_0'} \tag{71}$$

und

$$s_1' \equiv \frac{\partial s_1}{\partial x_{1k}} = \frac{U_1'}{U_1' + a \cdot V_1'}. \tag{72}$$

Die erste Komponente kann allgemein für den Zeitpunkt τ auch folgendermaßen dargestellt werden:

$$s_\tau' \equiv \frac{\partial s_\tau}{\partial x_{\tau i}} = \frac{U_\tau'}{U_\tau' + a \cdot V_\tau'}. \tag{73}$$

Die *zweite Komponente* ergibt sich als Auf- bzw. Abzinsungsfaktor auf Basis der (endogenen) Zeitpräferenz des Prinzipals und kann formal wie folgt dargestellt werden:

$$\gamma_{P1}^{\tau-t}(\cdot), \tag{74}$$

mit t als Zeitpunkt des Cash Flow-Anfalls und τ als Zeitpunkt der Entlohnung. Diese Komponente beträgt jeweils 1, sofern der Zeitpunkt des Cash Flow-Anfalls und der Zeitpunkt der Entlohnung übereinstimmen. Wird ein Cash Flow erst eine Peri-

Kapitel III.5 Anreizkompatible zeitliche Teilung und Risikoteilung 117

ode später bzw. schon eine Periode früher entlohnt, beträgt diese Komponente γ_{P1} bzw. γ_{P1}^{-1}.

Zusammengefaßt ergibt sich die folgende Bestimmungsgleichung für die Grenzentlohnung einer Cash Flow-Komponente, die ausschließlich zu einem bestimmten Zeitpunkt entlohnt wird:

$$\frac{\partial s_\tau}{\partial x_t} = s_\tau' \cdot \gamma_{P1}^{\tau-t}. \tag{75}$$

Man kann nun leicht überprüfen, daß sich aufgrund von dieser Gleichung in Verbindung mit der Definition von s_τ' nach (73) die Spezialfälle a) bis d) ergeben. Die Grenzentlohnung $\frac{\partial s_\tau}{\partial x_t}$ setzt sich gemäß (75) also aus

- der Grenzentlohnung, die gewählt wird, wenn der Agent zum Zeitpunkt τ unmittelbar am Cash Flow x_τ des Zeitpunktes τ beteiligt wird und
- einem Korrekturfaktor zusammen, welcher das Auseinanderfallen von Zeitpunkt der Entlohnung und Zeitpunkt des Cash Flow-Anfalls berücksichtigt. Dieser Korrekturfaktor besteht einfach in der Auf- bzw. Abzinsung zur Zeitpräferenzrate des Prinzipals.

5.3.4 Entlohnung von Cash Flows zu mehreren Zeitpunkten

Es werden nun Cash Flows bzw. deren Komponenten betrachtet, die zu *mehreren* Zeitpunkten entlohnt werden. Hierbei gibt der Faktor g an, welcher Anteil eines (zusätzlichen) Cash Flows zu einem bestimmten Zeitpunkt entlohnt wird. Bei einer Erhöhung des Cash Flows x_0 um eine marginale Einheit müssen die folgenden Beziehungen gelten:

$$\frac{\partial s_0}{\partial x_0} = \frac{\partial s_0}{\partial x_{0i}} \cdot g_{0i} \quad \text{und} \quad \frac{\partial s_1}{\partial x_0} = \frac{\partial s_1}{\partial x_{0j}} \cdot g_{0j} \tag{76}$$

$$\text{mit} \quad g_{0i} + g_{0j} = 1.$$

Hierbei gibt g_{0i} bzw. g_{0j} an, welcher Anteil des (zusätzlichen) Cash Flows x_0 zum Zeitpunkt 0 bzw. 1 entlohnt wird. Ein einzelner Gewichtungsfaktor g kann auch kleiner null gewählt werden; es muß nur gewährleistet sein, daß die Summe gleich 1 ist. Dies bedeutet, daß Cash Flows bzw. deren Bestandteile *vollständig* berücksichtigt werden müssen. Der Nachweis befindet sich im Anhang.

Für den Cash Flow zum Zeitpunkt 1 gilt entsprechend:

$$\frac{\partial s_1}{\partial x_1} = \frac{\partial s_1}{\partial x_{1k}} \cdot g_{1k} \quad \text{und} \quad \frac{\partial s_0}{\partial x_1} = \frac{\partial s_0}{\partial x_{1m}} \cdot g_{1m} \tag{77}$$

mit $g_{1k} + g_{1m} = 1$.

Der Faktor g_{1k} bzw. g_{1m} gibt an, welchen Anteil des Cash Flows x_1 zum Zeitpunkt 1 bzw. 0 entlohnt wird.

Fazit: Werden Cash Flows bzw. deren Komponenten zu mehreren Zeitpunkten entlohnt, dann muß beachtet werden, daß
- eine Korrektur auf Basis der endogenen Zeitpräferenzrate des Prinzipals erfolgt und
- eine *vollständige* Erfassung erfolgt.

Die Ergebnisse haben weitreichende Konsequenzen für die Gestaltung von anreizkompatiblen *Bemessungsgrundlagen*. Die Implikationen werden in Teil IV der Arbeit vor dem Hintergrund des *Rechnungswesens* vertieft.

Im folgenden soll die Darstellung für den Fall *konstanter Präferenzen* veranschaulicht werden. Bei konstanten Zeitpräferenzen zeigt sich die Gestaltung anreizkompatibler Teilungsregeln als weniger komplex, so daß die Zusammenhänge deutlicher und einfacher werden. Ferner hat der Fall konstanter Zeitpräferenzen große Bedeutung für die spätere Analyse von anreizkompatiblen Teilungsregeln und Bemessungsgrundlagen vor dem Hintergrund des *Rechnungswesens* sowie des *Kapitalmarktzusammenhangs*.

5.4 Anreizkompatible Entlohnung bei konstanten Zeitpräferenzen

5.4.1 Charakteristik der Nutzenfunktionen

Wie in Kapitel 2 für den allgemeinen dynamischen Fall bewiesen wurde, ist die Zeitpräferenz des Agenten sowie des Prinzipals im Zwei-Zeitpunkt-Fall dann und nur dann konstant, wenn die Nutzenfunktionen folgendermaßen dargestellt werden können:

$$V[\cdot] = V[\gamma_{A1} \cdot s_0 + s_1] \tag{78}$$

bzw.
$$U[\cdot] = U[\gamma_{P1} \cdot (x_0 - s_0) + (x_1 - s_1)]. \tag{79}$$

Dies impliziert eine Orientierung am Endwert (bzw. am Barwert) des jeweiligen Anteils mittels einer beliebigen Nutzenfunktion.

Die Zeitpräferenz des Agenten kommt in der Nutzenfunktion direkt zum Ausdruck und beträgt stets γ_{A1}. Die Zeitpräferenz des Prinzipals beträgt entsprechend γ_{P1}. Beide Zeitpräferenzen sind somit *exogen* gegeben. Der Koeffizient α_A bzw. α_P kann als *"globaler"* Risikoaversionskoeffizient (bezogen auf den Endzeitpunkt) bezeichnet werden. Hierbei gilt:

$$\alpha_A = -\frac{V''[\cdot]}{V'[\cdot]} \quad \text{bzw.} \quad \alpha_P = -\frac{U''[\cdot]}{U'[\cdot]}, \tag{80}$$

wobei die Ableitungen sich jeweils auf das Argument als Endwert beziehen.

Die Risikoaversionskoeffizienten des Agenten zu den einzelnen Zeitpunkten betragen:

$$\alpha_{A0} = \alpha_A \cdot \gamma_{A1} \quad \text{und} \quad \alpha_{A1} = \alpha_A. \tag{81}$$

Für den Prinzipal gilt analog:

$$\alpha_{P0} = \alpha_P \cdot \gamma_{P1} \quad \text{und} \quad \alpha_{P1} = \alpha_P. \tag{82}$$

Die Risikoaversionskoeffizienten zu den einzelnen Zeitpunkten ergeben sich also, indem der "globale" Risikoaversionskoeffizient auf den Endzeitpunkt t = 1 aufgezinst wird. Die folgende Beziehung gilt aufgrund von (81) stets für den Agenten bei konstanten Zeitpräferenzen:

$$\alpha_{A0} = \gamma_{A1} \cdot \alpha_{A1}, \tag{83}$$

und damit: $\quad\quad\quad\quad\quad\quad\quad \alpha_{A0} > \alpha_{A1}. \tag{84}$

Das Analoge gilt für den Prinzipal. Eine Nutzenfunktion mit konstanter Zeitpräferenz weist im Zeitablauf abnehmende Risikoaversion auf.

5.4.2 Zur Abhängigkeit der Entlohnung von den Cash Flows bei konstanten Zeitpräferenzen

Es soll nun die Abhängigkeit der Entlohnung von den Cash Flows bei konstanten Zeitpräferenzen veranschaulicht werden. Die notwendige und hinreichende Bedingung der Anreizkompatibilität (4) konkretisiert sich zu:

$$U[\gamma_{P1} \cdot (x_0 - s_0) + (x_1 - s_1)] = a \cdot V[\gamma_{A1} \cdot s_0 + s_1] + b. \tag{85}$$

Wird diese Bedingung auf beiden Seiten nach x_0 bzw. x_1 abgeleitet, erhält man analog zu (54) und (55):

$$U' \cdot \left(\gamma_{P1} \cdot \left(1 - \frac{\partial s_0}{\partial x_0}\right) - \frac{\partial s_1}{\partial x_0} \right) = a \cdot V' \cdot \left(\gamma_{A1} \cdot \frac{\partial s_0}{\partial x_0} + \frac{\partial s_1}{\partial x_0} \right) \qquad (86)$$

bzw.
$$U' \cdot \left(\gamma_{P1} \cdot \left(-\frac{\partial s_0}{\partial x_1}\right) + \left(1 - \frac{\partial s_1}{\partial x_1}\right) \right) = a \cdot V' \cdot \left(\gamma_{A1} \cdot \frac{\partial s_0}{\partial x_1} + \frac{\partial s_1}{\partial x_1} \right). \qquad (87)$$

Der Zusammenhang zwischen dem Zeitpunkt des Anfalls des Cash Flows bzw. seiner Komponenten und dem Zeitpunkt der entsprechenden Entlohnung läßt sich anhand der vier charakteristischen Fälle aus Abschnitt 5.3 für den Fall konstanter Zeitpräferenzen leicht darstellen:

Fall a) Komponente x_{0i} wird *unmittelbar* und *ausschließlich* zum Zeitpunkt t = 0 entlohnt:

$$\frac{\partial s_0}{\partial x_{0i}} = \frac{U' \cdot \gamma_{P1}}{U' \cdot \gamma_{P1} + a \cdot V' \cdot \gamma_{A1}}. \qquad (88)$$

Fall b) Komponente x_{0j} wird *erst später* zum Zeitpunkt 1 entlohnt:

$$\frac{\partial s_1}{\partial x_{0j}} = \frac{U' \cdot \gamma_{P1}}{U' + a \cdot V'}. \qquad (89)$$

Fall c) Komponente x_{1k} wird *unmittelbar* und *ausschließlich* zum Zeitpunkt 1 entlohnt:

$$\frac{\partial s_1}{\partial x_{1k}} = \frac{U'}{U' + a \cdot V'}. \qquad (90)$$

Fall d) Komponente x_{1m} wird *schon früher* zum Zeitpunkt 0 entlohnt:

$$\frac{\partial s_0}{\partial x_{1m}} = \frac{U'}{U' \cdot \gamma_{P1} + a \cdot V' \cdot \gamma_{A1}}. \qquad (91)$$

Aus b) und c) folgt direkt:

$$\frac{\partial s_1}{\partial x_{0j}} = \gamma_{P1} \cdot \frac{\partial s_1}{\partial x_{1k}}. \qquad (92)$$

Aus a) und d) gilt analog:

Kapitel III.5 Anreizkompatible zeitliche Teilung und Risikoteilung

$$\frac{\partial s_0}{\partial x_{1m}} = \frac{1}{\gamma_{P1}} \cdot \frac{\partial s_0}{\partial x_{0i}}. \qquad (93)$$

Erhält der Agent seine Entlohnung aufgrund der Erhöhung einer Cash Flow-Komponente *erst später* bzw. *schon früher*, dann beinhaltet die Entlohnung zum Ausgleich eine Verzinsung zur *exogenen* Zeitpräferenzrate des Prinzipals.

Wie erläutert wurde, kann die Grenzentlohnung jeweils in zwei Komponenten aufgespalten werden. Die erste Komponente, die durch den Zeitpunkt der Entlohnung bestimmt wird, beträgt bei konstanten Zeitpräferenzen:

$$s_0' \equiv \frac{\partial s_0}{\partial x_{0i}} = \frac{U' \cdot \gamma_{P1}}{U' \cdot \gamma_{P1} + a \cdot V' \cdot \gamma_{A1}} \qquad (94)$$

bzw.
$$s_1' \equiv \frac{\partial s_1}{\partial x_{1k}} = \frac{U'}{U' + a \cdot V'}. \qquad (95)$$

Die zweite Komponente, die sich aufgrund des Unterschiedes zwischen dem Zeitpunkt des Cash Flow-Anfalls und dem Zeitpunkt der Entlohnung ergibt, kann leicht aufgrund der *konstanten* Zeitpräferenz des Prinzipals bestimmt werden:

$$\gamma_{P1}^{\tau-t}, \qquad (96)$$

mit t als Zeitpunkt des Cash Flow-Anfalls und τ als Zeitpunkt der Entlohnung.

Bei konstanten Zeitpräferenzen läßt sich nicht nur die Grenzentlohnung aufspalten, sondern eventuell, wie noch deutlich wird, die Gesamtentlohnung.

Ein anreizkompatibles Entlohnungssystem kann bei konstanten Zeitpräferenzen stets auf einfache Weise ermittelt werden, indem ausschließlich eine (variable) Entlohnung zum Zeitpunkt 1 bezahlt wird, und zwar in Abhängigkeit des Endwerts. Bei einer solchen *Endwertbeteiligung* gilt aufgrund von (92):

$$\frac{\partial s_1}{\partial x_0} = \gamma_{P1} \cdot \frac{\partial s_1}{\partial x_1}. \qquad (97)$$

Diese Bedingung impliziert bei konstanter Zeitpräferenz, daß die Entlohnungsfunktion $s_1(\cdot)$ stets wie folgt dargestellt werden kann:[3]

$$s_1(x_0, x_1) = s_1(\gamma_{P1} \cdot x_0 + x_1) \equiv s_1(W_{P1}). \qquad (98)$$

---

[3] Der Zusammenhang kann durch sukzessive Integration nach x_0 und x_1 bewiesen werden.

Der Agent wird somit an dem mit dem Zinssatz des Prinzipals ermittelten Endwert der Cash Flows W_{P1} beteiligt. Die Entlohnungsfunktion $s_1(\cdot)$ bezüglich des Endwertes läßt sich wie im statischen Modellrahmen ermitteln.

Bei sicheren Erwartungen bezüglich des Cash Flows x_1 zum Zeitpunkt 0 kann auch eine *Ertragswertbeteiligung* erfolgen. Wegen (93) gilt:

$$\frac{\partial s_0}{\partial x_1} = \frac{1}{\gamma_{P1}} \cdot \frac{\partial s_0}{\partial x_0} \tag{99}$$

und

$$s_0(x_0, x_1) = s_0\left(x_0 + \frac{1}{\gamma_{P1}} \cdot x_1\right) \equiv s_0(W_{P0}). \tag{100}$$

Bei einer Ertragswertbeteiligung kann die Ermittlung der Entlohnungsfunktion $s_0(\cdot)$ bezüglich des Ertragswertes ebenfalls wie im statischen Modellrahmen erfolgen. Hierbei können die Nutzenfunktionen aus Vereinfachungsgründen auch in Abhängigkeit des Barwerts des jeweiligen Anteils dargestellt werden:

$$V[\cdot] = V\left[\gamma_{A1} \cdot \left(s_0 + \frac{1}{\gamma_{A1}} \cdot s_1\right)\right] \tag{101}$$

bzw.

$$U[\cdot] = U\left[\gamma_{P1} \cdot \left((x_0 - s_0) + \frac{1}{\gamma_{P1}} \cdot (x_1 - s_1)\right)\right]. \tag{102}$$

Eine solche frühzeitige Entlohnung kann aus Gründen einer besseren zeitlichen Teilung der Entlohnung wünschenswert sein.[4]

Für den Fall, daß sich bei einer Endwertbeteiligung bzw. Ertragswertbeteiligung eine *lineare* Entlohnungsfunktion $s_1(\cdot)$ bzw. $s_0(\cdot)$ ergibt, kann die Gesamtentlohnung wie folgt *separiert* werden:

$$s_1(x_0, x_1) = s_1 \cdot (\gamma_{P1} \cdot x_0 + x_1) + S_1 = s_1 \cdot \gamma_{P1} \cdot x_0 + s_1 \cdot x_1 + S_1 \tag{103}$$

bzw.

$$s_0(x_0, x_1) = s_0 \cdot \left(x_0 + \frac{1}{\gamma_{P1}} \cdot x_1\right) + S_0 = s_0 \cdot x_0 + s_0 \cdot \frac{1}{\gamma_{P1}} \cdot x_1 + S_0. \tag{104}$$

Eine derartige lineare Entlohnungsfunktion ergibt sich, wie im statischen Modellrahmen gezeigt wurde, *immer dann*, wenn die Nutzenfunktionen $U[\cdot]$ und $V[\cdot]$ aus der gleichen HARA-Klasse stammen. Gleichwohl kann eine anreizkompatible Ent-

---

[4] Vgl. GILLENKIRCH/SCHABEL (2001), S. 221.

lohnungsfunktion grundsätzlich dann linear sein, wenn sich die Funktionen U[·] und V[·] höchstens aufgrund einer äußeren und einer inneren linearen Transformation unterscheiden.

Eine solche Möglichkeit der Separation der Entlohnungsfunktion $s_1(x_0, x_1)$ bzw. $s_0(x_0, x_1)$ impliziert, daß auch eine *isolierte Erfolgsbeteiligung* anreizkompatibel ist. Hierbei wird die Entlohnung aufgrund von x_0 schon vollständig zum Zeitpunkt t = 0 und die Entlohnung aufgrund von x_1 unabhängig von x_0 gewährt. Dies bedeutet formal: $s_0[\cdot] = s_0(x_0)$ und $s_1[\cdot] = s_1(x_1)$ und damit auch $\frac{\partial s_1}{\partial x_0} = 0$.

Es gilt die folgende Proposition:

Proposition III.6: *Bei konstanten Zeitpräferenzen kann eine isolierte Erfolgsbeteiligung nur bei linearen (Perioden-) Entlohnungsfunktionen anreizkompatibel sein.*

Beweis:
Werden die Bestimmungsgleichungen für die Zeitpräferenzen bezüglich der Ergebnisse gemäß (48) und (50) in Gleichung (15), $\hat{\gamma}_{P1} = \hat{\gamma}_{A1}$, eingesetzt, so folgt bei einer isolierten Erfolgsbeteiligung:

$$\frac{\gamma_{P1} \cdot \left(1 - \frac{\partial s_0}{\partial x_0}\right)}{1 - \frac{\partial s_1}{\partial x_1}} = \frac{\gamma_{A1} \cdot \frac{\partial s_0}{\partial x_0}}{\frac{\partial s_1}{\partial x_1}}. \tag{105}$$

Hierfür kann man schreiben:

$$\frac{\gamma_{P1}}{\gamma_{A1}} \cdot \frac{1 - \frac{\partial s_0}{\partial x_0}}{\frac{\partial s_0}{\partial x_0}} = \frac{1 - \frac{\partial s_1}{\partial x_1}}{\frac{\partial s_1}{\partial x_1}}. \tag{106}$$

Bei konstanten Zeitpräferenzen ist der Ausdruck $\frac{\gamma_{P1}}{\gamma_{A1}}$ konstant.

Bei einer Veränderung von x_0 bleibt bei isolierter Periodenbeteiligung die rechte Seite konstant. Damit die linke Seite ebenfalls konstant bleibt, muß der Ausdruck $\frac{\partial s_0}{\partial x_0}$ ebenfalls konstant bleiben. Dies ist nur bei einer linearen Entlohnungsfunktion gewährleistet. Bei einer Veränderung von x_1 gilt analog, daß der Ausdruck $\frac{\partial s_1}{\partial x_1}$ ebenfalls konstant ist. Es kann das Fazit gezogen werden, daß bei konstanten Zeitpräferenzen $\frac{\partial s_1}{\partial x_0} = 0$ nur gelten kann, wenn die Perioden-Entlohnungsfunktionen linear sind.

5.4.3 Veranschaulichung der Risikoaversionskoeffizienten bezüglich der Ergebnisse

Bei konstanten Zeitpräferenzen lassen sich die Risikoaversionskoeffizienten bezüglich der Ergebnisse besonders leicht veranschaulichen. Werden $V_0'' = \gamma_{A1} \cdot V_{01}''$ sowie $\alpha_{A0} = \gamma_{A1} \cdot \alpha_{A1}$ gemäß (83) in die allgemeine Bestimmungsgleichung (39) für den Risikoaversionskoeffizienten $\hat{\alpha}_{A0}$ eingesetzt, so folgt, wie im Anhang zu diesem Abschnitt gezeigt wird:[5]

$$\hat{\alpha}_{A0} = \frac{\alpha_{A0}\left(\frac{\partial s_0}{\partial x_0} + \frac{1}{\gamma_{A1}} \cdot \frac{\partial s_1}{\partial x_0}\right)^2 - \left(\frac{\partial^2 s_0}{\partial x_0^2} + \frac{1}{\gamma_{A1}} \cdot \frac{\partial^2 s_1}{\partial x_0^2}\right)}{\left(\frac{\partial s_0}{\partial x_0} + \frac{1}{\gamma_{A1}} \cdot \frac{\partial s_1}{\partial x_0}\right)}. \tag{107}$$

Interpretation: Die Klammerausdrücke im Nenner und Zähler entsprechen dem Barwert der Grenzentlohnungen bzw. dem Barwert der Krümmungen bezüglich einer Veränderung von x_0. Der Risikoaversionskoeffizient $\hat{\alpha}_{A0}$ läßt sich somit bei konstanten Zeitpräferenzen wie im statischen Modellrahmen veranschaulichen, nur daß hier der *Barwert* der Grenzentlohnungen bzw. der Krümmung relevant ist.

Der Risikoaversionskoeffizient für den Zeitpunkt 1 lautet entsprechend:

$$\hat{\alpha}_{A1} = \frac{\alpha_{A1} \cdot \left(\frac{\partial s_1}{\partial x_1} + \gamma_{A1} \cdot \frac{\partial s_1}{\partial x_0}\right)^2 - \left(\frac{\partial^2 s_1}{\partial x_1^2} + \gamma_{A1} \cdot \frac{\partial^2 s_0}{\partial x_1^2}\right)}{\left(\frac{\partial s_1}{\partial x_1} + \gamma_{A1} \cdot \frac{\partial s_1}{\partial x_0}\right)}. \tag{108}$$

Auch der Risikoaversionskoeffizient $\hat{\alpha}_{A1}$ läßt sich wie im statischen Modellrahmen interpretieren. Hier ist allerdings der *Endwert* der Grenzentlohnung bzw. Krümmung bezogen auf t = 1 relevant.[6]

Wie im Anhang gezeigt wird, erhält man für den Prinzipal entsprechend:

---

[5] Die Beziehungen $V_0'' = \gamma_{A1} \cdot V_{01}''$ sowie $\alpha_{A0} = \gamma_{A1} \cdot \alpha_{A1}$ gelten stets und nur bei konstanten Zeitpräferenzen, wie in Kapitel 2 gezeigt wurde.

[6] Hierbei wurde auch der Sonderfall $\frac{\partial s_0}{\partial x_1} \neq 0$ berücksichtigt.

Kapitel III.5 Anreizkompatible zeitliche Teilung und Risikoteilung

$$\hat{\alpha}_{P0} = \frac{\alpha_{P0} \cdot \left(1 - \frac{\partial s_0}{\partial x_0} - \frac{1}{\gamma_{P1}} \cdot \frac{\partial s_1}{\partial x_0}\right)^2 + \left(\frac{\partial^2 s_0}{\partial x_0^2} + \frac{1}{\gamma_{P1}} \cdot \frac{\partial^2 s_1}{\partial x_0^2}\right)}{\left(1 - \frac{\partial s_0}{\partial x_0} - \frac{1}{\gamma_{P1}} \cdot \frac{\partial s_1}{\partial x_0}\right)} \quad (109)$$

und

$$\hat{\alpha}_{P1} = \frac{\alpha_{P1} \cdot \left(1 - \frac{\partial s_1}{\partial x_1} - \gamma_{P1} \cdot \frac{\partial s_0}{\partial x_1}\right)^2 + \left(\frac{\partial^2 s_1}{\partial x_1^2} + \gamma_{P1} \cdot \frac{\partial^2 s_0}{\partial x_1^2}\right)}{\left(1 - \frac{\partial s_1}{\partial x_1} - \gamma_{P1} \cdot \frac{\partial s_0}{\partial x_1}\right)}. \quad (110)$$

Gemäß (109) bzw. (110) ist auch für den Prinzipal der Barwert bzw. der Endwert der Grenzentlohnung und Krümmung relevant. Zur Ab- bzw. Aufzinsung ist hier allerdings die Zeitpräferenz des Prinzipals zu beachten. Die Grenzentlohnungen und Krümmungen müssen so gewählt werden, daß die Risikoaversionskoeffizienten bezüglich der Ergebnisse zu beiden Zeitpunkten übereinstimmen, d.h. $\hat{\alpha}_{P0} = \hat{\alpha}_{A0}$ und $\hat{\alpha}_{P1} = \hat{\alpha}_{A1}$.

Analog zum statischen Modellrahmen erfolgt hier ein Ausgleich der individuellen Risikoaversionskoeffizienten zu einem Zeitpunkt aufgrund der auf den entsprechenden Zeitpunkt ab- bzw. aufgezinsten Grenzanteile sowie der normierten Krümmungen. Eine Erhöhung der Grenzentlohnungen sowie eine Senkung der Krümmungen führt c.p. zu einer stärkeren Risikobeteiligung des Agenten und gleichzeitig zu einer geringeren Risikobeteiligung des Prinzipals.

Sind die Teilungsregeln zu jedem Zeitpunkt jeweils *linear* in den Cash Flows, dann vereinfachen sich die Gleichungen für die Risikoaversionskoeffizienten bezüglich der Ergebnisse. In diesem Fall müssen die Grenzentlohnungen in x_0 und x_1 die folgenden beiden Bedingungen erfüllen, damit $\hat{\alpha}_{P0} = \hat{\alpha}_{A0}$ und $\hat{\alpha}_{P1} = \hat{\alpha}_{A1}$ gewährleistet ist:

$$\alpha_{P0} \cdot \left(1 - \frac{\partial s_0}{\partial x_0} - \frac{1}{\gamma_{P1}} \cdot \frac{\partial s_1}{\partial x_0}\right) = \alpha_{A0} \cdot \left(\frac{\partial s_0}{\partial x_0} + \frac{1}{\gamma_{A1}} \cdot \frac{\partial s_1}{\partial x_0}\right). \quad (111)$$

und

$$\alpha_{P1} \cdot \left(1 - \frac{\partial s_1}{\partial x_1} - \gamma_{P1} \cdot \frac{\partial s_0}{\partial x_1}\right) = \alpha_{A1} \cdot \left(\frac{\partial s_1}{\partial x_1} + \gamma_{A1} \cdot \frac{\partial s_1}{\partial x_0}\right). \quad (112)$$

Die Erfüllung der beiden Bedingungen wird auch erreicht, indem ausschließlich eine *lineare* Beteiligung zum Zeitpunkt t = 1 erfolgt. Unter Beachtung von $\alpha_{A0} = \gamma_{A1} \cdot \alpha_{A1}$ sowie $\alpha_{P0} = \gamma_{P1} \cdot \alpha_{P1}$ gemäß (83) ergibt sich aus (111) und (112):

$$\frac{\partial s_1(\cdot)}{\partial x_0} = \underbrace{\frac{\alpha_{P1}}{\alpha_{P1}+\alpha_{A1}}}_{s_1} \cdot \gamma_{P1} \qquad (113)$$

und
$$\frac{\partial s_1(\cdot)}{\partial x_1} = \underbrace{\frac{\alpha_{P1}}{\alpha_{P1}+\alpha_{A1}}}_{s_1}. \qquad (114)$$

Hier erkennt man den Zusammenhang gemäß Proposition III.5 (vgl. Abschnitt 5.3.3), wobei sich die Grenzentlohnung in zwei Komponenten aufspalten läßt. Die erste Komponente wird nur durch den Zeitpunkt der Entlohnung bestimmt und ergibt sich hier als Prämiensatz s_1. Der Prämiensatz s_1 bestimmt sich aufgrund der individuellen Risikoaversionskoeffizienten zum Zeitpunkt 1. Die zweite Komponente ergibt sich als Korrekturfaktor in Höhe von γ_{P1} für den Cash Flow x_0, damit der Unterschied zwischen dem Zeitpunkt des Cash Flow-Anfalls und dem Zeitpunkt der Entlohnung ausgeglichen wird. Die Entlohnung kann auch folgendermaßen als *Endwertbeteiligung* dargestellt werden:

$$s_1(\cdot) = \underbrace{\frac{\alpha_P}{\alpha_P+\alpha_A}}_{s_1} \cdot (\gamma_{P1}\cdot x_0 + x_1) + S_1 = s_1 \cdot (\gamma_{P1}\cdot x_0 + x_1) + S_1 \qquad (115)$$

wobei s_1 der Prämiensatz und S_1 das Fixum zum Zeitpunkt 1 bezeichnet.

Die beiden Bedingungen (111) und (112) sind auch erfüllt, wenn ausschließlich eine *lineare* Beteiligung zum Zeitpunkt t = 0 erfolgt.[7] Unter Beachtung von $\alpha_{A0} = \gamma_{A1}\cdot\alpha_{A1}$ sowie $\alpha_{P0} = \gamma_{P1}\cdot\alpha_{P1}$ erhält man entsprechend:

$$\frac{\partial s_0(\cdot)}{\partial x_0} = \underbrace{\frac{\alpha_{P0}}{\alpha_{P0}+\alpha_{A0}}}_{s_0} \qquad (116)$$

und
$$\frac{\partial s_0(\cdot)}{\partial x_1} = \underbrace{\frac{\alpha_{P0}}{\alpha_{P0}+\alpha_{A0}}}_{s_0} \cdot \frac{1}{\gamma_{P1}}. \qquad (117)$$

Der Prämiensatz s_0 ergibt sich analog aufgrund der individuellen Risikoaversionskoeffizienten bezogen auf den Zeitpunkt 0. Der Korrekturfaktor für den Cash Flow

---

7) Dies setzt voraus, daß x_1 schon zum Zeitpunkt t = 0 bekannt ist.

x_1 beträgt hier $\frac{1}{\gamma_{P1}}$. Das Entlohnungssystem impliziert eine lineare Beteiligung am *Ertragswert*:

$$s_0(\cdot) = \underbrace{\frac{\alpha_{P0}}{\alpha_{P0} + \alpha_{A0}}}_{s_0} \cdot (x_0 + \frac{1}{\gamma_{P1}} \cdot x_1) + S_0 = s_0 \cdot (x_0 + \frac{1}{\gamma_{P1}} \cdot x_1) + S_0. \quad (118)$$

Die Prämiensätze s_0 und s_1 kann man auch unter Beachtung von (81) und (82) in Abhängigkeit von den *globalen* Risikoaversionskoeffizienten und Zeitpräferenzen wie folgt darstellen:

$$s_0 = \frac{\alpha_P \cdot \gamma_{P1}}{\alpha_P \cdot \gamma_{P1} + \alpha_A \cdot \gamma_{A1}} \quad (119)$$

und
$$s_1 = \frac{\alpha_P}{\alpha_P + \alpha_A}. \quad (120)$$

Das *Verhältnis* der Prämiensätze wird hierbei so gewählt, daß sich die individuellen Zeitpräferenzen ausgleichen.

5.5 Anreizkompatible Entlohnung bei Perioden-Nutzen-Unabhängigkeit

Es stellt sich die grundsätzliche Frage, unter welchen Bedingungen die Entlohnung zu einem Zeitpunkt überhaupt unabhängig von der Höhe der Cash Flows zu anderen Zeitpunkten gewählt werden kann. Im Zwei-Zeitpunkt-Fall bei Risiko konkretisiert sich dies zur Frage, wann die Entlohnung zum Zeitpunkt 1 unabhängig vom Cash Flow x_0 gewählt werden kann, d.h. $\frac{\partial s_1}{\partial x_0} = 0$. Unter Anreizkompatibilität muß die Bewertung von unsicheren Zahlungen aus Sicht des Agenten mit jener aus Sicht des Prinzipals immer übereinstimmen. Wenn sich nun bei einer Erhöhung des Einkommens zum Zeitpunkt 0 die Bewertung für eine Partei zum Zeitpunkt 1 ändert, muß grundsätzlich über einer Veränderung der Entlohnungsfunktion zum Zeitpunkt 1 ein Ausgleich geschaffen werden, und damit gilt: $\frac{\partial s_1}{\partial x_0} \neq 0$. Ein Ausgleich erübrigt sich nur dann, wenn sich die Bewertung zum Zeitpunkt 1 aufgrund einer Erhöhung des Einkommens zum Zeitpunkt 0 für beide Parteien in der gleichen Weise ändert. Dies ist zumindest dann gegeben, wenn sich die Bewertungen zum Zeitpunkt 1 jeweils nicht ändern. Wie in Kapitel 2 erläutert wurde, ist die Bewertung zum Zeitpunkt 1 dann und nur dann unabhängig vom Einkommen zum Zeitpunkt 0, wenn

Perioden-Nutzen-Unabhängigkeit gilt; die Nutzenfunktionen sind dann additiv oder multiplikativ separierbar.

Proposition III.7: *Bei Perioden-Nutzen-Unabhängigkeit kann Anreizkompatibilität stets mittels einer isolierten Erfolgsbeteiligung hergestellt werden.*

Bei additiver Separierbarkeit können die Nutzenfunktionen von Prinzipal und Agent wie folgt dargestellt werden:

$$V[\cdot] = v_0(s_0) + v_1(s_1) \qquad (121)$$

bzw. $\qquad U[\cdot] = u_0(x_0 - s_0) + u_1(x_1 - s_1). \qquad (122)$

Bei multiplikativer Separierbarkeit gilt entsprechend:

$$V[\cdot] = v_0(s_0) \cdot v_1(s_1) \qquad (123)$$

bzw. $\qquad U[\cdot] = u_0(x_0 - s_0) \cdot u_1(x_1 - s_1). \qquad (124)$

Die notwendige und hinreichende Bedingung der Anreizkompatibilität lautet auch bei Perioden-Nutzen-Unabhängigkeit:

$$U[\cdot] = a \cdot V[\cdot] + b. \qquad (4)$$

Diese Bedingung läßt sich bei separierbaren Nutzenfunktionen ebenfalls separieren.

Bei *additiv-separierbaren* Nutzenfunktionen gilt hierbei:

$$u_0(x_0 - s_0) = a \cdot v_0(s_0) + b_0 \qquad (125)$$

und $\qquad u_1(x_1 - s_1) = a \cdot v_1(s_1) + b_1. \qquad (126)$

Die Entlohnungsfunktionen $s_0(\cdot)$ und $s_1(\cdot)$ können gemäß der Bedingung (125) bzw. (126) jeweils isoliert bestimmt werden. Daß die Bedingung (4) stets erfüllt ist, erkennt man, wenn (125) und (126) unter Beachtung von $b = b_0 + b_1$ addiert werden.

Bei *multiplikativer* Separierbarkeit kann die Bedingung (4) wie folgt separiert werden:

$$u_0(x_0 - s_0) = a_0 \cdot v_0(s_0) \qquad (127)$$

und $\qquad u_1(x_1 - s_1) = a_1 \cdot v_1(s_1). \qquad (128)$

Kapitel III.5 Anreizkompatible zeitliche Teilung und Risikoteilung

Auch hierbei können die Entlohnungsfunktionen isoliert bestimmt werden. Es ist zu beachten, daß die Gewichtungsfaktoren a_0 und a_1 nicht übereinstimmen müssen. Werden die beiden Bedingungen multipliziert, erhält man wiederum die allgemeine notwendige und hinreichende Bedingung der Anreizkompatibilität mit $a = a_0 \cdot a_1$ und $b = 0$.

Perioden-Nutzen-Unabhängigkeit impliziert nicht, daß die Entlohnung zu einem Zeitpunkt stets isoliert von den Ergebnissen (bzw. Cash Flows) zu anderen Zeitpunkten bestimmt werden *muß*. Bestehen zudem konstante Zeitpräferenzen, so *kann* die Entlohnung zu einem Zeitpunkt auch von den Cash Flows zu anderen Zeitpunkten abhängen.

Existieren keine additiv oder multiplikativ separierbaren Nutzenfunktionen, so kann die Entlohnung zu einem Zeitpunkt im allgemeinen nicht getrennt von den anderen Zeitpunkten bestimmt werden. Dies gilt nicht, wenn sich die Bewertung zum Zeitpunkt 1 in der gleichen Weise ändert. Besagte Ausnahme ist stets bei konstanten Zeitpräferenzen und linearen Entlohnungsfunktionen gegeben.

6 Vereinbarkeit von Anreizkompatibilität und Paretoeffizienz

6.1 Bedingungen für die Vereinbarkeit von Anreizkompatibilität und Paretoeffizienz

Bezüglich der Vereinbarkeit von Anreizkompatibilität und Paretoeffizienz gilt die nachstehende Proposition im Zwei-Zeitpunkt-Fall.

Proposition III.8: *Anreizkompatibilität und Paretoeffizienz sind nur vereinbar, wenn:*

- *die Entlohnung $s_1(\cdot)$ linear in x_1 ist:*

$$\frac{\partial s_1}{\partial x_1} = k_1, \qquad (1)$$

- *der Barwert der Gesamtentlohnung in x_0 linear ist:*

$$\frac{\partial s_0}{\partial x_0} + \frac{1}{\gamma_1} \cdot \frac{\partial s_1}{\partial x_0} = k_0, \qquad (2)$$

- *die Zeitpräferenzen bezüglich des jeweiligen Anteils gleich sind:*

$$\gamma_{P1} = \gamma_{A1} = \gamma_1 \qquad (3)$$

- *und der Barwert der Grenzentlohnung bezüglich x_0 mit der Grenzentlohnung bezüglich x_1 übereinstimmt:*

$$\frac{\partial s_0}{\partial x_0} + \frac{1}{\gamma_1} \cdot \frac{\partial s_1}{\partial x_0} = \frac{\partial s_1}{\partial x_1}. \qquad (4)$$

Die erste bzw. zweite Teilbedingung garantiert bei vorliegender Anreizkompatibilität eine paretoeffiziente *Risikoteilung* bezüglich des Cash Flows zum Zeitpunkt t = 0 bzw. t = 1. Die dritte und vierte Teilbedingung garantiert eine paretoeffiziente *zeitliche Teilung* der Cash Flows.

Der *Beweis* der Proposition erfolgt, indem die Bedingungen für eine anreizkompatible sowie für eine paretoeffiziente Risikoteilung und zeitliche Teilung jeweils einander gegenübergestellt werden. Es wird hierbei zunächst untersucht, inwieweit An-

Kapitel III.6 Vereinbarkeit von Anreizkompatibilität und Paretoeffizienz

reizkompatibilität und Paretoeffizienz bezüglich der *Risikoteilung des Cash Flows* x_1 *zum Zeitpunkt 1* miteinander im Einklang stehen (können).

Eine bezüglich x_1 paretoeffiziente Entlohnungsfunktionen muß die folgenden beiden Bedingungen erfüllen (vgl. Kapitel 4):

PE 1 $\quad\quad\quad\quad\quad\quad\quad\quad U_1' = \lambda \cdot V_1' \quad\quad\quad\quad\quad\quad\quad\quad$ (4.8)

sowie

PE 2 $\quad U_{10}'' \cdot [1 - s_0'(x_0)] - U_1'' \cdot \dfrac{\partial s_1(x_0, x_1)}{\partial x_0} = \lambda \cdot \left(V_{10}'' \cdot s_0'(x_0) + V_1'' \cdot \dfrac{\partial s_1(x_0, x_1)}{\partial x_0} \right).$ (4.51)

Für eine anreizkompatible Entlohnungsfunktion muß analog gelten (vgl. Kapitel 5):

AK 1 $\quad\quad\quad\quad\quad\quad U_1' \cdot \left(1 - \dfrac{\partial s_1}{\partial x_1} \right) = a \cdot V_1' \cdot \dfrac{\partial s_1}{\partial x_1} \quad\quad\quad\quad\quad\quad$ (5.56)

sowie

AK 2 $\quad \left(U_{10}'' \cdot [1 - s_0'(x_0)] - U_1'' \cdot \dfrac{\partial s_1(x_0, x_1)}{\partial x_0} \right) \cdot \left(1 - \dfrac{\partial s_1}{\partial x_1} \right) - U_1' \cdot \dfrac{\partial \dfrac{\partial s_1}{\partial x_1}}{\partial x_0}$ (5)

$\quad\quad = a \cdot \left(V_{10}'' \cdot s_0'(x_0) + V_1'' \cdot \dfrac{\partial s_1(x_0, x_1)}{\partial x_0} \right) \cdot \dfrac{\partial s_1}{\partial x_1} + a \cdot V_1' \cdot \dfrac{\partial \dfrac{\partial s_1}{\partial x_1}}{\partial x_0}.$

Die Bedingung AK 2 erhält man, indem die Bedingung AK 1 nach x_0 abgeleitet wird.

Wie im statischen Modellrahmen ist die Bedingung AK 1 dann und nur dann mit der Bedingung PE 1 vereinbar, wenn die Entlohnung in $t = 1$ eine lineare Funktion von x_1 ist. Es gilt dann:

$$U_1' = a \cdot \underbrace{\dfrac{\dfrac{\partial s_1}{\partial x_1}}{\left(1 - \dfrac{\partial s_1}{\partial x_1}\right)}}_{\lambda} \cdot V_1' \stackrel{!}{=} \lambda \cdot V_1' \quad\quad (6)$$

bzw. $\quad\quad\quad\quad\quad\quad\quad \lambda \cdot \left(1 - \dfrac{\partial s_1}{\partial x_1} \right) = a \cdot \dfrac{\partial s_1}{\partial x_1} \quad\quad\quad\quad\quad\quad\quad$ (7)

und damit $\quad\quad\quad\quad\quad\quad\quad\quad \dfrac{\partial s_1}{\partial x_1} = \dfrac{\lambda}{a + \lambda}. \quad\quad\quad\quad\quad\quad\quad\quad$ (8)

Linearität ist also notwendig und hinreichend dafür, daß eine anreizkompatible Teilungsregel bezüglich t = 1 eine paretoeffiziente Risikoteilung impliziert.

Es wird nun anhand der Bedingung AK 2 und PE 2 gezeigt, daß Anreizkompatibilität und Paretoeffizienz nur dann im Einklang stehen, wenn die Steigung $\frac{\partial s_1}{\partial x_1}$ und damit der Prämiensatz s_1 unabhängig von x_0 ist, oder wenn die Kooperationspartner risikoneutral sind. Um dies zu zeigen, wird die Bedingung AK 2 unter Beachtung von (6) umgeformt:

$$U''_{10} \cdot [1 - s_0'(x_0)] - U''_1 \cdot \frac{\partial s_1(x_0, x_1)}{\partial x_0} \qquad (9)$$

$$= a \cdot \underbrace{\frac{\frac{\partial s_1}{\partial x_1}}{\left(1 - \frac{\partial s_1}{\partial x_1}\right)}}_{\lambda} \cdot \left(V''_{10} \cdot s_0'(x_0) + V''_1 \cdot \frac{\partial s_1(x_0, x_1)}{\partial x_0}\right) + \underbrace{\frac{U'_1 + a \cdot V'_1}{\left(1 - \frac{\partial s_1}{\partial x_1}\right)}}_{\frac{1}{a \cdot V'_1}} \cdot \frac{\partial \frac{\partial s_1}{\partial x_1}}{\partial x_0}$$

$$\Leftrightarrow \qquad U''_{10} \cdot [1 - s_0'(x_0)] - U''_1 \cdot \frac{\partial s_1(x_0, x_1)}{\partial x_0} \qquad (10)$$

$$= \lambda \cdot \left(V''_{10} \cdot s_0'(x_0) + V''_1 \cdot \frac{\partial s_1(x_0, x_1)}{\partial x_0}\right) + \frac{1}{a \cdot V'_1} \cdot \frac{\partial \frac{\partial s_1}{\partial x_1}}{\partial x_0}.$$

Die Vereinbarkeit von den Bedingungen AK 2 und PE 2 impliziert:

$$\frac{1}{a \cdot V'_1} \cdot \frac{\partial \frac{\partial s_1}{\partial x_1}}{\partial x_0} = 0. \qquad (11)$$

Dies ist wiederum dann und nur dann erfüllt, wenn der Prämiensatz zum Zeitpunkt 1 unabhängig von x_0 ist:

$$\frac{\partial \frac{\partial s_1}{\partial x_1}}{\partial x_0} = 0. \qquad (12)$$

Kapitel III.6 Vereinbarkeit von Anreizkompatibilität und Paretoeffizienz

Die letzten beiden Ergebnisse können zusammengefaßt werden: *Eine anreizkompatible Risikoteilung bezüglich x_1 ist dann und nur dann paretoeffizient, wenn die Entlohnung $s_1(\cdot)$ in x_1 linear ist, wobei der Prämiensatz s_1 unabhängig von x_0 ist.*

Nun wird untersucht, inwieweit eine anreizkompatible *Risikoteilung des Cash Flows x_0 zum Zeitpunkt $t = 0$* paretoeffizient ist. Eine paretoeffiziente Entlohnung erfüllt die folgende Bedingung:

PE 3a $$U_0' = \lambda \cdot V_0' \qquad (4.18)$$

bzw. PE 3b $$E(U_0') = \lambda \cdot E(V_0'). \qquad (4.7)$$

Für eine anreizkompatible Entlohnung gilt hingegen:

AK 3 $$U_0' \cdot \left(1 - \frac{\partial s_0}{\partial x_0}\right) - U_1' \cdot \frac{\partial s_1}{\partial x_0} = a \cdot \left(V_0' \cdot \frac{\partial s_0}{\partial x_0} + V_1' \cdot \frac{\partial s_1}{\partial x_0}\right). \qquad (5.54)$$

Hinreichend, aber nicht notwendig dafür, daß die Bedingung AK 3 mit PE 3a bzw. PE 3b im Einklang steht, ist, daß die Entlohnung zum Zeitpunkt 1 unabhängig von x_0 ist,

$$\frac{\partial s_1(\cdot)}{\partial x_0} = 0 \qquad (13)$$

und die Entlohnung zum Zeitpunkt 0 linear in x_0 ist,

$$\frac{\partial s_0(\cdot)}{\partial x_0} = s_0 \cdot x_0 + S_0. \qquad (14)$$

Für die Vereinbarkeit von Anreizkompatibilität und Paretoeffizienz ist es *nicht* zwingend notwendig, daß die Entlohnung zum Zeitpunkt 0 linear in x_0 ist. Zur Verdeutlichung wird die Bedingung AK 3 folgendermaßen umgeformt:

$$U_0' \cdot \left(1 - \frac{\partial s_0}{\partial x_0} - \frac{1}{\gamma_{P1}} \cdot \frac{\partial s_1}{\partial x_0}\right) = a \cdot V_0' \cdot \left(\frac{\partial s_0}{\partial x_0} + \frac{1}{\gamma_{A1}} \cdot \frac{\partial s_1}{\partial x_0}\right). \qquad (15)$$

Bei Anreizkompatibilität ist PE 3a und damit auch PE 3b genau dann erfüllt für:

$$\lambda \cdot \left(1 - \frac{\partial s_0}{\partial x_0} - \frac{1}{\gamma_{P1}} \cdot \frac{\partial s_1}{\partial x_0}\right) = a \cdot \left(\frac{\partial s_0}{\partial x_0} + \frac{1}{\gamma_{A1}} \cdot \frac{\partial s_1}{\partial x_0}\right) \qquad (16)$$

bzw.
$$\lambda = (a+\gamma)\cdot\frac{\partial s_0}{\partial x_0} + \left(\frac{a}{\gamma_{A1}} + \frac{\lambda}{\gamma_{P1}}\right)\cdot\frac{\partial s_1}{\partial x_0}. \quad (17)$$

Wie ersichtlich ist, kann die Bedingung (16) bzw. (17) auch dann erfüllt sein, wenn die Entlohnung nicht linear in x_0 ist. Diese Bedingung wird für den Fall einer paretoeffizienten zeitlichen Teilung später noch näher charakterisiert.

Es wird nun untersucht, unter welchen Bedingungen eine anreizkompatible *zeitliche Teilung* paretoeffizient ist. Die entsprechenden Bedingungen lauten (vgl. Kapitel 4 und 5):

PE 4a $\qquad\qquad\qquad \gamma_{P1} = \gamma_{A1} \qquad\qquad\qquad (4.21)$

bzw. PE 4b $\qquad\qquad \dfrac{E(U'_0)}{U'_1} = \lambda\cdot\dfrac{E(V'_0)}{V'_1} \qquad\qquad (4.12)$

und AK 4 $\qquad \gamma_{P1}\cdot\dfrac{1 - \dfrac{\partial s_0}{\partial x_0} - \dfrac{1}{\gamma_{P1}}\cdot\dfrac{\partial s_1}{\partial x_0}}{1 - \dfrac{\partial s_1}{\partial x_1}} = \gamma_{A1}\cdot\dfrac{\dfrac{\partial s_0}{\partial x_0} + \dfrac{1}{\gamma_{A1}}\cdot\dfrac{\partial s_1}{\partial x_0}}{\dfrac{\partial s_1}{\partial x_1}}. \qquad (5.53)$

Ist das anreizkompatible Entlohnungssystem hinsichtlich der Risikoteilung sowohl zum Zeitpunkt 1 als auch zum Zeitpunkt 0 paretoeffizient, so ist es *nicht* zwingend auch im Hinblick auf die zeitliche Teilung paretoeffizient. Man könnte meinen, daß eine paretoeffiziente Teilung aufgrund des folgenden Zusammenhangs vorliegen müßte: Die Bedingung PE 4a (bzw. AK 4) ergibt sich, indem PE 3a durch PE 1 (bzw. AK 3 durch AK 1) geteilt wird. Bei paretoeffizienter Risikoteilung stehen sowohl PE 3a mit AK 3 als auch PE 1a mit AK 1 im Einklang. Deshalb müßte dann auch PE 4a mit AK 4 im Einklang stehen. Diese Schlußfolgerung ist nicht richtig. Dies liegt daran, daß die anreizkompatible Risikoteilung zum Zeitpunkt 1 auch bei unterschiedlichen Zeitpräferenzen paretoeffizient sein kann. Eine paretoeffiziente zeitliche Teilung impliziert jedoch stets gleiche Zeitpräferenzen. Wie gezeigt wurde, muß das anreizkompatible Entlohnungssystem zum Zeitpunkt 0 bzw. 1 die folgende Bedingung erfüllen, sofern eine paretoeffiziente Risikoteilung impliziert wird:

$$\lambda\cdot\left(1 - \frac{\partial s_0}{\partial x_0} - \frac{1}{\gamma_{P1}}\cdot\frac{\partial s_1}{\partial x_0}\right) = a\cdot\left(\frac{\partial s_0}{\partial x_0} + \frac{1}{\gamma_{A1}}\cdot\frac{\partial s_1}{\partial x_0}\right) \qquad (16)$$

Kapitel III.6 Vereinbarkeit von Anreizkompatibilität und Paretoeffizienz

bzw.
$$\lambda \cdot \left(1 - \frac{\partial s_1}{\partial x_1}\right) = a \cdot \frac{\partial s_1}{\partial x_1}. \tag{7}$$

Werden diese Bedingungen geteilt, so erhält man:

$$\frac{1 - \frac{\partial s_0}{\partial x_0} - \frac{1}{\gamma_{P1}} \cdot \frac{\partial s_1}{\partial x_0}}{1 - \frac{\partial s_1}{\partial x_1}} = \frac{\frac{\partial s_0}{\partial x_0} + \frac{1}{\gamma_{A1}} \cdot \frac{\partial s_1}{\partial x_0}}{\frac{\partial s_1}{\partial x_1}}. \tag{18}$$

Hierfür kann man schreiben:

$$\frac{\gamma_{P1} \cdot \left(1 - \frac{\partial s_0}{\partial x_0}\right) - \frac{\partial s_1}{\partial x_0}}{\left(1 - \frac{\partial s_1}{\partial x_1}\right)} = \frac{\gamma_{P1}}{\gamma_{A1}} \cdot \frac{\gamma_{A1} \cdot \frac{\partial s_0}{\partial x_0} + \frac{\partial s_1}{\partial x_0}}{\frac{\partial s_1}{\partial x_1}}. \tag{19}$$

Diese Bedingung für eine paretoeffiziente zeitliche Teilung steht dann und nur dann im Einklang mit AK 4, wenn $\gamma_{A1} = \gamma_{P1} = \gamma_1$ gilt und damit die Zeitpräferenzen gleich sind. Ist die anreizkompatible zeitliche Teilung paretoeffizient, so kann man wegen $\gamma_{A1} = \gamma_{P1} = \gamma_1$ für AK 4 nämlich auch schreiben:

AK 4':
$$\frac{\gamma_1 \cdot \left(1 - \frac{\partial s_0}{\partial x_0}\right) - \frac{\partial s_1}{\partial x_0}}{\left(1 - \frac{\partial s_1}{\partial x_1}\right)} = \frac{\gamma_1 \cdot \frac{\partial s_0}{\partial x_0} + \frac{\partial s_1}{\partial x_0}}{\frac{\partial s_1}{\partial x_1}}. \tag{20}$$

Hier wird offensichtlich, daß das Verhältnis des Endwertes der Grenz-Netto-Entlohnungen gleich dem Verhältnis des Endwertes der Entlohnungen sein muß.

Wie nun deutlich wurde, *stimmen die Zeitpräferenzen stets überein, sofern die anreizkompatible Entlohnung eine paretoeffiziente zeitliche Teilung impliziert*. Für den Fall, daß die Zeitpräferenzen übereinstimmen, d.h. $\gamma_{A1} = \gamma_{P1} = \gamma_1$, kann die Bedingung (17) für die Vereinbarkeit von Paretoeffizienz und Anreizkompatibilität bezüglich x_0 wie folgt dargestellt werden:

$$\frac{\partial s_0}{\partial x_0} + \frac{1}{\gamma_1} \cdot \frac{\partial s_1}{\partial x_0} = \frac{\lambda}{a + \lambda}. \tag{21}$$

Der Barwert der Gesamtentlohnung ist somit linear in x_0. Falls die Zeitpräferenz nicht konstant ist, muß sich bei einer Veränderung von x_1 die Grenzentlohnung $\frac{\partial s_1}{\partial x_0}$ ebenfalls so verändern, daß der Ausdruck $\frac{1}{\gamma_1} \cdot \frac{\partial s_1}{\partial x_0}$ konstant bleibt. Ein Vergleich mit (8) zeigt zudem:

$$\frac{\partial s_0}{\partial x_0} + \frac{1}{\gamma_1} \cdot \frac{\partial s_1}{\partial x_0} = \frac{\partial s_1}{\partial x_1}. \tag{22}$$

D.h. der Barwert der Grenzentlohnung bezüglich x_0 entspricht der Grenzentlohnung in Bezug auf x_1.

6.2 Gestaltung von anreizkompatiblen Teilungsregeln vor dem Hintergrund einer paretoeffizienten zeitlichen Teilung

Auch wenn die Nutzenfunktionen der Beteiligten derart gestaltet sind, daß ein anreizkompatibles Entlohnungssystem die Bedingungen der Paretoeffizienz nicht erfüllen kann, so ergeben sich häufig Freiräume bei der anreizkompatiblen Gestaltung der Teilungsregeln, die genutzt werden können, um eine "gute" zeitliche Teilung und Risikoteilung zu erreichen. Die Ausnutzung solcher Freiheitsgrade zur Erzielung einer guten *Risikoteilung* erfolgt analog zu den Darstellungen im statischen Modellrahmen, indem die Risikoaversionskoeffizienten bezüglich der Ergebnisse für beide Zeitpunkte minimiert werden. Auch im dynamischen Modellrahmen besteht hierbei die Tendenz, daß die anreizkompatiblen Teilungsregeln so *linear* wie möglich gewählt werden sollten. Eine "gute" zeitliche Teilung wird erzielt, indem die Zeitpräferenz bezüglich der Ergebnisse minimiert wird. Hierbei wird auch erreicht, daß "gute" Investitionsprojekte ausgewählt werden.

Die Höhe der Zeitpräferenz bezüglich der Ergebnisse soll nun vertiefend untersucht werden. Hierbei wird von *Risiko* und damit $\frac{\partial s_0}{\partial x_1} = 0$ ausgegangen.

Wegen $\hat{\gamma}_{A1} = \hat{\gamma}_{P1} = \hat{\gamma}_1$ gilt:

$$\hat{\gamma}_1 = \frac{\partial s_1(\cdot)}{\partial x_1} \cdot \hat{\gamma}_{A1} + \left(1 - \frac{\partial s_1(\cdot)}{\partial x_1}\right) \cdot \hat{\gamma}_{P1}. \tag{23}$$

Werden (5.48) und (5.50) eingesetzt, so folgt:[1]

$$\hat{\gamma}_1 = \gamma_{A1} \cdot \frac{\partial s_0}{\partial x_0} + \gamma_{P1} \cdot \left(1 - \frac{\partial s_0}{\partial x_0}\right). \tag{24}$$

---

[1] Vgl. GILLENKIRCH/SCHABEL (2001) für den Spezialfall einer Periodenerfolgsbeteiligung bei Sicherheit, S. 228.

Kapitel III.6 Vereinbarkeit von Anreizkompatibilität und Paretoeffizienz

Die Zeitpräferenz bezüglich der Ergebnisse ergibt sich somit als gewichtetes Mittel der einzelnen originären Zeitpräferenzen. Als Gewichtungsfaktoren dient die Grenzentlohnung zum Zeitpunkt 0.

Für die Zeitpräferenz bezüglich der Ergebnisse kann man auch schreiben:

$$\hat{\gamma}_1 = \gamma_{P1} + (\gamma_{A1} - \gamma_{P1}) \cdot \frac{\partial s_0}{\partial x_0}. \tag{25}$$

Für $\frac{\partial s_0}{\partial x_0} = 0$ gilt $\hat{\gamma}_1 = \gamma_{P1}$. D.h. wird der Agent ausschließlich zum Zeitpunkt 1 entlohnt, so ergibt sich der Zeitpräferenzfaktor $\hat{\gamma}_1$ aufgrund der individuellen Zeitpräferenz des Prinzipals. Für $\frac{\partial s_0}{\partial x_0} = 1$ gilt hingegen $\hat{\gamma}_1 = \gamma_{A1}$.

Eine Verbesserung der zeitlichen Teilung kann am Fall konstanter unterschiedlicher Zeitpräferenzen aufgezeigt werden. Eine zeitliche Verschiebung der Entlohnung muß, wie dargestellt, stets auf Basis der Zeitpräferenz des Prinzipals erfolgen. Hat der Agent eine höhere (bzw. niedrigere) Zeitpräferenz als der Prinzipal, so ist es vorteilhaft, die Entlohnung so früh (bzw. so spät) wie möglich zu gewähren.[2]

Die Zeitpräferenz bezüglich der Ergebnisse kann gemäß (25) auch kleiner sein als die jeweiligen originären Zeitpräferenzen. Gilt zum Beispiel $\gamma_{A1} > \gamma_{P1}$, so ist dies für $\frac{\partial s_0}{\partial x_0} < 0$ gegeben. Der Agent bekommt dann quasi einen zusätzlichen Kredit, wobei die Zeitpräferenz des Prinzipals maßgeblich ist. Hierbei muß bei einer Verminderung von $\frac{\partial s_0}{\partial x_0}$ c.p. $\frac{\partial s_1}{\partial x_0}$ steigen.

Wie im Anhang zu diesem Abschnitt gezeigt wird, kann man den Zeitpräferenzfaktor bzw. den Diskontfaktor bezüglich der Ergebnisse auch auf Basis der Entlohnung zum Zeitpunkt 1 wie folgt darstellen:

$$\hat{\gamma}_1 = \frac{1 - \left(\dfrac{1}{\gamma_{P1}} - \dfrac{1}{\gamma_{A1}}\right) \cdot \dfrac{\partial s_1}{\partial x_0}}{\dfrac{1}{\gamma_{A1}} \cdot \dfrac{\partial s_1}{\partial x_1} + \dfrac{1}{\gamma_{P1}} \cdot \left(1 - \dfrac{\partial s_1}{\partial x_1}\right)} \tag{26}$$

---

[2] Eine Vorverlagerung der Entlohnung kann, wie in Teil IV der Arbeit veranschaulicht wird, durch die Beteiligung an Residualgewinnen anstelle von Cash Flows erreicht werden. Eine Nachverlagerung der Entlohnung kann durch die Verwendung einer Bonusbank erfolgen.

bzw.
$$\frac{1}{\hat{\gamma}_1} = \frac{\frac{1}{\gamma_{A1}} \cdot \frac{\partial s_1}{\partial x_1} + \frac{1}{\gamma_{P1}} \cdot \left(1 - \frac{\partial s_1}{\partial x_1}\right)}{1 - \left(\frac{1}{\gamma_{P1}} - \frac{1}{\gamma_{A1}}\right) \cdot \frac{\partial s_1}{\partial x_0}}. \quad (27)$$

Für den Fall, daß der Agent eine höhere Zeitpräferenz als der Prinzipal hat, $\gamma_{A1} > \gamma_{P1}$, gilt $\frac{1}{\gamma_{P1}} > \frac{1}{\gamma_{A1}}$. In diesem Fall wird der Zeitpräferenzfaktor $\hat{\gamma}_1$ reduziert und der Diskontfaktor $\frac{1}{\hat{\gamma}_1}$ erhöht, wenn $\frac{\partial s_1}{\partial x_0}$ erhöht wird.

Für $\frac{\partial s_1}{\partial x_0} = 0$ vereinfacht sich die Gleichung für den Diskontfaktor zu:

$$\frac{1}{\hat{\gamma}_1} = \frac{1}{\gamma_{A1}} \cdot \frac{\partial s_1}{\partial x_1} + \frac{1}{\gamma_{P1}} \cdot \left(1 - \frac{\partial s_1}{\partial x_1}\right). \quad (28)$$

Hierbei ergibt sich der Diskontfaktor bezüglich der Ergebnisse als arithmetisches Mittel der individuellen Diskontfaktoren.

Für den Fall, daß der Agent eine höhere Zeitpräferenz als der Prinzipal hat, ist für $\frac{\partial s_1}{\partial x_0} > 0$ dann der Diskontfaktor gemäß (27) niedriger als das arithmetische Mittel der individuellen Diskontfaktoren.

7 Veranschaulichung anhand exponentieller Nutzenfunktionen

7.1 Eigenschaften der betrachteten Nutzenfunktionen

Zur Verdeutlichung der Zusammenhänge wird das einfache Beispiel *exponentieller* (CARA) Nutzenfunktionen betrachtet:

$$V[\cdot] = -e^{-\alpha_A \cdot [\gamma_{A1} \cdot s_0(\cdot) + s_1(\cdot)]} \quad (1)$$

bzw.
$$U[\cdot] = -e^{-\alpha_P \cdot [\gamma_{P1} \cdot (x_0 - s_0) + (x_1 - s_1)]}. \quad (2)$$

Exponentielle Nutzenfunktionen weisen im Mehrperiodenfall sowohl *konstante absolute Risikoaversionskoeffizienten* zu jedem Zeitpunkt, als auch *konstante Zeitpräferenzen* auf. Weiterhin ist *Perioden-Nutzen-Unabhängigkeit* gegeben. Die Zeitpräferenz des Agenten kommt in der Nutzenfunktion direkt zum Ausdruck und beträgt γ_{A1}. Die Zeitpräferenz des Prinzipals beträgt dementsprechend γ_{P1}. Der Koeffizient α_A bzw. α_P stellt den *globalen* Risikoaversionskoeffizienten bezogen auf den Endzeitpunkt dar (vgl. Kapitel 5). Die Risikoaversionskoeffizienten für die einzelnen Zeitpunkte ergeben sich, wie stets bei konstanten Zeitpräferenzen, indem der globale Risikoaversionskoeffizient auf den Endzeitpunkt aufgezinst wird. Sie betragen für den Agenten $\alpha_{A0} = \alpha_A \cdot \gamma_{A1}$ und $\alpha_{A1} = \alpha_A$ sowie für den Prinzipal $\alpha_{P0} = \alpha_P \cdot \gamma_{P1}$ und $\alpha_{P1} = \alpha_P$. Aufgrund der konstanten Zeitpräferenzen gilt auch hier die Beziehung $\alpha_{A0} = \gamma_{A1} \cdot \alpha_{A1}$ und damit $\alpha_{A0} > \alpha_{A1}$. Eine Erhöhung der Varianz zum Zeitpunkt 0 erfordert somit einen höheren Abschlag als eine Erhöhung der Varianz zum Zeitpunkt 1 um den gleichen Betrag. Dies ist damit zu erklären, daß das Einkommen zum Zeitpunkt 0 einen verhältnismäßig höheren Wert hat.

Das anreizkompatible Entlohnungssystem muß die allgemeine notwendige und hinreichende Bedingung der Anreizkompatibilität erfüllen:

$$U[\cdot] = a \cdot V[\cdot] + b. \quad (5.4)$$

Es kann gezeigt werden, daß diese Bedingung bei exponentiellen Nutzenfunktionen nur für b = 0 erfüllt werden kann. Werden die exponentiellen Nutzenfunktionen in $U[\cdot] = a \cdot V[\cdot]$ eingesetzt, so folgt:

$$-e^{-\alpha_P \cdot [\gamma_{P1} \cdot (x_0 - s_0) + (x_1 - s_1)]} = a \cdot -e^{-\alpha_A \cdot [\gamma_{A1} \cdot s_0(\cdot) + s_1(\cdot)]}. \quad (3)$$

Werden beide Seiten logarithmiert, ergibt sich:

$$\alpha_P \cdot [\gamma_{P1} \cdot (x_0 - s_0(\cdot)) + (x_1 - s_1(\cdot))] = \alpha_A \cdot [\gamma_{A1} \cdot s_0(\cdot) + s_1(\cdot)] - \ln a. \quad (4)$$

Für den Fall exponentieller Nutzenfunktionen ist diese Bedingung sowohl notwendig als auch hinreichend für Anreizkompatibilität. Es gibt mehrere Möglichkeiten, die Entlohnung so zu gestalten, daß diese Bedingung erfüllt ist. Im folgenden werden zunächst die charakteristischen Fälle einer *isolierten Erfolgsbeteiligung*, einer *Endwertbeteiligung* und einer *Ertragswertbeteiligung* analysiert. Hierbei wird jeweils von einer Beteiligung an den Brutto-Cash Flows ausgegangen. Anschließend wird eine *zeitliche Differenzierung* der Entlohnung hinsichtlich der verschiedenen Cash Flow-Bestandteile kurz betrachtet.

7.2 Isolierte Erfolgsbeteiligung, Endwert- sowie Ertragswertbeteiligung

Fall a) Isolierte Erfolgsbeteiligung

Zunächst wird eine *isolierte Erfolgsbeteiligung* veranschaulicht. Dabei hängt die Entlohnung, wie erläutert, zu jedem Zeitpunkt ausschließlich vom jeweils erzielten Cash Flow ab. Es ergeben sich auf Basis von Gleichung (4) nachstehende lineare Entlohnungsfunktionen zu den einzelnen Zeitpunkten:

$$s_0(x_0) = \frac{\gamma_{P1} \cdot \alpha_P}{\gamma_{P1} \cdot \alpha_P + \gamma_{A1} \cdot \alpha_A} \cdot x_0 + S_0 = s_0 \cdot x_0 + S_0 \quad (5)$$

und

$$s_1(x_1) = \frac{\alpha_P}{\alpha_P + \alpha_A} \cdot x_1 + S_1 = s_1 \cdot x_1 + S_1. \quad (6)$$

Beide Bestimmungsgleichungen für die Prämiensätze implizieren eine *paretoeffiziente Risikoteilung*. Die *zeitliche Teilung* ist hingegen nicht paretoeffizient, $\gamma_{A1} \neq \gamma_{P1}$. Wie in Kapitel 6 gezeigt wurde, kann eine anreizkompatible Erfolgsbeteiligung dann und nur dann in zeitlicher Hinsicht paretoeffizient sein, wenn die Zeitpräferenzen γ_{A1} und γ_{P1} sowie die Grenzentlohnungen übereinstimmen. Die Prämiensätze gemäß (5) und (6) stimmen bei unterschiedlichen Zeitpräferenzen nicht miteinander überein. Für den Prämiensatz s_0 kann man schreiben:

$$s_0 = \frac{\alpha_P}{\alpha_P + \frac{\gamma_{A1}}{\gamma_{P1}} \cdot \alpha_A}. \quad (7)$$

Kapitel III.7 Veranschaulichung anhand exponentieller Nutzenfunktionen

Für $\gamma_{A1} > \gamma_{P1}$ gilt $s_0 < s_1$, wodurch sich steigende Prämiensätze ergeben. Der umgekehrte Fall, $\gamma_{A1} < \gamma_{P1}$, zieht sinkende Prämiensätze $s_0 > s_1$ nach sich. Im Beispiel existiert bezüglich der paretoeffizienten zeitlichen Teilung ohnehin keine innere Lösung. Der Wohlstand beider Parteien kann für den Fall $\gamma_{A1} > \gamma_{P1}$ sukzessive gesteigert werden, indem die Entlohnung zum Zeitpunkt 0 erhöht und die Entlohnung zum Zeitpunkt 1 gesenkt wird. Wären die Zeitpräferenzen nicht konstant, so würde hierbei die Zeitpräferenz des Agenten sinken und jene des Prinzipals steigen. Die Annahme von Nutzenfunktionen mit konstanten unterschiedlichen Zeitpräferenzen erweist sich insofern aus theoretischer Sicht als nicht unproblematisch, weil die beschriebene zeitliche Umverteilung der Erwartungsnutzen beider Parteien bis ins Unendliche gesteigert werden kann. Von dieser Problematik wird im weiteren abstrahiert.

Der *Risikoaversionskoeffizient bezüglich der Ergebnisse* $\hat{\alpha}_0$ beträgt aus Sicht des Agenten bei einer isolierten Erfolgsbeteiligung gemäß (5.39):

$$\hat{\alpha}_{A0} = \alpha_{A0} \cdot \frac{\partial s_0(\cdot)}{\partial x_0} - \frac{\frac{\partial^2 s_0(\cdot)}{\partial x_0^2}}{\frac{\partial s_0(\cdot)}{\partial x_0}}. \qquad (8)$$

Im Beispiel ergibt sich unter Berücksichtigung von $\hat{\alpha}_{A0} = \hat{\alpha}_{P0} = \hat{\alpha}_0$ sowie aufgrund der linearen Teilungsregel für $t = 0$:

$$\hat{\alpha}_0 = \alpha_{A0} \cdot \frac{\partial s_0(\cdot)}{\partial x_0} = \frac{\gamma_{A1} \cdot \alpha_A \cdot \gamma_{P1} \cdot \alpha_P}{\gamma_{P1} \cdot \alpha_P + \gamma_{A1} \cdot \alpha_A} \qquad (9)$$

bzw.
$$\frac{1}{\hat{\alpha}_0} = \frac{1}{\gamma_{P1} \cdot \alpha_P} + \frac{1}{\gamma_{A1} \cdot \alpha_A}. \qquad (10)$$

Für $t = 1$ erhält man den analogen Zusammenhang:

$$\hat{\alpha}_1 = \frac{\alpha_P \cdot \alpha_A}{\alpha_P + \alpha_A} \quad \text{bzw.} \quad \frac{1}{\hat{\alpha}_1} = \frac{1}{\alpha_P} + \frac{1}{\alpha_A}. \qquad (11)$$

Damit ist für beide Zeitpunkte die Risikotoleranz bezüglich der Ergebnisse gleich der Summe der einzelnen Risikotoleranzen der Kooperationspartner.

Die *Zeitpräferenz bezüglich der Ergebnisse* $\hat{\gamma}_1$ beträgt aus Sicht des Agenten bei einer isolierten Erfolgsbeteiligung gemäß (5.48):

$$\hat{\gamma}_{A1} = \frac{\gamma_{A1} \cdot \frac{\partial s_0(\cdot)}{\partial x_0}}{\frac{\partial s_1(\cdot)}{\partial x_1}}. \tag{12}$$

Im Beispiel ergibt sich unter Berücksichtigung von $\hat{\gamma}_{A1} = \hat{\gamma}_{P1} = \hat{\gamma}_1$:

$$\hat{\gamma}_1 = \frac{\gamma_{A1} \cdot \frac{\partial s_0(\cdot)}{\partial x_0}}{\frac{\partial s_1(\cdot)}{\partial x_1}} = \frac{\gamma_{A1} \cdot \gamma_{P1} \cdot (\alpha_P + \alpha_A)}{\gamma_{P1} \cdot \alpha_P + \gamma_{A1} \cdot \alpha_A}. \tag{13}$$

Wie man leicht erkennen kann, ist hierbei der folgende Zusammenhang gegeben:

$$\hat{\gamma}_1 = \gamma_{A1} \cdot s_0 + \gamma_{P1} \cdot (1 - s_0). \tag{14}$$

Die einzelnen Zeitpräferenzen werden mit dem jeweiligen Grenzanteil zum Zeitpunkt t = 0 gewichtet. Dies ist ein Spezialfall der allgemeinen Beziehung gemäß Gleichung (6.24) in Kapitel 6.[1]

Für den Diskontfaktor $\frac{1}{\hat{\gamma}_1}$ kann man schreiben:

$$\frac{1}{\hat{\gamma}_1} = \frac{1}{\gamma_{A1}} \cdot \frac{\alpha_P}{\alpha_P + \alpha_A} + \frac{1}{\gamma_{P1}} \cdot \frac{\alpha_A}{\alpha_P + \alpha_A} = \frac{1}{\gamma_{A1}} \cdot s_1 + \frac{1}{\gamma_{P1}} \cdot (1 - s_1). \tag{15}$$

Der Diskontfaktor bezüglich der Ergebnisse ergibt sich als arithmetisches Mittel der mit den jeweiligen variablen Anteilen gewichteten Diskontfaktoren. Dieses Ergebnis gilt nur stets bei einer isolierten Erfolgsbeteiligung, vgl. Gleichung (6.28). Je risikoaverser der Agent im Vergleich zum Prinzipal ist, desto kleiner ist s_1 und desto weniger wird die Risikoaversion des Agenten gewichtet.

Bei konstanten Zeitpräferenzen (und nur bei konstanten Zeitpräferenzen) ist auch der folgende Zusammenhang hinsichtlich der Risikoaversionskoeffizienten bezüglich der Ergebnisse stets erfüllt:

$$\frac{\hat{\alpha}_0}{\hat{\alpha}_1} = \hat{\gamma}_1. \tag{16}$$

Folglich bestimmt sich nicht nur das Verhältnis der individuellen Risikoaversionskoeffizienten aufgrund der Zeitpräferenz.

---

[1] Diese Beziehung gilt auch unabhängig davon, wie die Entlohnung einer Steigerung des Cash Flows x_0 über die Perioden verteilt wird.

Fall b) Endwertbeteiligung

Nun wird eine *Endwertbeteiligung* betrachtet. Hierbei wird die Entlohnung, abgesehen vom Fixum, ausschließlich am Ende der Vertragsbeziehung zum Zeitpunkt 1 gewährt:

$$s_0(\cdot) = S_0 \tag{17}$$

und

$$s_1(x_0, x_1) = \underbrace{\frac{\alpha_P}{\alpha_P + \alpha_A}}_{s_1} \cdot (\gamma_{P1} \cdot x_0 + x_1) + S_1. \tag{18}$$

Der Agent wird dabei mit dem Prämiensatz s_1 am Endwert der Cash Flows beteiligt, der sich auch bei einer isolierten Erfolgsbeteiligung ergibt. Zur Bestimmung des Endwerts muß die Zeitpräferenz des Prinzipals verwendet werden.

Der Risikoaversionskoeffizient bezüglich x_0 beträgt bei der Endwertbeteiligung:[2]

$$\hat{\alpha}_0 = \gamma_{P1} \cdot \frac{\alpha_A \cdot \alpha_P}{\alpha_P + \alpha_A}. \tag{19}$$

Für den Fall $\gamma_{A1} > \gamma_{P1}$ ist $\hat{\alpha}_0$ bei einer Endwertbeteiligung kleiner als bei einer isolierten Erfolgsbeteiligung. Denn es gilt (vgl. Gleichung (9)):

$$\hat{\alpha}_0 = \gamma_{P1} \cdot \frac{\alpha_A \cdot \alpha_P}{\alpha_P + \alpha_A} < \gamma_{P1} \cdot \frac{\alpha_A \cdot \alpha_P}{\frac{\gamma_{P1}}{\gamma_{A1}} \cdot \alpha_P + \alpha_A}. \tag{20}$$

Für den Fall $\gamma_{A1} < \gamma_{P1}$ gilt das Umgekehrte.

Der Risikoaversionskoeffizent $\hat{\alpha}_1$ ist hingegen genau so hoch wie bei der isolierten Erfolgsbeteiligung:

$$\hat{\alpha}_1 = \frac{\alpha_P \cdot \alpha_A}{\alpha_P + \alpha_A}. \tag{21}$$

Unter Berücksichtigung von $\frac{\hat{\alpha}_0}{\hat{\alpha}_1} = \hat{\gamma}_1$ läßt sich ermitteln:

---

[2] Die *Risikotoleranz* bezüglich x_0 beträgt bei der Endwertbeteiligung:

$$\frac{1}{\hat{\alpha}_0} = \frac{1}{\gamma_{P1} \cdot \alpha_P} + \frac{1}{\gamma_{P1} \cdot \alpha_A}.$$

Für $\gamma_{A1} > \gamma_{P1}$ ist $\frac{1}{\hat{\alpha}_0}$ bei Endwertbeteiligung größer als bei isolierter Erfolgsbeteiligung:

$$\frac{1}{\hat{\alpha}_0} = \frac{1}{\gamma_{P1} \cdot \alpha_P} + \frac{1}{\gamma_{P1} \cdot \alpha_A} > \frac{1}{\hat{\alpha}_0} = \frac{1}{\gamma_{P1} \cdot \alpha_P} + \frac{1}{\gamma_{A1} \cdot \alpha_A}.$$

$$\frac{\hat{\alpha}_0}{\hat{\alpha}_1} = \frac{\gamma_{P1} \cdot \frac{\alpha_A \cdot \alpha_P}{\alpha_P + \alpha_A}}{\frac{\alpha_P \cdot \alpha_A}{\alpha_P + \alpha_A}} = \gamma_{P1} = \hat{\gamma}_1. \tag{22}$$

Für $\gamma_{A1} > \gamma_{P1}$ sinkt somit die Zeitpräferenz bezüglich der Ergebnisse.

Daß die Zeitpräferenz bezüglich der Ergebnisse bei einer Endwertbeteiligung der Zeitpräferenz des Prinzipals entspricht, ist einleuchtend: Der Agent erzielt nur zum Zeitpunkt t = 1 eine Entlohnung. Frühere Cash Flows x_0 werden mit γ_{P1} aufgezinst und dann in t = 1 entlohnt.

Fall c) Ertragswertbeteiligung

Bestehen zum Zeitpunkt der Entlohnung t = 0 sichere Erwartungen bezüglich z_1, so kann auch eine Ertragswertbeteiligung erfolgen.[3] Dies impliziert nicht, daß schon zum Zeitpunkt der Entscheidung Sicherheit besteht. Die Entlohnung muß dabei folgendermaßen festgelegt werden:

$$s_0(x_0) = \underbrace{\frac{\gamma_{P1} \cdot \alpha_P}{\gamma_{P1} \cdot \alpha_P + \gamma_{A1} \cdot \alpha_A}}_{s_0} \cdot \left(x_0 + \frac{1}{\gamma_{P1}} \cdot x_1 \right) + S_0 \tag{23}$$

und $\quad\quad\quad s_1(\cdot) = S_1. \tag{24}$

Wie man erkennt, spielt für die Höhe der Prämiensätze hier weder die Vor- noch die Nachverlagerung der Entlohnung eine Rolle. Zu beachten ist, daß eine Vor- bzw. Nachverlagerung stets barwertneutral zur Zeitpräferenz des Prinzipals durchgeführt wird.

Als Zeitpräferenz bezüglich der Ergebnisse ergibt sich bei einer Endwertbeteiligung die Zeitpräferenz des Prinzipals. Auch dies ist intuitiv einleuchtend. Der Agent erzielt nur zum Zeitpunkt t = 0 eine Entlohnung. Cash Flows zum Zeitpunkt 1 werden mit γ_{P1} abgezinst und schon in t = 1 entlohnt.

Hier ergibt sich auch:

$$\hat{\alpha}_0 = \gamma_{P1} \cdot \frac{\alpha_A \cdot \alpha_P}{\alpha_P + \alpha_A} \tag{25}$$

---

[3] Bei Risiko kann auch eine Ertragswertbeteiligung erfolgen - man muß jedoch, um Manipulationen zu verhindern, zum Zeitpunkt 1 stets eine Korrektur wie beim Ökonomischen Gewinn nach Zinsen vornehmen.

Kapitel III.7 Veranschaulichung anhand exponentieller Nutzenfunktionen

und
$$\hat{\alpha}_1 = \frac{\alpha_A \cdot \alpha_P}{\alpha_P + \alpha_A}. \tag{21}$$

Daß sowohl die Zeitpräferenzen als auch die Risikoaversionskoeffizienten bezüglich der Ergebnisse unabhängig davon, ob eine Ertrags- oder Endwertbeteiligung gewählt wird, jeweils gleich hoch sind, bedeutet nicht, daß beide Alternativen gleich einzuschätzen sind. Für den Prinzipal ist es bei gegebenem Fixum irrelevant, welche der beiden alternativen Entlohnungsformen gewählt wird – jedoch nicht für den Agenten. Der Agent zinst seine Entlohnung zum Zeitpunkt t = 1 für den Fall $\gamma_{A1} > \gamma_{P1}$ mit einem höheren Faktor ab als der Prinzipal. Damit ist die Ertragswertbeteiligung bei positiven Cash Flows vorzuziehen.

7.3 Zeitliche Differenzierung der Entlohnung

Es wird nun von einer zeitlichen Differenzierung ausgegangen. Hierbei kann die Entlohnung zum Zeitpunkt t = 0 und t = 1 jeweils grundsätzlich von den Cash Flow-Bestandteilen beider Zeitpunkte abhängen:

$$s_0(\cdot) = s_0(\mathbf{x_0}, \mathbf{x_1}), \tag{26}$$

$$s_1(\cdot) = s_1(\mathbf{x_0}, \mathbf{x_1}). \tag{27}$$

Die notwendige und hinreichende Bedingung der Anreizkompatibilität bei exponentiellen Nutzenfunktionen gemäß (4) kann wie folgt umgeformt werden:

$$(\gamma_{P1} \cdot \alpha_P + \gamma_{A1} \cdot \alpha_A) \cdot s_0(\cdot) + (\alpha_P + \alpha_A) \cdot s_1(\cdot) = \gamma_{P1} \cdot \alpha_P \cdot x_0 + \alpha_P \cdot x_1 - \ln a. \tag{28}$$

Werden beide Seiten nach der Cash Flow-Komponente x_{0i} und x_{1j} abgeleitet, folgt:

$$(\gamma_{P1} \cdot \alpha_P + \gamma_{A1} \cdot \alpha_A) \cdot \frac{\partial s_0(\cdot)}{\partial x_{0i}} + (\alpha_P + \alpha_A) \cdot \frac{\partial s_1(\cdot)}{\partial x_{0i}} = \gamma_{P1} \cdot \alpha_P \tag{29}$$

und
$$(\gamma_{P1} \cdot \alpha_P + \gamma_{A1} \cdot \alpha_A) \cdot \frac{\partial s_0(\cdot)}{\partial x_{1j}} + (\alpha_P + \alpha_A) \cdot \frac{\partial s_1(\cdot)}{\partial x_{1j}} = \alpha_P. \tag{30}$$

Es bestehen (unendlich) viele Möglichkeiten, die Entlohnung der Cash Flow-Komponenten auf beide Perioden zu verteilen. Eine frühzeitige Entlohnung ist auch hier grundsätzlich von Vorteil, wenn der Agent eine höhere Zeitpräferenz besitzt als der Prinzipal. Eine Differenzierung der Entlohnung kann sich insbesondere dann anbieten, wenn manche Cash Flow-Komponenten sicher und andere risikobehaftet sind.

8 Cash Flow-Teilung bei zustandsabhängigen Nutzenfunktionen

8.1 Darstellung der zustandsabhängigen Funktionen

Die Betrachtung wird nun erweitert, um zustandsbedingte Nutzenfunktionen im Zwei-Zeitpunkt-Fall explizit zu berücksichtigen. Der jeweilige Nutzenwert, der den beiden Anteilen zugeordnet wird, hängt dann explizit von dem Zustand z_1 zum Zeitpunkt 1 ab. Die Nutzenfunktion des Agenten sei:

$$V[\cdot] = V[(s_0, s_1)|z_1] \equiv V_z[s_0, s_{1z}]. \tag{1}$$

Für den Prinzipal gelte entsprechend:

$$U[\cdot] = U[(x_0 - s_0, x_1 - s_1)|z_1] \equiv U_z[x_0 - s_0, x_1 - s_{1z}]. \tag{2}$$

Demnach sind auch die Grenznutzen-Funktionen analog der Darstellung in Kapitel II.4 grundsätzlich zustandsabhängig.

Bei zustandsabhängigen Nutzenfunktionen ist es von Bedeutung, in welchem Umweltzustand ein Ergebnis erzielt wird. Es ist daher zweckmäßig, den Zustand explizit anzugeben, in dem ein Ergebnis bzw. Cash Flow erzielt wird:

$$x_1 = x_1(z_1) \equiv x_{1z}. \tag{3}$$

Bei einer Cash Flow-Beteiligung ist die Entlohnung zum Zeitpunkt 0 zustandsunabhängig, während die Entlohnung zum Zeitpunkt 1 grundsätzlich vom Zustand z_1 abhängt. Es gilt:

$$s_0 = s_0(x_0) \tag{4}$$

und

$$s_1 = s_1(x_0, x_{1z}|z_1) \equiv s_{1z}(x_0, x_{1z}). \tag{5}$$

Dies beinhaltet auch die Festlegung einer zustandsbedingten Entlohnungsfunktion.

Der Prinzipal bzw. der Agent orientiert sich am Erwartungswert des (Gesamt-) Nutzens, der nun folgendermaßen dargestellt werden kann:

$$E(U[\cdot]) = \sum w(z) \cdot U_z[x_0 - s_0, x_{1z} - s_{1z}] \tag{6}$$

bzw.

$$E(V[\cdot]) = \sum w(z) \cdot V_z[s_0, s_{1z}]. \tag{7}$$

8.2 Paretoeffiziente zustandsabhängige Teilung

Es soll zunächst kurz auf eine paretoeffiziente zustandsabhängige Risikoteilung eingegangen werden. Hierbei wird von dem Fall ausgegangen, daß sichere Erwartungen bezüglich t = 0 und unsichere Erwartungen bezüglich t = 1 bestehen. Bei zustandsbedingten Nutzenfunktionen im Zwei-Zeitpunkt-Fall kann man sich an der folgenden Lagrange-Funktion orientieren:

$$L = \sum w(z) \cdot U_z[x_0 - s_0, x_{1z} - s_{1z}] + \lambda \cdot \left[\sum w(z) \cdot V_z[s_0, s_{1z}] - V_{min}\right]. \tag{8}$$

Das Optimum ergibt sich, indem die Lagrange-Funktion *punktweise für jeden Zustand z* maximiert wird. Man erhält die folgenden Bedingungen, die *für jeden Zustand z* erfüllt sein müssen:

$$E(U_{0z}') = \lambda \cdot E(V_{0z}') \tag{9}$$

und
$$U_{1z}' = \lambda \cdot V_{1z}' \qquad \forall z. \tag{10}$$

Damit muß das Verhältnis der (erwarteten) Grenznutzenwerte *für jeden Umweltzustand z* eine Konstante sein.[1] Die Erörterungen in Kapitel 4, Abschnitt 2 gelten für jeden Zustand z analog. Es muß beachtet werden, daß sich nun grundsätzlich für jeden Zustand z eine *zustandsabhängige* Teilungsregel ermitteln läßt. Wie bei der Analyse im Kapitalmarktzusammenhang noch deutlich werden wird, können die zustandsabhängigen Nutzenfunktionen aber auch so gestaltet sein, daß die Teilungsregel *zustandsunabhängig* ist.

Den Ausführungen unter Abschnitt 4.2 entsprechend erhält man:

$$\frac{E(U_{0z}')}{U_{1z}'} = \frac{E(V_{0z}')}{U_{1z}'} \tag{11}$$

bzw.
$$\frac{E(U_{0z}')}{E(U_{1z}')} = \frac{E(V_{0z}')}{E(V_{1z}')}. \qquad \forall z. \tag{12}$$

Die erste Gleichung kann als *zustandsbedingte "Zeitpräferenz"* des Prinzipals bzw. des Agenten interpretiert werden, die zweite Gleichung als *erwartete "Zeitpräferenz"*. Hierbei ist zu beachten, daß – im Gegensatz zu der sonst verwendeten Definition –

---

[1] Gemäß Abschnitt 4.4 ist die Bedingung $E(U_{0z}') = \lambda \cdot E(V_{0z}')$ stets erfüllt, wenn gilt: $U_{0z}' = \lambda \cdot V_{0z}'$.

an dieser Stelle Erwartungswerte eingehen. Eine paretoeffiziente Teilung bei zustandsabhängigen Nutzenfunktionen impliziert, daß die zustandsbedingten bzw. erwarteten "Zeitpräferenzen" identisch sind.

Außerdem ergibt sich aufgrund von (10), daß auch hier die *relativen Zustandspräferenzen* stets gleich sind:

$$\frac{U'_{1z^*}[\cdot]}{U'_{1z^{**}}[\cdot]} = \frac{V'_{1z^*}[\cdot]}{V'_{1z^{**}}[\cdot]}. \tag{13}$$

Schließlich gilt für eine paretoeffiziente *Risikoteilung* bei zustandsabhängigen Nutzenfunktionen:

$$\alpha_{P1z} \cdot [1 - s_{1z}'(x_0, x_{1z})] = \alpha_{A1z} \cdot s_{1z}'(x_0, x_{1z}). \tag{14}$$

Die Grenzentlohnung in einem Zustand z hängt folglich von den *zustandsbedingten Risikoaversionskoeffizienten* ab.

8.3 Anreizkompatible zustandsabhängige Teilung

8.3.1 Bedingung der Anreizkompatibilität und Implikationen

Im dynamischen Modellrahmen kann bei zustandsabhängigen Nutzenfunktionen wie im statischen Modellrahmen gezeigt werden, daß die folgende *notwendige und hinreichende Bedingung* für Anreizkompatibilität erfüllt sein muß:

$$U_z[x_0 - s_0, x_{1z} - s_{1z}] = a \cdot V_z[s_0, s_{1z}] + b_z. \tag{15}$$

Diese Bedingung der Anreizkompatibilität gewährleistet,
- daß die *Risikoaversionskoeffizienten bezüglich der Ergebnisse* in jedem Umweltzustand z und zu jedem Zeitpunkt t übereinstimmen, d.h.

$$\hat{\alpha}_{P0z} \equiv -\frac{\frac{\partial U_z[\cdot]}{\partial x_0}}{\frac{\partial^2 U_z[\cdot]}{\partial x_0^2}} = \hat{\alpha}_{A0z} \equiv -\frac{\frac{\partial U_z[\cdot]}{\partial x_0}}{\frac{\partial^2 U_z[\cdot]}{\partial x_0^2}} = \hat{\alpha}_{0z} \qquad \forall z \tag{16}$$

und

$$\hat{\alpha}_{P1z} \equiv -\frac{\frac{\partial U_z[\cdot]}{\partial x_{1z}}}{\frac{\partial^2 U_z[\cdot]}{\partial x_{1z}^2}} = \hat{\alpha}_{A1z} \equiv -\frac{\frac{\partial U_z[\cdot]}{\partial x_{1z}}}{\frac{\partial^2 U_z[\cdot]}{\partial x_{1z}^2}} = \hat{\alpha}_{1z} \qquad \forall z. \tag{17}$$

Kapitel III.8 Cash Flow-Teilung bei zustandsabhängigen Nutzenfunktionen 149

- daß die *relativen Zustandspräferenzen bezüglich der Ergebnisse* für jeweils zwei beliebige Umweltzustände gleich sind, d.h.

$$\frac{\frac{\partial U_z[\cdot]}{\partial x_{1z^*}}}{\frac{\partial U_z[\cdot]}{\partial x_{1z^{**}}}} = \frac{\frac{\partial V_z[\cdot]}{\partial x_{1z^*}}}{\frac{\partial V_z[\cdot]}{\partial x_{1z^{**}}}} \tag{18}$$

- und daß die *Zeitpräferenzen bezüglich der Ergebnisse* in jedem Zustand für jeden Zahlungsstrom übereinstimmen,

$$\hat{\gamma}_{P1z} \equiv \frac{\frac{\partial U_z[\cdot]}{\partial x_0}}{\frac{\partial U_z[\cdot]}{\partial x_{1z}}} = \hat{\gamma}_{A1z} \equiv \frac{\frac{\partial V_z[\cdot]}{\partial x_0}}{\frac{\partial V_z[\cdot]}{\partial x_{1z}}} = \hat{\gamma}_{1z}. \tag{19}$$

Die Zeitpräferenzen gemäß (19) sind zustandsabhängig. Es läßt sich auch eine *zustandsunabhängige Zeitpräferenz* bezüglich der Ergebnisse definieren:

$$\frac{\sum w(z) \cdot \frac{\partial U_z[\cdot]}{\partial x_0}}{\sum w(z) \cdot \frac{\partial U_z[\cdot]}{\partial x_{1z}}} \quad \text{bzw.} \quad \frac{\sum w(z) \cdot \frac{\partial V_z[\cdot]}{\partial x_0}}{\sum w(z) \cdot \frac{\partial V_z[\cdot]}{\partial x_{1z}}}. \tag{20}$$

Auch die *zustandsunabhängigen Zeitpräferenzen bezüglich der Ergebnisse* sind bei Anreizkompatibilität identisch.

8.3.2 Abhängigkeit der Entlohnung von den Cash Flows

Ausgehend von der notwendigen und hinreichenden Bedingung der Anreizkompatibilität kann die *Abhängigkeit der Entlohnung von den zustandsbedingten Cash Flows* untersucht werden.

Wird die Bedingung (15) für den Zustand z nach dem Cash Flow x_0 bzw. x_{1z} abgeleitet, erhält man:

$$U'_{0z} \cdot \left(1 - \frac{\partial s_0}{\partial x_0}\right) - U'_{1z} \cdot \frac{\partial s_{1z}}{\partial x_0} = a \cdot \left(V'_{0z} \cdot \frac{\partial s_0}{\partial x_0} + V'_{1z} \cdot \frac{\partial s_{1z}}{\partial x_0}\right) \tag{21}$$

und $\quad -U'_{0z} \cdot \frac{\partial s_0}{\partial x_{1z}} + U'_{1z} \cdot \left(1 - \frac{\partial s_{1z}}{\partial x_{1z}}\right) = a \cdot \left(V'_{0z} \cdot \frac{\partial s_0}{\partial x_{1z}} + V'_{1z} \cdot \frac{\partial s_{1z}}{\partial x_{1z}}\right). \tag{22}$

Diese Bedingungen entsprechen den Bedingungen in Kapitel 5, Abschnitt 3 bis auf die Zustandsabhängigkeit der Nutzenfunktionen, der Cash Flows und der Entlohnung. Unter Beachtung der *zustandsabhängigen* Zeitpräferenzen der Kooperationspartner

$$\frac{U'_{0z}}{U'_{1z}} \equiv \gamma_{P1z} \quad \text{bzw.} \quad \frac{V'_{0z}}{V'_{1z}} \equiv \gamma_{A1z} \tag{23}$$

können die dort hergeleiteten Ergebnisse übertragen werden. Proposition III.3 und III.4 lassen sich, wie im Anhang gezeigt wird, wie folgt modifizieren:

Proposition III.9: *Fallen Zeitpunkt des Cash Flow-Anfalls und Zeitpunkt der Entlohnung (teilweise) auseinander, dann muß dies grundsätzlich in Form einer Verzinsung zur zustandsabhängigen endogenen Zeitpräferenzrate des Prinzipals berücksichtigt werden.*

Proposition III.10: *Die Verhältnisse zwischen den Grenzentlohnungen zu den verschiedenen Zeitpunkten werden so gewählt, daß Unterschiede in den zustandsabhängigen Zeitpräferenzen der Beteiligten ausgeglichen werden.*

8.3.3 Notwendigkeit der Berücksichtigung aller Cash Flows

Wie im statischen Modellrahmen besteht auch hier die Notwendigkeit der Berücksichtigung aller Cash Flow-Komponenten und damit auch von externem Einkommen: *Bestehen zustandsabhängige Nutzenfunktionen aufgrund von externem Einkommen, so ist es für Anreizkompatibilität notwendig, daß beide Parteien wechselseitig am externen Einkommen des anderen in direkter oder indirekter Weise beteiligt werden* (vgl. Proposition II.6).

In Kapitel II.4 wurde für den *statischen* Modellrahmen gezeigt, daß sich bei einem risikoaversen Prinzipal (bzw. Agenten) sein Grenznutzen ändert, wenn er Einkommen außerhalb der Kooperation erzielt. Damit Prinzipal und Agent gleich bewerten, muß der Agent (bzw. Prinzipal) direkt oder indirekt beteiligt werden. Eine indirekte Beteiligung erfolgt bei der expliziten Berücksichtigung von zustandsabhängigen Nutzenfunktionen. Werden zustandsabhängige Nutzenfunktionen nicht explizit berücksichtigt, so ist es bei Risikoaversion für Anreizkompatibilität notwendig, das *externe Einkommen* beider Parteien wie Cash Flow-Komponenten zu berücksichtigen, die im Rahmen der Kooperationsbeziehung anfallen. Folglich muß der Cash Flow x_t auch das externe Einkommen der beiden Kooperationspartner umfassen. Demnach ist es für Anreizkompatibilität notwendig, den Agenten an *allen* Cash Flow-Komponenten zu beteiligen, und zwar unabhängig davon, ob er die Komponenten beeinflussen

Kapitel III.8 Cash Flow-Teilung bei zustandsabhängigen Nutzenfunktionen   151

kann oder nicht. Die Begründung liegt nämlich nicht nur in den sonst fehlenden Anreizen, sondern in der sonst nicht übereinstimmenden *Bewertung* zum Zeitpunkt t.

Im *dynamischen* Modellrahmen ist die Berücksichtigung aller Cash Flows grundsätzlich nicht nur zwingend, damit die Bewertungen von Prinzipal und Agent zum Zeitpunkt t übereinstimmen, sondern auch damit die *zukünftigen* Bewertungen übereinstimmen. Die zukünftige Bewertung des Prinzipals (bzw. des Agenten) ist dann und nur dann unabhängig vom heutigen externen Einkommen, wenn Perioden-Nutzen-Unabhängigkeit besteht.

Cash Flow-Komponenten dürfen auch im dynamischen Modellrahmen dann und nur dann vernachlässigt werden, wenn sie *erstens* nicht beeinflußt werden können (bzw. im Rahmen barwertneutraler Projekte anfallen) *und zweitens*, wenn Risikoneutralität vorliegt. Dies widerspricht dem gängigen Prinzip, wobei nur *verursachte* Erfolgskomponenten zugerechnet werden.

9 Cash Flow-Teilung im T-Zeitpunkt-Fall

9.1 Paretoeffiziente zeitliche Teilung und Risikoteilung

Die wichtigsten Ergebnisse bei der Betrachtung von zwei Zeitpunkten werden nun für den T-Zeitpunkt-Fall verallgemeinert. Ferner soll die Analyse für den in der betriebswirtschaftlichen Literatur verbreiteten Fall separierbarer Nutzenfunktionen vertieft werden.

Paretoeffiziente Teilungsregeln im T-Zeitpunkt-Fall können folgendermaßen ermittelt werden:

$$\underset{s_0,s_1,\ldots,s_T}{\text{Max}} \; E\big(U[x_0-s_0,x_1-s_1,\ldots,x_T-s_T]\big) + \lambda \cdot \big[E(V[s_0,s_1,\ldots,s_T]) - V_{\min}\big]. \qquad (1)$$

Bei *sicheren* Erwartungen zum Zeitpunkt t = 0, unmittelbar nach Vertragsgestaltung, erhält man die folgenden Bedingungen für eine paretoeffiziente Teilung:

$$U'_t[\cdot] = \lambda \cdot V'_t[\cdot] \quad \text{bzw.} \quad \frac{U'_t[\cdot]}{V'_t[\cdot]} = \lambda \qquad \forall X_0^T, t \quad (2)$$

mit $\dfrac{\partial U[\cdot]}{\partial [x_t - s_t(\cdot)]} \equiv U'_t \quad \text{und} \quad \dfrac{\partial V[\cdot]}{\partial s_t(\cdot)} \equiv V'_t.$

Damit ist das Verhältnis der Grenznutzenwerte zu jedem Zeitpunkt für jeden möglichen Cash Flow-Vektor eine Konstante.

Es folgt, daß das Verhältnis der periodenbezogenen Grenznutzenwerte für alle Zeitpunkte und für jeden möglichen Cash Flow-Vektor gleich sind:

$$\frac{U'_0}{V'_0} = \frac{U'_1}{V'_1} = \ldots = \frac{U'_T}{V'_T}. \qquad (3)$$

Außerdem gilt: $\quad \dfrac{U'_{t-1}}{U'_t} \equiv \gamma_{Pt} = \dfrac{V'_{t-1}}{V'_t} \equiv \gamma_{At}, \qquad (4)$

d.h. die *Zeitpräferenzraten* γ_t der Periode t bezüglich des jeweiligen Anteils sind ebenfalls stets gleich. Entsprechend sind auch die Aufzinsungsfaktoren wegen $\eta^t \equiv \gamma_1 \cdot \gamma_2 \cdots \gamma_t$ gleich:

$$\eta_P^t = \eta_A^t. \qquad (5)$$

Kapitel III.9 Cash Flow-Teilung im T-Zeitpunkt-Fall

Diese Bedingungen implizieren eine *optimale zeitliche Teilung*. Sichere Erwartungen zum Zeitpunkt t = 0 ermöglichen nicht nur, daß zwischen den Parteien (*inter*personell) eine optimale zeitliche Teilung erfolgt, sondern auch, daß jeder Kooperationspartner für sich (*intra*personell) sein Gesamteinkommen optimal über die Zeit verteilt.

Die optimale zeitliche Teilung wird gewährleistet, indem die Entlohnung zu einem Zeitpunkt t *alle* Cash Flows berücksichtigt:

$$s_t(\cdot) = s_t(x_0, x_1, \ldots, x_T). \tag{6}$$

Damit wird nicht nur die Historie, sondern auch die zukünftige Entwicklung berücksichtigt, und man kann schreiben:

$$s_t(\cdot) = s_t\left(X_{t+1}^T \big| X_0^t\right) \quad \text{bzw.} \quad s_t(\cdot) = s_t\left(X_t^T \big| X_0^{t-1}\right). \tag{7}$$

Bei *unsicheren* Erwartungen ergibt sich die folgende Bedingung für paretoeffiziente Teilung:

$$E_t\left(U_t' \big| X_0^t\right) = \lambda \cdot E_t\left(V_t' \big| X_0^t\right). \tag{8}$$

Analog der Darstellung in Kapitel 4, Abschnitt 3 sind zu jedem Zeitpunkt und für jede vergangene Umweltentwicklung die Verhältnisse der bedingten Erwartungswerte des Grenznutzens eine Konstante. Zum Zeitpunkt T besteht keine Unsicherheit mehr und die Entlohnung kann von allen realisierten Cash Flows abhängen. Es gilt dementsprechend:

$$s_T(\cdot) = s_T\left(X_0^T\right) \quad \text{bzw.} \quad s_T(\cdot) = s_T\left(X_T \big| X_0^{T-1}\right) \tag{9}$$

und

$$U_T'[\cdot] = \lambda \cdot V_T'[\cdot] \quad \text{für alle } X_0^T. \tag{10}$$

Eine *Antizipation* ist immer dann von Vorteil, wenn es notwendig ist, die Entlohnungsfunktion $s_t(\cdot) = s_t(X_{t+1}|X_0)$, die $U_t'[\cdot] = \lambda \cdot V_t'[\cdot]$ erfüllt, in Abhängigkeit zur *zukünftigen* Umweltentwicklung festzulegen. Eine Antizipation erübrigt sich, wenn gilt:

$$s_t(\cdot) = s_t\left(X_{t+1}^T \big| X_0^t\right) = s_t\left(X_0^t\right) \quad \text{für alle } X_{t+1}^T. \tag{11}$$

Bei gleichen konstanten Zeitpräferenzen folgt für jede mögliche Umweltentwicklung zu jedem Zeitpunkt aus $U_T'[\cdot] = \lambda \cdot V_T'[\cdot]$ gemäß (2):

$$U_t'[\cdot] = \lambda \cdot V_t'[\cdot] \quad \text{für alle } X_0^t \text{ bzw. } X_0^T. \tag{2}$$

Die *Antizipation* zukünftiger Cash Flows ist demzufolge *bei gleichen konstanten Zeitpräferenzen* auch im T-Zeitpunkt-Fall irrelevant. Die anderen Ergebnisse aus Abschnitt 4.4 lassen sich gleichfalls direkt übertragen. Bei *additiv-separierbaren Nutzenfunktionen* und *Risikoaversion* wäre eine Antizipation stets von Nachteil. Bei *multiplikativ-separierbaren Nutzenfunktionen* ist eine Antizipation von zukünftigen Cash Flows hingegen von *Vorteil*. Besteht bei *Risikoaversion* keine Perioden-Nutzen-Unabhängigkeit, so ist eine Antizipation, abgesehen von Ausnahmefällen, ebenfalls von Vorteil.

Da es bei *gleichen konstanten Zeitpräferenzen* irrelevant ist, wann eine Entlohnung erfolgt (sofern Vor- bzw. Nachverlagerungen barwertneutral sind), können paretoeffiziente Teilungsregeln auf einfache Weise wie im statischen Modellrahmen ermittelt werden, indem ausschließlich zum Zeitpunkt T eine Entlohnung gewährt wird.

Wie im Zwei-Zeitpunkt-Fall (vgl. Abschnitt 4.5) haben die Entlohnungsfunktionen im T-Zeitpunkt-Fall im allgemeinen ein *Gedächtnis*. Die Entlohnung zu einem Zeitpunkt t wird hierbei grundsätzlich in Abhängigkeit der *Historie* X_0^{t-1} wie folgt festgelegt:

$$s_t(\cdot) = s_t(X_0^t) \quad \text{bzw.} \quad s_t(\cdot) = s_t(x_t | X_0^{t-1}). \tag{12}$$

Die Berücksichtigung der Historie erübrigt sich bei *gleichen konstanten Zeitpräferenzen* nur für alle Entlohnungen bis auf den Zeitpunkt T. Sofern keine linearen Entlohnungsfunktionen paretoeffizient sind, *muß* die Entlohnung zum Zeitpunkt T in Abhängigkeit der Historie festgelegt werden.

Bei *additiver Separierbarkeit muß* stets von der Historie, wie von der zukünftigen Entwicklung abstrahiert werden. Bei *multiplikativer Separierbarkeit* muß hingegen die Historie bei der Festlegung der Entlohnung zu jedem Zeitpunkt grundsätzlich berücksichtigt werden. Die Grenzentlohnung ist jedoch von der Historie unabhängig. Besteht bei *Risikoaversion* keine Perioden-Nutzen-Unabhängigkeit, so muß im allgemeinen nicht nur die Höhe der Entlohnung, sondern auch die Grenzentlohnung in Abhängigkeit von der Historie gewählt werden.

Erfolgt keine Antizipation und wird die Geschichte vernachlässigt, so wird die Entlohnung s_t nur in Abhängigkeit vom Cash Flow x_t zu diesem Zeitpunkt festgelegt:

$$s_t = s_t(x_t). \tag{13}$$

Es wurde für den Zwei-Zeitpunkt-Fall gezeigt, daß – sofern die Nutzenfunktionen nicht additiv separierbar sind – eine solche isolierte Erfolgsbeteiligung nur dann paretoeffizient sein kann, wenn die Entlohnungsfunktionen linear sind und die Prämi-

Kapitel III.9 Cash Flow-Teilung im T-Zeitpunkt-Fall

ensätze übereinstimmen (vgl. Abschnitt 4.6). Auch dieses Ergebnis läßt sich auf den T-Zeitpunkt-Fall übertragen. Dementsprechend muß gelten:

$$s_t'(x_t) = s_{t^*}'(x_{t^*}). \tag{14}$$

Hierbei ist wiederum, wie gezeigt, Anreizkompatibilität gegeben.

Es wurde bisher davon ausgegangen, daß die (bedingten) Teilungsregeln unmittelbar vor dem Zeitpunkt t = 0 unwiderruflich festgelegt werden. Beim Konzept der Paretoeffizienz besteht kein Anlaß zur Nachverhandlung. Die Teilungsregeln sind zu jedem Zeitpunkt paretoeffizient und damit nachverhandlungssicher.

9.2 Anreizkompatible zeitliche Teilung und Risikoteilung

9.2.1 Die allgemeine notwendige und hinreichende Bedingung der Anreizkompatibilität im T-Zeitpunkt-Fall

Die wichtigsten Ergebnisse aus Kapitel 5 werden auf den T-Zeitpunkt-Fall übertragen und verallgemeinert. Hierbei wird wieder davon ausgegangen, daß die Entlohnung s_t jeweils grundsätzlich in beliebiger Form von den Cash Flows aller Perioden abhängen kann. Bei *direkter* Beteiligung am Cash Flow gilt:

$$s_t[\cdot] = s_t(\mathbf{x_0}, \mathbf{x_1}, ..., \mathbf{x_T}) \tag{3.6}$$

bzw. $\qquad s_t[\cdot] = s_t(x_0, x_1, ..., x_T). \tag{3.7}$

Bei einer *indirekten* Beteiligung gilt dann:

$$s_t = s_t(B_t) = s_t[B_t(\mathbf{x_0}, \mathbf{x_1}, ..., \mathbf{x_T})]. \tag{3.8}$$

Die *allgemeine* notwendige und hinreichende Bedingung für Anreizkompatibilität lautet im T-Zeitpunkt-Fall:[1]

Proposition III.11: *Notwendig und hinreichend für Anreizkompatibilität ist, daß der Nutzen des Prinzipals eine linear steigende Funktion des Nutzens des Agenten in den Cash Flows $x_0, x_1, ... x_T$ bzw. deren Komponenten ist:*

$$U[x_0 - s_0, x_1 - s_1, ..., x_T - s_T] = a \cdot V[s_0, s_1, ..., s_T] + b \qquad \forall \mathbf{x_t}. \tag{15}$$

---

[1] Für den Fall, daß der Zustand z verifizierbar ist, kann der Faktor b auch *zustandsabhängig* festgelegt werden. Liegen zudem zustandsabhängige Nutzenfunktionen vor, so müssen diese in Bedingung (15) berücksichtigt werden.

Der Beweis für zwei Zeitpunkte läßt sich auf den T-Zeitpunkt-Fall direkt übertragen. Es gilt:

Lemma 1: Das Entscheidungsverhalten bezüglich eines *riskanten* Projektes, das ausschließlich die Cash Flows zum Zeitpunkt t betrifft, ist für eine marginale Lotterie dann und nur dann stets gleich, wenn für Zeitpunkt t gilt:

$$U[x_0 - s_0, x_1 - s_1, \ldots, x_T - s_T] = a_t \cdot V[s_0, s_1, \ldots, s_T] + b_t \qquad \forall \mathbf{x_t}. \quad (16)$$

Diese Bedingung gewährleistet, daß die *Risikoaversionskoeffizienten bezüglich der Ergebnisse* in Bezug auf den Zeitpunkt t übereinstimmen: $\hat{\alpha}_{Pt}(\cdot) = \hat{\alpha}_{At}(\cdot)$. Diese Risikoaversionskoeffizienten ergeben sich jeweils aufgrund einer partiellen Variation von x_t (bzw. x_{ti}) folgendermaßen:

$$\hat{\alpha}_{Pt}(\cdot) = -\frac{\frac{\partial^2 U[\cdot]}{\partial x_t^2}}{\frac{\partial U[\cdot]}{\partial x_t}} \qquad \text{bzw.} \qquad \hat{\alpha}_{At}(\cdot) = -\frac{\frac{\partial^2 V[\cdot]}{\partial x_t^2}}{\frac{\partial V[\cdot]}{\partial x_t}}. \quad (17)$$

Lemma 2: Das Entscheidungsverhalten bezüglich eines *sicheren* Projektes, das die Cash Flows zu zwei beliebigen Zeitpunkten betrifft, ist dann und nur dann stets gleich, wenn die linearen Transformationen zu jedem Zeitpunkt identisch sind, $a_t = a$ sowie $b_t = b$, und damit:

$$U[x_0 - s_0, x_1 - s_1, \ldots, x_T - s_T] = a \cdot V[s_0, s_1, \ldots, s_T] + b \qquad \forall \mathbf{x_t}. \quad (15)$$

Hiermit wird gewährleistet, daß die *Zeitpräferenzen bezüglich der Ergebnisse* zu jedem Zeitpunkt übereinstimmen: $\hat{\gamma}_{Pt} = \hat{\gamma}_{At}$ mit

$$\hat{\gamma}_{Pt} = \frac{\frac{\partial U[\cdot]}{\partial x_{t-1}}}{\frac{\partial U[\cdot]}{\partial x_t}} \qquad \text{bzw.} \qquad \hat{\gamma}_{At} = \frac{\frac{\partial V[\cdot]}{\partial x_{t-1}}}{\frac{\partial V[\cdot]}{\partial x_t}}. \quad (18)$$

Damit entsprechen sich auch die Aufzinsungsfaktoren bezüglich der Ergebnisse: $\hat{\eta}_P^t = \hat{\eta}_A^t$ mit

$$\hat{\eta}_P^t = \hat{\gamma}_{P1} \cdot \hat{\gamma}_{P2} \cdots \hat{\gamma}_{Pt} \qquad \text{bzw.} \qquad \hat{\eta}_A^t = \hat{\gamma}_{A1} \cdot \hat{\gamma}_{A2} \cdots \hat{\gamma}_{At}. \quad (19)$$

Kapitel III.9 Cash Flow-Teilung im T-Zeitpunkt-Fall

Lemma 3: Daß die Nutzenwerte bis auf eine zeitpunktunabhängige lineare Transformation übereinstimmen, ist *hinreichend* für gleiches Entscheidungsverhalten bezüglich eines beliebigen Projektes zu jedem beliebigen Zeitpunkt. Es gilt:

$$E(U[\cdot]) = a \cdot E(V[\cdot]) + b \tag{20}$$

sowie $\quad\quad\quad E_t\left(U\big|X_0^t\right) = a \cdot E_t\left(V\big|X_0^t\right) + b, \tag{21}$

d.h. die bedingten Erwartungswerte stimmen für jede Historie stets überein. Damit ist Anreizkompatibilität für jede beliebige Entwicklung zu jedem Zeitpunkt gegeben.

9.2.2 Zeitpräferenz bezüglich der Ergebnisse bei Cash Flow-Teilung

Es wird nun eine explizite Entlohnung anhand von Cash Flows gemäß (3.6) bzw. (3.7) betrachtet. Zunächst wird die partielle Ableitung des Nutzenwertes $V[\cdot]$ nach x_t gebildet:

$$\frac{\partial V[\cdot]}{\partial x_t} = \sum \frac{\partial V[\cdot]}{\partial s_\tau} \cdot \frac{\partial s_\tau}{\partial x_t} = \sum V'_\tau \cdot \frac{\partial s_\tau}{\partial x_t}. \tag{22}$$

Hierfür kann man wegen $V'_\tau = \eta_A^{t-\tau} \cdot V'_t$ schreiben:

$$\frac{\partial V[\cdot]}{\partial x_t} = \sum \eta_A^{t-\tau} \cdot V'_t \cdot \frac{\partial s_\tau}{\partial x_t} = V'_t \cdot \sum \eta_A^{t-\tau} \cdot \frac{\partial s_\tau}{\partial x_t}. \tag{23}$$

Der Ausdruck $\sum \eta_A^{t-\tau} \cdot \frac{\partial s_\tau}{\partial x_t}$ kann als der auf den Zeitpunkt t abgezinste "Barwert der Grenzentlohnungen" interpretiert werden. Der Grenznutzen aufgrund einer partiellen Variation von x_t ergibt sich, indem der Grenznutzen V'_t mit dem "Barwert" der Grenzentlohnungen multipliziert wird.

Die analogen Zusammenhänge lassen sich für den Prinzipal aufführen:

$$\frac{\partial U[\cdot]}{\partial x_t} = \frac{\partial U[\cdot]}{\partial x_t - s_t} - \sum \frac{\partial U[\cdot]}{\partial x_\tau - s_\tau} \cdot \frac{\partial s_\tau}{\partial x_t} = U'_t - \sum U'_\tau \cdot \frac{\partial s_\tau}{\partial x_t}. \tag{24}$$

Dies kann wegen $U'_\tau = \eta_P^{t-\tau} \cdot U'_t$ auch folgendermaßen formuliert werden:

$$\frac{\partial U[\cdot]}{\partial x_t} = U'_t - \sum \eta_P^{t-\tau} \cdot U'_t \cdot \frac{\partial s_\tau}{\partial x_t} = U'_t \cdot \left(1 - \sum \eta_P^{t-\tau} \cdot \frac{\partial s_\tau}{\partial x_t}\right). \tag{25}$$

Der Ausdruck $1-\sum \eta_P^{t-\tau} \cdot \frac{\partial s_\tau}{\partial x_t}$ läßt sich als der auf den Zeitpunkt t abgezinste "Barwert" der Grenz-Netto-Cash Flows (nach Entlohnung) interpretieren. Bei einer partiellen Variation von x_t läßt sich der Grenznutzen für den Prinzipal darstellen, indem U_t' mit dem "Barwert" der Grenz-Netto-Cash Flows multipliziert wird.

Analog können die entsprechenden zweiten Ableitungen sowie die Risikoaversionskoeffizienten bezüglich der Ergebnisse gebildet werden. Im Rahmen der Ausführungen soll hierauf aber verzichtet werden.

Die beschriebenen Zusammenhänge sind entsprechend auch auf die Cash Flow-Bestandteile übertragbar.

Die *Zeitpräferenz* des Agenten bezüglich der *Cash Flows* für den Zeitpunkt t kann wie folgt dargestellt werden:

$$\hat{\gamma}_{At} = \frac{\frac{\partial V[\cdot]}{\partial x_{t-1}}}{\frac{\partial V[\cdot]}{\partial x_t}} = \frac{V'_{t-1} \cdot \sum \eta_A^{t-1-\tau} \cdot \frac{\partial s_\tau}{\partial x_{t-1}}}{V'_t \cdot \sum \eta_A^{t-\tau} \cdot \frac{\partial s_\tau}{\partial x_t}} = \gamma_{At} \cdot \frac{\sum \eta_A^{t-1-\tau} \cdot \frac{\partial s_\tau}{\partial x_{t-1}}}{\sum \eta_A^{t-\tau} \cdot \frac{\partial s_\tau}{\partial x_t}}. \quad (26)$$

Der Ausdruck im Zähler (bzw. Nenner) entspricht dem auf den Zeitpunkt $t-1$ (bzw. t) abgezinsten "Barwert" der Grenzentlohnung bezüglich einer Veränderung von x_{t-1} (bzw. x_t).

Aus Sicht des Prinzipals kann gleichermaßen formuliert werden:

$$\hat{\gamma}_{Pt} = \frac{\frac{\partial U[\cdot]}{\partial x_{t-1}}}{\frac{\partial U[\cdot]}{\partial x_t}} = \frac{U'_{t-1} \cdot \left(1 - \sum \eta_P^{t-1-\tau} \cdot \frac{\partial s_\tau}{\partial x_{t-1}}\right)}{U'_t \cdot \left(1 - \sum \eta_P^{t-\tau} \cdot \frac{\partial s_\tau}{\partial x_t}\right)} = \gamma_{Pt} \cdot \frac{1 - \sum \eta_P^{t-1-\tau} \cdot \frac{\partial s_\tau}{\partial x_{t-1}}}{1 - \sum \eta_P^{t-\tau} \cdot \frac{\partial s_\tau}{\partial x_t}}. \quad (27)$$

Die obigen Gleichungen gelten auch für die Zeitpräferenzen bezüglich einzelner Cash Flow-*Komponenten,* die zu unterschiedlichen Zeitpunkten anfallen.

Die *Zeitpräferenz* des Agenten bezüglich einzelner *Bestandteile* des *Cash Flows* muß sich nicht mit seiner Zeitpräferenz bezüglich des (Brutto-) Cash Flows decken. Dies liegt daran, daß einzelne Bestandteile in zeitlicher Hinsicht unterschiedlich entlohnt werden können. Das gleiche gilt für den Prinzipal.

Die obige Gleichung (26) gilt außerdem analog für Cash Flow-Komponenten, die zur *gleichen* Zeit anfallen. Solche *Präferenzen bezüglich Cash Flow-Komponenten* können wie folgt definiert werden:

Kapitel III.9 Cash Flow-Teilung im T-Zeitpunkt-Fall

$$\hat{\gamma}_{Atij} \equiv \frac{\frac{\partial V[\cdot]}{\partial x_{ti}}}{\frac{\partial V[\cdot]}{\partial x_{tj}}} = \frac{V'_t \cdot \Sigma \eta_A^{t-\tau} \cdot \frac{\partial s_\tau}{\partial x_{ti}}}{V'_t \cdot \Sigma \eta_A^{t-\tau} \cdot \frac{\partial s_\tau}{\partial x_{tj}}} = \frac{\Sigma \eta_A^{t-\tau} \cdot \frac{\partial s_\tau}{\partial x_{ti}}}{\Sigma \eta_A^{t-\tau} \cdot \frac{\partial s_\tau}{\partial x_{tj}}}. \quad (28)$$

Die *Präferenz bezüglich der Cash Flow-Komponenten* $\hat{\gamma}_{Atij}$ besagt, daß der Agent indifferent ist, wenn die Cash Flow-Komponente x_{ti} um eine marginale Einheit erhöht, und die Cash Flow-Komponente x_{tj} um $\hat{\gamma}_{Atij}$ Einheiten reduziert wird. Diese Präferenz kommt nur dadurch zustande, weil die Komponenten zwar zur gleichen Zeit anfallen, jedoch unterschiedlich zu den einzelnen Zeitpunkten entlohnt werden.

Dementsprechend gilt für den Prinzipal:

$$\hat{\gamma}_{Ptij} \equiv \frac{1 - \Sigma \eta_P^{t-\tau} \cdot \frac{\partial s_\tau}{\partial x_{ti}}}{1 - \Sigma \eta_P^{t-\tau} \cdot \frac{\partial s_\tau}{\partial x_{tj}}}. \quad (29)$$

Wie angemerkt, wird durch die Bedingung der Anreizkompatibilität gewährleistet, daß auch diese Präferenzen übereinstimmen:

$$\hat{\gamma}_{Ptij} = \hat{\gamma}_{Atij}. \quad (30)$$

Präferenzen bezüglich einzelner Cash Flow-Komponenten sind bei einem Individualentscheider ohne Bedeutung. Im Rahmen einer Delegationsbeziehung entstehen sie erst dadurch, daß unterschiedliche Komponenten verschieden entlohnt werden können. Die Cash Flow-Komponente x_{ti} mag im Vergleich zur Komponente x_{tj} relativ gut zu antizipieren sein, was eine Vorverlagerung der Entlohnung ermöglicht. Eine solche Vorverlagerung ist allerdings nur von Vorteil, wenn der Agent eine höhere Zeitpräferenz als der Prinzipal hat.

Die *Auf- bzw. Abzinsungsfaktoren* bezüglich der Cash Flows lassen sich auf analoge Weise ermitteln.

9.2.3 Zur Abhängigkeit der Entlohnung von den Cash Flows

9.2.3.1 *Zum Zusammenhang zwischen Zeitpunkt des Cash Flow-Anfalls und Zeitpunkt der Entlohnung*

Aus der allgemeinen notwendigen und hinreichenden Bedingung der Anreizkompatibilität $U[\cdot] = a \cdot V[\cdot] + b$ folgt:

$$\frac{\partial U[.]}{\partial x_t} = a \cdot \frac{\partial V[.]}{\partial x_t} \quad \text{bzw.} \quad \frac{\partial U[.]}{\partial x_{ti}} = a \cdot \frac{\partial V[.]}{\partial x_{ti}}. \tag{31}$$

Um die Abhängigkeit der Entlohnung von den Cash Flows im T-Zeitpunkt-Fall zu untersuchen, wird die Veränderung von drei charakteristischen Cash Flow-Bestandteilen betrachtet. Der Bestandteile x_{ti} wird ausschließlich zum Zeitpunkt t, die Bestandteile x_{tj} und $x_{\tau k}$ werden hingegen ausschließlich zum Zeitpunkt τ entlohnt. Aus (31) folgt für die Grenzentlohnung bezüglich der Komponente x_{ti}:

$$U'_t \cdot \left(1 - \frac{\partial s_t}{\partial x_{ti}}\right) = a \cdot V'_t \cdot \frac{\partial s_t}{\partial x_{ti}} \tag{32}$$

$\Leftrightarrow$
$$\frac{\partial s_t}{\partial x_{ti}} = \frac{U'_t}{U'_t + a \cdot V'_t}. \tag{33}$$

Für die Komponente x_{tj} gilt entsprechend:

$$U'_t \cdot \left(1 - \eta_P^{t-\tau} \cdot \frac{\partial s_\tau}{\partial x_{tj}}\right) = a \cdot V'_t \cdot \eta_A^{t-\tau} \cdot \frac{\partial s_\tau}{\partial x_{tj}} \tag{34}$$

$\Leftrightarrow$
$$\frac{\partial s_\tau}{\partial x_{tj}} = \frac{U'_t}{U'_t \cdot \eta_P^{t-\tau} + a \cdot V'_t \cdot \eta_A^{t-\tau}} = \frac{U'_\tau}{U'_\tau + a \cdot V'_\tau}. \tag{35}$$

Schließlich erhält man für die Komponente $x_{\tau k}$:

$$U'_\tau \cdot \left(1 - \frac{\partial s_\tau}{\partial x_{\tau k}}\right) = a \cdot V'_\tau \cdot \frac{\partial s_\tau}{\partial x_{\tau k}} \tag{36}$$

$\Leftrightarrow$
$$\frac{\partial s_\tau}{\partial x_\tau} = \frac{U'_\tau}{U'_\tau + a \cdot V'_\tau} = \frac{U'_t}{U'_t + a \cdot \left(\frac{\eta_A^{t-\tau}}{\eta_P^{t-\tau}}\right) \cdot V'_t}. \tag{37}$$

Ein Vergleich von $\frac{\partial s_t}{\partial x_{ti}}$ mit $\frac{\partial s_\tau}{\partial x_{\tau k}}$ zeigt, daß sich Proposition III.4 auf den T-Zeitpunkt-Fall übertragen läßt:

Proposition III.12: *Die Verhältnisse zwischen den Grenzentlohnungen verschiedener Zeitpunkte werden so gewählt, daß Unterschiede in den Aufzinsungsfaktoren der Beteiligten ausgeglichen werden.*

Kapitel III.9 Cash Flow-Teilung im T-Zeitpunkt-Fall

Für $\left(\dfrac{\eta_A^{t-\tau}}{\eta_P^{t-\tau}}\right) > 1$ gilt:

$$\frac{\partial s_t}{\partial x_t} = \frac{U'_t}{U'_t + a \cdot V'_t} > \frac{\partial s_\tau}{\partial x_\tau} = \frac{U'_t}{U'_t + a \cdot \left(\dfrac{\eta_A^{t-\tau}}{\eta_P^{t-\tau}}\right) \cdot V'_t}. \tag{38}$$

Stimmen (für gegebene Cash Flows) die Auf- bzw. Abzinsungsfaktoren überein, d.h. $\eta_A^{t-\tau} = \eta_P^{t-\tau}$, so folgt:

$$\frac{\partial s_t}{\partial x_{ti}} = \frac{\partial s_\tau}{\partial x_{\tau k}}. \tag{39}$$

Bei *gleichen* Auf- bzw. Abzinsungsfaktoren ist die Grenzentlohnung zu beiden Zeitpunkten die *gleiche*.

Hat der Agent stets eine höhere Zeitpräferenz, so ist sein Abzinsungsfaktor für $\tau > t$ geringer als der des Prinzipals, d.h. $\eta_A^{t-\tau} < \eta_P^{t-\tau}$, und es folgt:

$$\frac{\partial s_t}{\partial x_{ti}} < \frac{\partial s_\tau}{\partial x_{\tau k}}. \tag{40}$$

Demnach steigt die Grenzentlohnung im Zeitablauf.

Besitzt der Prinzipal hingegen eine höhere Zeitpräferenz, gilt umgekehrt:

$$\frac{\partial s_t}{\partial x_{ti}} > \frac{\partial s_\tau}{\partial x_{\tau k}}. \tag{41}$$

Hierbei sinkt die Grenzentlohnung im Zeitablauf.

Der analoge Zusammenhang ergibt sich für $\tau < t$ auf der Grundlage der dazugehörigen Aufzinsungsfaktoren.

Aufgrund des Vergleichs von $\dfrac{\partial s_\tau}{\partial x_{tj}}$ gemäß (35) mit $\dfrac{\partial s_\tau}{\partial x_{\tau k}}$ gemäß (37) zeigt sich, daß auch Proposition III.3 für T-Zeitpunkte Gültigkeit hat:

Proposition III.13: *Fallen Zeitpunkt des Cash Flow-Anfalls und Zeitpunkt der Entlohnung auseinander, dann muß dies grundsätzlich in Form einer Verzinsung mit dem endogenen Faktor des Prinzipals berücksichtigt werden.*

Denn wegen $U'_t \cdot \eta_P^{t-\tau} = U'_\tau$ gilt:

$$\frac{\partial s_\tau}{\partial x_{tj}} = \eta_P^{\tau-t} \cdot \frac{\partial s_\tau}{\partial x_{\tau k}}. \tag{42}$$

Erhält der Agent aufgrund der Erhöhung einer Cash Flow-Komponente zum Zeitpunkt t seine Entlohnung zum Zeitpunkt τ, dann beinhaltet die Entlohnung zum Ausgleich eine Auf- bzw. Abzinsung zur (endogenen) Zeitpräferenzrate des Prinzipals. Wie im Zwei-Zeitpunkt-Fall ist dies damit zu begründen, daß sich der Agent andernfalls nur daran orientieren würde, wann Cash Flows (bzw. deren Komponenten) *entlohnt* werden und nicht auch daran, wann sie *erzielt* werden. Für den Prinzipal ist aber beides von Bedeutung.

Der Ausgleich des Auseinanderfallens von Zeitpunkt des Cash Flow-Anfalls und Zeitpunkt der Entlohnung aufgrund einer Verzinsung mit dem endogenen Faktor des Prinzipals kann, wie in Abschnitt 5.3.3 erläutert, auf unterschiedliche Weise erfolgen. Zum einen kann eine explizite Anpassung der Grenzentlohnung erfolgen. Zum anderen kann zunächst die Grenzentlohnung gewählt werden, die gewählt würde, wenn Zeitpunkt des Cash Flow-Anfalls und Zeitpunkt der Entlohnung übereinstimmen würden. Der Ausgleich erfolgt dann anschließend, indem die so ermittelte Entlohnung entsprechend auf- oder abgezinst wird. Dieser Zusammenhang ergibt sich aufgrund von (42) und kommt in Proposition III.14 zum Ausdruck:

Proposition III.14: *Die Grenzentlohnung läßt sich im T-Zeitpunkt-Fall in zwei Komponenten aufspalten:*
- *Die erste Komponente wird nur durch den Zeitpunkt der Entlohnung bestimmt,*

$$s_\tau' \equiv \frac{U_\tau'}{U_\tau' + a \cdot V_\tau'}, \qquad (43)$$

- *die zweite Komponente ergibt sich aufgrund des Unterschiedes zwischen Zeitpunkt des Cash Flow-Anfalls und Zeitpunkt der Entlohnung,*

$$\eta_P^{\tau-t}(\cdot).$$

Als Bestimmungsgleichung für die Grenzentlohnung einer Cash Flow-Komponente, die ausschließlich zu einem bestimmten Zeitpunkt entlohnt wird, erhält man:

$$\frac{\partial s_\tau}{\partial x_{tj}} = s_\tau' \cdot \eta_P^{\tau-t}. \qquad (44)$$

Ein Auseinanderfallen zwischen Zeitpunkt des Cash Flow-Anfalls und Zeitpunkt der Entlohnung ist bei unterschiedlichen Zeitpräferenzen grundsätzlich von Vorteil. Zur Verdeutlichung wird eine Variation des Cash Flows x_t betrachtet und mit dem "Barwert" der Grenzentlohnung zum Zeitpunkt τ mit der Grenzentlohnung zum Zeitpunkt t verglichen.

Kapitel III.9 Cash Flow-Teilung im T-Zeitpunkt-Fall

Bei einer Entlohnung zum Zeitpunkt τ beträgt der "Barwert" der Grenzentlohnung bezogen auf den Zeitpunkt t:

$$\eta_P^{t-\tau} \cdot \frac{\partial s_\tau}{\partial x_t} = \frac{U'_t \cdot \eta_P^{t-\tau}}{U'_t \cdot \eta_P^{t-\tau} + a \cdot V'_t \cdot \eta_A^{t-\tau}} = \frac{U'_t}{U'_t + a \cdot V'_t \cdot \frac{\eta_A^{t-\tau}}{\eta_P^{t-\tau}}}. \tag{45}$$

Es gilt $\eta_P^{t-\tau} \cdot \frac{\partial s_\tau}{\partial x_t} < \frac{\partial s_t}{\partial x_t}$, sofern der Ausdruck $\frac{\eta_A^{t-\tau}}{\eta_P^{t-\tau}}$ größer ist als 1.

Dieser Ausdruck ist größer als 1 für $t > \tau$, falls der Agent eine höhere Zeitpräferenz hat als der Prinzipal. Der Ausdruck ist ebenfalls größer als 1, wenn der Agent eine geringere Zeitpräferenz als der Prinzipal hat und $t < \tau$ ist.

9.2.3.2 Entlohnung von Cash Flows zu mehreren Zeitpunkten

Es werden nun Cash Flows (bzw. deren Komponenten) betrachtet, die zu mehreren Zeitpunkten entlohnt werden. Bei einer Erhöhung des Cash Flows x_t um eine marginale Einheit müssen die folgenden Beziehungen gelten (vgl. Abschnitt 5.3.4):

$$\frac{\partial s_\tau}{\partial x_t} = s'_\tau \cdot \eta_P^{\tau-t} \cdot g_{t\tau} \tag{46}$$

mit $$\sum_t g_{t\tau} = 1. \tag{47}$$

Hierbei gibt der Faktor $g_{t\tau}$ an, welcher Anteil des zusätzlichen Cash Flows x_t zum Zeitpunkt τ entlohnt wird. Die Gleichung (47) impliziert, daß Cash Flows bzw. deren Bestandteile *vollständig* entlohnt werden müssen.

9.3 Zur Vereinbarkeit von Anreizkompatibilität und Paretoeffizienz

Bezüglich der Vereinbarkeit von Anreizkompatibilität und Paretoeffizienz gilt (analog zur Proposition III.8 in Kapitel 6) die folgende Proposition im T-Zeitpunkt-Fall.

Proposition III.15: *Anreizkompatibilität und Paretoeffizienz sind dann und nur dann im T-Zeitpunkt-Fall vereinbar, wenn:*

- die Zeitpräferenzen bzw. die Aufzinsungsfaktoren bezüglich des jeweiligen Anteils zu jedem Zeitpunkt für jede Umweltentwicklung gleich sind:

$$\gamma_{Pt} = \gamma_{At} = \gamma \quad \text{bzw.} \quad \eta_P^t = \eta_A^t = \eta^t, \tag{48}$$

- der "Barwert" der Grenzentlohnungen zu jedem Zeitpunkt in x_t linear ist:

$$\sum_\tau \eta^{t-\tau} \cdot \frac{\partial s_\tau}{\partial x_t} = k_t, \tag{49}$$

- und die "Barwerte" der Grenzentlohnungen für jedes x_t zu jedem Zeitpunkt übereinstimmen:

$$\sum_\tau \eta^{t-\tau} \cdot \frac{\partial s_\tau}{\partial x_t} = \sum_\tau \eta^{t^*-\tau} \cdot \frac{\partial s_\tau}{\partial x_{t^*}}. \tag{50}$$

Im folgenden sollen die Ausführungen für konstante Zeitpräferenzen sowie für Perioden-Nutzen-Unabhängigkeit vertieft werden.[2]

9.4 Konstante Zeitpräferenzen und Perioden-Nutzen-Unabhängigkeit

9.4.1 Anreizkompatible Entlohnung bei konstanten Zeitpräferenzen

Bei konstanten Zeitpräferenzen können die Nutzenfunktionen im T-Zeitpunkt-Fall wie folgt dargestellt werden:

$$V[\cdot] = V\left[\sum_{t=0}^{T} \eta_A^{T-t} \cdot s_t(\cdot)\right] \tag{51}$$

und

$$U[\cdot] = U\left[\sum_{t=0}^{T} \eta_P^{T-t} \cdot (x_t - s_t(\cdot))\right]. \tag{52}$$

Der Endwert der Entlohnungen (bzw. der Netto-Cash Flows) auf Basis der Aufzinsungsfaktoren des Agenten (bzw. des Prinzipals) werden folgendermaßen abgekürzt:

$$\sum_{t=0}^{T} \eta_A^{T-t} \cdot s_t(\cdot) \equiv W_{AT}^s \quad \text{bzw.} \quad \sum_{t=0}^{T} \eta_P^{T-t} \cdot (x_t - s_t(\cdot)) \equiv W_{PT}^{x-s}. \tag{53}$$

Für den Endwert der Cash Flows auf Basis der Aufzinsungsfaktoren des Prinzipals gilt analog:

---

[2] Bei additiver Separierbarkeit der Nutzenfunktionen im Mehrperiodenfall können die Bedingungen der Anreizkompatibilität und der paretoeffizienten (zeitlichen und Risiko-) Teilung dann und nur dann gleichzeitig erfüllt sein, wenn die Nutzenfunktionen für jede Periode bis auf eine äußere und eine innere lineare Transformation übereinstimmen. Die innere und äußere Transformation muß dabei für jede Periode bis auf den additiven Faktor bei der inneren Transformation identisch sein.

Kapitel III.9 Cash Flow-Teilung im T-Zeitpunkt-Fall

$$\sum_{t=0}^{T} \eta_P^{T-t} \cdot x_t \equiv W_{PT}^x. \tag{54}$$

Die Zeitpräferenzen und somit die Aufzinsungsfaktoren sind exogen gegeben. Die globalen Risikoaversionskoeffizienten beziehen sich auf das jeweilige Endvermögen W_T und sind wie folgt definiert:

$$\alpha_A = -\frac{V''[\cdot]}{V'[\cdot]} \quad \text{und} \quad \alpha_P = -\frac{U''[\cdot]}{U'[\cdot]}. \tag{55}$$

Die Risikoaversionskoeffizienten zu den einzelnen Zeitpunkten ergeben sich aufgrund der globalen Risikoaversionskoeffizienten und Aufzinsungsfaktoren dergestalt:

$$\alpha_{At} = \alpha_A \cdot \eta_A^{T-t} \quad \text{und} \quad \alpha_{Pt} = \alpha_P \cdot \eta_P^{T-t}. \tag{56}$$

Anreizkompatibilität läßt sich stets auf einfache Weise mittels einer *Endwertbeteiligung* herstellen:

$$s_T(\cdot) = s(W_{PT}^x). \tag{57}$$

Es ist zu beachten, daß der Endwert W_{PT}^x immer auf Basis der Aufzinsungsfaktoren des Prinzipals zu berechnen ist. Für die Ermittlung der variablen Entlohnung brauchen die Aufzinsungsfaktoren des Agenten nicht berücksichtigt zu werden, da die (variable) Entlohnung erst zum Zeitpunkt T erfolgt. Die Gestalt der Entlohnungsfunktion kann wie im statischen Modellrahmen auf der Grundlage der Nutzenfunktionen U[·] und V[·] hergeleitet werden. Die Grenzentlohnung bei einer Endwertbeteiligung beträgt:

$$\frac{\partial s_T(\cdot)}{\partial W_{PT}^x} = s_T'(\cdot) = \frac{U'[\cdot]}{U'[\cdot] + a \cdot V'[\cdot]}. \tag{58}$$

Sind die Aufzinsungsfaktoren des Agenten höher als die des Prinzipals, dann ist es vorteilhaft, die Entlohnung früher zu gewähren.

Bei sicheren Erwartungen bezüglich der zukünftigen Cash Flows ($x_0, x_1, ..., x_T$) kann zum Zeitpunkt 0 auch eine *Ertragswertbeteiligung* erfolgen:

$$s_0(\cdot) = s(W_{P0}^x). \tag{59}$$

mit
$$W_{P0}^X = \sum_{t=0}^{T} \eta_P^{-t} \cdot x_t \, . \tag{60}$$

Dies beinhaltet, daß zum Zeitpunkt t = 0 nicht nur alle Zustände bekannt sind, sondern daß der Agent nach t = 0 auch keine zusätzlichen Projekte − außer die bereits mit Sicherheit antizipierten − durchführen kann. Die Grenzentlohnung beträgt hierbei:

$$\frac{\partial s_0(\cdot)}{\partial W_{P0}^X} = s_0'(\cdot) = \frac{U'[\cdot] \cdot \eta_P^T}{U'[\cdot] \cdot \eta_P^T + a \cdot V'[\cdot] \cdot \eta_A^T} \, . \tag{61}$$

Eine *isolierte Erfolgsbeteiligung* ist nur in Ausnahmefällen möglich. Proposition III.6 (Abschnitt 5.4.2) läßt sich auf den T-Zeitpunkt-Fall übertragen.

Proposition III.16: *Bei konstanten Zeitpräferenzen bzw. Aufzinsungsfaktoren kann eine isolierte Erfolgsbeteiligung nur bei linearen (Perioden-)Entlohnungsfunktionen anreizkompatibel.*

Dies impliziert, daß eine isolierte Erfolgsbeteiligung dann und nur dann anreizkompatibel ist, wenn bei einer Endwertbeteiligung die Entlohnungsfunktion linear wäre. Andernfalls muß bei konstanten Zeitpräferenzen stets die Historie berücksichtigt werden.

Wie nun vertieft wird, braucht die Historie bei Perioden-Nutzen-Unabhängigkeit der Nutzenfunktionen nicht berücksichtigt zu werden.

9.4.2 Anreizkompatible Entlohnung bei Perioden-Nutzen-Unabhängigkeit

Bei *additiver Separierbarkeit* können die Nutzenfunktionen im T-Zeitpunkt-Fall folgendermaßen dargestellt werden:

$$V[\cdot] = \sum_{t=0}^{T} v_t[s_t(\cdot)] \quad \text{bzw.} \quad U[\cdot] = \sum_{t=0}^{T} u_t[(x_t - s_t(\cdot))] \, . \tag{62}$$

Dabei bezeichnet $v_t[\cdot]$ bzw. $u_t[\cdot]$ die Perioden-Nutzenfunktionen.
Bei *multiplikativer Separierbarkeit* gilt dementsprechend:

$$V[\cdot] = \prod_{t=0}^{T} v_t[s_t(\cdot)] \quad \text{bzw.} \quad U[\cdot] = \prod_{t=0}^{T} u_t[(x_t - s_t(\cdot))] \, . \tag{63}$$

Die notwendige und hinreichende Bedingung der Anreizkompatibilität $U[\cdot] = a \cdot V[\cdot] + b$ läßt sich bei Perioden-Nutzen-Unabhängigkeit stets separieren.

Bei *additiv-separierbaren* Nutzenfunktionen gilt hierbei:[3]

$$u_t\left[(x_t - s_t(\cdot))\right] = a \cdot v_t[s_t(\cdot)] + b_t \qquad \text{mit} \quad \sum b_t = b. \qquad (64)$$

Bei *multiplikativer Separierbarkeit* gilt:

$$u_t\left[(x_t - s_t(\cdot))\right] = a_t \cdot v_t[s_t(\cdot)] \qquad \text{mit} \quad \prod a_t = a. \qquad (65)$$

Bei Perioden-Nutzen-Unabhängigkeit *kann* die Entlohnung zu einem Zeitpunkt immer isoliert von den Cash Flows zu anderen Zeitpunkten gewählt werden. Bestehen zudem konstante Zeitpräferenzen, so können die Entlohnungsfunktionen derart gestaltet werden, daß die Entlohnung zu einem Zeitpunkt auch von den Cash Flows zu anderen Zeitpunkten abhängt.

Bei einer *isolierten Erfolgsbeteiligung* läßt sich die Entlohnungsfunktion $s_t(x_t)$, analog dem statischen Modellrahmen, auf der Grundlage von (64) bzw. (65) bestimmen. Für die Grenzentlohnung erhält man bei additiver Separierbarkeit:

$$s_t'(\cdot) = \frac{u_t'[\cdot]}{u_t'[\cdot] + a \cdot v_t'[\cdot]} \qquad (66)$$

bzw. bei multiplikativer Separierbarkeit:

$$s_t'(\cdot) = \frac{u_t'[\cdot]}{u_t'[\cdot] + a_t \cdot v_t'[\cdot]}. \qquad (67)$$

Auch die Risikoaversionskoeffizienten bezüglich der Ergebnisse $\hat{\alpha}_t(\cdot)$ lassen sich wie im statischen Modellrahmen bestimmen.

Die Auf- bzw. Abzinsungsfaktoren bezüglich der Ergebnisse vereinfachen sich bei einer isolierten Erfolgsbeteiligung zu:

$$\hat{\eta}_A^{\tau-t} = \eta_A^{\tau-t} \cdot \frac{\frac{\partial s_t(\cdot)}{\partial x_t}}{\frac{\partial s_\tau(\cdot)}{\partial x_\tau}} \qquad \text{bzw.} \qquad \hat{\eta}_P^{\tau-t} = \eta_P^{\tau-t} \cdot \frac{1 - \frac{\partial s_t(\cdot)}{\partial x_t}}{1 - \frac{\partial s_\tau(\cdot)}{\partial x_\tau}}. \qquad (68)$$

---

[3] Zum Beweis dieser Bedingung ohne Rückgriff auf die allgemeine notwendige und hinreichende Bedingung der Anreizkompatibilität siehe Anhang.

9.5 Verallgemeinerung für T Perioden und N Personen

Die Ergebnisse für zwei Personen können auf einfache Weise auf N Personen übertragen werden. Bei N Personen gilt generelle Anreizkompatibilität dann und nur dann, wenn zwischen jeder beliebigen Kombination von Personen ihrerseits Anreizkompatibilität besteht (notwendig und hinreichend).

Die notwendige und hinreichende Bedingung der Anreizkompatibilität kann für die Personen i und j auch wie folgt formuliert werden:

$$a_i \cdot U_i [s_{0i}(\cdot), s_{1i}(\cdot), ..., s_{Ti}(\cdot)] + b_i = a_j \cdot U_j \left[s_{0j}(\cdot), s_{1j}(\cdot), ..., s_{Tj}(\cdot) \right] + b_j \quad \forall \mathbf{x_t}. \quad (69)$$

Bei genereller Anreizkompatibilität muß diese Bedingung für alle i und j erfüllt sein. Außerdem muß die Summe der Anteile in jeder Periode gleich dem Cash Flow x_t sein, d.h.

$$\sum_{i=1}^{N} s_{ti}(x_t) = x_t \qquad \text{für alle t.} \quad (70)$$

Auf Basis der notwendigen und hinreichenden Bedingung der Anreizkompatibilität gemäß (69) lassen sich die grundlegenden Ergebnisse auch auf den N-Personen-Fall übertragen.

So ist beispielsweise für T Perioden und N Personen Anreizkompatibilität und Paretoeffizienz miteinander vereinbar, wenn die Nutzenfunktionen so dargestellt werden können, daß sie jeweils bis auf eine *äußere* und eine periodenbezogene *innere* lineare Transformation übereinstimmen. Die innere Transformation muß hierbei für jede Periode bezüglich des multiplikativen Faktors c_t *gleich* sein:

$$a_i \cdot U_i [c_0 \cdot s_{0i}(\cdot) + d_{0i}, c_1 \cdot s_{1i}(\cdot) + d_{1i}, ..., c_T \cdot s_{Ti}(\cdot) + d_{Ti}] + b_i \quad (71)$$

$$= a_j \cdot U_j \left[c_0 \cdot s_{0j}(\cdot) + d_{0j}, c_1 \cdot s_{1j}(\cdot) + d_{1j}, ..., c_T \cdot s_{Tj}(\cdot) + d_{Tj} \right] + b_j.$$

Eine Unterscheidung aufgrund einer inneren Transformation läßt sich durch eine lineare anreizkompatible Teilungsregel ausgleichen. Eine Unterscheidung aufgrund der äußeren Transformation ist hinsichtlich des Entscheidungsverhaltens irrelevant. Die Linearität der Teilungsregeln garantiert eine paretoeffiziente *Risikoteilung*. Eine paretoeffiziente *zeitliche Teilung* ist nur dann gegeben, wenn die Prämiensätze übereinstimmen. Folglich muß der Faktor c_t für jede Periode gleich sein.

Auf eine Übertragung der anderen Ergebnisse soll verzichtet werden.

IV Berücksichtigung des Rechnungswesens

1 Einführung

In diesem Teil der Arbeit wird nun das Rechnungswesen *explizit* in die Analyse einbezogen. Im Zentrum des Interesses steht die Analyse von Prinzipien, die eine anreizkompatible Gestaltung der Bemessungsgrundlage erfüllen muß.

Auf der Grundlage der allgemeinen notwendigen und hinreichenden Bedingung für Anreizkompatibilität im dynamischen Rahmen wird gezeigt, daß zeitliches Auseinanderfallen zwischen Cash Flows und deren Erfolgswirksamkeit in der Bemessungsgrundlage in Form einer *Verzinsung* berücksichtigt werden muß. Maßgeblich ist hierbei die *endogene Zeitpräferenz des Prinzipals*.

Für den praxisrelevanten Fall, daß zu jedem Zeitpunkt Cash Flow-Bestandteile existieren, die unmittelbar und vollständig in die Bemessungsgrundlage eingehen, konkretisiert sich dieses Ergebnis zu einem *allgemeinen Prinzip der Barwertidentität*. Hierbei müssen *alle* Cash Flow-Variationen die Bemessungsgrundlage so verändern, daß der "Barwert" dieser Änderungen zur endogenen Zeitpräferenz des Prinzipals dem Barwert der Cash Flow-Variationen entspricht.

Nur im Fall einer für jeden Zeitpunkt konstanten Zeitpräferenz kann eine Beteiligung an Residualgewinnen überhaupt praktikabel sein. Das allgemeine Prinzip der Barwertidentität läßt sich dann, bezogen auf Residualgewinne, wie folgt formulieren: Der Barwert der Residualgewinne zum *sicheren* Zinssatz des Prinzipals muß bis auf eine Konstante mit dem Barwert der Cash Flows übereinstimmen.

Die Überprüfung praxisgängiger Residualgewinnkonzepte zeigt, daß grundsätzlich gegen das allgemeine Prinzip der Barwertidentität verstoßen wird. Zum einen werden Cash Flow-Komponenten *nicht vollständig* erfaßt, und zum anderen werden *nicht alle* verursachten Komponenten zugerechnet. Besonders problematisch erweist sich die Berechnung von kalkulatorischen Zinsen auf der Grundlage eines *risikoangepaßten* anstelle des *sicheren* Zinssatzes.

Zum Abschluß wird gezeigt, wie die Ergebnisse für den Fall einer zustandsabhängigen Zeitpräferenz sowie für den T-Zeitpunkt-Fall zu modifizieren sind.

2 Abhängigkeit der Bemessungsgrundlage von Cash Flow-Bestandteilen

Es wird unterstellt, daß die Entlohnung des Agenten zum Zeitpunkt t allgemein von einer Bemessungsgrundlage B_t abhängt (vgl. Kapitel III.1). Es gilt dann:

$$s_t = s_t(B_t) = s_t\left[B_t(\mathbf{x_0}, \mathbf{x_1}, \ldots, \mathbf{x_T})\right]. \tag{1}$$

Die Bemessungsgrundlage ihrerseits kann hierbei eine beliebige Transformation der Vektoren der Cash Flow-Bestandteile sein. Insbesondere kann die Bemessungsgrundlage auf allgemeinen Informationen des Rechnungswesens, wie z.B. Umsatzerlöse, Abschreibungen, Buchwerte und Investitionsauszahlungen basieren. Somit hängt die Bemessungsgrundlage der Periode t direkt oder indirekt von den Cash Flows der verschiedenen Perioden ab.

Im Rahmen des Rechnungswesens gehen Bestandteile des gesamten Cash Flows häufig in unterschiedlicher Weise in die Bemessungsgrundlage ein. Die Abhängigkeit der Bemessungsgrundlage B_τ vom Cash Flow-Bestandteil i der Periode t kann mit Hilfe der entsprechenden partiellen Ableitungen angeben werden:

$$\frac{\partial B_\tau}{\partial x_{ti}}. \tag{2}$$

Praxisrelevante Bemessungsgrundlagen sind in der Regel *lineare Aggregationen* von Rechnungswesen-Informationen; d.h. ein bestimmter Cash Flow-Bestandteil x_{ti} geht mit einem bestimmten festen Anteil in die Bemessungsgrundlage ein:

$$\frac{\partial B_\tau}{\partial x_{ti}} = h_{t\tau i}. \tag{3}$$

Faktor $h_{t\tau i}$ gibt an, welcher prozentuale Anteil von x_{ti} zum Zeitpunkt t in die Bemessungsgrundlage B_τ eingeht und kann als Faktor für die Erfolgswirksamkeit des Cash Flows interpretiert werden. Im Rahmen der allgemeinen Analyse wird die Einschränkung der Bemessungsgrundlage auf lineare Aggregationen von vornherein nicht vorgenommen. Es soll gerade aufgezeigt werden, welche Anforderungen an das Rechnungswesen zu stellen sind, damit Anreizkompatibilität gewährleistet wird.

Sind manche Cash Flow-Bestandteile i (ausschließlich) zum Zeitpunkt ihres Anfallens *unmittelbar vollständig erfolgswirksam*, dann gilt:

$$\frac{\partial B_t}{\partial x_{ti}} = 1 \quad \text{und} \quad \frac{\partial B_\tau}{\partial x_{ti}} = 0 \qquad \text{für} \quad \tau \neq t. \tag{4}$$

Bei manchen Bemessungsgrundlagen sind die Prinzipien des Rechnungswesens derart gestaltet, daß der *Totalgewinn* eine Konstante ist und zwar in der Form, daß die Summe aller Cash Flows x_t gleich der Summe der Periodengewinne ist (Kongruenzprinzip).[1]

$$\sum_{\tau=0}^{T} \frac{\partial B_\tau}{\partial x_{ti}} = 1. \tag{5}$$

Bei *Barwertidentität* wird hingegen das zeitliche Auseinanderfallen von Cash Flows und deren "Erfolgswirksamkeit" berücksichtigt. Das *allgemeine Prinzip der Barwertidentität* kann folgendermaßen formalisiert werden:

$$\sum_{\tau=0}^{T} \frac{\partial B_\tau}{\partial x_{ti}} \cdot \eta_P^{t-\tau} = 1. \tag{6}$$

Die Auf- bzw. Abzinsungsfaktoren $\eta_P^{t-\tau}(\cdot)$ können hierbei endogene Größen sein.

Um die Analyse zu vereinfachen, wird zunächst von zustandsabhängigen Nutzenfunktionen abstrahiert und es werden nur zwei Zeitpunkte betrachtet. Anschließend erfolgt eine Verallgemeinerung der Darstellungen.

---

[1] Vgl. EWERT/WAGENHOFER (2003), S. 75.

3 Anreizkompatible Bemessungsgrundlagen im Zwei-Zeitpunkt-Fall

Im Zwei-Zeitpunkt-Fall gilt für die Entlohnung gemäß (1):

$$s_t = s_t(B_t) = s_t[B_t(\mathbf{x_0}, \mathbf{x_1})]. \tag{7}$$

Unter Berücksichtigung der Entlohnung zu den beiden Zeitpunkten $s_0(B_0)$ und $s_1(B_1)$ können die Nutzenfunktionen im Zwei-Zeitpunkt-Fall wie folgt dargestellt werden:

$$V[s_0(B_0), s_1(B_1)] \tag{8}$$

und
$$U[x_0 - s_0(B_0), x_1 - s_1(B_1)]. \tag{9}$$

Werden die Nutzenfunktionen in die allgemeine notwendige Bedingung der Anreizkompatibilität III.5.4 gemäß Proposition III.2 eingesetzt, erhält man:

$$U[x_0 - s_0(B_0), x_1 - s_1(B_1)] = a \cdot V[s_0(B_0), s_1(B_1)] + b \tag{10}$$

mit
$$s_t(B_t) = s_t[B_t(\mathbf{x_0}, \mathbf{x_1})]. \tag{7}$$

Wird diese Bedingung nach je einem Cash Flow-Bestandteil x_{0i} in $t = 0$ bzw. x_{1i} in $t = 1$ abgeleitet, erhält man:

$$U_0' \cdot \left(1 - s_0'(B_0) \cdot \frac{\partial B_0}{\partial x_{0i}}\right) - U_1' \cdot s_1'(B_1) \cdot \frac{\partial B_1}{\partial x_{0i}} \tag{11}$$

$$= a \cdot \left(V_0' \cdot s_0'(B_0) \cdot \frac{\partial B_0}{\partial x_{0i}} + V_1' \cdot s_1'(B_1) \cdot \frac{\partial B_1}{\partial x_{0i}}\right)$$

bzw.
$$-U_0' \cdot s_0'(B_0) \cdot \frac{\partial B_0}{\partial x_{1i}} + U_1' \cdot \left(1 - s_1'(B_1) \cdot \frac{\partial B_1}{\partial x_{1i}}\right) \tag{12}$$

$$= a \cdot \left(V_0' \cdot s_0'(B_0) \cdot \frac{\partial B_0}{\partial x_{1i}} + V_1' \cdot s_1'(B_1) \cdot \frac{\partial B_1}{\partial x_{1i}}\right).$$

Erhöht der Agent zum Zeitpunkt t den Cash Flow-Bestandteil x_{ti} um eine Einheit, dann führt dies zunächst zu einer direkten Erhöhung des Cash Flows zum Zeitpunkt

t. Ferner erfolgen Änderungen der Bemessungsgrundlagen. Die Veränderungen der Bemessungsgrundlagen kommen in den partiellen Ableitungen zum Ausdruck. Diese führen ihrerseits zu Veränderungen der Entlohnung, was über die Ableitung $s'_t(B_t)$ wiedergegeben wird. Gleichung (11) bzw. (12) besagt, daß bei einer Erhöhung von Cash Flow-Bestandteil x_{ti} die gesamte Veränderung des Nutzens des Prinzipals stets proportional zur Veränderung des Nutzens des Agenten sein muß.

Nach Umformung der Gleichungen (11) und (12) erhält man:

$$U'_0 \cdot \left(1 - s'_0(B_0) \cdot \frac{\partial B_0}{\partial x_{0i}} - s'_1(B_1) \cdot \frac{1}{\gamma_{P1}} \cdot \frac{\partial B_1}{\partial x_{0i}}\right) \quad (13)$$

$$= a \cdot V'_0 \cdot \left(s'_0(B_0) \cdot \frac{\partial B_0}{\partial x_{0i}} + s'_1(B_1) \cdot \frac{1}{\gamma_{A1}} \cdot \frac{\partial B_1}{\partial x_{0i}}\right)$$

bzw.
$$U'_0 \cdot \left(1 - s'_0(B_0) \cdot \gamma_{P1} \cdot \frac{\partial B_0}{\partial x_{1i}} - s'_1(B_1) \cdot \frac{\partial B_1}{\partial x_{1i}}\right) \cdot \frac{1}{\gamma_{P1}} \quad (14)$$

$$= a \cdot V'_0 \cdot \left(s'_0(B_0) \cdot \gamma_{A1} \cdot \frac{\partial B_0}{\partial x_{1i}} + s'_1(B_1) \cdot \frac{\partial B_1}{\partial x_{1i}}\right) \cdot \frac{1}{\gamma_{A1}}$$

mit $$\gamma_{P1} \equiv \frac{U'_0}{U'_1} \quad \text{und} \quad \gamma_{A1} \equiv \frac{V'_0}{V'_1}. \quad (15)$$

Die Darstellungsweise gemäß (13) und (14) entspricht einer *Barwertbetrachtung*, wobei die Zeitpräferenzen γ_{P1} und γ_{A1} den Charakter von *sicheren* Aufzinsungsfaktoren haben. Es ist zu beachten, daß die Zeitpräferenzen grundsätzlich nicht exogen vorgegeben sind, sondern gemäß (15) jeweils von den Grenznutzenverhältnissen zwischen den Zeitpunkten abhängen. Der Prinzipal (bzw. der Agent) orientiert sich bei der Veränderung eines Cash Flow-Bestandteils zu einem Zeitpunkt t gemäß (13) bzw. (14) am Grenznutzen zum Zeitpunkt 0 multipliziert mit dem Grenz-Barwert der Nettoüberschüsse (bzw. Entlohnungen) bezogen auf den Zeitpunkt 0. Bei Risikoneutralität und gegebenen Abzinsungsfaktoren würde sich beispielsweise der Agent am Barwert der Entlohnung (bzw. Grenzentlohnung) orientieren.

Die Gleichung (13) bzw. (14) kann auch wie folgt dargestellt werden:

$$s'_0(B_0) \cdot \frac{\partial B_0}{\partial x_{0i}} \cdot \left(1 + \frac{a}{\lambda_0}\right) + s'_1(B_1) \cdot \frac{\partial B_1}{\partial x_{0i}} \cdot \left(\frac{1}{\gamma_{P1}} + \frac{a}{\lambda_0} \cdot \frac{1}{\gamma_{A1}}\right) = 1 \quad (16)$$

bzw. $$s_0'(B_0) \cdot \gamma_{P1} \cdot \frac{\partial B_0}{\partial x_{1i}} \cdot \left(1 + \frac{a}{\lambda_0}\right) + s_1'(B_1) \cdot \gamma_{P1} \cdot \frac{\partial B_1}{\partial x_{1i}} \cdot \left(\frac{1}{\gamma_{P1}} + \frac{a}{\lambda_0} \cdot \frac{1}{\gamma_{A1}}\right) = 1 \qquad (17)$$

mit $$\lambda_0 \equiv \frac{U_0'}{V_0'}. \qquad (18)$$

Gleichung (16) enthält die Ausdrücke $\frac{\partial B_t}{\partial x_{0i}}$, während in (17) die Ausdrücke $\gamma_{P1} \cdot \frac{\partial B_t}{\partial x_{1i}}$ eingehen. Die beiden Gleichungen können nur dann stets miteinander im Einklang stehen, wenn die folgende notwendige Bedingung gemäß Korollar 1 gilt.

Korollar IV.1: *Das zeitliche Auseinanderfallen zwischen Cash Flows und deren Erfolgswirksamkeit in der Bemessungsgrundlage muß in Form einer Verzinsung berücksichtigt werden. Maßgeblich ist hierbei die Zeitpräferenz des Prinzipals.*

In gängigen theoretischen und praktischen Konzepten des Rechnungswesens gehen zahlreiche Cash Flow-Bestandteile (wie Umsatzerlöse) *unmittelbar* (ausschließlich) zum Zeitpunkt ihres Anfallens *vollständig* in die Erfolgsrechnung ein. Formal ausgedrückt, gilt für solche Komponenten dann: $\frac{\partial B_t}{\partial x_{ti}} = 1$ und $\frac{\partial B_\tau}{\partial x_{ti}} = 0$ für $\tau \neq t$. Für den praktisch immer gegebenen Fall, daß zu jedem Zeitpunkt solche *unmittelbar vollständig erfolgswirksamen* Cash Flow-Bestandteile existieren, lassen sich auf einfache Weise Aussagen bezüglich der Entlohnungsfunktion treffen. So folgt für die Entlohnungsfunktion aus (16) und (17):

$$s_0'(B_0) \cdot \left(1 + \frac{a}{\lambda_0}\right) = 1 \qquad (19)$$

und $$s_1'(B_1) \cdot \left(1 + \frac{a}{\lambda_0} \cdot \frac{\gamma_{P1}}{\gamma_{A1}}\right) = 1. \qquad (20)$$

Bei gleichen Zeitpräferenzen ist die anreizkompatible Grenzentlohnung $s_t'(B_t)$ für beide Zeitpunkte gleich. Hat der Agent hingegen eine höhere Zeitpräferenz, so erhält er zum Ausgleich eine im Zeitablauf steigende Grenzentlohnung.[1] Auf der Grundlage von (19) und (20) lassen sich analog zu den Ausführungen in Teil III der Arbeit weitere Aussagen über die Gestalt einer anreizkompatiblen Entlohnungsfunktion treffen.

---

1) LAUX sowie GILLENKIRCH/SCHABEL analysieren eine anreizkompatible Erfolgsbeteiligung bei Risikoneutralität und unterschiedlichen Zeitpräferenzen. Hierbei ergeben sich im Zeitablauf steigende Prämiensätze. Vgl. LAUX (1999), S. 285-316 und GILLENKIRCH/SCHABEL (2001).

Um weitere Aussagen bezüglich der Bemessungsgrundlage machen zu können, werden die Bedingungen (19) und (20), die bei Existenz (mindestens) zweier *unmittelbar vollständig erfolgswirksamer* Cash Flow-Bestandteile x_{0i} und x_{1i} gelten, in (16) und (17) eingesetzt. Es folgt für alle übrigen Cash Flow-Bestandteile:

$$\frac{\partial B_0}{\partial x_{0i}} + \frac{1}{\gamma_{P1}} \cdot \frac{\partial B_1}{\partial x_{0i}} = 1 \qquad (21)$$

und
$$\gamma_{P1} \cdot \frac{\partial B_0}{\partial x_{1i}} + \frac{\partial B_1}{\partial x_{1i}} = 1. \qquad (22)$$

Zur Veranschaulichung dieser beiden Bedingungen werden zwei unterschiedliche Cash Flow-Bestandteile betrachtet, bei denen der Zeitpunkt des Cash Flow-Anfalls und jener der Erfolgswirksamkeit auseinanderfallen. Im ersten Fall fällt die Erfolgskomponente x_{0j} *schon* zum Zeitpunkt 0 an, wird aber *erst* zum Zeitpunkt 1 in der Bemessungsgrundlage erfolgswirksam. Es gilt also: $\frac{\partial B_0}{\partial x_{0j}} = 0$; $\frac{\partial B_1}{\partial x_{0j}} > 0$. Aufgrund von (21) folgt:

$$\frac{\partial B_1}{\partial x_{0j}} = \gamma_{1P}, \qquad (23)$$

d.h. für jede Cash Flow-Einheit x_{0j} zum Zeitpunkt 0 muß sich die Bemessungsgrundlage zum Zeitpunkt 1 um γ_{1P} Einheiten verändern. Stellt x_{0j} beispielsweise eine Anschaffungsauszahlung für eine Anlage dar, die zum Zeitpunkt 0 aktiviert und zum Zeitpunkt 1 vollständig abgeschrieben wird, dann müssen kalkulatorische Zinsen aufgrund der Zeitpräferenzrate r_{P1} des Prinzipals als Ausgleich verrechnet werden.[2] Die Zeitpräferenzrate des Prinzipals ergibt sich dabei aufgrund seiner Zeitpräferenz wie folgt: $r_{P1} = \gamma_{P1} - 1$.

Im zweiten Fall wird hingegen davon ausgegangen, daß die Komponente x_{1k} zwar *erst* zum Zeitpunkt 1 anfällt, aber (ausschließlich) *schon* zum Zeitpunkt 0 erfolgswirksam wird. Es gilt also: $\frac{\partial B_0}{\partial x_{1k}} > 0$; $\frac{\partial B_1}{\partial x_{1k}} = 0$. Aufgrund von (22) gilt dann:

$$\frac{\partial B_0}{\partial x_{1k}} = \frac{1}{\gamma_{1P}}, \qquad (24)$$

---

2) Für den Spezialfall Risikoneutralität, Sicherheit sowie konstante Zeitpräferenzen zeigt LAUX, daß es für Anreizkompatibilität hinreichend ist, wenn kalkulatorische Zinsen auf Basis des Zinssatzes des Prinzipals berechnet werden, vgl. LAUX (1999), S. 311-313.

d.h. für jede Cash Flow-Einheit x_{1k} zum Zeitpunkt 1 muß sich die Bemessungsgrundlage zum Zeitpunkt 0 um γ_{1P}^{-1} Einheiten verändern. Eine Antizipation von zukünftigen Zahlungen muß demnach barwertneutral erfolgen. Verbirgt sich hinter der Komponente x_{ik} beispielsweise der Verkauf eines Produktes auf Ziel, so darf letztendlich nur der Barwert der Zahlung zum Zeitpunkt des Verkaufs als Forderung in die Bemessungsgrundlage eingehen.

Die beiden Bedingungen (21) und (22) können wie folgt formuliert werden:

$$\sum_{\tau=0}^{1} \frac{\partial B_\tau}{\partial x_{ti}} \cdot \gamma_{P1}^{-(\tau-t)} = 1 \tag{25}$$

bzw.
$$\sum_{\tau=0}^{1} \gamma_{P1}^{-\tau} \cdot \frac{\partial B_\tau}{\partial x_{ti}} \cdot dx_{ti} = \gamma_{P1}^{-t} \cdot dx_{ti}. \tag{26}$$

Die Bedingung (25) bzw. (26) beinhaltet ein *allgemeines Prinzip der Barwertidentität*:

Korollar IV.2: *Enthält die Bemessungsgrundlage zu jedem Zeitpunkt unmittelbar vollständig erfolgswirksame Cash Flow-Bestandteile, so ist es für Anreizkompatibilität notwendig, daß alle Cash Flow-Variationen die Bemessungsgrundlage so verändern, daß der "Barwert" dieser Änderungen zur Zeitpräferenz des Prinzipals dem "Barwert" der Cash Flow-Variationen entspricht.*

Die Zeitpräferenz γ_{P1} des Prinzipals hat, wie erläutert, den Charakter eines sicheren Aufzinsungsfaktors. Sie ist grundsätzlich nicht exogen vorgegeben, sondern hängt von den Grenznutzenverhältnissen ab. Ist die Zeitpräferenz des Prinzipals nicht konstant, so sind der Erfolgsrechnung enge Grenzen gesetzt. Notwendig und hinreichend für die konstante Zeitpräferenz eines Entscheiders ist, daß die Nutzenfunktion wie folgt dargestellt werden kann: $U[\cdot] = U(\sum \eta_t \cdot x_t)$.[3] Der Entscheider orientiert sich dann mittels einer Nutzenfunktion U mit (nahezu) beliebiger Gestalt am Endwert bzw. Barwert des Einkommensstroms.[4]

Bei konstanter Zeitpräferenz γ_{P1} (bzw. Zeitpräferenzrate r_{P1}) des Prinzipals folgt nach Integration aus (26) die folgende Bedingung:

$$\sum_{t=0}^{1} \gamma_{P1}^{-t} \cdot B_t + g = \sum_{t=0}^{1} \gamma_{P1}^{-t} \cdot x_t \tag{27}$$

---

[3] Vgl. hierzu Kapitel III.2.

[4] Wie letztlich die Nutzenfunktion eines der Beteiligten bezüglich seines Einkommens aus der Delegationsbeziehung gestaltet ist, hängt vor allem auch von den Kapitalmarktbedingungen ab, vgl. hierzu Kapitel V.2.

Kapitel IV.3 Anreizkompatible Bemessungsgrundlagen im Zwei-Zeitpunkt-Fall

bzw.
$$\sum_{t=0}^{1}(1+r_{P1})^{-t}\cdot B_t + g = \sum_{t=0}^{1}(1+r_{P1})^{-t}\cdot x_t$$

mit g als Integrationskonstante.

Aus (27) wird unmittelbar ersichtlich:

Korollar IV.3: *Enthält die Bemessungsgrundlage zu jedem Zeitpunkt unmittelbar vollständig erfolgswirksame Cash Flow-Bestandteile und ist die Zeitpräferenzrate des Prinzipals konstant, so ist es für Anreizkompatibilität notwendig, daß alle Cash Flows in die Bemessungsgrundlage so eingehen, daß der Barwert der Bemessungsgrundlage zur Zeitpräferenzrate des Prinzipals mit dem Barwert der Cash Flows bis auf eine Konstante übereinstimmt.*

Die Bedingung (27) stellt sich als Spezialfall des allgemeinen Prinzips der Barwertidentität gemäß (26) dar. Sie ist jedoch noch relativ allgemeingültig, da zu ihrer Herleitung weder von gleichen Zeitpräferenzen, noch von Sicherheit oder Risikoneutralität der Kooperationspartner ausgegangen wurde. Ferner wurden keine Annahmen bezüglich der Gestalt der Entlohnungsfunktion getroffen.

Die Bedingung (27) dient nun der theoretischen Überprüfung praxisrelevanter Residualgewinnkonzepte.

4 Überprüfung praktischer Residualgewinnkonzepte

Im Rahmen der Wertorientierten Unternehmensführung (Value Based Management) werden zur integrierten Planung und Steuerung periodenbezogene Wertbeitragskennzahlen in Form von Residualgewinnen (Übergewinnen) verwendet. Prominente Wertbeitragskennzahlen sind der Economic Value Added (EVA), der Economic Profit (EP), der Cash Value Added (CVA) sowie der Shareholder Value Added (SVA). Solche Kennzahlen sollen den (theoretischen) Wertbeitrag im operativen Bereich innerhalb einer Periode zum Marktwert des Eigenkapitals messen. Als Ausgangspunkt für die Berechnung dieser Kennzahlen dient meist der aus dem externen Rechnungswesen stammende Jahresüberschuß. Der Jahresüberschuß weist allerdings einige Schwächen auf, die für Steuerungszwecke Korrekturen und Anpassungen erfordern. So werden insbesondere das Fehlen von Eigenkapitalzinsen, die Kurzfristigkeit und die Vergangenheitsorientierung sowie Manipulationsmöglichkeiten bemängelt. Deshalb berücksichtigen praxisrelevante Residualgewinnkonzepte Zinsen auf das *gesamte* eingesetzte Kapital; den übrigen Schwächen versucht man, durch bestimmte Anpassungen (sogenannte Conversions) zu begegnen. Die Gesamtkapitalkosten ergeben sich, indem der durchschnittliche Kapitalkostensatz (WACC) mit dem (angepaßten) Buchwert des Gesamtkapitals multipliziert wird. Bei der Berechnung des durchschnittlichen Kapitalkostensatzes wird der Eigenkapitalkostensatz auf Grundlage des CAPM geschätzt. Folglich wird zur Berechnung der Kapitalkosten ein *risikoangepaßter* Zinssatz verwendet.

Im Rahmen der Wertorientierten Unternehmensführung dienen die so berechneten Residualgewinne auch als Bemessungsgrundlagen für die Entlohnungen von Managern. Gemäß STERN soll das Anreizsystem die Interessen des Managers mit den Interessen der Anteilseigner in Einklang bringen.[1] Es stellt sich die Frage, ob praxisrelevante Residualgewinnkonzepte diese Anforderung tatsächlich erfüllen (können).

Die einschlägige praxisorientierte Literatur beschäftigt sich vorwiegend mit der Beschreibung der jeweiligen Konzepte, und mit der empirischen Überprüfung von deren "Value Relevance".[2]

---

1) Vgl. STERN (1993b), S. 35 sowie STERN (1994), S. 43.
2) Für einen Überblick über solche Studien siehe BIDDLE/BOWEN/WALLACE (1999); ITTNER/LARCKER (2001); BARTH/BEAVER/LANDSMAN (2001) sowie kritisch HOLTHAUSEN/WATTS (2001).

Kapitel IV.4 Überprüfung praktischer Residualgewinnkonzepte 179

Einige theoretische Arbeiten befassen sich mit der wissenschaftlichen Fundierung und Beurteilung von (praxisrelevanten) Residualgewinnkonzepten. So zeigt REICHELSTEIN (1997), daß der Residualgewinn als einzige Bemessungsgrundlage neben Cash Flows geeignet ist, um Zielkongruenz zu gewährleisten. Er geht hierbei von Risikoneutralität und einer gegebenen linearen Teilungsregel aus.[3] O´HANLON/PEASNELL (1998) diskutieren die Problematik gängiger Anpassungen. FELTHAM/OHLSON (1999) zeigen vor dem Hintergrund des State Preference Ansatzes, daß bei einer Orientierung an Residualgewinnen bei der Investitionsplanung der sichere Zinssatz zur Berechnung von Eigenkapitalkosten verwendet werden sollte. CHRISTENSEN/FELTHAM/WU (2002) verdeutlichen in einem einfachen Anreiz-Modell im Kapitalmarktzusammenhang, daß der Kalkualtionszinssatz keine Marktrisikoprämie enthalten sollte. Die genannten Untersuchungen leiten die entsprechenden Ergebnisse vor dem Hintergrund (mehr oder weniger) eingeschränkter Entscheidungssituationen ab. Zum großen Teil wird kein direkter Bezug zur Delegationsproblematik und damit zur grundlegenden Frage hergestellt, ob aus Planungsgesichtspunkten erwünschte Eigenschaften von Erfolgsrechnungen (decision usefulness of accounting information) auch aus Anreizgesichtspunkten wünschenswert sind (stewardship value of accounting information).[4]

Ob praxisrelevante Residualgewinn-basierte Anreizsysteme überhaupt die Interessen des Managers mit den Interessen der Anteilseigner in Einklang bringen können, läßt sich auf Basis der *notwendigen* und *hinreichenden* Bedingungen der Anreizkompatibilität überprüfen. Die hergeleiteten grundlegenden *Prinzipien*, die Teilungsregeln und Bemessungsgrundlagen erfüllen *müssen*, sofern sie für eine anreizkompatible Managemententlohnung dienen sollen, sind teilweise als *hinreichende* Bedingungen für eingeschränkte Entscheidungssituationen bereits bekannt. Der Nachweis der *allgemeinen Notwendigkeit* der Prinzipien hat sowohl eine große Bedeutung für die praktische Konzeption von wertorientierten Anreizsystemen, als auch für deren theoretische Beurteilung. Im Rahmen der praktischen Gestaltung wird der betreffende Handlungsspielraum von vornherein eingeengt. Aus theoretischer Sicht lassen sich bestehende Konzepte auf einfache Weise überprüfen, indem die Erfüllung der Prinzipien kontrolliert wird. Insbesondere bei der Verwendung des Residualgewinns als Bemessungsgrundlage für die Managemententlohnung sind alle Cash Flow-

---

3) Vgl. REICHELSTEIN (1997), S. 157-167. REICHELSTEIN versteht unter Zielkongruenz (Goal Congruence), daß der Manager einen Anreiz hat, genau nur Projekte mit einem positiven erwarteten Brutto-Kapitalwert durchzuführen, vgl. REICHELSTEIN (1997), S. 157.
4) Vgl. GJESDAL (1981).

Bestandteile vollständig und barwertneutral zu erfassen. Hierbei ist zur Berechnung von Kapitalkosten der sichere Zinssatz der Anteilseigner zu verwenden. Wie nun deutlich wird verstoßen praxisrelevante Residualgewinnkonzepte gegen die theoretischen Anforderungen, weil ausschließlich ein risikoangepaßter Kalkulationszinsfuß verwendet wird, und außerdem nicht alle Cash Flow-Bestandteile vollständig erfaßt werden.

Gemäß Korollar IV.3 bzw. Bedingung (27) kann sich der Residualgewinn nur dann als anreizkompatible Bemessungsgrundlage für die Entlohnung eignen, wenn der Barwert der Residualgewinne RG_t bis auf eine Konstante mit dem Barwert der Cash Flows x_t übereinstimmt (notwendige Bedingung). Es muß also im Zwei-Zeitpunkt-Fall gelten:

$$\sum_{t=0}^{1}(1+r_{P1})^{-t} \cdot RG_t + g = \sum_{t=0}^{1}(1+r_{P1})^{-t} \cdot x_t. \qquad (28)$$

Hierbei muß als Kalkulationszinssatz die Zeitpräferenzrate des Prinzipals verwendet werden. Die Zeitpräferenzrate hat, wie erläutert wurde, den Charakter eines Zinssatzes für eine *sichere* Anlage.

Der Residualgewinn ist als Periodengewinn nach (bzw. vor) Fremdkapitalzinsen abzüglich Zinsen auf das gebundene Eigenkapital (bzw. Gesamtkapital) der Vorperiode definiert. Werden Steuern aus der Analyse ausgeblendet, so ergibt sich der Residualgewinn bei ausschließlicher Eigenkapitalfinanzierung auf Basis des Equity- bzw. Entity-Ansatzes grundsätzlich wie folgt:[5]

$$RG_t = G_t - k_P \cdot EK_{t-1}. \qquad (29)$$

Das gebundene Eigenkapital der Vorperiode wird dabei aufgrund von Buchwerten ermittelt. Zur Berechnung der Zinsen wird in der Praxis die geforderte Verzinsung der Eigenkapitalgeber in Form eines *risikoangepaßten* Zinssatzes verwendet (k_P = WACC = r_{EK}).

Es ist hinlänglich bekannt, daß gemäß dem *Lücke-Theorem* für *jeden* beliebigen Kalkulationszinssatz der Barwert der Residualgewinne dem Barwert der Cash Flows (bzw. Ausschüttungen) entspricht, sofern die Gewinnermittlung vor Berücksichtigung von Zinsen nach der *Clean Surplus-Bedingung* erfolgt:[6]

---

5) Vgl. EWERT/WAGENHOFER (2000), S. 9. Zur Vereinfachung der Darstellung wird hier von einem periodenunabhängigen Zinssatz ausgegangen.
6) Vgl. EWERT/WAGENHOFER (2003), S. 73-79; FELTHAM/OHLSON (1995), S. 694-701; LAUX (1999), S. 146-159; Lücke (1955), S. 313-316; PREINREICH (1937), S. 220-224 sowie Schabel (2002). O'HANLON/PEASNELL behaupten, daß die Clean Surplus-Bedingung *notwendig* und *hinreichend* dafür ist,

$$G_t = EK_t + x_t - EK_{t-1}. \tag{30}$$

Der Gewinn ergibt sich hierbei stets aufgrund der Zunahme des Eigenkapitals vor der Ausschüttung des Cash Flows x_t an die Eigenkapitalgeber.[7] Die Clean Surplus-Bedingung impliziert, daß die Summe der Gewinne gleich der Summe der Cash Flows über die gesamte Lebensdauer ist (Kongruenzprinzip):

$$\sum_{t=0}^{T} G_t = \sum_{t=0}^{T} x_t \qquad \text{für } EK_T = EK_{-1} = 0. \tag{31}$$

Demnach gilt also *Summen*identität - und nicht Barwertidentität - bezüglich der Gewinne.

Werden die Gewinne nach der Clean Surplus-Bedingung gemäß (30) ermittelt, so folgt dann aufgrund von (29) für die Residualgewinne:

$$RG_t = EK_t + x_t - (1 + k_P) \cdot EK_{t-1}. \tag{32}$$

Der Barwert der Residualgewinne *zum risikoangepaßten Zinssatz k_P* beträgt:

$$\sum_{t=0}^{T}(1+k_P)^{-t} \cdot RG_t = \sum_{t=0}^{T}(1+k_P)^{-t} \cdot x_t. \tag{33}$$

Hier besteht zwar Barwertidentität - dies aber nur zu dem *risikoangepaßten* Zinssatz der Anteilseigner k_P. Bedingung (28) fordert hingegen, daß eine anreizkompatible Erfolgsrechnung so gestaltet ist, daß Barwertidentität (bis auf eine Konstante) zum *sicheren* Zinssatz der Anteilseigner gilt. Die Verwendung des risikoangepaßten Zinssatzes bei der Berechnung der Residualgewinne verstößt grundsätzlich gegen die Bedingung (28), sofern die Eigenkapitalbasis nicht konstant ist.

Bedingung (28) fordert ferner eine *vollständige* (barwertneutrale) Erfassung *aller* Cash Flow-Komponenten. Praxisrelevante Residualgewinnkonzepte verstoßen gegen

---

daß der Barwert von Rechnungswesengrößen und Cash Flows übereinstimmt, also Barwertidentität gegeben ist. Vgl. O'HANLON/PEASNELL (1998), S. 423. Die Clean Surplus-Bedingung ist aber weder notwendig noch hinreichend für Barwertidentität. Sie ist, wie gezeigt wird, für Barwertidentität nur hinreichend, wenn zudem von Residualgewinnen ausgegangen wird und die Zinsen auf gleicher Basis berechnet werden wie die Diskontierungsfaktoren. Die angebliche Notwendigkeit der Clean Surplus-Bedingung läßt sich leicht widerlegen, indem man von einem Rechnungswesensystem ausgeht, welches eine *direkte* barwertneutrale Erfassung vorsieht. Hierbei werden überhaupt keine kalkulatorischen Zinsen explizit berechnet; Abschreibungsraten beinhalten dann eine implizite Verzinsung. Zukünftige Einzahlungen aufgrund gegenwärtiger Leistungen werden unmittelbar zum entsprechenden Barwert erfolgswirksam.

7) Es wird weiterhin von Fremdfinanzierung abstrahiert.

diese Forderung. Zum einen werden manche Erfolgskomponenten *nicht vollständig* erfaßt, wodurch gegen die Clean Surplus-Bedingung verstoßen wird. Zum anderen werden *nicht alle* verursachten Erfolgskomponenten zugerechnet. So werden von vornherein betriebsfremde Bestandteile wie börsengängige Wertpapiere herausgerechnet. Der Zweck wird darin gesehen, daß der Manager sich allein auf das operative Geschäft konzentrieren soll. Jedoch ist dann davon auszugehen, daß die betreffenden Erfolgskomponenten im Entscheidungskalkül vernachlässigt und damit *Fehlanreize* möglich werden. Eine unvollständige Erfassung von Erfolgskomponenten und eine Verletzung der Clean Surplus-Bedingung findet man beispielsweise bei der Herausrechnung von Gewinnen und Verlusten durch Verkauf/Stillegung einer Investition bzw. Anlage. Der beabsichtigte Zweck ist "... to immunize performance measurement against past errors" [8] Auch hierbei sind Fehlanreize zu erwarten.

Die Begründung für die *vollständige* (barwertneutrale) Erfassung *aller* Cash Flow-Komponenten liegt, wie in Kapitel III 5 gezeigt wurde, nicht nur in den sonst fehlenden Anreizen bezüglich der betreffenden Erfolgskomponenten, sondern in der sonst nicht übereinstimmenden *Bewertung* aller *anderen* Erfolgskomponenten. Für strenge Anreizkompatibilität ist es notwendig, den Agenten an *allen* Cash Flow-Komponenten zu beteiligen, und zwar unabhängig davon, ob er die Komponenten beeinflussen kann oder nicht. Cash Flow-Komponenten dürfen dann und nur dann vernachlässigt werden, wenn sie *erstens* nicht beeinflußt werden können (bzw. im Rahmen barwertneutraler Projekte anfallen) *und zweitens*, wenn Risikoneutralität vorliegt. Dies widerspricht dem gängigen Prinzip, wobei nur *verursachte* Erfolgskomponenten zugerechnet werden.[9]

Die Forderung der *vollständigen* Erfassung *aller* Erfolgskomponenten ist relativ leicht nachvollziehbar und besteht schon längst in Theorie und Praxis. Die Forderung hinsichtlich der Verwendung eines *sicheren Zinssatzes* anstelle eines risikoangepaßten Zinssatzes hingegen verstößt gegen eine in Literatur und Praxis weit verbreitete Meinung. Risikoangepaßte Zinssätze finden nicht nur bei der Berechnung von Residualgewinnen, sondern insbesondere auch bei der Investitionsplanung und der Unternehmensbewertung aufgrund der Discounted Cash Flow-Methode eine breite Verwendung. Eine vertiefende Analyse der Problematik der Verwendung eines *risikoangepaßten* Zinssatzes zur Berechnung der Kapitalkosten erfolgt in Kapitel V.7 vor dem Hintergrund des CAPM.

---

[8] O'HANLON/PEASNELL (1998), S. 430.
[9] Es ist hinreichend nur *verursachte* Erfolgskomponenten zuzurechnen, wenn ein vollkommener und vollständiger Kapitalmarkt besteht. In diesem Fall, erübrigt sich die explizite Anreizgestaltung aber weitgehend, vgl. Teil V der Arbeit.

Kapitel IV.4 Überprüfung praktischer Residualgewinnkonzepte

Praxisrelevante Konzepte zeigen sich nicht nur in Bezug auf die Bemessungsgrundlage, sondern auch in Bezug auf die anknüpfenden *Entlohnungsfunktionen* als problematisch. Die Beteiligung an Größen des Rechnungswesens in Form des Residualgewinns ist nur dann praktisch umsetzbar, wenn von konstanten Zeitpräferenzen ausgegangen werden kann. Bei konstanter Zeitpräferenz kann, wie gezeigt wurde, Anreizkompatibilität auf einfache Weise hergestellt werden, indem eine Endwertbeteiligung erfolgt. Häufig erfolgt in der Praxis jedoch eine isolierte Erfolgsbeteiligung. Wie ebenfalls gezeigt wurde, kann bei konstanten Zeitpräferenzen bzw. Aufzinsungsfaktoren eine isolierte Periodenbeteiligung nur bei *linearen* (Perioden-) Entlohnungsfunktionen überhaupt anreizkompatibel sein.

Praxisrelevante Entlohnungsfunktionen sind häufig nicht linear gestaltet und somit nicht anreizkompatibel. In diesem Fall ist dann mit Fehlanreizen zu rechnen.

5 Kalkulatorische Zinsen bei zustandsabhängiger Zeitpräferenz

Bei zustandsabhängigen Nutzenfunktionen *kann* (muß aber nicht) die Zeitpräferenz zustandsabhängig sein. Es wird in diesem Abschnitt gezeigt, wie die Ergebnisse bezüglich der Verrechnung kalkulatorischer Zinsen zu modifizieren sind, sofern von einer *zustandsabhängigen Zeitpräferenz des Prinzipals* ausgegangen wird.

Bei zustandsabhängigen Nutzenfunktionen muß, wie in Kapitel III.8 gezeigt wurde, die folgende *notwendige und hinreichende Bedingung* für Anreizkompatibilität erfüllt sein:

$$U_z[x_0 - s_0, x_{1z} - s_{1z}] = a \cdot V_z[s_0, s_{1z}] + b_z. \tag{34}$$

Die zustandsabhängige Entlohnung zum Zeitpunkt 1 ist hierbei abhängig von der Bemessungsgrundlage B_{1z}:

$$s_{1z} = s_{1z}[B_{1z}(\mathbf{x_0}, \mathbf{x_{1z}})]. \tag{35}$$

Es wird folglich berücksichtigt, daß die Bemessungsgrundlage *zustandsabhängig* sein kann.

Es werden analog zu den Darstellungen in Kapitel III.5 die Erfolgskomponenten x_{0j} und x_{1k} betrachtet, die jeweils nur zum Zeitpunkt 1 erfolgswirksam werden. Bei einer partiellen Variation der Bestandteilen x_{0j} und x_{1k} gilt:

$$U'_{0z} - U'_{1z} \cdot \frac{\partial s_{1z}}{\partial x_{0i}} = a \cdot V'_{1z} \cdot \frac{\partial s_{1z}}{\partial x_{0i}}. \tag{36}$$

$$\Leftrightarrow \quad U'_{1z}\left(1 - \frac{1}{\gamma_{P1z}} \cdot \frac{\partial s_{1z}}{\partial x_{0i}}\right) = a \cdot V'_{1z} \cdot \frac{1}{\gamma_{P1z}} \cdot \frac{\partial s_{1z}}{\partial x_{0i}},$$

und

$$U'_{1z} \cdot \left(1 - \frac{\partial s_{1z}}{\partial x_{1zj}}\right) = a \cdot V'_{1z} \cdot \frac{\partial s_{1z}}{\partial x_{1zj}}. \tag{37}$$

Hieraus folgt:

$$\frac{1}{\gamma_{P1z}} \cdot \frac{\partial s_{1z}}{\partial x_{0i}} = \frac{\partial s_{1z}}{\partial x_{1zj}}. \tag{38}$$

Kapitel IV.5 Kalkulatorische Zinsen bei zustandsabhängiger Zeitpräferenz 185

Wird beachtet, daß die Entlohnung gemäß (35) nur *indirekt* von den Cash Flow-Bestandteilen abhängt, folgt schließlich:

$$\frac{1}{\gamma_{P1z}} \cdot \frac{\partial B_{1z}}{\partial x_{0i}} = \frac{\partial B_{1z}}{\partial x_{1j}}. \tag{39}$$

Gemäß (39) müssen in der Bemessungsgrundlage kalkulatorische Zinsen aufgrund der **zustandsabhängigen** *Zeitpräferenzrate des Prinzipals berücksichtigt werden.*

6 Berücksichtigung des Rechnungswesen im T-Zeitpunkt-Fall

Die Kernergebnisse werden nun auf den T-Zeitpunkt-Fall unter Berücksichtigung der allgemeinen Darstellung in Teil III übertragen.

Ausgangspunkt ist die allgemein notwendige und hinreichende Bedingung der Anreizkompatibilität im allgemeinen dynamischen Rahmen (vgl. Abschnitt III.9.2):

$$U[x_0 - s_0, x_1 - s_1, \ldots, x_T - s_T] = a \cdot V[s_0, s_1, \ldots, s_T] + b \qquad \forall \mathbf{x_t} \quad (40)$$

mit
$$s_t = s_t(B_t) = s_t[B_t(\mathbf{x_0}, \mathbf{x_1}, \ldots, \mathbf{x_T})]. \qquad (1)$$

Wird die Bedingung der Anreizkompatibilität nach x_{ti} unter Beachtung der Entlohnungsfunktion gemäß (1) abgeleitet, so erhält man nach Umformung:

$$1 - \sum_{\tau=0}^{T} s'_\tau(B_\tau) \cdot \eta_P^{t-\tau} \cdot \frac{\partial B_\tau}{\partial x_{ti}} = \frac{a}{\lambda_t} \cdot \left(\sum_{\tau=0}^{T} s'_\tau(B_\tau) \cdot \eta_A^{t-\tau} \cdot \frac{\partial B_\tau}{\partial x_{ti}} \right) \qquad (41)$$

mit
$$\lambda_t \equiv \frac{U'_t}{V'_t}, \quad \eta_P^{t-\tau} = \frac{U'_\tau}{U'_t} \quad \text{und} \quad \eta_A^{t-\tau} = \frac{V'_\tau}{V'_t}. \qquad (42)$$

Der Ausdruck auf der linken Seite kann als auf dem Zeitpunkt t bezogener "Barwert des Grenz-Netto-Cash Flows" interpretiert werden. Der Ausdruck in Klammern auf der rechten Seite entspricht vom Charakter her dem "Barwert der Grenzentlohnungen".

Hierfür kann man analog zu (16) und (17) schreiben:

$$\sum_{\tau=0}^{T} s'_\tau(B_\tau) \cdot \frac{\partial B_\tau}{\partial x_{ti}} \cdot \left(\eta_P^{t-\tau} + \frac{a}{\lambda_t} \cdot \eta_A^{t-\tau} \right) = 1 \qquad (43)$$

$\Leftrightarrow \qquad \sum_{\tau=0}^{T} s'_\tau(B_\tau) \cdot \frac{\partial B_\tau}{\partial x_{ti}} \cdot \left(1 + a \cdot \frac{V'_\tau}{U'_\tau} \right) \cdot \eta_P^{t-\tau} = 1. \qquad (44)$

Existieren zu jedem Zeitpunkt unmittelbar vollständig erfolgswirksame Cash Flow-Bestandteile, folgt analog zu (19) und (20):

Kapitel IV.6 Berücksichtigung des Rechnungswesens im T-Zeitpunkt-Fall

$$s'_\tau(B_\tau) \cdot \left(1 + a \cdot \frac{V'_\tau}{U'_\tau}\right) = 1 \qquad (45)$$

und damit:
$$s'_\tau(B_\tau) = \frac{U'_\tau}{U'_\tau + a \cdot V'_\tau}. \qquad (46)$$

Die Bestimmungsgleichung für $s'_\tau(B_\tau)$ entspricht der Bestimmungsgleichung für die Grenzentlohnung in Abschnitt III.9.2. Sie wird durch den *Zeitpunkt der Entlohnung* bestimmt. Es muß aber nach Proposition III.13 ein Ausgleich aufgrund des Unterschiedes zwischen dem Zeitpunkt des Cash Flow-Anfalls und dem Zeitpunkt der Entlohnung erfolgen. Wird (45) in (44) eingesetzt, folgt direkt:

$$\sum_{\tau=0}^{T} \frac{\partial B_\tau}{\partial x_{ti}} \cdot \eta_P^{t-\tau} = 1 \qquad (6)$$

bzw.
$$\sum_{\tau=0}^{T} \frac{\partial B_\tau}{\partial x_{ti}} \cdot \eta_P^{-\tau} \cdot dx_{ti} = \eta_P^{-t} \cdot dx_{ti}. \qquad (47)$$

Diese Bedingung impliziert in *allgemeiner* Form *Barwertidentität* der Bemessungsgrundlage zur (endogenen) Zeitpräferenz des Prinzipals. Hierbei verändern Cash Flow-Variationen die Bemessungsgrundlage stets so, daß der "Barwert" dieser Änderungen zur Zeitpräferenz des Prinzipals dem "Barwert" der Cash Flow-Variationen entspricht.

Bei einer *linearen Aggregation* von Rechnungswesen Informationen und *konstanten Zeitpräferenzen* des Prinzipals kann Gleichung (47) unter Beachtung von (3) präzisiert werden:

$$\sum_{\tau=0}^{T} h_{t\tau i} \cdot x_{ti} \cdot \eta_P^{-\tau} = x_{ti} \cdot \eta_P^{-t}. \qquad (48)$$

Hierbei gibt der Ausdruck $h_{t\tau i} \cdot x_{ti}$ an, welcher *absolute* Anteil von x_{ti} zum Zeitpunkt τ in die Bemessungsgrundlage B_τ eingeht. Der Ausdruck $h_{t\tau i} \cdot x_{ti}$ kann beispielsweise eine Abschreibung darstellen und als Beitrag zum Periodenerfolg des Cash Flow-Bestandteils x_{ti} interpretiert werden. Die Abzinsungsfaktoren $\eta_P^{-\tau}$ und η_P^{-t} sind aufgrund der konstanten Zeitpräferenzen des Prinzipals exogen gegeben.

Für (48) kann man auch schreiben:

$$\sum_{\tau \neq t}^{T} h_{t\tau i} \cdot x_{ti} \cdot \eta_P^{t-\tau} = (1 - h_{tti}) \cdot x_{ti}. \qquad (49)$$

Gemäß (48) *müssen* die absoluten Anteile von Cash Flow-Bestandteilen, die nicht direkt erfolgswirksam sind, barwertneutral erfaßt werden.

Die notwendige Bedingung (48) bzw. (49) läßt noch viele Freiheitsgrade für die konkrete Gestaltung der Erfolgsrechnung offen. Solche Ausgestaltungsformen sind im einzelnen schon hinreichend in der Literatur beschrieben.[1]

---

[1] Siehe zum Beispiel LAUX (1999), insbesondere S. 131-188. Für eine systematische Übersicht möglicher Ausgestaltungsformen und zur Funktion kalkulatorischer Zinsen siehe SCHABEL (2003), Kapitel 2.

V Berücksichtigung des Kapitalmarktes

1 Einführung

Im Rahmen der bisherigen Analyse wurde der Kapitalmarktzusammenhang ausgeblendet. Da jedoch stets von allgemeinen Nutzenfunktionen bezüglich der jeweiligen Anteile ausgegangen wurde, erfolgte die Berücksichtigung des Kapitalmarktzusammenhangs bereits *implizit*. Dementsprechend behalten die erzielten Ergebnisse auch im Kapitalmarktzusammenhang ihre Gültigkeit. Eine *explizite* Betrachtung des Kapitalmarktes ist jedoch aus mehreren Gründen von Bedeutung. Zunächst beeinflußt die Möglichkeit des Handels am Kapitalmarkt die *Eigenschaften der Nutzenfunktionen* der einzelnen Kooperationspartner. Dieser Sachverhalt wird in Kapitel 2 vor dem Hintergrund eines vollkommenen und vollständigen Kapitalmarktes verdeutlicht. Hierbei werden die Implikationen des Handels am Kapitalmarkt für die Nutzenfunktion eines Individualentscheiders aufgezeigt, ohne daß die spezifische Delegationsproblematik betrachtet wird.

Darüber hinaus ist die explizite Betrachtung des Kapitalmarktzusammenhangs aber auch für die anreizkompatible Gestaltung von Teilungsregeln im Rahmen einer Delegationsbeziehung von besonderer Bedeutung. Dies wird im dritten Kapitel herausgearbeitet. Sind die Kooperationspartner am Kapitalmarkt beteiligt, so erzielen sie, neben dem Einkommen aus der Kooperationsbeziehung, externes Einkommen. Wie erläutert, ist es für Anreizkompatibilität notwendig, externes Einkommen direkt in der Bemessungsgrundlage zu berücksichtigen oder indirekt, indem zustandsabhängige Nutzenfunktionen unterstellt werden. Insofern wird die Anreizgestaltung komplexer. Die Existenz eines Kapitalmarktes kann aber insbesondere auch dazu führen, daß sich die Präferenzen der Kooperationspartner angleichen. Dadurch wird die Anreizgestaltung tendenziell einfacher.

Im vierten Kapitel wird die Gestaltung von anreizkompatiblen Teilungsregeln unter Berücksichtigung der spezifischen Implikationen eines Kapitalmarktgleichgewichts diskutiert. Hier steht vor allem die Frage nach Bedingungen für die Existenz eines repräsentativen Investors im Mittelpunkt der Analyse. Denn existiert ein repräsentativer Investor, dann können auf Basis seiner Nutzenfunktion anreizkompatible Teilungsregeln für einen Manager als Agent ermittelt werden.

Unter bestimmten Kapitalmarktbedingungen kann sich die Gestaltung anreizkompatibler Teilungsregeln auf Basis der Nutzenfunktionen erübrigen. So ergibt sich unter *Spanning* und *Competitivity* die Zielsetzung der *Marktwertmaximierung*, und Interessenharmonie kann stets auf einfache Weise durch eine lineare Beteiligung des Agenten an den Cash Flows hergestellt werden. Die Zielsetzung der *Marktwertmaximierung* wird im fünften Kapitel diskutiert. Das hierauf basierende Konzept ist als *partielles Gleichgewichtskonzept* zu verstehen. Marktwertmaximierung wird deshalb von allen akzeptiert, weil der Marktwert eines Investitionsobjektes stets durch Handel am Kapitalmarkt erlöst werden und jeder Kooperationspartner seinen Anteil in den für ihn optimalen Konsumstrom überführen kann. Hierbei wird unterstellt, daß die Preise als *konstant wahrgenommen* werden. Wenn man davon ausgeht, daß die Preise am Kapitalmarkt tatsächlich konstant sind, dann beinhaltet dies streng genommen, daß die Investitionsentscheidung und mithin das Anreizsystem irrelevant ist.

Im sechsten Kapitel wird dem *partiellen* Gleichgewichtskonzept der Marktwertmaximierung die *Partielle Anreizkompatibilität* als *totales Gleichgewichtskonzept* gegenübergestellt. Hierbei wird davon ausgegangen, daß die Anteilseigner breit gestreute Portefeuilles halten und dementsprechend jeweils nur einen sehr geringen Anteil am betrachteten Unternehmen besitzen. Weiterhin wird unterstellt, daß die einzelnen Anteile so klein sind, daß einzelne Investitionsentscheidungen im Unternehmen *nicht* zum Kapitalmarkthandel führen.

Zum Abschluß werden die Implikationen des Kapitalmarktes für die Anreizgestaltung vor dem Hintergrund des Hybrid Capitel Asset Pricing-Modells verdeutlicht.

2 Nutzenfunktionen im Kapitalmarktzusammenhang

2.1 Zum Zusammenhang von Entlohnungsnutzen und Konsumnutzen bei Sicherheit

Um die Darstellung zu vereinfachen, wird von zwei Zeitpunkten ausgegangen. Die Ergebnisse können ebenfalls auf den T-Zeitpunkt-Fall übertragen werden. Es werden zunächst *sichere* Erwartungen und ein *vollkommener Kapitalmarkt* unterstellt.

Basis der Analyse ist die Nutzenfunktion eines beliebigen Entscheiders bezüglich seines *Konsumeinkommens* C_t. Bei expliziter Berücksichtigung des Konsumeinkommens gilt:

$$U[\cdot] = U[C_0, C_1]. \tag{1}$$

Der Konsumnutzen $U[\cdot]$ hängt nur indirekt vom Einkommensstrom bzw. von den Cash Flows x_t ab:

$$U[\cdot] = U[C_0(x_0, x_1), C_1(x_0, x_1)] \equiv U[x_0, x_1]. \tag{2}$$

Die Funktion $U[x_0, x_1]$ entspricht der bisherigen Nutzenfunktion bezüglich des Einkommens aus der Kooperationsbeziehung.

Es wird weiter davon ausgegangen, daß außer x_0 und x_1 kein Einkommen erzielt wird. Außerdem kann auf dem vollkommenen Kapitalmarkt zum Zinssatz r Geld beliebig aufgenommen bzw. angelegt werden. Im Hinblick auf das Konsumeinkommen ist dementsprechend die folgende Budgetrestriktion zu beachten:

$$C_0 \cdot (1+r) + C_1 = x_0 \cdot (1+r) + x_1. \tag{3}$$

Entlang der Budgetrestriktion gilt c.p.:

$$\frac{dC_1}{dC_0} = -(1+r) \quad \text{bzw.} \quad \frac{dx_1}{dx_0} = -(1+r). \tag{4}$$

Nun soll veranschaulicht werden, daß die Zeitpräferenz bezüglich des Konsumeinkommens unter sicheren Erwartungen eine Konstante ist.

Bei sicheren Erwartungen kann man sich zur Maximierung des Konsumnutzens unter Beachtung der Budgetrestriktion an der folgenden Lagrange-Funktion orientieren:[1]

$$L = U[C_0, C_1] + \lambda \cdot [x_0 \cdot (1+r) + x_1 - C_0 \cdot (1+r) - C_1]. \tag{5}$$

Als Bedingungen erster Ordnung ergeben sich:

$$\frac{\partial L}{\partial C_0} = \frac{\partial U[\cdot]}{\partial C_0} - \lambda \cdot (1+r) = 0 \tag{6}$$

und

$$\frac{\partial L}{\partial C_1} = \frac{\partial U[\cdot]}{\partial C_1} - \lambda = 0. \tag{7}$$

Die *Konsum-Zeitpräferenz* beträgt:[2]

$$\left|\frac{dC_1}{dC_0}\right| = \frac{\frac{\partial U[\cdot]}{\partial C_0}}{\frac{\partial U[\cdot]}{\partial C_1}} = (1+r). \tag{8}$$

Wie allgemein bekannt, entspricht die Konsum-Zeitpräferenz dem Aufzinsungsfaktor am Kapitalmarkt. Wird die Lagrange-Funktion *partiell* nach x_0 bzw. x_1 abgeleitet, erhält man ferner:

$$\frac{\partial L}{\partial x_0} = \lambda \cdot (1+r) \quad \text{bzw.} \quad \frac{\partial L}{\partial x_1} = \lambda. \tag{9}$$

Da die Budgetrestriktion für den optimalen Konsumplan stets erfüllt ist, gibt die Lagrange-Funktion die Höhe des Nutzens $U[\cdot]$ an. Die partielle Ableitung der Lagrange-Funktion L nach x_0 (bzw. x_1) zeigt folglich, wie der Nutzen $U[\cdot]$ sich verändert, wenn das Einkommen x_0 (bzw. x_1) um eine marginale Einheit steigt:

$$\frac{\partial L}{\partial x_0} = \frac{\partial U[\cdot]}{\partial x_0} \quad \text{bzw.} \quad \frac{\partial L}{\partial x_1} = \frac{\partial U[\cdot]}{\partial x_1}. \tag{10}$$

Wegen (9) kann man schreiben:

$$\frac{\partial U[\cdot]}{\partial x_0} = \lambda \cdot (1+r) \quad \text{bzw.} \quad \frac{\partial U[\cdot]}{\partial x_1} = \lambda. \tag{11}$$

---

1) Vgl. KRUSCHWITZ, L. (1999), S. 36.
2) Vgl. KRUSCHWITZ, L. (1999), S. 36.

Kapitel V.2 Nutzenfunktionen im Kapitalmarktzusammenhang

Somit gilt unter Beachtung von (6) und (7):

$$\frac{\partial U[\cdot]}{\partial x_0} = \frac{\partial U[\cdot]}{\partial C_0} \quad \text{bzw.} \quad \frac{\partial U[\cdot]}{\partial x_1} = \frac{\partial U[\cdot]}{\partial C_1}. \tag{12}$$

Ein Vergleich mit (8) zeigt schließlich:

$$\frac{\dfrac{\partial U[x_0,x_1]}{\partial x_0}}{\dfrac{\partial U[x_0,x_1]}{\partial x_1}} \equiv \frac{U'_0(x_0,x_1)}{U'_1(x_0,x_1)} = 1+r. \tag{13}$$

Bei sicheren Erwartungen entspricht auch die *Zeitpräferenzrate bezüglich des Einkommens* dem vom Kapitalmarkt vorgegebenen sicheren Zinssatz r. Dieses Ergebnis ist hinlänglich bekannt. Auf einem vollkommenen Kapitalmarkt können unter sicheren Erwartungen Investitionsentscheidungen auf Basis der Kapitalwertmethode unabhängig von Finanzierungs- und Konsumentscheidungen getroffen werden (*Fisher-Separation*)[3]. Ist der Kapitalwert positiv, dann wird *unabhängig* von der (Konsum-) Nutzenfunktion ein höheres Konsum-Nutzenniveau ermöglicht.[4]

Es ist demnach unerheblich, *wer* über eine Investition – gemäß der Kapitalwertmethode – *entscheidet*, es ist aber nicht unerheblich, *wer* über eine getroffene Entscheidung *informiert wird*. Auf einem vollkommenen Kapitalmarkt bei sicheren Erwartungen kann die Entscheidung über ein Investitionsprojekt delegiert werden. Ist der Kapitalwert positiv, dann wird *unabhängig* von der (Konsum-) Nutzenfunktion ein höheres Nutzenniveau ermöglicht. Dies setzt allerdings grundsätzlich voraus, daß der betroffene Kooperationspartner über die Cash Flows *informiert* wird. Nur dann kann er den Strom von Cash Flows in dem für ihn optimalen Strom von Konsumeinkommen durch Handel am Kapitalmarkt verwandeln.[5]

Der Handel am Kapitalmarkt erübrigt sich nur dann, wenn der Einkommensstrom zu jedem Zeitpunkt für den Entscheider marginal ist. Der erforderliche Handel am Kapitalmarkt hängt ansonsten grundsätzlich von der konkreten Gestalt der Nutzenfunktion bezüglich des Konsumeinkommens ab.

Sofern der Entscheider das Einkommen in t = 0 und t = 1 kennt, ist die zeitliche Verteilung bei gleichem Barwert bzw. Endwert irrelevant. Die Nutzenfunktion kann

---

3) Vgl. FISHER (1930), S. 141.
4) Für eine verständliche Darstellung des Zusammenhangs siehe SCHMIDT/TERBERGER (1997), S. 111-114.
5) Vgl. LAUX (2003), S. 298.

deshalb alternativ zu (2) wie folgt in Abhängigkeit des Barwerts bzw. Endwerts dargestellt werden:[6)]

$$U[\cdot] = U\left[C_0, C_1 \middle| x_0 + x_1 \cdot \frac{1}{1+r}\right] \equiv U\left[x_0 + x_1 \cdot \frac{1}{1+r}\right] \quad (14)$$

bzw.
$$U[\cdot] = U\left[C_0, C_1 \middle| x_0 \cdot (1+r) + x_1\right] \equiv U\left[x_0 \cdot (1+r) + x_1\right]. \quad (15)$$

Der Entscheider orientiert sich also am Barwert bzw. Endwert seines Einkommens anhand der Nutzenfunktion $U[\cdot]$.[7)] Diese Repräsentationsform ist möglich, weil der Zinssatz r vom Kapitalmarkt vorgeben ist und zum Zeitpunkt 0 sichere Erwartungen bezüglich x_1 bestehen. Sofern der Entscheidungsträger risikoneutral ist, kann seine Nutzenfunktion auch bei unsicheren Erwartungen stets wie oben repräsentiert werden. Unter unsicheren Erwartungen und Risikoaversion ist dies prinzipiell nicht möglich. Es bleibt jedoch die Ausnahme, daß die Nutzenfunktion in der Ausgangssituation schon eine konstante Zeitpräferenz impliziert.

2.2 Zum Zusammenhang Entlohnungsnutzen und Konsumnutzen im State Preference Ansatz

Es wird nun von einem Kapitalmarkt bei unsicheren Erwartungen bezüglich der Umweltentwicklung z_1 zum Zeitpunkt 1 ausgegangen. Der Kapitalmarkt ist vollkommen und vollständig, so daß für zustandsbedingten Zahlungsansprüche Preise existieren. Zwecks Veranschaulichung wird von einem *expliziten* Handel von zustandsbedingten Zahlungsansprüchen im State Preference Ansatz ausgegangen.[8)] Der Preis für einen Zahlungsanspruch für den Zustand z_1 zum Zeitpunkt t = 0 wird folgendermaßen abgekürzt:

$$\pi(z_1) = \pi_z. \quad (16)$$

Wird zum Zeitpunkt t = 0 für jeden Zustand z einen Anspruch gekauft, so erhält man zum Zeitpunkt t = 1 mit Sicherheit genau eine Geldeinheit. Folglich muß die Summe aller Preise gleich dem Abzinsungsfaktor für sichere Anlagen sein:

$$\sum_{z=1}^{Z} \pi_z = (1+r)^{-1} \quad \text{bzw.} \quad \sum_{z=1}^{Z} \pi_z \cdot (1+r) = 1. \quad (17)$$

---

6) Der Zusammenhang wird im Anhang anhand eines Beispiels verdeutlicht.
7) Es ist zu beachten, daß sich die Nutzenfunktion U in Gleichung (15) von der Nutzenfunktion U in (14) aufgrund einer inneren monotonen Transformation unterscheidet.
8) Vergleiche zum State Preference Ansatz HUANG/LITZENBERGER (1988), S. 119-150.

Kapitel V.2 Nutzenfunktionen im Kapitalmarktzusammenhang

Da nun Unsicherheit bezüglich des Zustandes z_1 besteht, orientiert sich der Entscheider an seinem Erwartungsnutzen aus seinem Konsumeinkommen C_t.

$$E(U[\cdot]) = \sum w(z_1) \cdot U[C_0, C_{1z}]. \tag{18}$$

Hierbei bezeichnet C_{1z} das Konsumeinkommen des Entscheiders zum Zeitpunkt 1 im Zustand z.

Die Budgetrestriktion lautet nun auf den Zeitpunkt t = 1 bzw. t = 0 bezogen:

$$C_0 \cdot (1+r) + \sum C_{1z} \cdot \pi_z \cdot (1+r) = x_0 \cdot (1+r) + \sum x_{1z} \cdot \pi_z \cdot (1+r) \tag{19}$$

bzw.
$$C_0 + \sum C_{1z} \cdot \pi_z = x_0 + \sum x_{1z} \cdot \pi_z. \tag{20}$$

Entlang der Budgetrestriktion gilt c.p.:

$$\frac{dC_{1z}}{dC_0} = -\frac{1}{\pi_z} \quad \text{bzw.} \quad \frac{dx_{1z}}{dx_0} = -\frac{1}{\pi_z}. \tag{21}$$

Bei unsicheren Erwartungen bezüglich Zustand z_1 kann man sich zur Maximierung des Konsumnutzens unter Beachtung der Budgetrestriktion an folgender Lagrange-Funktion orientieren:[9]

$$L = \sum w(z) \cdot U[C_0, C_1] + \lambda \cdot [x_0 + \sum x_{1z} \cdot \pi_z - C_0 - \sum C_{1z} \cdot \pi_z]. \tag{22}$$

Als Bedingungen erster Ordnung erhält man:

$$\frac{\partial L}{\partial C_0} = \sum w(z) \cdot \frac{\partial U[\cdot]}{\partial C_0} - \lambda = 0 \tag{23}$$

und
$$\frac{\partial L}{\partial C_{1z}} = w(z) \cdot \frac{\partial U[\cdot]}{\partial C_{1z}} - \lambda \cdot \pi_z = 0. \tag{24}$$

Die Zustandspräferenz, bezogen auf das Konsumeinkommen, kann hier wie folgt definiert werden:[10]

$$\left| \frac{dC_0}{dC_{1z}} \right| = \frac{w(z) \cdot \dfrac{\partial U[\cdot]}{\partial C_{1z}}}{\sum w(z) \cdot \dfrac{\partial U[\cdot]}{\partial C_0}} = \pi_z \tag{25}$$

---

9) Vgl. HUANG/LITZENBERGER (1988), S. 123.
10) Vgl. HUANG/LITZENBERGER (1988), S. 126.

bzw.
$$\left|\frac{dC_1}{dC_{1z}}\right| = \frac{w(z) \cdot \frac{\partial U[\cdot]}{\partial C_{1z}}}{\sum w(z) \cdot \frac{\partial U[\cdot]}{\partial C_{1z}}} = \frac{\pi_z}{\sum \pi_z} = \pi_z \cdot (1+r). \qquad (26)$$

Die Zustandspräferenzen in (25) und (26) unterscheiden sich lediglich durch die Normierung des Grenznutzens. Letztere Normierung wird vorgezogen, da andernfalls Zustandspräferenzen mit Zeitpräferenzen vermischt werden. Grundsätzlich unterscheiden sich die Grenznutzenwerte in den einzelnen Zuständen. Bei zustandsunabhängigem Konsumnutzen $U[\cdot]$ folgt, daß der Konsum zum Zeitpunkt 1 vom Zustand abhängt. Für den Grenznutzen kann man gemäß (24) schreiben:

$$\frac{\partial U[\cdot]}{\partial C_{1z}} = \lambda \cdot \frac{\pi_z}{w(z)}. \qquad (27)$$

Ist der Preis für einen Zustand relativ hoch, dann ist der Grenznutzen relativ gering. Folglich wird in diesem Zustand wenig konsumiert und C_{1z} ist klein. Umgekehrt gilt, daß bei niedrigem Preis π_z der Konsum C_{1z} hoch ist. Der Konsumnutzen ist somit *grundsätzlich zustandsabhängig*.

Der Konsumnutzen, welcher im Zustand z erreicht wird, hängt unter Beachtung der optimalen Kapitalmarkttransaktionen letztendlich nur von der Höhe des Marktwertes des Einkommensstroms ab:

$$MW_0 = x_0 + \sum x_{1z} \cdot \pi_z. \qquad (28)$$

Damit kann die Nutzenfunktion wie folgt repräsentiert werden:

$$U[\cdot] = U_z[C_0, C_{1z} | x_0 + \sum x_{1z} \cdot \pi_z] \equiv U_z[x_0 + \sum x_{1z} \cdot \pi_z]. \qquad (29)$$

Es ist zu beachten, daß sich die zustandsabhängigen Nutzenfunktionen in *allen* Umweltzuständen grundsätzlich ändern, wenn das Einkommen x_{1z} in *einem* bestimmten Zustand z steigt. Dies ist damit zu begründen, daß der Konsum aufgrund des höheren Reichtums in allen Zuständen erhöht wird. Der Nutzen des Entscheiders ist in jedem Zustand um so größer, je höher der Marktwert seines Einkommensstroms ist. Bei unsicheren Erwartungen auf einem vollkommenen und vollständigen Kapitalmarkt können Investitionsentscheidungen somit unabhängig von Finanzierungs- und Konsumentscheidungen aufgrund ihres Marktwertes bzw. Kapitalwertes getroffen werden. Grundsätzliche Voraussetzung für Marktwertmaximierung ist auch hier, daß der betroffene Kooperationspartner über die Cash Flows *informiert* wird.

Kapitel V.2 Nutzenfunktionen im Kapitalmarktzusammenhang 197

2.3 Implikationen des Kapitalmarktzusammenhangs für die Nutzenfunktionen

2.3.1 Orientierung am Erwartungswert des Nutzens aus dem Marktwert

Wie deutlich wurde, kann man sich bei einem vollkommenen und vollständigen Markt am Marktwert zum Zeitpunkt 0 (bzw. Kapitalwert) oder am Endwert orientieren. Bei einer Orientierung am Kapitalwert können die Nutzenfunktionen unter Beachtung des Kapitalmarktzusammenhangs folgendermaßen dargestellt werden:

$$U[\cdot] = U\left[x_0 + x_1 \cdot \frac{1}{1+r}\right] \qquad (14)$$

bzw. $\qquad U[\cdot] = U_z[x_0 + \sum x_{1z} \cdot \pi_z].\qquad(29)$

Die Nutzenfunktion kann grundsätzlich nur dann gemäß (14) beschrieben werden, wenn:
a) bei einem vollkommen Kapitalmarkt schon sichere Erwartungen zum Zeitpunkt t = 0 über den Umweltzustand z_1 bestehen - oder -
b) konstante Zeitpräferenzen in der Konsum-Nutzenfunktion schon gegeben sind.
Bedingung a) impliziert *nicht*, daß zum Zeitpunkt der Entscheidung über ein Investitionsprojekt schon sichere Erwartungen bestehen. Die Darstellung gemäß (14) wird durch den Handel am Kapitalmarkt bedingt. Hierfür ist es erforderlich, daß zum Zeitpunkt t = 0 sichere Erwartungen bestehen. Eine Nutzenfunktion gemäß (14) impliziert *nicht*, daß sich ein Entscheider bei seinen Aktivitäten nur am Kapitalwert orientiert. Sind zum Zeitpunkt einer Entscheidung die Umweltzustände z_0 und z_1 noch unsicher, so ist der Kapitalwert risikobehaftet und der Entscheider orientiert sich am Erwartungswert des Nutzens aus dem Kapitalwert.

Die Nutzenfunktion kann grundsätzlich nur dann gemäß (29) dargestellt werden, wenn:
a) der Kapitalmarkt vollkommen und vollständig ist - oder -
b) konstante Zustandspräferenzen schon in der Konsum-Nutzenfunktion bestehen.
Die unter (29) beschriebene Nutzenfunktion impliziert, daß sich der Entscheider mittels einer *zustandsabhängigen Nutzenfunktion* am Markt- bzw. Endwert orientiert. Sie impliziert auch hier *nicht*, daß sich der Entscheider nur am Marktwert eines Investitionsobjektes orientieren kann. Zum Zeitpunkt der Entscheidung kann der Umweltzustand z_0 und damit der Marktwert noch unsicher sein, so daß sich der Ent-

scheider am Erwartungswert des Nutzens aus dem Marktwert anhand der Nutzenfunktion unter (29) orientiert.

2.3.2 Zur Zeitpräferenz und Zustandspräferenz

Die *Zeitpräferenz* aufgrund von (14) beträgt:

$$\frac{U_0'[\cdot]}{U_1'[\cdot]} = \frac{U'[\cdot]}{U'[\cdot]\cdot\frac{1}{1+r}} = 1+r. \qquad (30)$$

Für die *Zeitpräferenz* aufgrund von (29) ergibt sich ebenfalls 1+r, wie nun verdeutlicht wird. Zunächst werden die entsprechenden Grenznutzenfunktionen gebildet. Es gilt:

$$\frac{\partial U_z[\cdot]}{\partial x_0} = U_z'[\cdot] \quad \text{und} \quad \frac{\partial U_z[\cdot]}{\partial x_{1z}} = U_z'[\cdot]\cdot\pi_z. \qquad (31)$$

Außerdem muß der folgende Zusammenhang beachtet werden:

$$\frac{\partial U_z[\cdot]}{\partial x_1} = \sum\frac{\partial U_z[\cdot]}{\partial x_{1z}} = U_z'[\cdot]\cdot\sum\pi_z. \qquad (32)$$

Für die Zeitpräferenz folgt:

$$\frac{U_{z0}'[\cdot]}{U_{z1}'[\cdot]} = \frac{U_z'[\cdot]}{U_z'[\cdot]\cdot\sum\pi_z} = 1+r. \qquad (33)$$

Obwohl die Nutzenfunktion gemäß (29) zustandsabhängig ist, ist die Zeitpräferenz zustands*un*abhängig.

Für die *Zustandspräferenz* bezüglich des Einkommens gilt analog zu (26):

$$\left|\frac{dx_1}{dx_{1z}}\right| = \frac{w(z)\cdot\dfrac{\partial U_z[\cdot]}{\partial x_{1z}}}{\sum w(z)\cdot\dfrac{\partial U_z[\cdot]}{\partial x_{1z}}} = \frac{\pi_z}{\sum\pi_z} = \pi_z\cdot(1+r). \qquad (34)$$

Die *Zustandspräferenz* beträgt hier also $\pi_z\cdot(1+r)$. Der Diskontfaktor π_z berücksichtigt sowohl die Zeit- als auch die Zustandspräferenz. Wird mit (1+r) multipliziert, so wird die Zeitpräferenz eliminiert und die Zustandspräferenz somit isoliert.

Die *relative Zustandspräferenz* aufgrund der Definition in Kapitel III.8 ergibt sich hier als:

Kapitel V.2 Nutzenfunktionen im Kapitalmarktzusammenhang

$$\frac{\dfrac{\partial U_z[\cdot]}{\partial x_{1z^*}}}{\dfrac{\partial U_z[\cdot]}{\partial x_{1z^{**}}}} = \frac{\pi_{z^*}}{\pi_{z^{**}}}. \tag{35}$$

Demnach kommt die relative Zustandspräferenz aufgrund des Verhältnisses der Preise für zustandsbedingte Zahlungsansprüche zum Ausdruck.

Die Analyse hat gezeigt, daß bei einem vollkommenen und vollständigen Markt sowohl die *Zeitpräferenz* als auch die *Zustandspräferenz* unabhängig von der (zustandsabhängigen) Nutzenfunktionen der Beteiligten ist. Analog kann auch gezeigt werden, daß auf einem solchen idealen Kapitalmarkt die *Risikopräferenz* eines Individuums ebenfalls unabhängig von seiner konkreten Nutzenfunktion ist. Die Begründung liegt darin, daß riskante Verteilungen über das Einkommen am Kapitalmarkt verkauft (bzw. gehedgt) werden können und der optimale Konsumstrom anschließend durch Kapitalmarkthandel erzeugt werden kann. Wie bereits erläutert, ist die Voraussetzung hierfür, daß der Entscheider über das unsichere Einkommen *informiert* ist.

3 Bedeutung des Kapitalmarktes für Anreizkompatibilität

3.1 Grenzen der strengen Anreizkompatibilität und die Rolle des Marktmechanismus

In der Realität sind der Gestaltung streng anreizkompatibler Teilungsregeln in einer großen Volkswirtschaft enge Grenzen gesetzt. Große Volkswirtschaften sind in der Praxis durch unzählbare verflochtene Kooperationsbeziehungen gekennzeichnet. Es ist davon auszugehen, daß ein Wirtschaftssubjekt Einkommen nicht nur aus einer isolierten Agency-Beziehung, sondern auch "extern" aus anderen Kooperationsbeziehungen erzielt. Externes Einkommen muß bei der Gestaltung von anreizkompatiblen Teilungsregeln direkt oder indirekt berücksichtigt werden (vgl. Kapitel II.4 und III.8). Unter strenger Anreizkompatibilität müßte aufgrund der Verflechtungen dann in jeder einzelnen Teilungsregel praktisch jedes existierende unsichere Einkommen auf der Welt berücksichtigt werden.[1] Alle unsicheren Cash Flows weltweit müßten in ein "Weltportefeuille" fließen, und alle Wirtschaftssubjekte müßten hieran anreizkompatibel beteiligt werden. Hier sind Parallelen zur konsequenten Umsetzung des CAPM in der Realität erkennbar: Im CAPM hält jeder Anteilseigner einen Anteil am Marktportefeuille, wobei das Marktportefeuille alle riskanten Assets umfaßt.

Die konsequente Umsetzung von (strenger) Anreizkompatibilität zeigt sich jedoch als sehr komplex. Zur Bestimmung der einzelnen Teilungsregeln müßten jeweils alle Nutzenfunktion der Wirtschaftssubjekte eingehen - und hier kann der *Marktmechanismus* helfen.

Wie noch deutlich wird, kann der Handel am Kapitalmarkt sogar dazu führen, daß strenge Anreizkompatibilität gegeben ist. Beispielsweise hält jeder Anteilseigner im CAPM einen Anteil im Optimum, welcher dem Verhältnis seiner Risikotoleranz zur Risikotoleranz des Marktes entspricht. Es existiert ein *repräsentativer Investor* und die explizite Gestaltung von anreizkompatiblen Teilungsregeln erübrigt sich.

---

[1] Zur Veranschaulichung wird das folgende Beispiel betrachtet: Es existieren die Wirtschaftssubjekte A bis E. Es bestehen nur Agency-Beziehungen und somit Teilungsregeln zwischen A und B, B und C, C und D sowie D und E. Obwohl A weder eine Kooperationsbeziehung zu D noch zu E unterhält, muß er an den Cash Flows aus dieser Beziehung beteiligt werden, und zwar vom Grundsatz her wie an den Cash Flows aus der Kooperationsbeziehung zu B. Es läßt sich auf analoge Weise zeigen, daß unter Anreizkompatibilität jedes Wirtschaftssubjekt A bis E an allen Cash Flows beteiligt werden muß - es ist unerheblich, ob die Beteiligung in direkter oder indirekter Weise erfolgt.

Auch wenn aufgrund des *Marktmechanismus* keine strenge Anreizkompatibilität gewährleistet ist, so kann er, wie noch deutlich wird, die Gestaltung anreizkompatibler Teilungsregeln erheblich *vereinfachen*, denn der Handel am Markt führt tendenziell bereits im Vorfeld zu einer *Angleichung der Präferenzen*.

Unter idealen Kapitalmarktbedingungen *erübrigt* sich sogar die Gestaltung von streng anreizkompatiblen Teilungsregeln auf Basis der konkreten Nutzenfunktionen der Beteiligten. Wenn, wie später gezeigt, die Bedingungen *Competitivity* und *Spanning* erfüllt sind (bzw. der Markt vollkommen und vollständig ist), kann stets eine präferenzfreie Bewertung von Cash Flows erfolgen. Anreizkompatibilität wird auf triviale Weise stets gewährleistet, indem die Kooperationspartner *linear* an den Cash Flows beteiligt werden. Aufgrund des privaten Handels können die Kooperationspartner ihre Anteile an Projekten mit einem positiven *Marktwert* immer in dominante Einkommensströme überführen. Der private Handel am Kapitalmarkt führt dazu, daß die individuellen Zeit-, Zustands- sowie Risikopräferenzen mit den Faktoren am Kapitalmarkt übereinstimmen. Wie später näher erläutert wird, beruht *Marktwertmaximierung* hierbei auf einem *partiellen Gleichgewichtskonzept*.

Im Kapitalmarktzusammenhang kann *Partielle Anreizkompatibilität* hingegen als ein *totales Gleichgewichtskonzept* verstanden werden. Ausgehend von einer paretoeffizienten Teilung am Kapitalmarkt ist Partielle Anreizkompatibilität erreichbar, wenn die Kooperationspartner proportional an den einzelnen Cash Flows beteiligt werden.

3.2 Berücksichtigung von externem Einkommen im Kapitalmarktzusammenhang

Die Existenz eines Kapitalmarktes macht die explizite Gestaltung von streng anreizkompatiblen Teilungsregeln komplexer, auch wenn keine Verflechtungen zwischen den einzelnen Agency-Beziehungen bestehen. Strenge Anreizkompatibilität beinhaltet stets, daß *alle* Cash Flow-Komponenten berücksichtigt werden müssen. Dies impliziert, daß auch Cash Flows, die aus dem Handel am Kapitalmarkt resultieren, beachtet werden müssen, und zwar unabhängig davon, ob der Handel im Unternehmen oder im privaten Bereich erfolgt. Der Kapitalmarkthandel im *privaten* Bereich kann hierbei in *direkter* oder in *indirekter* Weise aufgrund von zustandsabhängigen Nutzenfunktionen berücksichtigt werden. Externes Einkommen aufgrund des Handels am Kapitalmarkt kann nur dann vernachlässigt werden, wenn die Nutzenfunktion bezüglich der Cash Flows im Unternehmen hiervon nicht beeinflußt wird. Dieser Fall ist grundsätzlich nur bei Risikoneutralität gegeben.

Eine *direkte* Berücksichtigung von externem Einkommen beinhaltet, daß zunächst private Kapitalmarkterträge des Agenten an den Prinzipal abgeführt werden und anschließend in die Bemessungsgrundlage für die Entlohnung eingehen. Außerdem wird der Agent auch an privaten Kapitalmarkterträgen des Prinzipals beteiligt.

Die *indirekte* Berücksichtigung von externem Einkommen beinhaltet die Orientierung an *zustandsabhängigen Nutzenfunktionen*. Diese Vorgehensweise ist nur praktikabel, wenn das externe Einkommen für jeden verifizierbaren Zustand ein Datum ist. Wäre die Höhe des externen Einkommens für jeden Zustand z *nicht gegeben*, dann müßten wiederum die Kooperationspartner wechselseitig am externen Einkommen der anderen beteiligt werden. In diesem Fall wären die zustandsabhängigen Nutzenfunktionen für den Zustand z nicht exogen vorgegeben und es müßte jeweils für jede mögliche Höhe des externen Einkommens eine bedingte Teilungsregel ermittelt werden. Damit das externe Einkommen tatsächlich *gegeben* ist, müssen die Kooperationspartner nach Vertragsabschluß grundsätzlich vom *Kapitalmarkthandel ausgeschlossen* werden.

Vor dem Hintergrund des Kapitalmarktes kann Anreizkompatibilität stets auf einfache Weise analysiert werden, indem davon ausgegangen wird, daß der Handel am Kapitalmarkt nur im Unternehmen und *nicht* im privaten Bereich erfolgen darf. Die Komplexität wird insbesondere dann reduziert, wenn der private Handel am Kapitalmarkt nicht gegeben ist, sondern von den realisierten (bzw. erwarteten) Cash Flows im Unternehmen abhängt. Dieser Zusammenhang wird noch in Kapitel 5 verdeutlicht. Hervorzuheben ist an dieser Stelle, daß *beide* Parteien vom privaten Handel ausgeschlossen werden. Wird nur eine Partei ausgeschlossen, so wird die Analyse kaum vereinfacht (vgl. Kapitel V.7). Werden beide Parteien vom privaten Handel am Kapitalmarkt ausgeschlossen, dann ist das Einkommen aus der Kooperationsbeziehung immer gleich dem Konsumeinkommen.

Der Ausschluß des privaten Handels am Kapitalmarkt erleichtert zwar die Gestaltung anreizkompatibler Teilungsregeln, er ist jedoch, wie noch deutlich wird, im Hinblick auf eine paretoeffiziente Teilung grundsätzlich nachteilig.

3.3 Bedeutung des Kapitalmarktes für eine paretoeffiziente Teilung

Der Kapitalmarkthandel hat eine große Bedeutung für eine paretoeffiziente Teilung.[2] Existiert ein vollkommener und vollständiger Kapitalmarkt, so erübrigt sich eine paretoeffiziente Teilung zwischen Prinzipal und Agent; beide Parteien können über den Kapitalmarkt eine effiziente zeitliche Teilung und Risikoteilung erzielen. Voraussetzung hierfür ist, daß die Kooperationspartner stets über die Cash Flows

---

2) Vgl. LAUX (2003), S. 183-191.

der Investitionsprojekte informiert sind. Bei Existenz eines vollkommenen Marktes, auf dem beide Parteien zum einheitlichen Zinssatz r Geld aufnehmen und anlegen können, ist jede beliebige zeitliche Teilung der Cash Flows im Rahmen der Kooperationsbeziehung effizient; die Parteien können jeweils am Kapitalmarkt eine *effiziente zeitliche Verteilung* ihres Einkommens erreichen. Wie später im Rahmen des State Preference Ansatzes gezeigt wird, gilt das Analoge für eine *effiziente Risikoteilung*.

Je vollständiger und vollkommener der Kapitalmarkt ist, desto eher gelingt nicht nur eine paretoeffiziente Teilung, sondern auch eine Angleichung der Präferenzen in der Ausgangssituation.

3.4 Bedeutung des Kapitalmarktes für die Angleichung der Präferenzen

Die Existenz eines Kapitalmarktes hat auch eine große Bedeutung für die Eigenschaften der Nutzenfunktionen der Kooperationspartner. Denn der Handel auf dem Kapitalmarkt führt schon zu einem Ausgleich der Grenznutzenwerte und damit zu einer Angleichung der Präferenzen im *Vorfeld*. Die Angleichung der Präferenzen bezieht sich hierbei auf *Zeit-, Risiko- und Zustandspräferenzen* und soll zunächst erläutert werden.

a) Die Angleichung von Zeitpräferenzen
Besteht kein Kapitalmarkt, so ist davon auszugehen, daß die Nutzenfunktionen der Beteiligten dahingehend gestaltet sind, daß die Zeitpräferenzen nicht konstant sind. Wie erläutert, gibt die Zeitpräferenz γ_1 an, um wieviel Einheiten das Einkommen zum Zeitpunkt 1 reduziert werden kann, wenn das Einkommen zum Zeitpunkt 0 um eine Einheit erhöht wird, damit der Marktteilnehmer indifferent ist. Bei steigendem Einkommen zum Zeitpunkt 0 (bzw. 1) kann unterstellt werden, daß die Zeitpräferenz sinkt (bzw. steigt). Eine Angleichung der Zeitpräferenzen aufgrund des Handels am Kapitalmarkt läßt sich vor dem Hintergrund eines vollkommenen Kapitalmarktes, an dem unbegrenzt zum risikolosen Zinssatz r Geld angelegt bzw. aufgenommen werden kann, veranschaulichen. In der Ausgangssituation hat ein Marktteilnehmer A zum Zeitpunkt t = 0 ein relativ hohes Einkommen und zum Zeitpunkt t = 1 ein relativ geringes Einkommen. Beim Marktteilnehmer B ist es gerade umgekehrt. Folglich ist zunächst die Zeitpräferenz von A gering, und die Zeitpräferenz von B hoch. Es lohnt sich für Marktteilnehmer A (bzw. B) am Kapitalmarkt Geld anzulegen (bzw. aufzunehmen). Der Handel am Kapitalmarkt führt nun dazu, daß die individuelle Zeitpräferenz von A steigt und jene von B sinkt. Im Kapitalmarktgleichgewicht stimmen die Zeitpräferenzen der Marktteilnehmer schließlich miteinander überein.

b) Die Angleichung von Risikopräferenzen
Die Angleichung von Risikopräferenzen im Kapitalmarktzusammenhang kann relativ leicht anhand des CAPM dargestellt werden. Anteilseigner mit relativ hohem (bzw. niedrigem) individuellen Risikoaversionskoeffizienten investieren lediglich einen relativ kleinen (bzw. großen) Anteil ihres Vermögens in das riskante Marktportefeuille. Im Gleichgewicht des CAPM hält jeder Anteilseigner einen Anteil am Marktportefeuille, so daß der Anteil, multipliziert mit dem individuellen Risikoaversionskoeffizienten, dem Martkrisikoaversionskoeffizienten entspricht. Im Kapitalmarktgleichgewicht fordert jeder Anteilseigner für die Übernahme von zusätzlichem Risiko die gleiche Risikoprämie. Demnach stimmen die Risikopräferenzen der Anteilseigner im Kapitalmarktgleichgewicht überein.

c) Die Angleichung von Zustandspräferenzen
Eine Angleichung der Zustandspräferenzen aufgrund des Handels am Kapitalmarkt läßt sich vor dem Hintergrund des State Preference Ansatzes relativ anschaulich für den Fall verdeutlichen, daß in der Ausgangssituation die eine Partei in einem Zustand ein hohes (bzw. geringes) Einkommen hat. Damit ist ihr Grenznutzen in diesem Zustand zunächst verhältnismäßig gering (bzw. hoch) und es lohnt sich für sie, zustandsbedingte Zahlungsansprüche zu verkaufen (bzw. zu kaufen). Hierbei sinkt (bzw. steigt) der Grenznutzen im besagten Zustand. Im Gleichgewicht ist der relative Grenznutzen in jedem Zustand, also die Zustandspräferenz, für jeden Marktteilnehmer die gleiche.

Die Angleichung der Präferenzen gelingt um so eher,
- je vollkommener der Kapitalmarkt ist,
- je vollständiger der Kapitalmarkt ist und
- je ähnlicher die Nutzenfunktionen vom Grundtypus sind.

Die tendenzielle Angleichung der Präferenzen im Vorfeld hat eine große Bedeutung für die *Gestaltung anreizkompatibler Teilungsregeln*. Wie erläutert, ist es für den Prinzipal von Vorteil, wenn er einen Agenten mit ähnlichen Präferenzen wählt:[3] Je ähnlicher die Nutzenfunktionen sind, desto stärker ist die Tendenz, daß *lineare Teilungsregeln* anreizkompatibel sind. Bei linearen anreizkompatiblen Teilungsregeln ist die Teilung stets auch paretoeffizient. Es ist allerdings zu beachten, daß die Bedeutung der Erzielung einer *paretoeffizienten Teilung* innerhalb der Kooperationsbeziehung um so geringer ist, je vollkommener und vollständiger der Kapitalmarkt ist. Ist der Kapitalmarkt vollkommen und vollständig, kann jeder Kooperationspartner für sich ei-

---

[3] Vgl. auch ROSS (1979) und DYBVIG/SPATT (1985) S. 2-3. Diese Intuition besteht nicht im Grundmodell der Agency-Theorie.

ne paretoeffiziente zeitliche Teilung sowie Risikoteilung erzielen. Wie erläutert wurde, ist die Paretoeffizienz einer Teilungsregel auch für die *Robustheit* einer Teilungsregel essentiell. Eine anreizkompatible Teilungsregel ist im Zeitablauf nur dann robust, wenn sie zugleich paretoeffizient ist. Denn ist eine anreizkompatible Teilungsregel nicht paretoeffizient kommt, es zu Nachverhandlungen.

Der Kapitalmarkt hat nicht nur Bedeutung für die Gestaltung anreizkompatibler Teilungsregeln, sondern auch für die Gefahren, die mit *nicht anreizkompatiblen Teilungsregeln* verbunden sind. Je vollkommener und vollständiger der Markt ist, desto größer ist der Aktionsraum des Agenten und desto stärker ist die Gefahr, daß er nicht anreizkompatible Teilungsregeln zu seinem Vorteil und zu Lasten des Prinzipals ausnutzt.

Zur Verdeutlichung können nicht anreizkompatible Optionen im Rahmen des State Preference Ansatzes betrachtet werden. Hierbei kann sich der Manager aufgrund von Kapitalmarkttransaktionen unendlich bereichern, indem er „alles auf eine Karte setzt".[4]

3.5 Zur Existenz einer einheitlichen Zielfunktion der Anteilseigner

Soll der Agent als Manager im Sinne *aller* Anteilseigner entscheiden (Shareholder Orientierung), so stellt sich zunächst das Problem, daß gewährleistet sein muß, daß eine *einheitliche Zielfunktion aus Sicht der Anteilseigner* als Prinzipale überhaupt existiert. In diesem Zusammenhang sind die verwandten Begriffe *Unanimity*, *repräsentativer Investor* (Prinzipal) und *Anreizkompatibilität* von Bedeutung: Anreizkompatibilität kann zwischen Manager und Anteilseigner nur hergestellt werden, wenn die Anteilseigner ihrerseits unter sich einig sind. Unter *Unanimity* versteht man, daß eine bestimmte Entscheidung stets von *allen* befürwortet wird. Unanimity kann grundsätzlich nicht mit Anreizkompatibilität gleichgesetzt werden. Denn besteht Anreizkompatibilität zwischen den Anteilseignern, so ist zwar Unanimity gegeben. Wie jedoch noch deutlich wird, besteht unter bestimmten Kapitalmarktbedingungen Unanimity auch ohne strenge Anreizkompatibilität.

Unter einem *repräsentativen Investor* versteht man einen Investor, dessen Nutzenfunktion stellvertretend für die anderen Anteilseigner betrachtet werden kann. Besteht Anreizkompatibilität unter den Anteilseignern, dann existiert stets ein reprä-

---

4) Vgl. GILLENKIRCH (1999), S. 70-74.

sentativer Investor.[5] Anreizkompatibilität ist aber keine notwendige Voraussetzung für einen repräsentativen Investor.

Die Bedingungen sowohl für *Unanimity* als auch für die Existenz eines *repräsentativen Investors* können in den *Nutzenfunktionen* der Beteiligten, in den *Kapitalmarktbedingungen* und/oder in den *Verteilungsannahmen* über die Cash Flows der Projekte liegen. Wie bereits verdeutlicht, besteht bei linearer Teilung für den Fall, daß alle Anteilseigner *Nutzenfunktionen* aus der gleichen HARA-Klasse haben, Anreizkompatibilität und somit Unanimity. Dabei kann die Nutzenfunktion eines beliebigen Anteilseigners bezüglich der Ergebnisse als repräsentative Nutzenfunktion dienen.[6] Wenn der *Kapitalmarkt* vollkommen und vollständig ist, orientieren sich die Anteilseigner für beliebige Nutzenfunktionen am Kapital- bzw. Marktwert und es existiert ebenfalls ein repräsentativer Investor.[7] Die konkrete Nutzenfunktion eines repräsentativen Investors kann allerdings nur in Spezialfällen angegeben werden.[8] Die Existenz eines solchen Investors liegt in der *Verteilungsannahme* über die Cash Flows begründet, wenn z.B. davon ausgegangen wird, daß die Cash Flows aller Wertpapiere identisch verteilt und unabhängig voneinander sind.[9] Folglich ist der Ergebnisraum hierbei stark eingeschränkt. In diesem Fall *erübrigt* sich die Gestaltung von anreizkompatiblen Teilungsregeln zwischen einem repräsentativen Anteilseigner als Prinzipal und einem Manager als Agent. Demnach werden im folgenden nur Entscheidungssituationen betrachtet, in denen ein repräsentativer Investor entweder aufgrund der Nutzenfunktionen der Beteiligten und somit Anreizkompatibilität zwischen den Anteilseigner besteht, oder in denen ein vollkommener und vollständiger Kapitalmarkt herrscht. Bei letzerem besteht auch ohne Rückgriff auf die konkreten Präferenzen Unanimity.

---

5) Vgl. GILLENKIRCH/VELTHUIS (1997), S. 128-129, KIHLSTROM/MATTHEWS (1990), S. 67-68, CASS/STIGLITZ (1970), GILLENKIRCH (2003), S. 201.
6) Vgl. INGERSOLL, S. 217.
7) Vgl. INGERSOLL, S. 217.
8) Vgl. INGERSOLL, S. 217.
9) Vgl. INGERSOLL, S. 149-151.

4 Anreizkompatible Teilungsregeln im Kapitalmarktgleichgewicht

4.1 Anreizkompatible Teilungsregeln aus Sicht eines beliebigen Anteilseigners

Es wird nun die explizite Gestaltung von anreizkompatiblen Teilungsregeln im Kapitalmarktzusammenhang betrachtet. Die Entscheidungssituation wird dementsprechend wie folgt konkretisiert: Es wird unterstellt, daß der Agent als Manager über Investitionsprojekte entscheiden kann. Die Cash Flows aus den Investitionsprojekten (nach Entlohnung) fließen den Anteilseignern als Prinzipale zu. Die Entlohnungsfunktion soll so gestaltet sein, daß der Agent stets im Sinne *eines* oder *aller* Anteilseigner entscheidet.

Zunächst wird von dem allgemeineren Fall ausgegangen, daß der Agent im Sinne *eines* Prinzipals entscheiden soll, der in *beliebiger* Form an den Netto-Cash Flows beteiligt ist. Anschließend wird die anreizkompatible Gestaltung der Entlohnungsfunktion im Sinne *aller* Anteilseigner betrachtet, indem von einem *repräsentativen Investor* ausgegangen wird.

Die *Nutzenfunktion des betrachteten Prinzipals* ist aufgrund des *externen Einkommens* aus seiner Beteiligung an den anderen Unternehmen am Kapitalmarkt grundsätzlich *zustandsabhängig*. Zur Vereinfachung wird unterstellt, daß das externe Einkommen in jedem (überprüfbaren) Zustand z gegeben ist.[1] Dies impliziert, daß die Beteiligungen an *anderen* Unternehmen gegeben sind. Zudem muß angenommen werden, daß die Beteiligung an dem *betrachteten* Unternehmen schon zum Zeitpunkt t = 0 *gegeben* ist.[2] Diese Annahmen sind von grundlegender Bedeutung, weil die Zahlungen aufgrund von Kapitalmarkttransaktionen andernfalls explizit beachtet werden müßten.

Die *Nutzenfunktion des Agenten* kann sowohl zustandsabhängig als auch zustandsunabhängig sein, je nachdem, ob er am Kapitalmarkt beteiligt ist oder nicht. Auch

---

[1] Ist das externe Einkommen im Zustand z nicht gegeben, so müßte für jede mögliche Höhe des externen Einkommens eine (andere) zustandsabhängige Nutzenfunktion betrachtet werden, oder der Manager müßte auch am externen Einkommen beteiligt werden (vgl. Kapitel III.8).

[2] Diese Annahmen sind vereinbar mit einem "No Trade"-Gleichgewicht am Kapitalmarkt. Ein No Trade-Gleichgewicht besteht stets bei Nutzenfunktionen aus der gleichen HARA-Klasse und linearer Teilung. Die Beteiligung des Prinzipals muß nicht linear sein, sondern kann grundsätzlich von beliebiger Natur sein. Der Prinzipal kann auch über die Zeit unterschiedlich stark beteiligt sein. Allerdings muß die Beteiligungsstärke von vornherein festgelegt sein (z.B. auf der Basis von Termin*geschäften*).

hier muß beachtet werden, daß es zwischenzeitlich nicht zu einem Handel am Kapitalmarkt kommt.

Zur Vereinfachung der Darstellung wird auch hier von nur zwei Zeitpunkten ausgegangen. Die Ergebnisse lassen sich stets auf mehr als zwei Zeitpunkte verallgemeinern. Die zustandsabhängigen Nutzenfunktionen lassen sich nun folgendermaßen beschreiben:

$$U_z[x_0 - s_0, x_{1z} - s_{1z}] \equiv U_{pz}\left[s_{p0}(x_0 - s_0), s_{p1z}(x_{1z} - s_{1z})\right] \quad (46)$$

und
$$V_z[s_0, s_{1z}] \equiv V_z[s_0(x_0), s_{1z}(x_0, x_{1z})]. \quad (47)$$

Hierbei bezeichnet $s_{p0}(\cdot)$ bzw. $s_{p1z}(\cdot)$ den absoluten Anteil des betrachteten Prinzipals an den Netto-Cash Flows. Die notwendige und hinreichende Bedingung der Anreizkompatibilität lautet hier aufgrund der Zustandsabhängigkeit der Nutzenfunktionen:

$$U_{pz}\left[s_{p0}(x_0 - s_0), s_{p1z}(x_{1z} - s_{1z})\right] = a \cdot V_z[s_0(x_0), s_{1z}(x_0, x_{1z})] + b_z \quad \forall z. \quad (48)$$

Die Ausführungen aus Kapitel III.8 lassen sich unter Beachtung der folgende partiellen Ableitungen direkt übertragen:

$$U'_{0z} \equiv \frac{\partial U_{pz}\left[s_{p0}(x_0 - s_0), s_{p1z}(x_{1z} - s_{1z})\right]}{\partial(x_0 - s_0)} = U'_{p0z} \cdot s'_{p0z} \quad (49)$$

sowie
$$U'_{1z} \equiv \frac{\partial U_{pz}\left[s_{p0}(x_0 - s_0), s_{p1z}(x_{1z} - s_{1z})\right]}{\partial(x_{1z} - s_{1z})} = U'_{p1z} \cdot s'_{p1z}. \quad (50)$$

Das Analoge gilt für die übrigen Ableitungen. Die anreizkompatiblen zustandsabhängigen Teilungsregeln werden auch hier so gestaltet, daß die Zeit-, Zustands- und Risikopräferenzen bezüglich der Ergebnisse übereinstimmen.

4.2 Anreizkompatible Teilungsregeln aus Sicht eines repräsentativen Anteilseigners

4.2.1 Begründung eines repräsentativen Anteilseigners auf der Basis von Nutzenfunktionen

Es wird nun die Situation betrachtet, daß der Manager als Agent im Sinne *aller* Anteilseigner entscheidet (Shareholder Orientierung). Hierbei wird von einem *repräsentativen Investor* als Prinzipal ausgegangen. Existiert ein repräsentativer Investor, so kann die Nutzenfunktion eines beliebigen Anteilseigners als Grundlage für die Bestimmung der anreizkompatiblen Teilungsregel für den Agenten dienen. Demnach gelten die Ausführungen des letzten Abschnitts analog. Sofern die Existenz eines repräsentativen Investors nicht auf der Grundlage von Kapitalmarktbedingungen oder Verteilungsannahmen begründet wird, unterstellt die kapitalmarkttheoretische Literatur vorwiegend *HARA-Nutzenfunktionen* und lineare Teilungsregeln.

Dies soll vor dem Hintergrund der bisherigen Ergebnisse diskutiert werden. Wird die Existenz eines repräsentativen Investors auf Basis der Nutzenfunktionen der Anteilseigner begründet, dann heißt dies, daß *Anreizkompatibilität unter den Anteilseignern* besteht. Die einzelnen Anteilseigner beziehen jeweils (externes) Einkommen aus ihren Anlagen am Kapitalmarkt. Wie die Darstellung gezeigt hat, kann Anreizkompatibilität nur dann vorliegen, wenn das gesamte Einkommen explizit geteilt wird, oder wenn zustandsabhängige Nutzenfunktionen und damit zustandsabhängige Teilungsregeln bezüglich der einzelnen Anteilseigner Berücksichtigung finden.

Es muß allerdings beachtet werden, daß sich die anreizkompatible Lösung aufgrund des *Marktmechanismuses* einstellt und zudem robust ist. Im Rahmen der Darstellungen ist es kaum sinnvoll, einen Kapitalmarkt einzuführen, anreizkompatible Teilungsregeln für die einzelnen Anteilseigner festzulegen und dann den Handel am Kapitalmarkt zu verbieten. Es stellt sich vielmehr die Frage, unter welchen Bedingungen der Handel am Kapitalmarkt zu einer stabilen anreizkompatiblen Lösung zwischen den Anteilseigner führt. Hier ist der Zusammenhang zwischen Paretoeffizienz, Anreizkompatibilität, Linearität und Robustheit von Bedeutung.

Grundsätzlich zielt der Marktmechanismus darauf ab, eine effiziente Teilung zu gewährleisten. Es stellt sich zunächst die Frage, wann aus dem Handel am Kapitalmarkt eine *paretoeffiziente Lösung* resultiert. Zum einen wird eine paretoeffiziente Lösung erzielt, wenn der Kapitalmarkt vollkommenen und vollständig ist.[3] Wie im folgenden Kapitel gezeigt wird, ist es in diesem Fall nicht nötig, auf die Präferenzen

---

[3] INGERSOLL (1987), S. 190.

zurückzugreifen. Eine paretoeffiziente Lösung wird aufgrund des Kapitalmarkthandels auch erzielt, wenn der Kapitalmarkt *effektiv vollständig* ist.[4] Ist der Kapitalmarkt effektiv vollständig, dann erübrigt sich unter Risikoteilungsgesichtspunkten eine Vervollständigung des Kapitalmarktes. Es ist aus der Literatur bekannt, daß bei HARA-Nutzenfunktionen und *linearer Teilung* der Kapitalmarkt effektiv vollständig und somit paretoeffizient ist.[5] Aufgrund des Vorliegens von Paretoeffizienz und Linearität besteht dann, wie im statischen Modellrahmen bereits verdeutlicht, auch *Anreizkompatibilität* unter den Anteilseignern. Die anreizkompatiblen Teilungsregeln sind zudem *robust*, denn aufgrund der Paretoeffizienz besteht kein Anreiz zum Handeln.

Die Robustheit muß aber auch im *Zeitablauf* gegeben sein. Haben die Anteilseigner – aus welchen Gründen auch immer – einen Anreiz, im Zeitablauf ihren Anteil (am Marktportefeuille) zu verändern, so wird Anreizkompatibilität zerstört. Es besteht nur dann kein Anreiz, im Zeitablauf zu handeln, wenn der (pareto-)optimale Anteil zu jeden Zeitpunkt gleich ist.

Die Zusammenhänge lassen sich auf Basis der Darstellung in Kapitel III.9 weiter präzisieren. In einem dynamischen Kapitalmarktzusammenhang existiert ein repräsentativer Investor (für beliebige Kapitalmarktbedingungen), wenn die Nutzenfunktionen der Anteilseigner so dargestellt werden können, daß sie jeweils bis auf eine (zeitpunktunabhängige) *äußere* und eine periodenbezogene *innere* lineare Transformation übereinstimmen. Die innere Transformation muß hierbei für jede Periode bezüglich des multiplikativen Faktors *gleich* sein. Eine Unterscheidung aufgrund einer periodenbezogenen inneren Transformation läßt sich durch eine *lineare paretoeffiziente* Teilungsregel ausgleichen. Hierbei wird allerdings zunächst nur eine paretoeffiziente *Risikoteilung* gewährleistet. Damit zugleich die *zeitliche Teilung* effizient ist, müssen die relativen Anteile des Investors s_p für jeden Zeitpunkt identisch sein. Eine Unterscheidung aufgrund der äußeren Transformation ist für die Präferenzen eines Anteilseigners irrelevant. Unter den genannten Bedingungen impliziert eine paretoeffiziente Teilung dann *Anreizkompatibilität*, und es existiert ein *repräsentativer Investor*.

---

4) INGERSOLL (1987), S. 191-192.
5) INGERSOLL (1987), S. 192. Die Nutzenfunktionen müssen dabei aus der gleichen HARA-Klasse stammen.

4.2.2 Eigenschaften der Nutzenfunktion eines repräsentativen Anteilseigners

Vor dem Hintergrund der bisherigen Ausführungen wird davon ausgegangen, daß der repräsentative Investor linear an den Netto-Cash Flows mit dem für jede Periode (und Zustand) gleichen relativen Anteil s_p beteiligt ist.

Für die zustandsabhängige Nutzenfunktion des repräsentativen Prinzipals gilt entsprechend:

$$U_z[x_0 - s_0, x_{1z} - s_{1z}] \equiv U_{pz}[s_p \cdot (x_0 - s_0), s_p \cdot (x_{1z} - s_{1z})]. \tag{51}$$

Für die partiellen Ableitungen folgt hier:

$$U'_{0z} = U'_{p0z} \cdot s_p \tag{52}$$

sowie
$$U'_{1z} = U'_{p1z} \cdot s_p. \tag{53}$$

Die Zeitpräferenz vereinfacht sich folgendermaßen:

$$\frac{U'_{0z}}{U'_{1z}} = \frac{U'_{p0z} \cdot s_p}{U'_{p1z} \cdot s_p} = \frac{U'_{p0z}}{U'_{p1z}}. \tag{54}$$

Auch hier läßt sich die allgemeine Darstellung direkt übertragen. Auf eine Übertragung der Ergebnisse im einzelnen soll jedoch verzichtet werden. Statt dessen werden weitere spezifische Implikationen der Existenz eines Kapitalmarktes für die Anreizgestaltung aufgezeigt.

Im Kapitalmarktgleichgewicht haben alle Anteilseigner die gleiche Zeit-, Zustands- und Risikopräferenz bezüglich der Netto-Cash Flows. Diese spiegeln sich in den entsprechenden Marktpreisen wider.[6] Hat der Manager als Agent eine Nutzenfunktion aus der gleichen Risikoklasse, so ergibt sich für ihn eine lineare anreizkompatible Teilungsregel. Unter Beachtung seiner Beteiligung hat er ebenfalls die gleiche individuelle Zeit-, Zustands- und Risikopräferenz wie die Anteilseigner. Folglich hat auch der Manager keinen Anreiz, am Kapitalmarkt zu handeln. (vgl. Kapitel V.7). Wenn der Manager aber eine Nutzenfunktion aus einer anderen Klasse hat, dann ist seine anreizkompatible Entlohnungsfunktion nicht linear. In diesem Fall stimmen seine

---

[6] So ergibt sich der Marktpreis des Risikos als Kehrwert der Summe der einzelnen Risikotoleranzen.

individuellen Präferenzen (unter Beachtung der Beteiligung) nicht mit denen der Anteilseigner überein. Somit kann der Manager seine Position durch *privaten Handel* am Kapitalmarkt verbessern. Hierbei wird allerdings Anreizkompatibilität zerstört, so daß der Manager vom weiteren privaten Handel am Kapitalmarkt ausgeschlossen werden muß. Der private Handel am Kapitalmarkt ist allerdings *vor* der Vereinbarung des anreizkompatiblen Entlohnungssystems von Vorteil. Dadurch wird zum einen in der Ausgangssituation eine bessere Verteilung erreicht, und zum anderen erfolgt dadurch eine tendenzielle Angleichung der Präferenzen, so daß die Tendenz wiederum zu linearen anreizkompatiblen Teilungsregeln besteht. Hierbei wird dann ebenfalls die zu realisierende Verteilung über die Brutto-Cash Flows effizienter geteilt.

Der *Kapitalmarkthandel im Unternehmen* ist auf den ersten Blick gleichfalls von Vorteil und nicht zu untersagen. Denn anreizkompatible Teilungsregeln sind stets so gestaltet, daß – erzielt die eine Partei einen Vorteil – die andere Partei ebenfalls einen Vorteil erzielt; und zwar unabhängig davon, welche Maßnahmen getroffen werden. Es ist aber zu beachten, daß der Manager Marktpartner braucht, wenn er auf Rechnung des Unternehmens am Kapitalmarkt handelt. Als Marktpartner kommen hierbei die Anteilseigner in Betracht. Nehmen sie nun am Kapitalmarkthandel teil, dann erzielen sie (zusätzliches) externes Einkommen in den einzelnen Zuständen. Wird dies nicht explizit oder implizit berücksichtigt, so wird (streng genommen) Anreizkompatibilität wiederum zerstört. Der Zusammenhang ist grundsätzlich im Rahmen eines partiellen Gleichgewichtskonzepts anders zu beurteilen. Hierauf wird noch in Kapitel 5 eingegangen.

5 Marktwertmaximierung als partielles Gleichgewichtskonzept

5.1 Einführung

In diesem Kapitel soll die Bedeutung der *Marktwertmaximierung* als *partielles Gleichgewichtskonzept* für Anreizkompatibilität herausgearbeitet werden. Im Mittelpunkt der Darstellung steht die Frage, unter welchen *Kapitalmarktbedingungen Einmütigkeit* zwischen den Anteilseignern besteht. Dies ist gleichbedeutend mit der Frage, unter welchen Bedingungen ein repräsentativer Investor existiert, ohne daß die individuellen Präferenzen beachtet werden müssen. Einmütigkeit besteht, wenn die folgenden *hinreichenden* Bedingungen erfüllt sind:[1]
- Competitivity
- Spanning
- Proportionale Teilung.

Kern der *Competitivity*-Bedingung ist, daß Produktions-, Investitions- und Finanzierungsentscheidungen keinen *wahrgenommenen* Einfluß auf die Preise von zustandsbedingten Zahlungsansprüchen haben.[2] Der Kern der *Spanning*-Bedingung besteht darin, daß ein zu bewertender Zahlungsstrom am Kapitalmarkt *duplizierbar* ist, d.h. am Markt existieren bereits Wertpapiere, mit denen der Zahlungsstrom nachgebildet werden kann.[3] Sind diese Bedingungen am Kapitalmarkt gegeben, so orientiert sich jeder Investor am Ziel der *Marktwertmaximierung*. Marktwertmaximierung wird deshalb einmütig akzeptiert, weil jeder Investor durch geeignete Kapitalmarkttransaktionen die Marktwertsteigerung in eine Steigerung des Erwartungswertes des Nutzens aus seinem Konsumeinkommensstrom transformieren kann. Letztlich basiert die Zielsetzung der Marktwertmaximierung auf einem *Dominanz-Argument*. Dies wird insbesondere im Rahmen der Analyse von DeAngelo deutlich.

---

[1] Vgl. GROSSMAN/STIGLITZ (1980), S. 564.

[2] Vgl. GROSSMAN/STIGLITZ (1980), S. 543-544. Gemäß der *Competitivity*-Bedingung ist das Volumen eines Investitionsprojektes im Vergleich zum aggregierten Markt vernachlässigbar klein. Vgl. HART (1979).

[3] *Spanning* gewährleistet, daß der Zustandsraum aufgrund der Entscheidung nicht erweitert wird und die Handlungsmöglichkeiten am Kapitalmarkt somit steigen. Für eine differenzierte Diskussion und Einordnung der zahlreichen in der Literatur diskutierten Bedingungen für *Spanning* siehe DEANGELO (1981), Fußnote 6, S. 22-23.

5.2 Die Analyse von DeAngelo

DEANGELO geht in seinem Aufsatz "Competition and Unanimity" der Frage nach, unter welchen allgemeinen Bedingungen Einmütigkeit *unabhängig* von den individuellen Präferenzen erreicht wird. Nach Theorem 1 von DEANGELO ist es – unabhängig von Präferenzen – *notwendig* und *hinreichend* für die einmütige Akzeptanz der Entscheidung e*, daß die Konsummöglichkeiten unter e* für jeden *global dominant* sind.[4] Dies beinhaltet (u.a.), daß unter der Entscheidung e* in jedem Zustand zu jedem Zeitpunkt mehr (bzw. mindestens so viel) konsumiert werden kann, wie unter jeder anderen Entscheidung e.[5] Ist globale Dominanz nicht gegeben, so läßt sich stets eine Nutzenfunktion konstruieren, welche Einmütigkeit verletzt.[6]

Die Stärke dieses Theorems liegt insbesondere darin, daß die Bedingung globaler Dominanz nicht nur *hinreichend* sondern auch *notwendig* ist. Folglich müssen alle früheren (und auch späteren) Theoreme, die *präferenzfreie* Bedingungen für Einmütigkeit (bzw. Anreizkompatibilität) herleiten, letztendlich auf einem *einfachen Dominanz-Argument* basieren.[7]

Umgekehrt folgt aber auch, daß die Präferenzen bzw. Nutzenfunktionen explizit berücksichtigt werden *müssen*, wenn die Alternativen *nicht* mit global dominanten Konsummöglichkeiten verbunden sind. Dies ergibt sich zwingend aufgrund der Notwendigkeit der globalen Dominanz für Einmütigkeit unter Vernachlässigung der konkreten Nutzenfunktionen.

DEANGELO untersucht außerdem, welche *Bedingungen* am *Kapitalmarkt* für globale Dominanz (und folglich dafür, daß Einmütigkeit *unabhängig* von den individuellen Präferenzen erreicht wird) vorliegen müssen. Er schreibt: "Wenn die Bedeutung von Investitionsentscheidungen nur aufgrund ihres Einflusses auf persönlichen Reichtum wahrgenommen wird, dann wird Marktwertmaximierung von allen Anteilseignern einmütig akzeptiert. Diese Zielsetzung wird deshalb einmütig akzeptiert, weil mit dem Reichtum die Konsummöglichkeiten und der Nutzen jedes einzelnen Anteilseigners maximiert wird."[8] Dieses Dominanz-Argument ist die Quintessenz des Separations-Theorems von FISHER[9] und wurde von FAMA/MILLER[10] verallgemeinert.[11]

---

4) Siehe Theorem 1, DEANGELO (1981), S. 20.
5) Vgl. DEANGELO (1981), S. 20-21.
6) Vgl. DEANGELO (1981), S. 27.
7) Andernfalls sind sie schlichtweg unzutreffend.
8) DEANGELO (1981), S. 18, Übersetzung des Verfassers.
9) Vgl. FISHER (1930), S. 141.
10) Vgl. FAMA/MILLER (1972), S. 69.
11) DEANGELO (1981), S. 18.

Kapitel V.5 Marktwertmaximierung als partielles Gleichgewichtskonzept 215

DEANGELO'S zweites Theorem kann folgendermaßen formuliert werden:
Investitions- und Finanzierungsentscheidungen können unter den folgenden Bedingungen nach dem Ziel der (isolierten) Marktwertmaximierung getroffen werden:[12]
- *keine Informationskosten, keine Transaktionskosten, keine Kosten der Vertragsbindung, Leerverkaufsmöglichkeiten*[13] *sowie Mengenanpasserverhalten (vollkommener Kapitalmarkt)*
- *wahrgenommene Preisunabhängigkeit*
- *Technologische Unabhängigkeit*
- *Spanning*
- *Proportionale Teilung.*

Die ersten beiden Bedingungen bei DEANGELO entsprechen den Annahmen, die für einen *vollkommenen Kapitalmarkt* typisch sind.[14] Sie beziehen sich auf die *Transaktionsmöglichkeiten am Kapitalmarkt.* Ist der *Kapitalmarkt vollkommen,* dann hängen die *Konsummöglichkeiten* eines Individuums nur von folgenden Faktoren ab:

1) von den Risikoteilungsmöglichkeiten am Markt und damit vom *Zustandsraum,* welcher durch die bestehenden Wertpapiere aufgespannt wird,
2) von den *Marktwerten* für die einzelnen (möglichen) Konsumströme und
3) von seinem *Anfangsvermögen.*[15]

Investitions- und Konsumentscheidungen können - bei einem vollkommenen Kapitalmarkt - die Konsummöglichkeiten eines Individuums nur dadurch beeinflussen, daß sie den Zustandsraum, die Marktwerte (bzw. Preise) oder das Anfangsvermögen ändern.[16] Die Annahmen der *Technologischen Unabhängigkeit,* des *Spannings* und der *wahrgenommenen Preisunabhängigkeit* beziehen sich dagegen auf die *Entscheidungen,* die getroffen werden (können). *Technologische Unabhängigkeit* gewährleistet, daß die Entscheidung über ein Investitionsobjekt in einem Unternehmen nicht die Cash Flows anderer Unternehmen beeinflußt. *Spanning* gewährleistet, daß der *Zustandsraum* aufgrund der Entscheidung nicht erweitert wird und damit die Handlungsmöglichkeiten am Kapitalmarkt steigen. *Wahrgenommene Preisunabhängigkeit* gewährleistet, daß bei der Entscheidung über ein Investitionsprojekt Änderungen der Preise für zustandsbedingte Zahlungsansprüche im Kalkül nicht erfaßt werden.[17] Die Annahme *proportionaler Teilung* gewährleistet schließlich, daß jeder Anteilseigner

---

12) DEANGELO (1981), S. 20-22.
13) Die Annahme von Leerverkäufe ist nicht notwendig für die Gültigkeit des Theorems, vgl. DEANGELO (1981), S. 22.
14) DEANGELO spricht in diesem Zusammenhang nicht von einem vollkommenen Kapitalmarkt.
15) DEANGELO (1981), S. 21.
16) DEANGELO (1981), S. 22.
17) DEANGELO (1981), S. 22-23.

auch proportional am Marktwert (bzw. Kapitalwert) einer Investition beteiligt ist. Wird ein Investitionsprojekt mit einem positiven Marktwert durchgeführt, so wird der persönliche Reichtum der betroffenen Anteilseigner erhöht; mithin werden ihre Konsummöglichkeiten verbessert.

DEANGELO legt großen Wert darauf, daß das obige Theorem "a partial-equilibrium Unanimity theorem" darstellt, weil angenommen wird, daß Preise als konstant *wahrgenommen* werden. Würde man statt von einem partiellen von einem totalen Gleichgewichtskonzept ausgehen, indem man *tatsächlich* konstante Preise unterstellte, so würde dies zwar Einmütigkeit implizieren, darüber hinaus jedoch auch, daß die Anteilseigner stets *indifferent* zwischen Durchführung und Unterlassung wären.[18]

Den Zusammenhang kann man für Individualentscheidungen im Rahmen des "Fisher-Modells" veranschaulichen. In diesem Fall existiert ein vollkommener Kapitalmarkt; auf dem zu einem einheitlichen Zinssatz r Geld aufgenommen bzw. angelegt werden kann. Der Zinssatz r wird hierbei als konstant *wahrgenommen*. Im Rahmen einer *Partialbetrachtung* wird gezeigt, daß Investitionsentscheidungen losgelöst von Finanzierungs- und Konsumentscheidungen (Separationstheorem von Fisher) getroffen werden können. Dabei maximiert der Entscheider seinen Konsumnutzen, indem er den Kapitalwert maximiert. Ginge man hierbei allerdings streng von einem *totalen Gleichgewicht* aus und mithin von einem *tatsächlich* konstanten Zinssatz r, würde dies die *Irrelevanz* eines Investitionsprojektes implizieren. Der Zinssatz ergibt sich nämlich als Marktpreis aufgrund des Verhältnisses der Grenznutzenwerte der verschiedenen Zeitpunkte (vgl. Kapitel 2). Wird ein Investitionsprojekt mit einer Auszahlung zum Zeitpunkt 0 und einer Einzahlung zum Zeitpunkt 1 durchgeführt, dann verändert sich das aggregierte Gesamtangebot zu den beiden Zeitpunkten. Das Gesamtangebot zum Zeitpunkt 0 sinkt, während das Gesamtangebot zum Zeitpunkt 1 steigt. In einem totalen Gleichgewicht steigt folglich der Zinssatz aufgrund des Kapitalmarkthandels. Analog kann dies auch folgendermaßen beschrieben werden: Preise ergeben sich aufgrund von Grenznutzenwerten. Konstante Preise implizieren streng genommen konstante Grenznutzenwerte. Konstante Grenznutzenwerte implizieren bei Risikoaversion wiederum konstante Nutzenwerte und folglich streng genommen Irrelevanz.

---

18) DEANGELO (1981), S. 25.

5.3 Implikationen der Kapitalmarktbedingungen für die Anreizgestaltung

5.3.1 Eigenschaften der Nutzenfunktionen der Anteilseigner

Sind die Bedingungen für Einmütigkeit unter den Anteilseignern (Competitivity, Spanning sowie Proportionale Teilung) erfüllt, dann kann die Nutzenfunktionen eines (repräsentativen) Investors im Zustand z wie folgt dargestellt werden:

$$U_{pz}[\cdot] = U_{pz}\left[s_P \cdot (x_0 - s_0) + s_P \cdot \sum \pi_z \cdot (x_{1z} - s_{1z})\right]. \tag{55}$$

Diese Darstellungsweise beruht auf Gleichung (4.51) in Verbindung mit Gleichung (2.29). Demnach orientiert sich der repräsentative Prinzipal mittels einer zustandsabhängigen Nutzenfunktion am Barwert seines Anteils an den Netto-Cash Flows.

Die Nutzenfunktion des Prinzipals kann noch näher spezifiziert werden:

$$U_{pz}\left[s_P\left((x_0 - s_0) + \sum \pi_z \cdot (x_{1z} - s_{1z})\right)\right] \equiv U^*_{pz}\left[(x_0 - s_0) + \sum \pi_z \cdot (x_{1z} - s_{1z})\right]. \tag{56}$$

Der repräsentative Prinzipal orientiert sich demnach mittels einer zustandsabhängigen Nutzenfunktion U^*_{pz} am Barwert (Marktwert) der Netto-Cash Flows. Dabei ist allerdings zu beachten, daß sich die Nutzenfunktion U^*_{pz} in *allen* Zuständen z ändert, wenn der Barwert der Netto-Cash Flows steigt. Jener steigt, wenn der Netto-Cash Flow nur in einem einzigen Umweltzustand z steigt.

Deshalb ist die *Nutzenfunktion* U^*_{pz} als solche *nicht gegeben*, sondern sie hängt konkret davon ab, welche Netto-Cash Flows erzielt werden. Im Gegensatz hierzu sind die relevanten *Eigenschaften* der Nutzenfunktion U^*_{pz} jedoch vom Kapitalmarkt vorgegeben und unabhängig vom Barwert der Netto-Cash Flows. Analog zu den Ausführungen in Kapitel 2 beträgt die *Zeitpräferenz* bezüglich der *Netto-Cash Flows* stets $\gamma_{P1} = 1 + r$. Die entsprechende *Zustandspräferenz* beträgt dementsprechend $\pi_z \cdot (1+r)$. Für die *relative Zustandspräferenz* bezüglich der Netto-Cash Flows erhält man $\frac{\pi_{z^*}}{\pi_{z^{**}}}$. Die entsprechenden *Risikopräferenzen* sind ebenfalls implizit aufgrund der "unveränderlichen" Preise am Kapitalmarkt vorgegeben.

5.3.2 Gestaltung von Teilungsregeln unter *Spanning* und *Competitivity*

5.3.2.1 Lineare Beteiligung bei Kapitalmarktzugang

Auf Basis der zustandsabhängigen Nutzenfunktionen des Prinzipals ist eine *explizite* Gestaltung von anreizkompatiblen Teilungsregeln für einen Agenten *theoretisch* zwar *möglich*, aber äußerst komplex. Die *Komplexität* liegt insbesondere darin, daß die Nutzenfunktionen U^*_{pz} in den einzelnen Zuständen nicht gegeben sind. Es zeigt sich jedoch, daß sich die Gestaltung anreizkompatibler Teilungsregeln unter expliziter Berücksichtigung der zustandsabhängigen Nutzenfunktionen weitgehend *erübrigt*. Damit der Agent die richtigen Entscheidungen trifft, ist ihm lediglich der Zugang zum Kapitalmarkt zu gewähren, und er muß *linear an den Brutto-Cash Flows* beteiligt werden. Es werden dann alle Projekte mit einem positiven Kapitalwert durchgeführt, und anschließend können die Kooperationspartner ihren Anteil am Kapitalwert in den für sie jeweils optimalen Konsumstrom überführen. Wie in Kapitel 2 angemerkt, ist es dafür notwendig, daß alle Kooperationspartner über den *Kapitalwert informiert*[19] werden.[20]

Damit der Agent die richtigen Entscheidungen trifft, kann man ihn aber alternativ direkt am *Kapitalwert* bzw. Marktwert beteiligen, denn unter *Spanning* und *Competitivity* ergeben sich auch ideale Hedging-Bedingungen. Der Manager kann jegliches Risiko ausschließen und den Kapitalwert zum Zeitpunkt 0 tatsächlich realisieren.

Unabhängig davon, ob der Agent direkt an den Cash Flows oder am Kapitalwert beteiligt ist, nehmen die Anteilseigner die Transformation ihres Anteils am Marktwert selbst vor. Hierbei überführen sie stets den Einkommenstrom aus der Kooperationsbeziehung in den für sie jeweils *optimalen Konsumstrom*. Voraussetzung ist allerdings, daß sie informiert sein müssen. Die *Konsumentscheidung* kann zwar theoretisch *delegiert* werden. Die Steuerung der Konsumentscheidung stellt sich jedoch als ein sehr komplexes Problem dar, und es kann gezeigt werden, daß es sich kaum lohnt, die Entscheidung über den optimalen Konsumstrom zu delegieren. Grund hierfür ist, daß sich grundsätzlich zustandsabhängige Teilungsregeln ergeben, zu deren Ermittlung die optimalen Konsumpläne schon bekannt sein müssen.

Auch wenn die explizite Gestaltung anreizkompatibler Teilungsregeln sich erübrigt, behalten die hergeleiteten Prinzipien weitgehend ihre Gültigkeit. Unter den betrachteten Kapitalmarktbedingungen sind ebenfalls *alle* Erfolgskomponenten zu berücksichtigen, sofern sie keine barwertneutralen Transformationen darstellen. Unter strenger Anreizkompatibilität müssen darüber hinaus barwertneutrale Transformationen berücksichtigt werden, sofern die Kooperationspartner nicht risikoneutral

---

[19] Disclosure hat hingegen keinen Wert, wenn Anreizkompatibilität und Paretoeffizienz gleichzeitig erfüllt sind. Vgl. DYBVIG/SPATT (1985), S. 5.

[20] Werden sie nicht informiert, kann zumindest eine Art beschränkte Anreizkompatibilität erreicht werden, indem die Projektüberschüsse in dominante Verteilungen überführt werden. Dies kann erfolgen, indem alle Projekte fremdfinanziert und die unsicheren Zahlungen gehedgt werden. Projekte mit positivem Kapitalwert weisen dann zum Zeitpunkt t = 1 in jedem Umweltzustand einen positiven Brutto-Cash Flow in Höhe des aufgezinsten Kapitalwertes auf.

sind. Das allgemeine Prinzip der Barwertidentität behält auch hier seine grundsätzliche Gültigkeit. Unter den betrachteten Kapitalmarktbedingungen ergeben sich unendliche Freiheitsgrade für barwertneutrale Transformationen, die nicht nur real, sondern virtuell im Rahmen der Erfolgsrechnung erfolgen können. Insofern kann beispielsweise die Anschaffungsauszahlung für eine Investition nicht nur (beliebig) über die Zeit, sondern auch über die Zustände verteilt werden.[21]

5.3.2.2 Bedingungen der Anreizkompatibilität unter *Spanning* und *Competitivity*

Bei der Herleitung von allgemeinen notwendigen und hinreichenden Bedingungen für Anreizkompatibilität im Mehrperiodenfall wurden (zunächst) keine einschränkenden Annahmen bezüglich der Nutzenfunktionen der Beteiligten getroffen. Somit behalten diese Bedingungen auch bei einem vollkommenen und vollständigen Kapitalmarkt ihre Gültigkeit.[22] Hat der Agent ebenfalls Zugang zum Kapitalmarkt, so ist auch seine *Nutzenfunktion* U_{Az} als solche *nicht gegeben*, sondern hängt konkret davon ab, welche Entlohnungen jeweils erzielt werden. Die relevanten *Eigenschaften* seiner Nutzenfunktion sind jedoch vom Kapitalmarkt vorgegeben und entsprechen denen des (repräsentativen) Prinzipals. Prinzipal und Agent weisen die *gleichen*, von den Cash Flows unabhängigen *Zeit-, Zustands-* sowie *Risikopräferenzen* auf.

Aufgrund der *übereinstimmenden individuellen Präferenzen* lassen sich manche Aussagen bzw. Ergebnisse näher spezifizieren. Beispielsweise muß bei einer anreizkompatiblen Beteiligung an den Cash Flows im Mehrperiodenfall die Zeitpräferenz des Prinzipals bezüglich der Ergebnisse gleich der des Agenten sein. Bei Existenz einer risikolosen Anlagemöglichkeit stimmen die individuellen Zeitpräferenzen (bezüglich des Einkommens aus der Kooperationsbeziehung) überein: $\gamma_{P1} = \gamma_{A1} = 1+r$. Die Zeitpräferenz ist für beide gleich dem marktgegebenen Aufzinsungsfaktor. Da die individuellen Zeitpräferenzen übereinstimmen, muß bei einer isolierten Erfolgsbeteiligung für jede Periode jeweils die *gleiche Grenzentlohnung* gewählt werden: $s_1'(x_1) = s_0'(x_0)$. Das Ergebnis ist plausibel: Es ist hinlänglich bekannt, daß bei Existenz einer risikolosen Anlagemöglichkeit eine Orientierung am Kapitalwert zum

---

[21] Sofern die idealen Kapitalmarktbedingungen nicht erfüllt sind, ergeben sich hierbei allerdings Freiräume für Manager, sich auf Kosten der Anteilseigner zu bereichern. Es muß nämlich intersubjektiv überprüfbar und verifizierbar sein, in welchem Zustand wieviel abgeschrieben werden sollte.

[22] Es muß stets beachtet werden, daß die Argumente der jeweiligen Nutzenfunktion die Entlohnung, und nicht der Konsum zu den einzelnen Zeitpunkten ist. Die Anlagemöglichkeiten am Kapitalmarkt führen zwar nicht zu einer Veränderung der Konsum-Nutzenfunktion, die relevanten Nutzenfunktionen bezüglich des Einkommens aus der Kooperation bleiben hiervon jedoch nicht unberührt. Wie gezeigt wurde, werden mit der Optimierung des Konsumnutzens über den Kapitalmarkt bestimmte Eigenschaften der Einkommens-Nutzenfunktion induziert.

Zinssatz r stets (unabhängig von der zugrundeliegenden Nutzenfunktion) zielkongruent ist. Eine Orientierung am Kapitalwert zum Zinssatz r bleibt im Rahmen der Delegationsbeziehung nur dann bestehen, wenn die Grenzentlohnung für die beiden Zeitpunkte übereinstimmt.

Analog läßt sich auf Basis der Zustandspräferenzen bezüglich der Ergebnisse das folgende Resultat begründen: Eine anreizkompatible Teilungsregel weist bei Existenz von zustandsbedingten Zahlungsansprüchen auf einem vollkommenen Kapitalmarkt in jedem Zustand die gleiche Grenzentlohnung auf. Auch dieses Ergebnis ist plausibel: Wäre die Grenzentlohnung nicht in jedem Zustand gleich, so hätte der Agent einen Anreiz, die Brutto-Cash Flows in Zuständen mit hoher Grenzentlohnung zu Lasten von Zuständen mit geringer Grenzentlohnung zu steigern. Dies kann er durch den Handel mit zustandsbedingten Zahlungsansprüchen auf Rechnung des Unternehmens auf einfache Weise erreichen. Hierbei würde er sich zu Lasten der Anteilseigner bereichern.

Weisen beide Parteien die gleiche unveränderliche vom Kapitalmarkt gegebene Zeitpräferenz auf, lassen sich ferner die Ergebnisse bezüglich der Periodisierung von Cash Flows im Rahmen des Rechnungswesens konkretisieren. *Bei Existenz eines vollkommenen und vollständigen Kapitalmarkts gewährleistet eine anreizkompatible Bemessungsgrundlage auf Basis der vom Kapitalmarkt gegebenen Aufzinsungsfaktoren Barwertidentität.* Auch dieses Ergebnis ist plausibel: Bei Existenz von unmittelbar erfolgswirksamen Cash Flow-Bestandteilen muß für jeden Zeitpunkt die gleiche Grenzentlohnung gewählt werden. Da beide Parteien die gleiche unveränderliche Zeitpräferenz besitzen, ist es für beide unerheblich, ob Cash Flows im Rahmen des Rechnungswesens periodisiert werden, sofern dies barwertneutral (zum sicheren Zinssatz) erfolgt. Werden allerdings abweichende (risikoangepaßte) Zinssätze zur Berechnung von kalkulatorischen Zinsen verwendet, erhält eine Partei einen Vorteil zur Lasten der anderen Partei. Die Bemessungsgrundlage wäre dann nicht anreizkompatibel.[23]

5.3.2.3 Anreizkompatible Beteiligung ohne Kapitalmarktzugang

Auch wenn ein Kapitalmarkt existiert, kann Anreizkompatibilität unter expliziter Verwendung der Nutzenfunktionen der Beteiligten auf einfache Weise erzielt werden, indem alle Beteiligten vom privaten Kapitalmarkthandel ausgeschlossen wer-

---

23) Das Ergebnis steht im Einklang mit dem Ergebnis von FELTHAM/OHLSON. Sie zeigen vor dem Hintergrund des State Preference Ansatzes, daß bei einer Orientierung an Residualgewinnen bei der Investitionsplanung bzw. Unternehmensbewertung der sichere Zinssatz zur Berechnung von Eigenkapitalkosten verwendet werden sollte, vgl. FELTHAM/OHLSON (1999). Ihre Begründung erfolgt nicht unter Anreiz-, sondern unter Arbitragegesichtspunkten.

den. Existiert ein vollkommener und vollständiger Kapitalmarkt, dann wird der Agent alle (Real-) Investitionsobjekte mit positivem Kapital- bzw. Markwert durchführen. Anschließend wird er über Kapitalmarkthandel auf Rechnung des Unternehmens den Marktwert des Investitionsprogramms in einen "optimalen" Konsumstrom transformieren. Bei einer *gegebenen* anreizkompatiblen Teilungsregel ist die Konsumentscheidung auch aus Sicht des Prinzipals optimal. Im Optimum ist es (für beide Parteien) weder vorteilhaft noch nachteilig, *weitere* (marginale) Kapitalmarkttransaktionen durchzuführen. Folglich stimmen die Zeit- und Zustandspräferenzen *bezüglich der Ergebnisse* im Optimum mit den entsprechenden Faktoren am Kapitalmarkt überein.

Es ist jedoch nicht gewährleistet, daß die *individuellen* (originären) Zeit- und Zustandspräferenzen mit den entsprechenden Faktoren am Kapitalmarkt übereinstimmen. Sie stimmen nur dann überein, wenn die anreizkompatiblen Teilungsregeln linear und die Prämiensätze in jedem Zeitpunkt (und für jeden Zustand) gleich sind.

Stimmen die individuellen Zeit- und/oder Zustandspräferenzen bei gegebenen anreizkompatiblen Teilungsregeln nicht überein, so sind die Teilungsregeln nicht paretoeffizient. Jeder der Kooperationspartner könnte durch den *privaten* Handel am Kapitalmarkt seine Position verbessern - die Teilungsregel wäre dann nicht robust.

Ein einfacher Ausweg besteht, wie gezeigt wurde, darin, daß jeder Kooperationspartner privat handeln darf und linear an den Cash Flows im Unternehmen beteiligt wird.

Unter *Spanning* und *Competitivity* ergeben sich ideale Voraussetzungen für die Anreizgestaltung. Eine proportionale Teilung gewährleistet, daß nicht nur alle Anteilseigner unter sich einig sind, sondern auch, daß der Manager als Agent im Sinne der Anteilseigner handelt. Unter diesen idealen Voraussetzungen verfolgen alle Beteiligten die Zielsetzung der Marktwertmaximierung, und die explizite Gestaltung von anreizkompatiblen Teilungsregeln auf Basis der Nutzenfunktionen erübrigt sich. Wie erläutert, wird Marktwertmaximierung deshalb von allen akzeptiert, weil der Anteil am Marktwert eines Investitionsobjektes stets durch Kapitalmarkthandel erlöst werden und jeder Kooperationspartner seinen Anteil in dem für ihn optimalen Konsumstrom überführen kann. Hierbei wird unterstellt, daß die Preise *konstant wahrgenommen* werden. Wenn man unterstellt, daß die Preise am Kapitalmarkt tatsächlich konstant sind, dann beinhaltet dies streng genommen, daß die Investitionsentscheidungen irrelevant sind. Das Konzept der *Marktwertmaximierung* ist insofern als *partielles Gleichgewichtskonzept* zu verstehen. Als Pendant dazu wird nun das Konzept der *Partiellen Anreizkompatibilität* von LAUX als *totales Gleichgewichtskonzept* vertiefend behandelt.

6 Partielle Anreizkompatibilität als totales Gleichgewichtskonzept

In diesem Kapitel soll die Bedeutung der *Partiellen Anreizkompatibilität* als *totales Gleichgewichtskonzept* im Kapitalmarktzusammenhang aufgezeigt werden.[1] Die Darstellung baut auf der Analyse Partieller Anreizkompatibilität im statischen Modellrahmen auf. Um die Analyse zu vereinfachen, wird auch hier von einem Zeitpunkt ausgegangen.

Das Konzept der Partiellen Anreizkompatibilität von LAUX unterstellt, wie erläutert, *kleine* Erfolgsänderungen.[2] Dies ist für die Anteilseigner gegeben, wenn sie breit gestreute Portefeuilles haben und dementsprechend jeweils nur einen sehr geringen Anteil am betrachteten Unternehmen besitzen. Die einzelnen Anteile sind dabei so klein, daß einzelne Investitionsentscheidungen im Unternehmen *nicht* zum Kapitalmarkthandel führen. Insofern versteht sich Partielle Anreizkompatibilität als ein totales Gleichgewichtskonzept. Besteht Partielle Anreizkompatibilität zwischen den Anteilseignern, so kann von Einmütigkeit bzw. von einem repräsentativen Investor ausgegangen werden. Damit Partielle Anreizkompatibilität für den Manager als Agent gegeben ist, muß sein Anteil ebenfalls sehr gering sein.

In Kapitel II.3 wurde zunächst auf der Grundlage von *Sicherheitsäquivalenten* für zwei Kooperationspartner untersucht, unter welchen Bedingungen *Partielle Anreizkompatibilität* gewährleistet ist, d.h. unter welchen Bedingungen die Sicherheitsäquivalente von Prinzipal und Agent bezüglich der Ergebnisse annähernd gleich sind (vgl. Proposition II.2). Diese Voraussetzungen können im Kapitalmarktzusammenhang folgendermaßen modifiziert werden. *Partielle Anreizkompatibilität* besteht im Kapitalmarktzusammenhang, wenn folgende Bedingungen gleichermaßen erfüllt sind:
1. Die Cash Flow-Verteilung ist unter Berücksichtigung der jeweiligen Anteile eine kleine Lotterie im Sinne von PRATT, d.h. Momente dritter Ordnung können vernachlässigt werden.
2. Zumindest um den Erwartungswert μ der Cash Flow-Verteilung besteht eine paretoeffiziente Risikoteilung.
3. Die Anteile an der Verteilung sind um den Erwartungswert μ (quasi-) linear.

---

[1] Zum Konzept der Partiellen Anreizkompatibilität siehe LAUX (2003), S. 109-114 und S. 295-297.
[2] Vgl. LAUX (2003), S. 109.

Kapitel V.6 Partielle Anreizkompatibilität als totales Gleichgewichtskonzept

Dieses Theorem gilt allgemein, wobei nicht differenziert wird, inwieweit eine Verteilung in der Ausgangssituation besteht oder nicht. Die Erfüllung dieser Bedingungen ist um so eher zu erwarten,
- je vollkommener und vollständiger der Kapitalmarkt ist,
- je größer die Anzahl der Kapitalmarktteilnehmer ist,
- je geringer das Volumen der Investitionen ist
- und je ähnlicher die Nutzenfunktionen sind.

Anschließend wurde in Kapitel II.3 untersucht, wann Partielle Anreizkompatibilität bezüglich einer möglichen *neuen Wahrscheinlichkeitsverteilung* bei *gegebener paretoeffizienter Ausgangsverteilung* über den Cash Flow vorliegt. Hierbei erfolgte die Analyse auf Basis von *Nutzenänderungen*. Als Ergebnis war zum einen festzuhalten, daß gemäß einem THEOREM VON LAUX *Partielle Anreizkompatibilität bei konstanten Grenznutzenwerten und proportionaler Teilung* vorliegt. Dieses Theorem kann im Kapitalmarktzusammenhang folgendermaßen modifiziert werden: Es besteht Partielle Anreizkompatibilität bezüglich einer möglichen *neuen Wahrscheinlichkeitsverteilung* über den Cash Flow y unter den folgenden drei Bedingungen:[3]
1. In der Ausgangssituation besteht eine paretoeffiziente Risikoteilung am Kapitalmarkt bezüglich der Cash Flows x.
2. Die Grenznutzenwerte der Anteilseigner und des Managers sind annähernd konstant.
3. Es erfolgt eine proportionale Teilung bezüglich der neuen möglichen Cash Flows y.

Ausgehend von den ersten zwei Bedingungen wurde gezeigt, daß die dritte Bedingung *hinreichend* und *notwendig* für Partielle Anreizkompatibilität ist. Die Voraussetzung (quasi-)konstanter Grenznutzenwerte impliziert, daß die Entlohnungen aufgrund von y jeweils klein sein müssen. Die Erfüllung der ersten Bedingung ist um so eher zu erwarten,
- je vollkommener und vollständiger der Kapitalmarkt ist.

Die Erfüllung der zweiten Bedingungen ist um so eher zu erwarten,
- je größer die Anzahl der Kapitalmarktteilnehmer
- und je geringer das Volumen der Investitionen ist.

Die Voraussetzungen für Partielle Anreizkompatibilität entsprechen hier am ehesten den Gegebenheiten im Rahmen des *State Preference Ansatzes*. Es bleibt festzuhalten: Besteht eine paretoeffiziente Teilung in der Ausgangssituation, und halten die Anteilseigner breit gestreute Portefeuilles, so daß von quasi konstanten Grenznutzen-

---

[3] Vgl. LAUX (2003) S. 295-296.

werte ausgegangen werden kann, so folgt, daß der Cash Flow y proportional geteilt werden *muß*, damit Partielle Anreizkompatibilität besteht.

Es wurde aber auch gezeigt, daß Partielle Anreizkompatibilität bei proportionaler Teilung und quasi-linearen Teilungsregeln besteht (vgl. Proposition II.3). Dieses Ergebnis gilt auch hier analog. Partielle Anreizkompatibilität besteht im Kapitalmarktzusammenhang unter den folgenden drei Bedingungen:
1. Eine paretoeffiziente Risikoteilung besteht in der Ausgangssituation bezüglich des Cash Flow x.
2. Es erfolgt jeweils eine proportionale Teilung bezüglich der neuen Cash Flows y.
3. Die Teilungsregeln bezüglich x sind jeweils quasi-linear.

Im Kapitalmarktzusammenhang ist die dritte Bedingung erfüllt, wenn die Kapitalmarktteilnehmer in der Ausgangssituation am Marktportefeuille annähernd linear beteiligt sind. Es ist hierbei *nicht* erforderlich, daß die Anteile so gering sind, daß die Grenznutzenwerte konstant sind. Die dritte Bedingung ist insbesondere um so eher erfüllt, je ähnlicher die Nutzenfunktionen sind. Die Anzahl der Kapitalmarktteilnehmer und die Größe des Investitionsvolumens spielt aber auch eine Rolle in Bezug auf die Näherung. Die Voraussetzungen für Partielle Anreizkompatibilität entsprechen hier am ehesten den Gegebenheiten im Rahmen des *CAPM*.

Außerdem gilt auch im Kapitalmarktzusammenhang, daß keine anreizkompatiblen (zustandsunabhängigen) Teilungsregeln bezüglich einer neuen Verteilung existieren, wenn in der Ausgangssituation die paretoeffizienten Teilungsregeln nicht linear und/oder die Grenznutzenwerte nicht konstant sind (vgl. Proposition II.4). Anreizkompatible Teilungsregeln müssen dann stets zustandsabhängig ermittelt werden.

Die unterschiedlichen Voraussetzungen für Partielle Anreizkompatibilität im Kapitalmarktzusammenhang haben im Prinzip stets zwei Bedingungen gemeinsam: *Lineare Teilung* (bzw. quasi-lineare Teilung) und *Paretoeffizienz*. Dies gilt unabhängig davon, ob von Sicherheitsäquivalenten oder von Nutzenänderungen ausgegangen wird. Ferner muß von *quasi-konstanten Grenznutzenwerten* bzw. *kleinen Anteilen* ausgegangen werden. Diese Bedingungen sind, wie deutlich wurde, ihrerseits um so eher erfüllt,
- je vollkommener und vollständiger der Kapitalmarkt ist,
- je größer die Anzahl der Kapitalmarktteilnehmer ist,
- je geringer das Volumen der Investitionen ist
- und je ähnlicher die Nutzenfunktionen im Vorfeld sind.

Diese Voraussetzungen können wiederum nicht isoliert voneinander gesehen werden. Je vollkommener und vollständiger der Markt ist, um so größer ist die Anzahl der Kapitalmarktteilnehmer zu vermuten. Wie in Kapitel 3 erläutert, haben die Kapitalmarktbedingungen zudem eine große Bedeutung für die Angleichung der Präferenzen im Vorfeld. Je vollkommener und vollständiger der Kapitalmarkt ist, desto eher erfolgt im Vorfeld eine Angleichung der individuellen Zeit-, Risiko- und Zustandspräferenzen der Kapitalmarktteilnehmer.

7 Anreizkompatibilität vor dem Hintergrund des CAPM

7.1 Einführung

Die Implikationen des Kapitalmarktzusammenhangs für die anreizkompatible Gestaltung von Teilungsregeln und Bemessungsgrundlagen sollen vor dem Hintergrund des CAPM als Hybrid-Modell verdeutlicht werden. In Abschnitt 2 wird das verwendete Kapitalmarktmodell und seine Eigenschaften im Marktgleichgewicht beschrieben. Im Gleichgewicht wird das Risiko paretoeffizient geteilt und es existiert ein repräsentativer Investor. Anschließend werden in Abschnitt 3 die Implikationen des Kapitalmarktes für die Beteiligung eines Managers als Agent aufgezeigt. Aufgrund der Kapitalmarktbedingungen kann sich eine explizite Beteiligung des Managers als irrelevant erweisen. Wird der Manager dennoch explizit beteiligt, so muß zur Gewährleistung von Anreizkompatibilität das externe Einkommen der Anteilseigner berücksichtigt werden. Es wird gezeigt, daß die Beteiligung faktisch unabhängig davon ist, ob externes Einkommen explizit in der Bemessungsgrundlage berücksichtigt wird oder implizit, indem von zustandsabhängigen Nutzenfunktionen ausgegangen wird. Im vierten Abschnitt wird die Vereinbarkeit von Marktwert und Nutzenmaximierung für den Fall aufgezeigt, daß der Manager nur Investitionen mit "kleinem" Volumen in der gleichen Risikoklasse wie das betrachtete Unternehmen durchführt. Hierauf aufbauend wird in Abschnitt 5 die Verwendung eines risikoangepaßten Zinssatzes zur Berechnung von Kapitalkosten im Rahmen aller praxisgängigen Residualgewinnkonzepte problematisiert. Wie allgemein bewiesen wurde, *muß* unter Anreizkompatibilität die Berechnung von Kapitalkosten aufgrund des sicheren Zinssatzes erfolgen.[1] Es wird gezeigt, daß die Verwendung eines sicheren Zinssatzes bei der Bestimmung von Residualgewinnen als Basis für die Managemententloh-

---

1) Man mag die Verwendung eines sicheren Zinssatzes ablehnen und argumentieren, daß von einer Shareholder-Orientierung im *Marktzusammenhang* auszugehen ist, und daß der risikoangepaßte Zinssatz die *geforderte Verzinsung* der Anteilseigner und damit den zu verwendenden Opportunitätskostensatz der Finanzierung widerspiegelt. Denn risikoangepaßte Zinssätze werden grundsätzlich in einem theoretischen Rahmen ermittelt, und zwar vor dem Hintergrund des *CAPM*. Bei der Shareholder-Orientierung im Marktzusammenhang wird ferner von *Marktwertmaximierung* und nicht explizit von Nutzenmaximierung als Zielsetzung ausgegangen. Des weiteren wird im Rahmen des Konzeptes der Anreizkompatibilität ein theoretisch unbegrenzter Aktionsraum des Agenten unterstellt. Die praktische und theoretische Rechtfertigung der Verwendung eines risikoangepaßten Zinssatzes erfolgt hingegen häufig in Situationen, in denen der Agent Investitionen ausschließlich in einer *gegebenen Risikoklasse* durchführen kann.

nung auch dann notwendig ist, wenn von einer Shareholder-Orientierung im Marktzusammenhang des CAPM bei gegebener Risikoklasse explizit ausgegangen wird. Im letzten Abschnitt wird die Bedeutung der expliziten Berücksichtigung der Bewertung aus Sicht des Managers für die Anreizgestaltung aufgezeigt.

7.2 Eigenschaften des Kapitalmarktgleichgewichts

Zur Verdeutlichung der Analyse im Kapitalmarktzusammenhang wird das CAPM als einperiodiges "Hybrid-Modell" konkretisiert, welches sich durch die Kombination exponentieller Nutzenfunktionen und normalverteilter Rückflüsse kennzeichnen läßt.[2] Hierdurch wird eine einfache Orientierung an Sicherheitsäquivalenten ermöglicht. Auf dem Kapitalmarkt werden neben sicheren Anlagen zum Zinssatz r risikobehaftete Aktien gehandelt. Der Cash Flow (Rückfluß) aller Aktien des Unternehmens n zum Zeitpunkt 1 wird mit x_{n1} bezeichnet. Der Cash Flow x_{n1} ist normalverteilt mit dem Erwartungswert $E(x_{n1}) \equiv \mu_{n1}$ und der Varianz σ_n^2. Die Cash Flows sind miteinander korreliert mit σ_{nm} als Kovarianz zwischen den Cash Flows der Unternehmen n und m.

Der Kurswert aller Aktien des Unternehmens n zum Zeitpunkt 0, d.h. der Marktwert des Unternehmens n, wird mit K_{n0} bezeichnet. Im Marktgleichgewicht hält der Anteilseigner P einen Anteil s_P am Marktportefeuille M. Sein Endvermögen W_{1P} ergibt sich wie folgt:

$$W_{P1} = G_{P0} \cdot (1+r) + s_P \cdot x_{M1} \qquad (1)$$

$$\text{mit} \quad x_{M1} = \sum_{i=1}^{n} x_{n1}.$$

Das Endvermögen W_{P1} läßt sich gemäß (1) als Summe aus der mit dem Zinssatz r aufgezinsten sicheren Anlage G_{P0}, und dem Anteil am Endwert des Marktportefeuilles x_{M1} bestimmen. Die sichere Anlage ergibt sich als Anfangsvermögen W_{P0} abzüglich der Investitionsauszahlung für die riskante Anlage in dem Marktportefeuille. Die Höhe der Investitionsauszahlung bestimmt sich wiederum auf Basis des Marktwertes des Marktportefeuilles K_{M0} zum Zeitpunkt 0:

$$G_{P0} = W_{P0} - s_P \cdot K_{M0} \qquad (2)$$

---

[2] Vgl. LINTNER (1965); MOSSIN (1966) sowie BAMBERG (1986).

mit $\quad K_{M0} = \sum_{i=1}^{n} K_{n0}$.

Das Sicherheitsäquivalent des Anteilseigners P bezogen auf dem Zeitpunkt 1 beträgt:

$$S\ddot{A}_{P1} = G_{P0} \cdot (1+r) + s_P \cdot \mu_{M1} - \frac{\alpha_P}{2} \cdot s_P^2 \cdot \sigma_M^2 \quad (3)$$

mit $\quad \sigma_M^2 = \sum_{i=1}^{n} \sum_{j=1}^{n} \sigma_{ij} \quad$ und $\quad \mu_{M1} = \sum \mu_{n1}$.

Hierin bezeichnet α_P den Risikoaversionskoeffizienten des Anteilseigners P. Die Maximierung des Sicherheitsäquivalents ist der Maximierung des erwarteten Endvermögensnutzens äquivalent. Der Anleger P wählt sein Portefeuille-Anteil s_P, gemäß der folgenden Bedingung:

$$\frac{\partial S\ddot{A}_{P1}}{\partial s_P} = -K_{M0} \cdot (1+r) + \mu_{M1} - \alpha_P \cdot s_P \cdot \sigma_M^2 = 0. \quad (4)$$

Der Produkt aus Anteil und Risikoaversionskoeffizient ist für jeden Anteilseigner gleich und entspricht dem Marktrisikoaversionskoeffizienten α_M. Unter Berücksichtigung von $\sum s_P = 1$ folgt nämlich:[3]

$$\alpha_P \cdot s_P = \frac{1}{\sum \frac{1}{\alpha_q}} \equiv \alpha_M. \quad (5)$$

Gemäß Gleichung (5) erfolgt im Modell eine *paretoeffiziente Risikoteilung*. Wird der Marktrisikoaversionskoeffizient α_M in (3) und (4) eingesetzt, erhält man:[4]

$$S\ddot{A}_{P1} = G_{P0} \cdot (1+r) + s_P \cdot \left[\mu_{M1} - \frac{\alpha_M}{2} \cdot \sigma_M^2 \right] \quad (6)$$

mit $\quad \sigma_M^2 = \sum_{m=1}^{N} \sum_{n=1}^{N} \sigma_{nm}, \quad \mu_{M1} = \sum \mu_{n1} \quad$ und $\quad \alpha_M \equiv \dfrac{1}{\sum_{q \in Q} \dfrac{1}{\alpha_q}}$.

Das Sicherheitsäquivalent des Anteilseigners P setzt sich gemäß (6) aus dem Endwert der risikofreien Anlage G_{P0} und seinem Anteil am "Marktsicherheitsäquivalent"

---

[3] Vgl. GILLENKIRCH/VELTHUIS (1997), S. 126-127.
[4] Vgl. GILLENKIRCH/VELTHUIS (1997), S. 126-127.

Kapitel V.7 Anreizkompatibilität vor dem Hintergrund des CAPM

$\mu_{M1} - \frac{\alpha_M}{2} \cdot \sigma_M^2$ zusammen. Hierbei ergibt sich der Martkrisikoaversionskoeffizient α_M aufgrund der Risikotoleranzen (bzw. Risikoaversionskoeffizienten) aller Marktteilnehmer. Bei bestehendem Marktgleichgewicht wird das Sicherheitsäquivalent (und damit der Erwartungsnutzen) *jedes* Anteilseigners maximiert, indem das Marktsicherheitsäquivalent maximiert wird. Somit kann das Sicherheitsäquivalent des Anlegers P als repräsentative Zielfunktion dienen - es existiert ein *repräsentativer Investor*.

7.3 Implikationen für die Anreizgestaltung

Es wird nun die Anreizgestaltung für den Manager des Unternehmens n betrachtet. Hierbei wird davon ausgegangen, daß die Nutzenfunktion des Managers ebenfalls exponentiell ist. Um die finanziellen Interessen von dem Manager und den Anteilseignern in Einklang zu bringen, erübrigt sich streng genommen die explizite Gestaltung von Anreizsystemen. Man braucht lediglich dem Manager den Zugang zum Kapitalmarkt zu gewähren. Der Marktmechanismus sorgt dann für eine Angleichung der Interessen aller Beteiligten. Eine darüber hinausgehende explizite Erfolgsbeteiligung wäre dann entweder *irrelevant* oder würde zu *Fehlanreizen* bezüglich der Investitionsentscheidungen führen. So wäre die Erfolgsbeteiligung irrelevant, wenn der Manager die Möglichkeit hätte, diese aufgrund von Gegengeschäften wieder abzustoßen.[5] Könnte der Manager die Erfolgsbeteiligung nicht wieder durch entsprechenden (Leer-)Verkauf von Anteilen abstoßen, käme es dann zu Fehlentscheidungen.

Wird Anreizkompatibilität erzielt, indem der Manager Zugang zum Kapitalmarkt erhält, so ergibt sich gemäß (5) aufgrund des Marktmechanismus:

$$\alpha_A \cdot s_A = \frac{1}{\frac{1}{\alpha_M} + \frac{1}{\alpha_A}} \equiv \alpha_{\overline{M}} \quad \text{mit} \quad \frac{1}{\alpha_M} = \sum \frac{1}{\alpha_q}. \tag{7}$$

Es ist zu beachten, daß nun auch die Risikotoleranz des Managers $\frac{1}{\alpha_A}$ im Marktrisikoaversionskoeffizient enthalten sein muß. Hierbei wurde unterstellt, daß der Manager zunächst vom Kapitalmarkthandel ausgeschlossen war.

Für seinen Anteil kann man dann schreiben:

---

[5] Zur Irrelevanz einer Erfolgsbeteiligung unter den betrachteten Kapitalmarktbedingungen vgl. LAUX (1990) und LAUX (1991).

$$s_A = \frac{\alpha_M}{\alpha_A + \alpha_M}. \tag{8}$$

Abgesehen davon, daß die Anteile sich verändern, bleibt das Kapitalmarktgleichgewicht unberührt.

Bei der expliziten Gestaltung einer anreizkompatiblen Teilungsregel für den Manager des Unternehmens n ist zu beachten, daß die Anteilseigner *externes* Einkommen aus ihren übrigen Anlagen am Kapitalmarkt erzielen. Wie deutlich wurde, muß externes Einkommen entweder explizit in der Bemessungsgrundlage berücksichtigt werden oder implizit, indem von zustandsabhängigen Teilungsregeln ausgegangen wird. Im ersten Fall enthält die Bemessungsgrundlage auch die Cash Flows der übrigen Unternehmen. Der Manager wird folglich an den Cash Flows aller Unternehmen am Markt und damit an x_{M1} beteiligt. Die Herleitung des anreizkompatiblen Prämiensatzes s_A auf Basis der Nutzenfunktion eines repräsentativen Anteilseigners befindet sich in Anhang. Es ergibt sich ebenfalls $s_A = \frac{\alpha_M}{\alpha_A + \alpha_M}$ gemäß (8). Somit ist der Manager faktisch am Marktportefeuille explizit mit dem Anteil s_A beteiligt.

Für den Fall, daß der Manager zum Zeitpunkt 1 nicht explizit am Marktportefeuille beteiligt wird, sondern nur am Cash Flow des Unternehmens n, ist eine anreizkompatible Entlohnungsfunktion *zustandsabhängig*. Die Herleitung der Entlohnungsfunktion erfolgt ebenfalls im Anhang. Als variable Entlohnung zum Zeitpunkt 1 ergibt sich:[6]

$$s_A \cdot x_{n1} + S_{A\,var} \tag{9}$$

mit $\quad s_A = \dfrac{\alpha_M}{\alpha_A + \alpha_M} \quad$ und $\quad S_{A\,var} = \dfrac{\alpha_M \cdot \sum\limits_{m \neq n} x_{m1}}{\alpha_A + \alpha_M}. \tag{10}$

Die konstante Grenzentlohnung ist zustandsunabhängig und seine Bestimmungsgleichung entspricht (8). Die *implizite* Beteiligung des Managers an allen anderen Unternehmen wird über ein zustandsabhängiges Fixum $S_{A\,var}$ erreicht. Das zustandsabhängige Fixum wird so festgelegt, als ob der Agent mit dem anreizkompatiblen Prämiensatz s_A auch an allen anderen Unternehmen beteiligt wäre.

Im Rahmen der weiteren Analyse wird davon ausgegangen, daß der Manager explizit oder implizit mit dem anreizkompatiblen Anteil s_A am Marktportefeuille beteiligt wird.

---

6) Zur Vereinfachung wird hier die Beteiligung zum Zeitpunkt 0 nicht betrachtet. Sie erübrigt sich, wenn von Fremdfinanzierung ausgegangen wird.

7.4 Vereinbarkeit von Marktwert- und Nutzenmaximierung

Es soll nun die Vereinbarkeit von Marktwert und Nutzenmaximierung aufgezeigt werden. Insbesondere wird im Rahmen des Shareholder Value-Ansatzes Marktwertmaximierung und nicht Nutzenmaximierung unterstellt. Der Manager soll dabei den Marktwert K_{n0} des Eigenkapitals des Unternehmens n maximieren. Der Marktwert K_{n0} ergibt sich als Kurswert aller Aktien des Unternehmens n zum Zeitpunkt 0 und beträgt im Marktgleichgewicht des CAPM:

$$K_{n0} = \frac{\mu_{n1} - \alpha_{\overline{M}} \cdot \Sigma_m \sigma_{nm}}{1+r}. \tag{11}$$

Der Marktwert K_{M0} des Marktportefeuilles ist dementsprechend:

$$K_{M0} = \frac{\mu_{M1} - \alpha_{\overline{M}} \cdot \sigma_M^2}{1+r} \tag{12}$$

mit $\qquad K_{M0} = \sum_{n=1}^{N} K_{n0}.$

Ein Vergleich von Gleichung (6) mit (11) bzw. (12) zeigt, daß *Nutzenmaximierung* nicht ohne weiteres mit individueller oder mit Gesamt- *Marktwertmaximierung* im Einklang steht: Während in (6) die "Marktrisikoprämie" $\frac{\alpha_M}{2} \cdot \sigma_M^2$ eingeht, ist bei der Bestimmung vom Marktpreis in (11) bzw. (12) die *Grenzrisikoprämie* $\alpha_{\overline{M}} \cdot \Sigma_m \sigma_{nm}$ bzw. $\alpha_{\overline{M}} \cdot \sigma_M^2$ relevant.[7] Marktwertmaximierung steht näherungsweise mit (individueller) Nutzenmaximierung im Einklang, wenn sowohl die *Spanning-Bedingung* als auch die *Competitivity-Bedingung* bezüglich einem neuen Investitionsprojekt erfüllt ist.[8] Wie erläutert, beinhaltet die Spanning-Bedingung, daß die Cash Flows eines Projektes aufgrund von Kapitalmarkttransaktionen duplizierbar sind. Damit die Competitivity-Bedingung hier erfüllt ist, muß das Volumen eines Projektes im Vergleich zum aggregierten Markt vernachlässigbar klein sein.[9]

Es wird nun davon ausgegangen, daß der Manager ein Investitionsprojekt I durchführen kann. Der Cash Flow des Investitionsprojektes zum Zeitpunkt 0 bzw. Zeitpunkt 1 wird mit x_{I0} bzw. x_{I1} bezeichnet. Das Investitionsprojekt sei in der *gleichen Risikoklasse* wie das Unternehmen n, es gilt daher:[10]

---

7) Vgl. GILLENKIRCH/VELTHUIS (1997), S. 128.
8) Vgl. GROSSMANN/STIGLITZ (1977).
9) Vgl. HART (1979).
10) Vgl. HUANG/LITZENBERGER (1988), S. 128.

$$x_{I1} = \lambda_I \cdot x_{n1} \qquad \text{mit } \lambda_I > 0, \quad (13)$$

d.h. der Cash Flow des Investitionsprojektes I ist zum Zeitpunkt 1 *proportional* zum Cash Flow des Unternehmens n. Folglich ist die Spanning-Bedingung erfüllt. Für den Erwartungswert bzw. für die Varianz der Cash Flows aus dem Investitionsprojekt gilt:

$$\mu_{I1} = \lambda_I \cdot \mu_{n1} \quad \text{sowie} \quad \sigma_I^2 = \lambda_I^2 \cdot \sigma_n^2. \quad (14)$$

Wird das Projekt durchgeführt, ändern sich der Erwartungswert und die Varianz des Marktportefeuilles wie folgt:

$$\Delta\mu_{M1} = \mu_{I1} = \lambda_I \cdot \mu_{n1} \quad \text{und} \quad \Delta\sigma_M^2 = \lambda_I^2 \cdot \sigma_n^2 + 2\lambda_I \Sigma_m \sigma_{nm}. \quad (15)$$

Die Änderung des Sicherheitsäquivalents eines repräsentativen Investors P beträgt folglich:

$$\Delta S\ddot{A}_{P1} = s_P \cdot \left[\Delta\mu_{M1} - \frac{\alpha_{\overline{M}}}{2} \cdot \Delta\sigma_M^2 - x_{I0} \cdot (1+r) \right] \quad (16)$$

$$= s_P \cdot \left[\lambda_I \cdot \mu_{I1} - \frac{\alpha_{\overline{M}}}{2} \cdot \left(\lambda_I^2 \cdot \sigma_n^2 + 2\lambda_I \cdot \Sigma_m \sigma_{nm} \right) - x_{I0} \cdot (1+r) \right].$$

Ist der Umfang des Projektes I im Vergleich zum Umfang der Investitionen des Unternehmens n sehr gering, so ist λ_I gleichfalls sehr gering. In diesem Fall ist die Competitivity-Bedingung erfüllt, und es kann davon ausgegangen werden, daß der Ausdruck $\lambda_I^2 \cdot \sigma_n^2$ vernachlässigbar klein ist:

$$\Delta S\ddot{A}_{P1} \approx s_P \cdot \left[\lambda_I \cdot \mu_{n1} - \frac{\alpha_{\overline{M}}}{2} \cdot \left(2\lambda_I \cdot \Sigma_m \sigma_{nm} \right) - x_{I0} \cdot (1+r) \right] \quad (17)$$

$$= s_P \cdot \left[\lambda_I \cdot \mu_{n1} - \alpha_{\overline{M}} \cdot \lambda_I \cdot \Sigma_m \sigma_{nm} - x_{I0} \cdot (1+r) \right].$$

Die Maximierung von (17) und damit Nutzenmaximierung steht dann im Einklang mit individueller Marktwertmaximierung, wobei die folgende Bewertungsfunktion zugrunde gelegt wird:

$$K_{I0} = \lambda_I \cdot K_{n0} - x_{I0} = \frac{\lambda_I \cdot \left(\mu_{n1} - \alpha_{\overline{M}} \cdot \Sigma_m \sigma_{nm} \right)}{1+r} - x_{I0}. \quad (18)$$

7.5 Residualgewinnbeteiligung und die Problematik der Verwendung risikoangepaßter Zinssätze

Es soll nun die Beteiligung an Residualgewinnen und die Verwendung eines risikoangepaßten Zinssatzes zur Berechnung von kalkulatorischen Zinsen vor dem Hintergrund des CAPM problematisiert werden.[11]

In Theorie und Praxis erfolgt die Bewertung von Investitionsprojekten häufig nicht mittels (Markt-) Sicherheitsäquivalenten, sondern unter Verwendung *von risikoangepaßten Zinssätzen*, wobei diese aufgrund des CAPM bestimmt werden. Der für das Projekt I relevante risikoangepaßte Zinssatz k_n für die Risikoklasse n ergibt sich aufgrund von:

$$K_{n0} = \frac{\mu_{n1}}{1+k_n} \quad \text{bzw.} \quad k_n = \frac{\mu_{n1}}{K_{n0}} - 1. \tag{19}$$

Bei Verwendung des Zinssatzes k_n erhält man als Marktwert (bzw. Kapitalwert) des Projekts:

$$K_{I0} = \frac{\mu_{I1}}{1+k_n} - x_{I0}. \tag{20}$$

Diese Bewertungsgleichung ist mit einer *Bewertung* gemäß (18) kompatibel. Somit kann zur Bewertung von Investitionsprojekten im Einperiodenfall bei gegebener Risikoklasse die DCF-Methode verwendet werden.[12]

Wie erläutert, erfolgt bei einer Orientierung an Residualgewinnen die Berechnung kalkulatorischer Zinsen in der Praxis aufgrund des risikoangepaßten Zinssatzes für die relevante Risikoklasse. Der unsichere (Projekt-) Residualgewinn RG_1 beträgt in diesem Fall:

$$RG_1 = x_{I1} - x_{I0} - k_n \cdot x_{I0} = x_{I1} - (1+k_n) \cdot x_{I0}. \tag{21}$$

In (21) wurde davon ausgegangen, daß die Projektanschaffungsauszahlung in t = 0 aktiviert und anschließend in t = 1 vollständig abgeschrieben wird. Der Erwartungswert der Residualgewinne beträgt entsprechend:

$$E(RG_1) = \mu_{I1} - (1+k_n) \cdot x_{I0}. \tag{22}$$

---

[11] Zur Verdeutlichung der Problematik der Verwendung eines risikoangepaßten Zinssatzes in einem einfachen Anreizmodell im Kapitalmarktzusammenhang vgl. CHRISTENSEN/FELTHAM/WU (2002).
[12] Zur konzeptionellen Problematik der Verwendung eines risikoangepaßten Zinssatzes im Mehrperiodenfall siehe ROBICHEK/MYERS (1976).

Bei *konsistenter* Bewertung erhält man als Barwert der (erwarteten) Residualgewinne:

$$BW[E(RG_1)] = \frac{\mu_{I1}}{1+k_n} - \frac{1+k_n}{1+r} \cdot x_{I0}. \qquad (23)$$

Hierbei werden *sichere* Erfolgskomponenten mit r und die Erwartungswerte von *unsicheren* Erfolgskomponenten mit k_n abgezinst. Der Barwert der Residualgewinne gemäß (23) ist kleiner als der Kapitalwert gemäß (20), wodurch eine Orientierung an Residualgewinnen zur Unterinvestition führen kann, sofern $k_n > r$ gilt.

Werden kalkulatorische Zinsen mit k_n berechnet, so macht man zunächst einen Fehler; dieser Fehler kann jedoch im Rahmen der *Planung* auf triviale Weise korrigiert werden, indem auch *sichere* Cash Flows mit dem *risikoangepaßten* Zinssatz k_n abgezinst werden:

$$\frac{\mu_{I1}}{1+k_n} - \frac{1+k_n}{1+k_n} \cdot x_{I0} = \frac{\mu_{I1}}{1+k_n} - x_{I0} = K_{I0}. \qquad (24)$$

Wie aus (24) zu ersehen ist, gleicht sich die Verwendung eines "falschen" Zinssatzes im Zähler und Nenner aus.

Werden Residualgewinne aufgrund der praxisrelevanten Konzepte jedoch als Bemessungsgrundlage für die *Managemententlohnung* verwendet, so kommt es nicht zu einem solchen Ausgleich.

Wird der Manager, wie hier, linear mit dem anreizkompatiblen Prämiensatz s_A am Residualgewinn beteiligt, so bewertet er den Barwert seiner erwarteten Prämie als Sicherheitsäquivalent $SÄ_{A0}$ *zwingend* wie folgt:

$$SÄ_{A0}[E(P)] = s_A \cdot \left(\frac{\mu_{I1}}{1+k_n} - \frac{1+k_n}{1+r} \cdot x_{I0}\right). \qquad (25)$$

Hierbei kann es zwangsläufig zur Unterinvestition kommen, sofern die Anschaffungsauszahlung (bzw. Eigenkapitalbasis) nicht gegeben ist. Ist die Anschaffungsauszahlung allerdings gegeben, erübrigt sich aus Anreizgründen die Berechnung kalkulatorischer Zinsen auf das investierte Kapital.

Darüber hinaus wird in der praxisorientierten Literatur des öfteren behauptet, daß ein Residualgewinn RG > 0 bedeute, es würde mehr als die Kapitalkosten verdient. Es ist jedoch zu beachten, daß der Residualgewinn RG gerade nicht sicher ist. Man kann höchstens sagen: Es wird mehr als die "Kapitalkosten" verdient, wenn der erwartete Residualgewinn größer als null ist, d.h.:

$$E(RG_1) = \mu_{I1} - (1+k_n) \cdot x_{I0} > 0. \qquad (26)$$

Kapitel V.7 Anreizkompatibilität vor dem Hintergrund des CAPM

Dies entspricht der Vorteilhaftigkeitsbedingung für ein Projekt im Rahmen der Investitionsplanung.

Wird der risikoaverse Manager jedoch am unsicheren Residualgewinn beteiligt, orientiert er sich nicht am Erwartungswert, sondern am Sicherheitsäquivalent, wobei gilt:

$$SÄ_1(RG_1) < E(RG_1). \quad (27)$$

Bei einer Beteiligung an Residualgewinnen wird der Manager folglich Investitionsprojekte nicht durchführen, die gerade die Kapitalkosten erwirtschaften. Er wird sich nur an (26) orientieren, wenn ihm Kapitalkosten mit dem sicheren Zinssatz r berechnet werden.

In der Praxis zeigt sich die Ermittlung von adäquaten risikoangepaßten Zinssätzen als ein schwieriges Problem. Wie jedoch gezeigt wurde, benötigt man grundsätzlich gar keine risikoangepaßten Zinssätze für Steuerungszwecke; gerade die explizite Verwendung eines solchen Zinssatzes führt zwangsläufig zu Fehlanreizen. Es ist hingegen stets der sichere Zinssatz zu verwenden, dessen Bestimmung in der Regel relativ unproblematisch ist. Es muß aber beachtet werden, daß aus Sicht von Anteilseignern und Managern auch diesbezüglich Unterschiede bestehen können. So wurde allgemein gezeigt, daß stets der sichere Zinssatz der Anteilseigner zu verwenden ist.

Die Verwendung des sicheren Zinssatzes der Anteilseigner (des Prinzipals) ist jedoch nicht ausreichend für die anreizkompatible Beteiligung an Residualgewinnen. Es ist ferner, wie gezeigt wurde, notwendig, daß alle Cash Flow-Komponenten vollständig und barwertneutral erfaßt werden, um Anreizkompatibilität zu gewährleisten. Diese Forderung kann auf einfache Weise erfüllt werden, indem alle Cash Flows bei der Berechnung des Gewinns aufgrund des Kongruenzprinzips vollständig erfaßt werden und Barwertneutralität über die Belastung mit kalkulatorischen Zinsen gemäß dem *Lücke-Theorem* hergestellt wird. Hierbei ist die Verwendung des sicheren Zinssatzes intuitiv einleuchtend, wenn man sich vor Augen führt, daß die Berechnung von Gewinnen eine sichere Transformation der Cash Flows darstellt, wie sie in die Aktivierung einer Anschaffungsauszahlung und bei der späteren Berechnung von Abschreibungen zum Ausdruck kommt. Die Verrechnung von kalkulatorischen Zinsen dient nur dazu, den Unterschied in dem zeitlichen Auseinanderfallen zwischen dem Zeitpunkt einer Auszahlung und dem Zeitpunkt der entsprechenden Erfolgswirksamkeit auszugleichen.

7.6 Berücksichtigung der expliziten Bewertung aus Sicht des Managers

Die Berücksichtigung eines falschen Zinssatzes bei der Bestimmung von Residualgewinnen beruht auf einem grundsätzlichen "Fehler" bei der Gestaltung "anreizkompatibler" Anreizsysteme in Theorie und Praxis: Der Manager wird an einer Größe (linear) beteiligt, die aus *Sicht der Anteilseigner* mit ihrer Zielsetzung (Maximierung des Marktwertes des Eigenkapitals) im Einklang steht. Von grundlegender Bedeutung ist aber auch die *Bewertung aus Sicht des Managers*.[13] Diese wird vielfach vernachlässigt. Das Anreizsystem muß so gestaltet werden, daß die Bewertung eines Projektes aus Sicht des Managers mit der Bewertung aus Sicht der Anteilseigner konform ist. Hierbei kommt man i.d.R. nicht umhin, die (subjektive) Bewertung des Managers *explizit* zu betrachten. Dabei muß beachtet werden, daß die Bewertung des Managers grundsätzlich *nicht exogen* vorgegeben ist, sondern gerade von der Art und der Stärke der Beteiligung abhängt. So wird mitunter in der Literatur davon ausgegangen, daß der Manager einen höheren risikoangepaßten Zinssatz als die Anteilseigner verwendet, weil er stärker am Erfolg beteiligt wird als die Anteilseigner, die stark diversifizierte Portefeuilles halten. Unter dieser Prämisse werden dann "anreizkompatible" periodenspezifische steigende Prämiensätze ermittelt.[14] Es läßt sich zeigen, daß für diesen Fall streng genommen gar keine anreizkompatiblen Prämiensätze existieren können. Bei dem hier betrachteten Sonderfall einer gegebenen Risikoklasse müßte der Prämiensatz für den Zeitpunkt 1 in Abhängigkeit von λ_I und somit des erst zu steuernden Investitionsvolumens festgesetzt werden.

Um dies aufzuzeigen, wird die Modellwelt leicht modifiziert, indem davon ausgegangen wird, daß der Manager nur an dem Projekt I beteiligt wird und keinen Zugang zum Kapitalmarkt hat. Dabei wird er explizit mit dem (von λ_1 unabhängigen) Prämiensatz s_{A1} bzw. s_{A0} an die Projekt-Cash Flows zum Zeitpunkt t = 1 bzw. t = 0 beteiligt. Sein Sicherheitsäquivalent (bei exponentieller Nutzenfunktion und Normalverteilung) betrage:

$$S\ddot{A}_{A1} = s_{A1} \cdot \mu_{I1} - \frac{\alpha_A}{2} \cdot s_{A1}^2 \cdot \sigma_I^2 - s_{A0} \cdot x_{I0} \cdot (1+r) \qquad (28)$$

$\Leftrightarrow \qquad S\ddot{A}_{A1} = s_{A1} \cdot \lambda_I \cdot \left[\mu_{n1} - \frac{\alpha_A}{2} \cdot s_{A1} \cdot \lambda_I \cdot \sigma_n^2 \right] - s_{A0} \cdot x_{I0} \cdot (1+r) . \qquad (29)$

---

13) Zu dieser Grundproblematik vgl. GILLENKIRCH (1999).
14) Zu einer solchen Vorgehensweise vgl. LAUX (1999), S. 317-336.

Kapitel V.7 Anreizkompatibilität vor dem Hintergrund des CAPM 237

Für einen repräsentativen Anteilseigner erhält man (näherungsweise) die folgende Zielfunktion, vgl. Gleichung (17):

$$\Delta S\ddot{A}_{P1} \approx s_P \cdot \left[(1-s_{A1}) \cdot \lambda_I \cdot (\mu_{n1} - \alpha_M \cdot \Sigma_m \sigma_{nm}) - (1-s_{A0}) \cdot x_{I0} \cdot (1+r)\right]. \qquad (30)$$

Ein Vergleich der beiden Sicherheitsäquivalente zeigt folgendes: sind die Prämiensätze von λ_1 wie angenommen unabhängig kann identisches Entscheidungsverhalten nur dann induziert werden, wenn gilt:

$$\mu_{n1} - \frac{\alpha_A}{2} \cdot s_{A1} \cdot \lambda_I \cdot \sigma_n^2 = \mu_{n1} - \alpha_M \cdot \Sigma_m \sigma_{nm} \qquad (31)$$

$$\Leftrightarrow \qquad s_{A1} = \frac{\alpha_M \cdot \Sigma_m \sigma_{nm}}{\frac{\alpha_A}{2} \cdot \lambda_I \cdot \sigma_n^2}. \qquad (32)$$

Der Prämiensatz s_{A1} müßte gemäß (32) vom Volumen-Parameter λ_I abhängen.[15] Es kommt somit zu einem Widerspruch. Demnach ist ersichtlich, daß es nicht möglich ist durch eine lineare (zustandsunabhängige) Prämienfunktion Anreizkompatibilität zu erzeugen. Auch wenn man davon ausgehen würde, daß exakte Nutzenmaximierung für die Anteilseigner relevant wäre, existieren keine anreizkompatiblen Prämiensätze.[16]

Die Gestaltung einer anreizkompatiblen Entlohnung für ein Manager im Kapitalmarktzusammenhang kann sich zunächst als ein sehr komplexes Problem erweisen. Die Analyse hat aber gezeigt, daß es einfache grundlegende Prinzipien gibt, die beachtet werden müssen, sofern Manager tatsächlich einen finanziellen Anreiz haben sollen, im Sinne der Anteilseigner zu entscheiden. Somit werden Freiheitsgrade und, damit einhergehend, die Komplexität reduziert.

---

15) Es ergibt sich eine Lösung mit folgender Form:

$$s_{A1} = \frac{1}{\lambda_I} \cdot \left(b - \sqrt{b^2 - c \cdot \lambda_I}\right).$$

Unter Berücksichtigung von $x_{I1} = \lambda_I \cdot x_{n1}$ folgte für die Höhe der variablen Entlohnung:

$$s_{A1} \cdot x_{I1} = x_{n1} \cdot \left(b - \sqrt{b^2 - c \cdot \lambda_I}\right) = x_{n1} \cdot \left(b - \sqrt{b^2 - c \cdot \frac{x_{I1}}{x_{n1}}}\right).$$

16) Es ergäbe sich die folgende Gleichung:

$$s_{A1} = \frac{\alpha_M}{\alpha_M + \alpha_A} + \frac{\frac{\alpha_M \cdot \Sigma_m \sigma_{nm}}{\frac{\alpha_A}{2} \cdot \lambda_I \cdot \sigma_n^2}}{\alpha_M + \alpha_A}.$$

VI Schlußbetrachtung

1 Zusammenfassende Diskussion

Anreizkompatible Teilungsregeln und Bemessungsgrundlagen sind so zu gestalten, daß unter den Beteiligten deren Risiko-, Zeit- und Zustandspräferenzen *bezüglich der Ergebnisse* miteinander in Einklang gebracht werden. Dies beinhaltet, daß sich die Nutzenfunktionen bezüglich der Ergebnisse sich bis auf eine *positive lineare Transformation* entsprechen. Die Transformation muß hierbei zumindest bezüglich des Proportionalitätsfaktors sowohl von der Zeit als auch vom Zustand unabhängig sein. Der Ausgleich der individuellen *Risikopräferenzen* erfolgt über Grenzentlohnungen bzw. Krümmungen, wobei im Mehrperiodenfall Barwerte relevant sind. *Zeitpräferenzen* werden durch die Verhältnisse von Grenzentlohnungen (bzw. deren Barwerte), die mit Cash Flows zu unterschiedlichen Zeitpunkte verbunden sind, in Einklang gebracht. *Zustandspräferenzen* werden durch eine unterschiedlich starke Beteiligung in den einzelnen Zuständen ausgeglichen.

Bei der Gestaltung anreizkompatibler Entlohnungsfunktionen und Bemessungsgrundlagen sind allgemeine *Prinzipien* zu beachten. Es wurde nachgewiesen, daß, sofern der Zeitpunkt des Cash Flow-Anfalls und der Zeitpunkt der Entlohnung auseinanderfallen, grundsätzlich ein Ausgleich in Form einer *Verzinsung zur endogenen Zeitpräferenzrate des Prinzipals* berücksichtigt werden muß. Zumindest gedanklich läßt sich die Grenzentlohnung in *zwei Komponenten* aufspalten. Die erste Komponente wird nur durch den Zeitpunkt der Entlohnung bestimmt und bezieht sich direkt auf die Entlohnungsfunktion. Die zweite Komponente ergibt sich aufgrund des Unterschieds zwischen dem Zeitpunkt des Cash Flow-Anfalls und dem Zeitpunkt der Entlohnung; sie bezieht sich mithin primär auf die Bemessungsgrundlage. Bei der expliziten Berücksichtigung des Rechnungswesens konkretisiert sich der Zusammenhang zu einem *allgemeinen Prinzip der Barwertidentität*. Sofern die Bemessungsgrundlage zu jedem Zeitpunkt unmittelbar vollständig erfolgswirksame Cash Flow-Bestandteile enthält, müssen alle Cash Flow-Variationen die Bemessungsgrundlage so verändern, daß der "Barwert" dieser Änderungen zur (endogenen) Zeitpräferenz des Prinzipals dem "Barwert" der Cash Flow-Variationen entspricht. Es ist allerdings zu beachten, daß eine tatsächliche Separation der Entlohnung des Agenten in den

Bestandteile Entlohnungsfunktion und Bemessungsgrundlage überhaupt nur möglich ist, wenn die Zeitpräferenzen des Prinzipals nicht endogen bestimmt, sondern für jeden Zeitpunkt exogen gegeben sind. Es wurde nachgewiesen, daß die Nutzenfunktion des Prinzipals dann stets in Abhängigkeit des Endwerts seines Einkommensstroms dargestellt werden kann. Bei konstanten Zeitpräferenzen vereinfacht sich das allgemeine Prinzip der Barwertidentität dahingehend, daß der Barwert der Bemessungsgrundlage zur Zeitpräferenzrate des Prinzipals mit dem Barwert der Cash Flows bis auf eine Konstante übereinstimmt.

Ferner wurde gezeigt, daß im Rahmen einer anreizkompatiblen Entlohnung alle Cash Flow-Komponenten *vollständig* zu erfassen sind. Die Notwendigkeit ergibt sich nicht nur in den sonst fehlenden Anreizen, sondern auch in der sonst nicht übereinstimmenden *Bewertung*. Cash Flow-Komponenten dürfen streng genommen dann und nur dann vernachlässigt werden, wenn sie *erstens* nicht beeinflußt werden können (bzw. im Rahmen barwertneutraler Projekte anfallen) *und zweitens*, wenn Risikoneutralität vorliegt. Dies widerspricht dem gängigen Prinzip, wobei nur *verursachte* Erfolgskomponenten zugerechnet werden.

Entlohnungen und damit auch Bemessungsgrundlagen können in *zeitlicher* Hinsicht nur in Ausnahmefällen *separiert* werden. Damit Anreizkompatibilität durch *eine isolierte Erfolgsbeteiligung* hergestellt werden kann, muß *Perioden-Nutzen-Unabhängigkeit* (und damit additive oder multiplikative Separierbarkeit der Nutzenfunktionen) gegeben sein, oder die individuellen Nutzenfunktionen müssen so ähnlich sein, daß sie sich nur durch eine innere und äußere Transformation unterscheiden. Sind diese Voraussetzungen nicht erfüllt, so müssen anreizkompatible Teilungsregeln stets unter Beachtung der Historie festgelegt werden.

Anreizkompatible Teilungsregeln sind nur robust, wenn sie paretoeffizient sind. Anreizkompatibilität ist nur dann mit Paretoeffizienz vereinbar, wenn die Entlohnungen bzw. (der Barwert der Entlohnungen) jeweils linear in den Cash Flows sind, die Grenzentlohnungen (bzw. ihre Barwerte) übereinstimmen, und sowohl die *individuellen* Zeit- als auch Zustandspräferenzen übereinstimmen. Für den Fall, daß eine Übereinstimmung der beiden Zielsetzungen nicht erzielt werden kann, wurde gezeigt, wie Freiräume bei der Gestaltung anreizkompatibler Teilungsregeln und Bemessungsgrundlagen genutzt werden können, um zumindest eine "gute" zeitliche Teilung und Risikoteilung zu ermöglichen. Eine gute *Risikoteilung* wird erreicht, indem die Risikoaversionskoeffizienten bezüglich der Ergebnisse für die einzelnen Zeitpunkte minimiert werden. Hierbei besteht die Tendenz, daß die anreizkompatiblen Teilungsregeln so *linear* wie möglich gewählt werden sollten. Eine "gute" zeitliche Teilung wird erzielt, indem die Zeitpräferenz bezüglich der Ergebnisse mini-

Kapitel VI.1 Zusammenfassende Diskussion

miert wird. Hat der Agent eine höhere (bzw. niedrigere) Zeitpräferenz als der Prinzipal, so wird dies erreicht, indem die Entlohnung so früh (bzw. so spät) wie möglich gewährt wird. Hierbei ist zu beachten, daß eine zeitliche Verschiebung der Entlohnung stets auf Basis der Zeitpräferenz des Prinzipals erfolgen muß. Indem die Risikopräferenzen und Zeitpräferenzen bezüglich der Ergebnisse minimiert werden, wird auch erreicht, daß Investitionsprojekte mit einer guten Risiko- als auch zeitlichen Struktur ausgewählt werden.

Da stets von allgemeinen Nutzenfunktionen bezüglich der jeweiligen Anteile ausgegangen wurde, haben die Ergebnisse auch im *Kapitalmarktzusammenhang* Gültigkeit. Bei der *expliziten* Betrachtung des Kapitalmarktes wurde gezeigt, daß die Möglichkeit des Handels am Kapitalmarkt die *Eigenschaften der Nutzenfunktionen* der einzelnen Kooperationspartner beeinflußt. Zum einen führt der private Handel am Kapitalmarkt zu einer Angleichung der individuellen Zeit-, Risiko- und Zustandspräferenzen im Vorfeld. Zum anderen muß grundsätzlich von zustandsabhängigen Nutzenfunktionen der Beteiligten ausgegangen werden, wobei sich die explizite Gestaltung von anreizkompatiblen Teilungsregeln als komplexes Problem darstellt. Unter bestimmten Kapitalmarktbedingungen kann sich aber die explizite Gestaltung anreizkompatibler Teilungsregeln auf Basis der Nutzenfunktionen erübrigen. So ergibt sich unter *Spanning* und *Competitivity* die Zielsetzung der *Marktwertmaximierung*, und Interessenharmonie kann stets auf einfache Weise durch eine lineare Beteiligung des Agenten an den Cash Flows hergestellt werden. Auch wenn der Markt nicht vollkommen und vollständig ist, kann die Komplexität der Bestimmung streng anreizkompatibler Teilungsregeln vermindert werden, indem man sich am Konzept der *Partiellen Anreizkompatibilität* orientiert. Die unterschiedlichen Voraussetzungen für Partielle Anreizkompatibilität im Kapitalmarktzusammenhang haben *im Prinzip* stets zwei Bedingungen gemeinsam: *Lineare Teilung* (bzw. quasi-lineare Teilung) und *Paretoeffizienz*. Diese zwei Bedingungen sind ihrerseits um so eher erfüllt, je vollkommener und vollständiger der Kapitalmarkt ist, je größer die Anzahl der Kapitalmarktteilnehmer ist, je geringer das Volumen der Investitionen ist und je ähnlicher die Nutzenfunktionen im Vorfeld sind.

2 Bedeutung der Anreizkompatibilität bei beschränktem Aktionsraum

Anreizkompatibilität ist definiert bezüglich eines *unbeschränkten Aktionsraums* des Agenten. Bei *beschränktem* (und zumindest zu einem gewissen Grad bekanntem) *Aktionsraum* des Agenten können sich Teilungsregeln im Optimum ergeben, die zwar nicht im allgemeinen Sinne anreizkompatibel sind, jedoch dazu führen, daß der Agent in seinem beschränkten Aktionsraum im Sinne des Prinzipals entscheidet. Solche Teilungsregeln werden im folgenden als *beschränkt anreizkompatibel* bezeichnet.

Zur Herleitung der notwendigen und hinreichenden Bedingung der Anreizkompatibilität wurde zwar von einem *unbeschränkten* Aktionsraum des Agenten ausgegangen. Der Nachweis der Notwendigkeit der Bedingung wurde jedoch auf der Basis *einfacher Änderungen der Risikostruktur* bzw. *elementarer Änderungen der zeitlichen Struktur* der Cash Flows hergeleitet. Die *Notwendigkeit* der Bedingungen bleibt bestehen, wenn der Aktionsraum nur so stark eingeengt wird, daß der Agent noch über *einfache Lotterien*, die jeweils nur die Cash Flows zu einzelnen Zeitpunkten verändern, sowie über *sichere Investitionsprojekte*, die jeweils die Cash Flows in unterschiedlichen Zeitpunkten verändern, entscheiden kann. Dies impliziert, dass eine Ablehnung des Konzepts der Anreizkompatibilität mit dem Hinweis, es lasse sich eine optimale Teilungsregel ermitteln, nur für einen de facto sehr stark eingeschränkten Aktionsraum des Agenten gerechtfertigt ist.

Wird der Aktionsraum so stark eingeengt, daß der Agent *nur* die Cash Flows zu einem *einzigen* Zeitpunkt verändern kann, so bleibt Lemma 1 in Kapitel III.9 bestehen. Gemäß diesem Lemma ist das Entscheidungsverhalten bezüglich eines *riskanten* Projektes, das ausschließlich die Cash Flows zum Zeitpunkt t betrifft, dann und nur dann stets gleich, wenn für den Zeitpunkt t gilt:

$$U[x_0 - s_0, x_1 - s_1, \ldots, x_T - s_T] = a_t \cdot V[s_0, s_1, \ldots, s_T] + b_t \qquad \forall \mathbf{x_t}.$$

Diese Bedingung gewährleistet, daß die *Risikoaversionskoeffizienten bezüglich der Ergebnisse* bezüglich des Zeitpunktes t übereinstimmen: $\hat{\alpha}_{Pt}(\cdot) = \hat{\alpha}_{At}(\cdot)$. Das Lemma impliziert, daß der Agent auch anreizkompatibel an den Cash Flows der *übrigen* Zeitpunkte beteiligt wird, wenn keine additiv separierbaren Nutzenfunktionen vorliegen. Dies kann analog zu den Darstellungen in Kapitel III.8 damit begründet werden, daß die sich Grenznutzenwerte ändern, sofern keine additiv separierbaren Nutzenfunktionen vorliegen. Die Notwendigkeit, daß der Faktor a_t in obiger Gleichung für jeden Zeitpunkt identisch ist, wurde vor dem Hintergrund bewiesen, daß der

Agent Cash Flows zu einem einzelnen Zeitpunkt zu Lasten (irgend) eines Cash Flows zu einem anderen Zeitpunkt erhöhen kann. Die allgemeinen Bedingung der Anreizkompatibilität ist also notwendig, wenn der Agent die zeitliche Struktur der Cash Flows beeinflussen kann. Dies impliziert, dass der Verzicht auf eine Beachtung von Anreizkompatibilität bereits dann mit Fehlanreizen verbunden ist, wenn der Agent auch nur sehr elementare Einflußmöglichkeiten auf Cash Flows hat.

Nennenswerte Freiheitsgrade für beschränkt anreizkompatible Teilungsregeln ergeben sich grundsätzlich nur bei dominanten Alternativen. Alternativen können hinsichtlich ihrer Risikostruktur (also im stochastischen Sinne) und/oder hinsichtlich ihrer zeitlichen Struktur dominant sein.

Für den Fall, daß stochastische Dominanz zweiter Ordnung gegeben ist, d.h. daß sich die möglichen Alternativen nur durch sogenannte Mean-Preserving-Spreads unterscheiden, ist der Grad der Risikoaversion der Beteiligten für die Alternativenwahl irrelevant. Für beschränkte Anreizkompatibilität ist es ausreichend, daß sich beide Parteien bezüglich der Ergebnisse risikoavers (bzw. risikoneutral) verhalten. Die Risikoaversionskoeffizienten bezüglich der Ergebnisse können dann gänzlich unterschiedlich sein. Die Risikoaversionskoeffizienten sind auch dann nicht von Bedeutung, wenn alle Alternativen gleichermaßen risikobehaftet sind.

Eine Alternative ist in zeitlicher Hinsicht dominant, wenn die Cash Flows bei gleicher Summe "früher anfallen". Für die Alternativenwahl ist dann lediglich von Bedeutung, daß beide Parteien eine positive Zeitpräferenzrate (bezüglich der Ergebnisse) aufweisen. Die Höhe der einzelnen Zeitpräferenzraten können unterschiedlich sein, da sie für die Alternativenwahl ohne Bedeutung sind. Die Zeitpräferenzen (bezüglich der Ergebnisse) dürfen sich auch dann unterscheiden, wenn alle Alternativen die gleiche zeitliche Struktur aufweisen.

Weisen die Alternativen im Vorfeld nicht die gleiche zeitliche bzw. Risikostruktur auf, so kann beschränkte Anreizkompatibilität auch dann erreicht werden, wenn der Agent nicht direkt an den Cash Flows beteiligt wird, sondern an einer modifizierten Bemessungsgrundlage, welche die obigen Bedingungen erfüllt. Hierzu werden die tatsächlichen Cash Flows aufgrund festgelegter Regeln transformiert.

Die Regeln der Transformation können zum einen auf dem Marktmechanismus basieren. Bei einem vollkommenen und vollständigen Markt kann der Agent am Marktwert seiner Investition mit einer beliebig steigenden Entlohnungsfunktion beteiligt werden. Es muß nur beachtet werden, daß die Grenzentlohnung unter eins liegt. Beschränkte Anreizkompatibilität liegt hierbei allerdings nur hinsichtlich der Auswahlentscheidung vor; sie ist nicht im Rahmen der Suchphase gegeben. Die Transformation der Cash Flows kann real oder buchhalterisch erfolgen. Zwecks besserer Überprüfbarkeit kann vereinbart werden, daß die Transformationen am Markt vorgenommen werden. Die zukünftigen Einzahlungsüberschüsse werden dann am Kapitalmarkt vollständig leerverkauft.

Die Transformationen können zum anderen auf vorab festgelegten Regeln der Gewinnermittlung erfolgen. Beispielsweise gewährleisten die Transformationsregeln des Rogerson-Schemas[1] eine dominante Verteilung, indem in jeder Periode (erwartungsgemäß) ein Gewinn als vielfaches des Kapitalwertes ausgewiesen wird. Alle Investitionsprojekte weisen die gleiche zeitliche Struktur der erwarteten Cash Flows auf und unterscheiden sich nur im Niveau dieser Cash Flows und in ihren Anschaffungsauszahlungen. Die Anschaffungsauszahlung wird so über die Perioden verteilt, daß die Summe aus Abschreibungen und kalkulatorischen Zinsen die gleiche zeitliche Struktur aufweist wie die erwarteten Cash Flows des Investitionsprojekts. Hieraus ergeben sich viele Freiheitsgrade für die Anreizgestaltung. Da alle Investitionsprojekte in allen Perioden die gleiche Struktur aufweisen, spielt die Zeitpräferenzrate des Agenten keine Rolle. Da ROGERSON zudem von Risikoneutralität ausgeht, haben Risikoaspekte keine Bedeutung. Es ist allerdings zu beachten, daß die Lösung des Rogerson-Schemas im Gegensatz zum Konzept der Anreizkompatibilität nicht robust bezüglich marginaler Veränderungen des Aktionsraums des Agenten ist. Kann der Agent die zeitliche Struktur der Cash Flows ändern, indem er die Cash Flows in einer Periode zu Lasten der Cash Flows in einer anderen Periode erhöht, so zeigt sich das Rogerson-Schema nicht mehr als beschränkt anreizkompatibel.

Auch hier zeigt sich, dass die Möglichkeit des Verzichts auf Anreizkompatibilität durch relativ starke Einschränkungen hinsichtlich des Aktionsraums des Agenten "erkauft" wird. Überspitzt formuliert, kann der Manager in der Modellwelt von ROGERSON und darauf aufbauenden Autoren zwar über Investitionsprojekte, nicht aber darüber entscheiden, wann eine Rechnung bezahlt oder gestellt wird. Unabhängig davon gilt: Bei (starker) Einschränkung des Aktionsraums des Agenten ist zwar die Notwendigkeit der allgemeinen Bedingung der Anreizkompatibilität nicht mehr gegeben, die Bedingung bleibt jedoch stets hinreichend.

Grundsätzlich wird im Rahmen des Konzeptes der Anreizkompatibilität (nur) davon ausgegangen, daß die Nutzenfunktion des Agenten dem Prinzipal bekannt ist. Wie die Darstellungen deutlich machten, reicht es mitunter aus, nur die Eigenschaften der Nutzenfunktion in Form der Zeit-, Zustands- und Risikopräferenz zu kennen, um Anreizkompatibilität zu erzeugen.[2] Vor allem in realitätsnahen Entscheidungs-

---

1) Vgl. ROGERSON (1997), S. 770-795.
2) Die Eigenschaften der Nutzenfunktion bezüglich der Entlohnung ergeben sich zum Beispiel aus dem Kapitalmarktzusammenhang.

Kapitel VI.2 Bedeutung der Anreizkompatibilität bei beschränktem Aktionsraum

situationen, in denen nicht davon auszugehen ist, daß der Aktionsraum eines Managers stark beschränkt ist, sollte man die grundlegenden Prinzipien der Anreizkompatibilität auch dann beachten, wenn man das Konzept nicht explizit anwendet. Angesichts des Aktionsradius eines Managers in der heutigen dynamischen, globalisierten Welt ist davon auszugehen, daß eine Verletzung der Prinzipien mit Sicherheit zu gravierenden Fehlanreizen führt.

Anhang

Anhang zu Kapitel II.2

Anhang zu Abschnitt 2.1.1

Beweis von $\hat{U}(x) = a \cdot U(x) + b$

Der Entscheider mit der Nutzenfunktion $U(x)$ sei indifferent zwischen einem sicheren Ergebnis x_2 und einer Lotterie mit den Ergebnissen x_1 und x_3:

$$U(x_2) = (1-w) \cdot U(x_1) + w \cdot U(x_3) \tag{1}$$

$\Leftrightarrow$
$$U(x_2) - U(x_1) = w \cdot [U(x_3) - U(x_1)].$$

Steht die Entscheidung auf Grundlage der transformierten Nutzenfunktion $\hat{U}(x)$ hiermit im Einklang, so muß analog gelten:

$$\hat{U}(x_2) = (1-w) \cdot \hat{U}(x_1) + w \cdot \hat{U}(x_3) \tag{2}$$

$\Leftrightarrow$
$$\hat{U}(x_2) - \hat{U}(x_1) = w \cdot [\hat{U}(x_3) - \hat{U}(x_1)].$$

Wird die Gleichung (2) durch (1) geteilt, folgt:

$$\frac{\hat{U}(x_2) - \hat{U}(x_1)}{U(x_2) - U(x_1)} = \frac{\hat{U}(x_3) - \hat{U}(x_1)}{U(x_3) - U(x_1)}. \tag{3}$$

Die Differenzenquotienten auf beiden Seiten der Gleichung stimmen überein. Sie geben die *mittlere* Steigung der Funktion $\hat{U}(x)$ in Abhängigkeit von $U(x)$ an. Gleichung (3) besagt, daß die mittlere Steigung der Funktion $\hat{U}(x)$ auf beiden Streckenabschnitten gleich ist.

Nun lassen sich beliebig viele Werte-Trippel auswählen und somit beliebig viele Streckenabschnitte vergleichen, wobei die Beziehung (3) stets gilt. Hieraus folgt: die mittlere Steigung der Funktion $\hat{U}(x)$ in Abhängigkeit von U muß eine Konstante sein. Damit muß die Steigung eine Konstante und $\hat{U}(x)$ eine lineare Funktion von U sein:

$$\hat{U}(x) = a \cdot U(x) + b \qquad \text{q.e.d.} \tag{2.4}$$

Anhang zu Abschnitt 2.1.3

Herleitung des Sicherheitsäquivalents bezüglich der Ergebnisse $SÄ_X$:

$$SÄ_X \approx \mu - \frac{\hat{\alpha}(\mu)}{2} \cdot \sigma^2 \quad \text{mit} \quad \hat{\alpha}(\mu) = \alpha[s(\mu)] \cdot s'(\mu) + \kappa(\mu). \tag{2.22}$$

Herleitung des Sicherheitsäquivalents der Entlohnung $SÄ_S$:

$$SÄ_S \approx E[s(x)] - \frac{1}{2} \cdot \alpha[s(\mu)] \cdot s'(\mu)^2 \cdot \sigma^2. \tag{2.23}$$

Die beiden Sicherheitsäquivalente können wie folgt hergeleitet werden. Eine Taylor-Reihe wird um die Stelle μ wie folgt entwickelt:

$$V[s(x)] = V[s(\mu)] + (x-\mu) \cdot V'[s(\mu)] \cdot s'(\mu) \tag{4}$$

$$+\frac{1}{2} \cdot (x-\mu)^2 \cdot \left[V''[s(\mu)] \cdot s'(\mu)^2 + V'[s(\mu)] \cdot s''(\mu) \right] + R(x).$$

Es wird davon ausgegangen, das Restglied $R(x)$ sei vernachlässigbar. Für den Erwartungsnutzen des Agenten kann man daher schreiben:

$$E(V[s(x)]) \approx V[s(\mu)] + E[(x-\mu)] \cdot V'[s(\mu)] \cdot s'(\mu) \tag{5}$$

$$+\frac{1}{2} \cdot E\left[(x-\mu)^2\right] \cdot \left[V''[s(\mu)] \cdot s'(\mu)^2 + V'[s(\mu)] \cdot s''(\mu) \right]$$

$$= V[s(\mu)] + \frac{1}{2} \cdot \sigma^2 \cdot \left[V''[s(\mu)] \cdot s'(\mu)^2 + V'[s(\mu)] \cdot s''(\mu) \right].$$

Das Sicherheitsäquivalent der Entlohnung $SÄ_S$ entspricht der Entlohnung, welche für das Sicherheitsäquivalent bezüglich der Ergebnisse $SÄ_X$ erzielt wird:

$$SÄ_S = s(SÄ_X). \tag{6}$$

Außerdem wird angenommen, das Sicherheitsäquivalent der Entlohnung $SÄ_S$ liege hinreichend nahe an $s(\mu)$, so daß folgende Gleichung gilt:

$$V(SÄ_S) \approx V[s(\mu)] + [SÄ_S - s(\mu)] \cdot V'[s(\mu)] \tag{7}$$

bzw.

$$V[s(SÄ_X)] \approx V[s(\mu)] + [SÄ_X - \mu] \cdot V'[s(\mu)] \cdot s'(\mu). \tag{8}$$

Anhang

Unter Berücksichtigung der Definition für das Sicherheitsäquivalent erhält man unter Verwendung von (5):

$$[S\ddot{A}_s - s(\mu)] \cdot V'[s(\mu)] = \frac{1}{2} \cdot \sigma^2 \cdot \left[V''[s(\mu)] \cdot s'(\mu)^2 + V'[s(\mu)] \cdot s''(\mu)\right] \quad (9)$$

$$\Leftrightarrow \qquad S\ddot{A}_s = s(\mu) + \frac{1}{2} \cdot s'(\mu)^2 \cdot \frac{V''[s(\mu)]}{V'[s(\mu)]} \cdot \sigma^2 + \frac{1}{2} \cdot \sigma^2 \cdot s''(\mu). \quad (10)$$

Wird die Approximation für den Erwartungswert der Entlohnung gemäß (2.21), $E[s(x)] \approx s(\mu) + \frac{1}{2} \cdot \sigma^2 \cdot s''(\mu)$, eingesetzt, ergibt sich unter Berücksichtigung der Definition für den Risikoaversionskoeffizienten schließlich:

$$S\ddot{A}_s \approx E[s(x)] - \frac{1}{2} \cdot \alpha[s(\mu)] \cdot s'(\mu)^2 \cdot \sigma^2. \quad (2.23)$$

Zur Bestimmung von (2.22) muß alternativ (5) in Verbindung mit (8) gesetzt werden. Unter Berücksichtigung der Definition für das Sicherheitsäquivalent ergibt sich:

$$[S\ddot{A}_x - \mu] \cdot V'[s(\mu)] \cdot s'(\mu) \approx \frac{1}{2} \cdot \sigma^2 \cdot \left[V''[s(\mu)] \cdot s'(\mu)^2 + V'[s(\mu)] \cdot s''(\mu)\right]. \quad (11)$$

Hieraus folgt:

$$S\ddot{A}_x = \mu + \left[\alpha_A s'(\mu) - \frac{s''(\mu)}{s'(\mu)}\right] \frac{1}{2} \cdot \sigma^2 = \mu - \frac{\hat{\alpha}(\mu)}{2} \cdot \sigma^2 \qquad \text{q.e.d.} \quad (2.22)$$

Anhang zu Abschnitt 2.3.2

Beweis von $U[x - s(x)] = a \cdot V[s(x)] + b$ (2.41)

Es wird davon ausgegangen, der Nutzen des Prinzipals sei eine (zunächst beliebig) monoton steigende Funktion des Nutzens des Agenten:

$$U[x - s(x)] = F\big(V[s(x)]\big). \quad (12)$$

Werden beide Seiten der Gleichung (12) nach x abgeleitet, erhält man:

$$\frac{dU[x - s(x)]}{dx} = F'\big(V[s(x)]\big) \cdot \frac{dV[s(x)]}{dx}. \quad (13)$$

Nach erneutem Ableiten folgt:

$$\frac{d^2 U[x-s(x)]}{dx^2} = F''(V[s(x)]) \cdot \left(\frac{dV[s(x)]}{dx}\right)^2 + F'(V[s(x)]) \cdot \frac{d^2 V[s(x)]}{dx^2}. \qquad (14)$$

Nach Division von (14) durch (13) und Multiplikation mit -1 folgt unter Beachtung der Definition für den Risikoaversionskoeffizienten bezüglich der Ergebnisse:

$$\hat{\alpha}_P(x) = -\frac{F''(V[s(x)])}{F'(V[s(x)])} \cdot V'[s(x)] \cdot s'(x) + \hat{\alpha}_A(x). \qquad (15)$$

Das Entscheidungsverhalten bezüglich eines riskanten Projektes kann dann und nur dann stets gleich sein, wenn $\hat{\alpha}_P(x) = \hat{\alpha}_A(x)$ gilt. Damit folgt: $F''(V[s(x)]) = 0$, und U muß eine lineare Funktion von V in x sein:

$$U[x-s(x)] = a \cdot V[s(x)] + b \qquad \forall x. \quad (2.41)$$

Anhang zu Abschnitt 2.4.1

Widerlegung des Ergebnisses in BORCH 1984

BORCH schreibt "...Pareto optimal sharing rules imply that group decisions will be made unanamiously."[1] Wie sich oben herausgestellt hat, ist diese Implikation nicht zutreffend.

BORCH begründet sein Theorem ausgehend von der Bedingung der PE-Risikoteilung für n Personen:[2]

$$k_i \cdot U'_i[s_i(x)] = k_j \cdot U'_j[s_j(x)] \quad \text{für i,j} \quad \text{mit} \sum_{i=1}^{n} s_i = x. \quad (16)$$

Hierbei muß natürlich beachtet werden, daß jeweils nach dem Argument der Nutzenfunktion abgeleitet wird.

Nach BORCH läßt sich die obige Bedingung auch wie folgt darstellen:[3]

$$k_i \cdot U'_i[s_i(x)] = U'[x] \qquad \text{für i = 1,...,n.} \quad (17)$$

Diese Darstellungsweise, in der sich die Grenznutzenwerte bis auf eine positive lineare Transformation für alle x entsprechen, ist plausibel. Folglich existiert eine Funktion U(x), welche die obige Gleichung erfüllt. Man könnte die Funktion U(x) als

---

1) BORCH (1984), S. 207.
2) BORCH (1984), S. 208.
3) BORCH (1984), S. 208.

Anhang

eine repräsentative Grenznutzenfunktion bezüglich der Ergebnisse x interpretieren. Hieraus wird von BORCH unmittelbar "Unanimity" gefolgert.[4] Daß dies nicht so ist läßt sich nachweisen, indem zunächst die Bedingung (17) wie folgt umgeformt wird:

$$k_i \cdot \frac{d U_i[s_i(x)]}{d s_i(x)} = \frac{d U[x]}{d x} \qquad (18)$$

$\Leftrightarrow \qquad k_i \cdot d U_i[s_i(x)] = \frac{d U[x]}{d x} \cdot \frac{d s_i(x)}{d x} \cdot d x.$

Werden beide Seiten integriert, folgt:

$$\int k_i \cdot d U_i[s_i(x)] = \int U'[x] \cdot s_i'(x) \cdot d x \qquad (19)$$

$\Leftrightarrow \qquad k_i \cdot U_i[s_i(x)] + K = \int U'[x] \cdot s_i'(x) \cdot d x.$

Die Nutzenfunktion U(x) ist dann und nur dann repräsentativ, d.h.

$$k_i \cdot U_i[s_i(x)] + K_i = k \cdot U[x] + K, \qquad (20)$$

wenn $s_i'(x)$ eine Konstante und die Entlohnungsfunktion somit *linear* ist!

Anhang a) zu Abschnitt 2.4.3

Bestimmungsgleichung für paretoeffiziente Teilungsregeln bei HARA-Nutzenfunktionen:

$$s(x) = \left(\left(\lambda \cdot \frac{c^\omega}{g^\omega} \right)^{\frac{1}{\omega-1}} + 1 \right)^{-1} \cdot \left[x + \frac{(1-\omega) \cdot h}{g} - \left(\lambda \cdot \frac{c^\omega}{g^\omega} \right)^{\frac{1}{\omega-1}} \frac{(1-\omega) \cdot d}{c} \right]. \qquad (2.68)$$

Werden die Grenznutzenfunktionen aufgrund von (2.66) und (2.67) in die Bedingung für eine paretoeffiziente Risikoteilung gemäß Gleichung

$$U'[x - s(x)] = \lambda \cdot V'[s(x)], \qquad (2.24)$$

eingesetzt, folgt:

---

4) BORCH (1984), S. 208-209.

$$g \cdot \left(g \cdot \frac{x - s(x)}{1 - \omega} + h \right)^{\omega - 1} = \lambda \cdot c \cdot \left(c \cdot \frac{s(x)}{1 - \omega} + d \right)^{\omega - 1} \qquad (21)$$

$\Leftrightarrow$
$$\left(\frac{x - s(x)}{1 - \omega} + \frac{h}{g} \right)^{\omega - 1} = \lambda \cdot \frac{c^\omega}{g^\omega} \cdot \left(\frac{s(x)}{1 - \omega} + \frac{d}{c} \right)^{\omega - 1}$$

$\Leftrightarrow$
$$x - s(x) + \frac{(1 - \omega) \cdot h}{g} = \left(\lambda \cdot \frac{c^\omega}{g^\omega} \right)^{\frac{1}{\omega - 1}} \cdot \left(s(x) + \frac{(1 - \omega) \cdot d}{c} \right).$$

Nach Umformung erhält man schließlich Gleichung (2.68):

$$s(x) = \left(\left(\lambda \cdot \frac{c^\omega}{g^\omega} \right)^{\frac{1}{\omega - 1}} + 1 \right)^{-1} \cdot \left[x + \frac{(1 - \omega) \cdot h}{g} - \left(\lambda \cdot \frac{c^\omega}{g^\omega} \right)^{\frac{1}{\omega - 1}} \frac{(1 - \omega) \cdot d}{c} \right].$$

Anhang b) zu Abschnitt 2.4.3

Anreizkompatible Teilungsregeln bei HARA-Nutzenfunktionen:

Werden die Nutzenfunktionen in die Bedingung

$$U[x - s(x)] = a \cdot V[s(x)] + b \qquad (2.41)$$

eingesetzt, folgt:

$$\frac{1 - \omega}{\omega} \cdot \left(g \cdot \frac{x - s(x)}{1 - \omega} + h \right)^\omega = a \cdot \frac{1 - \omega}{\omega} \cdot \left(c \cdot \frac{s(x)}{1 - \omega} + d \right)^\omega + b. \qquad (22)$$

Wird (22) durch (21) geteilt, ergibt sich:

$$\frac{1 - \omega}{\omega \cdot g} \cdot \left(g \cdot \frac{x - s(x)}{1 - \omega} + h \right) = a \cdot \frac{1 - \omega}{\omega \cdot c} \cdot \left(c \cdot \frac{s(x)}{1 - \omega} + d \right) + \frac{b}{\lambda \cdot c} \cdot \left(c \cdot \frac{s(x)}{1 - \omega} + d \right)^{1 - \omega}. \qquad (23)$$

Die linke Seite ist linear in x; die rechte Seite ist nur linear in x für b = 0 oder $1 - \omega \approx 1 \Leftrightarrow \omega \to 0$, was logarithmische Nutzenfunktionen impliziert.

Daß bei logarithmischen Nutzenfunktionen der Fall b > 0 möglich ist, ist verständlich, wenn man folgendes beachtet: Bei diesen Nutzenfunktionen besteht die Möglichkeit der Umwandlung einer additiven in eine multiplikative Verknüpfung: $\ln x + b = \ln x + \ln e^b = \ln e^b \cdot x$.

Anhang zu Kapitel II.4

Beweis von Proposition II.5:

Notwendig und hinreichend für Anreizkompatibilität bei zustandsabhängigen Nutzenfunktionen ist, daß der Nutzen des Prinzipals eine linear steigende Funktion des Nutzens des Agenten in jedem Zustand ist

$$U_z[x_z - s_z(x_z)] = a \cdot V_z[s_z(x_z)] + b_z \quad \forall x_z, z, \tag{4.24}$$

wobei die lineare Transformation bis auf den Faktor b_z zustandsunabhängig sein muß.

Die notwendige und hinreichende Bedingung der Anreizkompatibilität lautet im statischen Modellrahmen bei zustandsunabhängigen Nutzenfunktionen $U[x - s(x)] = a \cdot V[s(x)] + b$. Diese Bedingung läßt sich für einen gegebenen Zustand z direkt übertragen:

Lemma 1: Das Entscheidungsverhalten bezüglich eines *riskanten* Projektes, das ausschließlich die Cash Flows im Zustand z beeinflußt, ist für eine marginale Lotterie dann und nur dann stets gleich, wenn für Zustand z gilt:

$$U_z[x_z - s_z(x_z)] = a_z \cdot V_z[s_z(x_z)] + b_z \quad \forall x_z. \tag{24}$$

Lemma 2: Das Entscheidungsverhalten bezüglich eines Projektes, das die Cash Flows zweier beliebiger Zustände betrifft, ist dann und nur dann stets gleich, wenn die linearen Transformationen bis auf den Faktor b in jedem Zustand übereinstimmen:

$$U_z[x_z - s_z(x_z)] = a \cdot V_z[s_z(x_z)] + b_z \quad \forall x_z, z. \tag{4.24}$$

Diese Bedingung gewährleistet, daß die *Zustandspräferenzen bezüglich der Ergebnisse* übereinstimmen. Wäre der Proportionalitätsfaktor a *zustandsabhängig*, so würde es sich für den Agenten lohnen, eine zustandsabhängige Transformation zu Lasten des Prinzipals vorzunehmen.

Beweis von Lemma 2:
Zum Beweis wird der Cash Flow im Zustand z* sowie im Zustand z** jeweils um einen sicheren marginalen Betrag verändert. Der Agent ist bezüglich einer solchen Veränderung indifferent, wenn gilt:

$$\frac{\partial V_{z^*}[\cdot]}{\partial x_{z^*}} \cdot dx_{z^*} + \frac{\partial V_{z^{**}}[\cdot]}{\partial x_{z^{**}}} \cdot dx_{z^{**}} = 0 \tag{25}$$

$$\Leftrightarrow \qquad -\frac{dx_{z^{**}}}{dx_{z^*}} = \frac{\dfrac{\partial V_{z^*}[\cdot]}{\partial x_{z^*}}}{\dfrac{\partial V_{z^{**}}[\cdot]}{\partial x_{z^{**}}}}.$$

Dieser Ausdruck ist die *relative Zustandspräferenz bezüglich der Ergebnisse* aus Sicht des Agenten. Bei einer AK-Teilungsregel muß der Prinzipal ebenfalls indifferent sein. Für den Prinzipal gilt daher analog:

$$\frac{\partial U_{z^*}[\cdot]}{\partial x_{z^*}} \cdot dx_{z^*} + \frac{\partial U_{z^{**}}[\cdot]}{\partial x_{z^{**}}} \cdot dx_{z^{**}} = 0 \qquad (26)$$

$$\Leftrightarrow \qquad -\frac{dx_{z^{**}}}{dx_{z^*}} = \frac{\dfrac{\partial U_{z^*}[\cdot]}{\partial x_{z^*}}}{\dfrac{\partial U_{z^{**}}[\cdot]}{\partial x_{z^{**}}}}.$$

Werden die Bedingungen (25) und (26) gleichgesetzt, ergibt sich:

$$\frac{\dfrac{\partial U_{z^*}[\cdot]}{\partial x_{z^*}}}{\dfrac{\partial U_{z^{**}}[\cdot]}{\partial x_{z^{**}}}} = \frac{\dfrac{\partial V_{z^*}[\cdot]}{\partial x_{z^*}}}{\dfrac{\partial V_{z^{**}}[\cdot]}{\partial x_{z^{**}}}}. \qquad (4.25)$$

Demgemäß müssen bei einer AK-Teilungsregel die *relativen Zustandspräferenzen bezüglich der Ergebnisse* der Beteiligten übereinstimmen!

Wird die Bedingung (24) gemäß Lemma 1 für den Zustand z^* bzw. z^{**} nach x_{z^*} bzw. $x_{z^{**}}$ jeweils abgeleitet, so folgt:

$$\frac{\partial U_{z^*}[\cdot]}{\partial x_{z^*}} = a_{z^*} \cdot \frac{\partial V_{z^*}[\cdot]}{\partial x_{z^*}} \quad \text{bzw.} \quad \frac{\partial U_{z^{**}}[\cdot]}{\partial x_{z^{**}}} = a_{z^{**}} \cdot \frac{\partial V_{z^{**}}[\cdot]}{\partial x_{z^{**}}}. \qquad (27)$$

Werden beide Bedingungen dividiert, so erhält man:

$$\frac{\dfrac{\partial U_{z^*}[\cdot]}{\partial x_{z^*}}}{\dfrac{\partial U_{z^{**}}[\cdot]}{\partial x_{z^{**}}}} = \frac{a_{z^*}}{a_{z^{**}}} \cdot \frac{\dfrac{\partial V_{z^*}[\cdot]}{\partial x_{z^*}}}{\dfrac{\partial V_{z^{**}}[\cdot]}{\partial x_{z^{**}}}}. \qquad (28)$$

Diese Bedingung steht nur dann im Einklang mit (4.25), wenn gilt:

$$\frac{a_{z^*}}{a_{z^{**}}} = 1 \quad \Leftrightarrow \quad a_{z^*} = a_{z^{**}}. \qquad \text{q.e.d.} \quad (29)$$

Anhang zu Kapitel III.2

Anhang zu Abschnitt 2.3

Beweis zum Satz:

"Die Zeitpräferenz ist *dann und nur dann* eine *Konstante* in x_{t-1} und x_t, wenn .... gilt:

$$U''_{t-1} - \gamma_t \cdot U''_{t-1t} = 0 \qquad (2.35)$$

sowie
$$U''_{t-1t} - \gamma_t \cdot U''_t = 0." \qquad (2.36)$$

Die Ableitung der Zeitpräferenz nach x_{t-1} bzw. x_t beträgt gemäß (2.31) und (2.32):

$$\frac{d\gamma_t}{dx_{t-1}} = \frac{U''_{t-1} - \gamma_t \cdot U''_{t-1t}}{U'_t} \qquad (2.31)$$

und
$$\frac{d\gamma_t}{dx_t} = \frac{U''_{t-1t} - \gamma_t \cdot U''_t}{U'_t}. \qquad (2.32)$$

Durch Einsetzen von (2.35) in (2.32) sowie (2.36) in (2.32), erhält man direkt:

$$\frac{d\gamma_t}{dx_{t-1}} = 0 \qquad (30)$$

und
$$\frac{d\gamma_t}{dx_t} = 0. \qquad (31)$$

Damit folgt, daß für (2.35) und (2.36) die Zeitpräferenz eine Konstante ist.

Werden die Ableitungen der Zeitpräferenz gemäß (2.31) und (2.32) gleich null gesetzt, folgt umgekehrt:

$$U''_{t-1} - \gamma_t \cdot U''_{t-1t} = 0 \qquad (2.35)$$

sowie
$$U''_{t-1t} - \gamma_t \cdot U''_t = 0 \qquad \text{q.e.d.} \qquad (2.36)$$

Anhang zu Kapitel III.4

Anhang a) zu Abschnitt 4.3

Zum Verlauf der Zeitpräferenzen des Agenten sowie des Prinzipals

Die Zeitpräferenz des *Agenten* kann grundsätzlich von s_0 und s_1 abhängen, d.h.:

$$\gamma_{A1}(\cdot) = \gamma_{A1}(s_0, s_1). \tag{32}$$

Wird die Zeitpräferenz des Agenten nach s_0 bzw. s_1 abgeleitet, erhält man:

$$\frac{\partial \gamma_{A1}(\cdot)}{\partial s_0} = \frac{V_0'' \cdot V_1' - V_0' \cdot V_{01}''}{V_1'^2} = \frac{V_0'' - \gamma_{A1} \cdot V_{01}''}{V_1'} \leq 0 \tag{33}$$

bzw.

$$\frac{\partial \gamma_{A1}(\cdot)}{\partial s_1} = \frac{V_{01}'' \cdot V_1' - V_0' \cdot V_{11}''}{V_1'^2} = \frac{V_{01}'' - \gamma_{A1} \cdot V_{11}''}{V_1'} \geq 0. \tag{34}$$

Die Zeitpräferenz des Agenten ist eine *Konstante* in s_0 und s_1, wenn gilt:

$$V_0'' - \gamma_{A1} \cdot V_{01}'' = 0 \quad \text{sowie} \quad V_{01}'' - \gamma_{A1} \cdot V_{11}'' = 0. \tag{35}$$

Analog gilt für den *Prinzipal*:

$$\frac{\partial \gamma_{P1}[\cdot]}{\partial (x_0 - s_0)} = \frac{U_0'' \cdot U_1' - U_0' \cdot U_{01}''}{U_1'^2} = \frac{U_0'' - \gamma_{P1} \cdot U_{01}''}{U_1'} \leq 0 \tag{36}$$

bzw.

$$\frac{\partial \gamma_{P1}[\cdot]}{\partial (x_1 - s_1)} = \frac{U_{01}'' \cdot U_1' - U_0' \cdot U_{11}''}{U_1'^2} = \frac{U_{01}'' - \gamma_{P1} \cdot U_{11}''}{U_1'} \geq 0. \tag{37}$$

Die Zeitpräferenz des Prinzipals ist eine *Konstante* in $x_0 - s_0$ und $x_1 - s_1$, wenn gilt:

$$U_0'' - \gamma_{P1} \cdot U_{01}'' = 0 \quad \text{sowie} \quad U_{01}'' - \gamma_{P1} \cdot U_{11}'' = 0. \tag{38}$$

Anhang b) zu Abschnitt 4.3

Zur Herleitung der Ableitungen gemäß Gleichung (4.27) und (4.28)

Werden beide Seiten von $U'_0 = \lambda \cdot V'_0$ gemäß (4.18) nach x_1 abgeleitet, d.h.:

$$\frac{d U'_0}{d x_1} = \lambda \cdot \frac{d V'_0}{d x_1}, \tag{39}$$

folgt:
$$\frac{\partial U'_0}{\partial [x_0 - s_0]} \cdot \frac{d[x_0 - s_0(x_0, x_1)]}{d x_1} + \frac{\partial U'_0}{\partial [x_1 - s_1]} \cdot \frac{d[x_1 - s_1(x_1)]}{d x_1} \tag{40}$$

$$= \lambda \cdot \frac{\partial V'_0}{\partial s_0} \cdot \frac{d s_0(x_0, x_1)}{d x_1} + \lambda \cdot \frac{\partial V'_0}{\partial s_1} \cdot \frac{d s_1(x_1)}{d x_1}$$

und damit:

$$U''_{01} \cdot [1 - s_1'(x_1)] - U''_0 \cdot \frac{d s_0(x_0, x_1)}{d x_1} = \lambda \cdot V''_{01} \cdot s_1'(x_1) + \lambda \cdot V''_0 \cdot \frac{d s_0(x_0, x_1)}{d x_1}. \tag{4.27}$$

Werden beide Seiten von $U'_1 = \lambda \cdot V'_1$ gemäß (4.19) nach x_1 abgeleitet, d.h.

$$\frac{d U'_1}{d x_1} = \lambda \cdot \frac{d V'_1}{d x_1}, \tag{41}$$

folgt:
$$\frac{\partial U'_1}{\partial [x_0 - s_0]} \cdot \frac{d[x_0 - s_0(x_0, x_1)]}{d x_1} + \frac{\partial U'_1}{\partial [x_1 - s_1]} \cdot \frac{d[x_1 - s_1(x_1)]}{d x_1} \tag{42}$$

$$= \lambda \cdot \frac{\partial V'_1}{\partial s_0} \cdot \frac{d s_0(x_0, x_1)}{d x_1} + \lambda \cdot \frac{\partial V'_1}{\partial s_1} \cdot \frac{d s_1(x_1)}{d x_1}$$

und damit:

$$U''_1 \cdot [1 - s_1'(x_1)] - U''_{10} \cdot \frac{d s_0(x_0, x_1)}{d x_1} = \lambda \cdot V''_1 \cdot s_1'(x_1) + \lambda \cdot V''_{10} \cdot \frac{d s_0(x_0, x_1)}{d x_1}. \tag{4.28}$$

Anhang c) zu Abschnitt 4.3

Zur Übereinstimmung der Gleichungen (4.27) und (4.28) bei gleichen konstanten Zeitpräferenzen:

$$U_{01}'' \cdot [1 - s_1'(x_1)] - U_0'' \cdot \frac{ds_0(x_0, x_1)}{dx_1} = \lambda \cdot V_{01}'' \cdot s_1'(x_1) + \lambda \cdot V_0'' \cdot \frac{ds_0(x_0, x_1)}{dx_1} \quad (4.27)$$

bzw. $\quad U_1'' \cdot [1 - s_1'(x_1)] - U_{10}'' \cdot \frac{ds_0(x_0, x_1)}{dx_1} = \lambda \cdot V_1'' \cdot s_1'(x_1) + \lambda \cdot V_{10}'' \cdot \frac{ds_0(x_0, x_1)}{dx_1}. \quad (4.28)$

Bei *konstanten übereinstimmenden Zeitpräferenzen* (und zwar nur dann) gilt, wie in Kapitel 2 gezeigt:

$$U_{01}'' = \gamma_1 \cdot U_1'' \quad \text{bzw.} \quad V_{01}'' = \gamma_1 \cdot V_1'' \quad (43)$$

sowie $\quad U_0'' = \gamma_1 \cdot U_{01}'' \quad \text{bzw.} \quad V_0'' = \gamma_1 \cdot V_{01}''. \quad (44)$

Aus diesen Beziehungen folgt:

$$U_0'' = \gamma_1^2 \cdot U_1'' \quad \text{sowie} \quad V_0'' = \gamma_1^2 \cdot V_1''. \quad (45)$$

Werden $U_{01}'' = \gamma_1 \cdot U_1''$, $V_{01}'' = \gamma_1 \cdot V_1''$, $U_0'' = \gamma_1^2 \cdot U_1''$ und $V_0'' = \gamma_1^2 \cdot V_1''$ in Gleichung (4.27) eingesetzt, ergibt sich:

$$\gamma_1 \cdot U_1' \cdot [1 - s_1'(x_1)] - \gamma_1^2 \cdot U_1' \cdot \frac{ds_0(\cdot)}{dx_1} = \lambda \cdot \gamma_1 \cdot V_1' \cdot s_1'(x_1) + \lambda \cdot \gamma_1^2 \cdot V_1' \cdot \frac{ds_0(\cdot)}{dx_1}. \quad (46)$$

Wird durch γ_1 geteilt, folgt:

$$U_1' \cdot [1 - s_1'(x_1)] - \gamma_1 \cdot U_1' \cdot \frac{ds_0(\cdot)}{dx_1} = \lambda \cdot V_1' \cdot s_1'(x_1) + \lambda \cdot \gamma_1 \cdot V_1' \cdot \frac{ds_0(\cdot)}{dx_1}. \quad (47)$$

Werden $U_{01}'' = \gamma_1 \cdot U_1''$ bzw. $V_{01}'' = \gamma_1 \cdot V_1''$ eingesetzt, erhält man die obige Gleichung (4.28).

Die beiden Gleichungen (4.27) und (4.28) stehen folglich bei gleichen konstanten Zeitpräferenzen stets miteinander im Einklang, unabhängig davon, wie die Entlohnung über die Zeit verteilt wird.

Sind die Zeitpräferenzen nicht konstant, dann lassen sich die Gleichungen (4.27) und (4.28) - unabhängig davon, wie die Entlohnung über die Zeit verteilt wird - nicht ineinander überführen.

Anhang d) zu Abschnitt 4.3

Zur Notwendigkeit, daß grundsätzlich $\frac{ds_0(x_0,x_1)}{dx_1} \neq 0$ bei multiplikativ-separierbaren Nutzenfunktionen gewählt wird.

Für den Fall: $\frac{ds_0(x_0,x_1)}{dx_1} = 0$ folgt aus (4.27) und (4.28):

$$U_{01}'' \cdot [1 - s_1'(x_1)] = \lambda \cdot V_{01}'' \cdot s_1'(x_1) \tag{4.36}$$

und
$$U_1'' \cdot [1 - s_1'(x_1)] = \lambda \cdot V_1'' \cdot s_1'(x_1). \tag{4.34}$$

Bei multiplikativ-separierbaren Nutzenfunktionen gilt wie gezeigt:

$$U_{01}'' = u_0' \cdot u_1' \quad \text{bzw.} \quad V_{01}'' = v_0' \cdot v_1' \tag{48}$$

sowie
$$U_1'' = u_0 \cdot u_1'' \quad \text{bzw.} \quad V_1'' = v_0 \cdot v_1''. \tag{49}$$

Diese Gewichtungsfaktoren für die Grenzanteile zum Zeitpunkt 1 stehen grundsätzlich nicht miteinander im Einklang. Folglich muß bei *multiplikativ-separierbaren* Nutzenfunktionen grundsätzlich gelten:

$$\frac{ds_0(x_0,x_1)}{dx_1} \neq 0. \tag{50}$$

Anhang zu Abschnitt 4.4

Beweis der Aussage: Bei Risikoaversion der Beteiligten können (4.34) und (4.36) erfüllt sein, wenn die Zeitpräferenzen zwar nicht konstant, aber für jeden x_1-Wert stets gleich sind.

Wird $U_1' = \frac{U_0'}{\gamma_{P1}}$ sowie $V_1' = \frac{V_0'}{\gamma_{A1}}$ in $U_1' = \lambda \cdot V_1'$ eingesetzt, folgt:

$$U_0' = \lambda \cdot \frac{\gamma_{P1}}{\gamma_{A1}} \cdot V_0'. \tag{51}$$

Die Bedingung steht dann und nur dann im Einklang mit $U_0' = \lambda \cdot V_0'$, wenn gilt:

$$\frac{\gamma_{P1}}{\gamma_{A1}} = 1 \quad \Leftrightarrow \quad \gamma_{P1} = \gamma_{A1}. \tag{52}$$

Die Zeitpräferenzen müssen also zwar nicht konstant, aber für jeden x_1-Wert stets gleich sein.

Herleitung der Bedingung:

$$\frac{\partial \gamma_{P1}[\cdot]}{\partial(x_1-s_1)} \cdot [1-s_1'(x_1)] = \frac{\partial \gamma_{A1}[\cdot]}{\partial s_1} \cdot s_1'(x_1). \quad (4.39)$$

Diese Bedingung ergibt sich indem zunächst $\lambda = \frac{U_1'}{V_1'}$ in die beiden Gleichungen (4.34) und (4.36) eingesetzt wird. Dann wird Gleichung (4.34) mit $\gamma_1 = (\gamma_{P1} = \gamma_{A1})$ multipliziert und anschließend von (4.36) abgezogen. Zuletzt müssen die Ableitungen $\frac{\partial \gamma_{P1}[\cdot]}{\partial(x_1-s_1)}$ sowie $\frac{\partial \gamma_{A1}[\cdot]}{\partial s_1}$ beachtet werden.

Anhang a) zu Abschnitt 4.5

Zur Notwendigkeit, daß grundsätzlich $\frac{ds_1(x_0,x_1)}{dx_0} \neq 0$ *bei multiplikativ-separierbaren Nutzenfunktionen gewählt wird.*

Für $\frac{ds_1(x_0,x_1)}{dx_0} = 0$ gilt gemäß (4.52):

$$U_{10}'' \cdot [1-s_0'(x_0)] = \lambda \cdot V_{10}'' \cdot s_0'(x_0). \quad (4.52)$$

Bei multiplikativ-separierbaren Nutzenfunktionen gilt, wie gezeigt:

$$U_1' = u_0 \cdot u_1' \quad \text{bzw.} \quad V_1' = v_0 \cdot v_1' \quad (53)$$

sowie $\quad U_{01}'' = u_0' \cdot u_1' \quad \text{bzw.} \quad V_{01}'' = v_0' \cdot v_1'. \quad (48)$

Werden diese Beziehungen in (4.54) sowie (4.52) eingesetzt, so folgt:

$$u_0 \cdot u_1' = \lambda \cdot v_0 \cdot v_1' \quad (54)$$

bzw. $\quad u_0' \cdot u_1' \cdot [1-s_0'(x_0)] = \lambda \cdot v_0' \cdot v_1' \cdot s_0'(x_0). \quad (55)$

Die erste Bedingung läßt sich für $\frac{ds_1(x_0,x_1)}{dx_0} = 0$ nur erfüllen, wenn das Verhältnis $\frac{u_0}{v_0}$ eine Konstante ist!

Damit muß bei *multiplikativ-separierbaren* Nutzenfunktionen grundsätzlich gelten:

$$\frac{ds_1(x_0,x_1)}{dx_0} \neq 0. \quad (50)$$

Anhang b) zu Abschnitt 4.5

Herleitung der Gleichung:

$$s_0'(x_0) + \frac{1}{\gamma_1} \cdot \frac{\partial s_1(x_0, x_1)}{\partial x_0} = \frac{\alpha_{P0}(x_0, x_1)}{\alpha_{P0}(x_0, x_1) + \alpha_{A0}(x_0, x_1)}. \quad (4.53)$$

Bei *konstanten übereinstimmenden Zeitpräferenzen* ergibt sich aus $U_1' = \lambda \cdot V_1'$ stets $U_0' = \lambda \cdot V_0'$. Wird die Bedingung $U_0' = \lambda \cdot V_0'$ nach x_0 abgeleitet, erhält man:

$$U_0'' \cdot [1 - s_0'(x_0)] - U_{01}'' \cdot \frac{\partial s_1(x_0, x_1)}{\partial x_0} = \lambda \cdot V_0'' \cdot s_0'(x_0) + \lambda \cdot V_{01}'' \cdot \frac{\partial s_1(x_0, x_1)}{\partial x_0}. \quad (56)$$

Bei konstanter Zeitpräferenz gilt außerdem, wie gezeigt:

$$U_{01}'' = \frac{1}{\gamma_1} \cdot U_0'' \quad \text{bzw.} \quad V_{01}'' = \frac{1}{\gamma_1} \cdot V_0''. \quad (57)$$

Wird dies in (56) berücksichtigt, folgt:

$$U_0'' \cdot \left([1 - s_0'(x_0)] - \frac{1}{\gamma_1} \cdot \frac{\partial s_1(x_0, x_1)}{\partial x_0}\right) = \lambda \cdot V_0'' \cdot \left(s_0'(x_0) + \frac{1}{\gamma_1} \cdot \frac{\partial s_1(x_0, x_1)}{\partial x_0}\right). \quad (58)$$

Wird die Bedingung $U_0' = \lambda \cdot V_0'$ eingesetzt, so erhält man schließlich:

$$s_0'(x_0) + \frac{1}{\gamma_1} \cdot \frac{\partial s_1(x_0, x_1)}{\partial x_0} = \frac{\alpha_{P0}(x_0, x_1)}{\alpha_{P0}(x_0, x_1) + \alpha_{A0}(x_0, x_1)}. \quad (4.53)$$

Anhang zu Kapitel III.5

Anhang a) zu Abschnitt 5.2

Bestimmung des Risikoaversionskoeffizienten bezüglich der Cash Flows aus Sicht des Prinzipals

Zunächst wird der Risikoaversionskoeffizient bezüglich der Cash Flows zum Zeitpunkt 0 hergeleitet. Hierzu wird die partielle Ableitung des Nutzenwerts U nach x_0 gebildet:

$$\frac{\partial U[\cdot]}{\partial x_0} = \frac{\partial U[\cdot]}{\partial (x_0 - s_0)} \cdot \frac{\partial (x_0 - s_0)}{\partial x_0} + \frac{\partial U[\cdot]}{\partial (x_1 - s_1)} \cdot \frac{\partial (x_1 - s_1)}{\partial x_0} \quad (59)$$

$$= U_0' \cdot \left(1 - \frac{\partial s_0}{\partial x_0}\right) - U_1' \cdot \frac{\partial s_1}{\partial x_0}.$$

Die entsprechende zweite Ableitung beträgt:

$$\frac{\partial^2 U[\cdot]}{\partial x_0^2} = U_0'' \cdot \left(1 - \frac{\partial s_0}{\partial x_0}\right)^2 - U_0' \cdot \frac{\partial^2 s_0}{\partial x_0^2} - 2 \cdot U_{01}'' \cdot \left(1 - \frac{\partial s_0}{\partial x_0}\right) \cdot \left(\frac{\partial s_1}{\partial x_0}\right) \quad (60)$$

$$+ U_1'' \cdot \left(\frac{\partial s_1}{\partial x_0}\right)^2 - U_1' \cdot \frac{\partial^2 s_1}{\partial x_0^2}.$$

Werden die beiden Ableitungen in die Bestimmungsgleichung für den Risikoaversionskoeffizienten bezüglich der Ergebnisse eingesetzt, folgt:

$$\hat{\alpha}_{P0} = -\frac{U_0'' \cdot \left(1 - \frac{\partial s_0}{\partial x_0}\right)^2 - U_0' \cdot \frac{\partial^2 s_0}{\partial x_0^2} - 2 \cdot U_{01}'' \cdot \left(1 - \frac{\partial s_0}{\partial x_0}\right) \cdot \left(\frac{\partial s_1}{\partial x_0}\right)}{U_0' \cdot \left(1 - \frac{\partial s_0}{\partial x_0}\right) - U_1' \cdot \frac{\partial s_1}{\partial x_0}} \quad (61)$$

$$- \frac{U_1'' \cdot \left(\frac{\partial s_1}{\partial x_0}\right)^2 - U_1' \cdot \frac{\partial^2 s_1}{\partial x_0^2}}{U_0' \cdot \left(1 - \frac{\partial s_0}{\partial x_0}\right) - U_1' \cdot \frac{\partial s_1}{\partial x_0}}$$

bzw. nach Umformung:

Anhang 263

$$\hat{\alpha}_{P0} = \frac{\alpha_{P0} \cdot \left(1 - \frac{\partial s_0}{\partial x_0}\right)^2 + \frac{\partial^2 s_0}{\partial x_0^2} + 2 \cdot \frac{U''_{01}}{U'_0} \cdot \left(1 - \frac{\partial s_0}{\partial x_0}\right) \cdot \left(\frac{\partial s_1}{\partial x_0}\right)}{\left(1 - \frac{\partial s_0}{\partial x_0}\right) - \frac{1}{\gamma_{P1}} \cdot \frac{\partial s_1}{\partial x_0}} \quad (5.40)$$

$$+ \frac{\alpha_{P1} \cdot \frac{1}{\gamma_{P1}} \cdot \left(\frac{\partial s_1}{\partial x_0}\right)^2 + \frac{1}{\gamma_{P1}} \cdot \frac{\partial^2 s_1}{\partial x_0^2}}{\left(1 - \frac{\partial s_0}{\partial x_0}\right) - \frac{1}{\gamma_{P1}} \cdot \frac{\partial s_1}{\partial x_0}}.$$

Nun wird der Risikoaversionskoeffizient bezüglich der Cash Flows zum Zeitpunkt 1 hergeleitet. Hierzu wird die partielle Ableitung des Nutzenwerts U nach x_1 gebildet:

$$\frac{\partial U[\cdot]}{\partial x_1} = \frac{\partial U[\cdot]}{\partial (x_0 - s_0)} \cdot \frac{\partial (x_0 - s_0)}{\partial x_1} + \frac{\partial U[\cdot]}{\partial (x_1 - s_1)} \cdot \frac{\partial (x_1 - s_1)}{\partial x_1} \quad (62)$$

$$= -U'_0 \cdot \frac{\partial s_0}{\partial x_1} + U'_1 \cdot \left(1 - \frac{\partial s_1}{\partial x_1}\right).$$

Bei Risiko muß von $\frac{\partial s_0}{\partial x_1} = 0$ ausgegangen werden. Deshalb gilt hier:

$$\frac{\partial U[\cdot]}{\partial x_1} = U'_1 \cdot \left(1 - \frac{\partial s_1}{\partial x_1}\right). \quad (63)$$

Die entsprechende zweite Ableitung beträgt:

$$\frac{\partial^2 U[\cdot]}{\partial x_1^2} = U''_1 \cdot \left(1 - \frac{\partial s_1}{\partial x_1}\right)^2 - U'_1 \cdot \frac{\partial^2 s_1}{\partial x_1^2}. \quad (64)$$

Werden die beiden Ableitungen in die Bestimmungsgleichung für den Risikoaversionskoeffizienten bezüglich der Ergebnisse eingesetzt, folgt:

$$\hat{\alpha}_{P1} = -\frac{U''_1 \cdot \left(1 - \frac{\partial s_1}{\partial x_1}\right)^2 - U'_1 \cdot \frac{\partial^2 s_1}{\partial x_1^2}}{U'_1 \cdot \left(1 - \frac{\partial s_1}{\partial x_1}\right)} = \alpha_{P1} \cdot \left(1 - \frac{\partial s_1}{\partial x_1}\right) + \frac{\frac{\partial^2 s_1}{\partial x_1^2}}{\left(1 - \frac{\partial s_1}{\partial x_1}\right)}. \quad (5.46)$$

Anhang b) zu Abschnitt 5.2

Bestimmung des Risikoaversionskoeffizienten bezüglich der Cash Flows bei bekanntem Umweltzustand z_1 zum Zeitpunkt $t = 0$.

Ist z_1 schon zum Zeitpunkt $t = 0$ bekannt, dann kann $\frac{\partial s_0}{\partial x_1} \neq 0$ gewählt werden.

Für den Agenten folgt:

$$\frac{\partial V[\cdot]}{\partial x_1} = V_1' \cdot \frac{\partial s_1}{\partial x_1} + V_0' \cdot \frac{\partial s_0}{\partial x_1}. \tag{65}$$

Die entsprechende zweite Ableitung beträgt:

$$\frac{\partial^2 V[\cdot]}{\partial x_1^2} = V_1'' \cdot \left(\frac{\partial s_1}{\partial x_1}\right)^2 + V_{01}'' \cdot \frac{\partial s_0}{\partial x_1} \cdot \frac{\partial s_1}{\partial x_1} + V_1' \cdot \frac{\partial^2 s_1}{\partial x_1^2} \tag{66}$$

$$+ V_{01}'' \cdot \frac{\partial s_1}{\partial x_1} \cdot \frac{\partial s_0}{\partial x_1} + V_0'' \cdot \left(\frac{\partial s_0}{\partial x_1}\right)^2 + V_0' \cdot \frac{\partial^2 s_0}{\partial x_1^2}$$

$$= V_1'' \cdot \left(\frac{\partial s_1}{\partial x_1}\right)^2 + V_1' \cdot \frac{\partial^2 s_1}{\partial x_1^2} + 2 \cdot V_{01}'' \cdot \frac{\partial s_0}{\partial x_1} \cdot \frac{\partial s_1}{\partial x_1} + V_0'' \cdot \left(\frac{\partial s_0}{\partial x_1}\right)^2 + V_0' \cdot \frac{\partial^2 s_0}{\partial x_1^2}.$$

Werden die beiden Ableitungen in die Bestimmungsgleichung für den Risikoaversionskoeffizienten bezüglich der Ergebnisse eingesetzt, ergibt sich unter Beachtung der Kurzschreibweise:

$$\hat{\alpha}_{A1} = - \frac{V_1'' \left(\frac{\partial s_1}{\partial x_1}\right)^2 + V_1' \frac{\partial^2 s_1}{\partial x_1^2} + 2 V_{01}'' \frac{\partial s_0}{\partial x_1} \frac{\partial s_1}{\partial x_1} + V_0'' \left(\frac{\partial s_0}{\partial x_1}\right)^2 + V_0' \frac{\partial^2 s_0}{\partial x_1^2}}{V_1' \cdot \frac{\partial s_1}{\partial x_1} + V_0' \cdot \frac{\partial s_0}{\partial x_1}} \tag{67}$$

bzw. nach Umformung:

$$\hat{\alpha}_{A1} = \frac{\alpha_{A1} \left(\frac{\partial s_1}{\partial x_1}\right)^2 - \frac{\partial^2 s_1}{\partial x_1^2} - 2 \frac{V_{01}''}{V_1'} \frac{\partial s_0}{\partial x_1} \frac{\partial s_1}{\partial x_1} + \alpha_{A0} \gamma_{A1} \left(\frac{\partial s_0}{\partial x_1}\right)^2 - \gamma_{A1} \frac{\partial^2 s_0}{\partial x_1^2}}{\frac{\partial s_1}{\partial x_1} + \gamma_{A1} \cdot \frac{\partial s_1}{\partial x_0}}. \tag{68}$$

Es gilt dann analog für den Prinzipal:

Anhang

$$\frac{\partial U[\cdot]}{\partial x_1} = U_1' \cdot \left(1 - \frac{\partial s_1}{\partial x_1}\right) - U_0' \cdot \frac{\partial s_0}{\partial x_1}. \tag{69}$$

Die entsprechende zweite Ableitung beträgt:

$$\frac{\partial^2 U[\cdot]}{\partial x_1^2} = U_1'' \cdot \left(1 - \frac{\partial s_1}{\partial x_1}\right)^2 - U_1' \cdot \frac{\partial^2 s_1}{\partial x_1^2} - 2 \cdot U_{01}'' \cdot \left(1 - \frac{\partial s_1}{\partial x_1}\right) \cdot \left(\frac{\partial s_0}{\partial x_1}\right) \tag{70}$$

$$+ U_0'' \cdot \left(\frac{\partial s_0}{\partial x_1}\right)^2 - U_0' \cdot \frac{\partial^2 s_0}{\partial x_1^2}.$$

Werden die beiden Ableitungen in die Bestimmungsgleichung für den Risikoaversionskoeffizienten bezüglich der Ergebnisse eingesetzt, läßt sich ermitteln:

$$\hat{\alpha}_{P1} = - \frac{U_1'' \cdot \left(1 - \frac{\partial s_1}{\partial x_1}\right)^2 - U_1' \cdot \frac{\partial^2 s_1}{\partial x_1^2} - 2 \cdot U_{01}'' \cdot \left(1 - \frac{\partial s_1}{\partial x_1}\right) \cdot \left(\frac{\partial s_0}{\partial x_1}\right)}{U_1' \cdot \left(1 - \frac{\partial s_1}{\partial x_1}\right) - U_0' \cdot \frac{\partial s_0}{\partial x_1}} \tag{71}$$

$$- \frac{U_0'' \cdot \left(\frac{\partial s_0}{\partial x_1}\right)^2 - U_0' \cdot \frac{\partial^2 s_0}{\partial x_1^2}}{U_1' \cdot \left(1 - \frac{\partial s_1}{\partial x_1}\right) - U_0' \cdot \frac{\partial s_0}{\partial x_1}}$$

bzw. nach Umformung:

$$\hat{\alpha}_{P1} = \frac{\alpha_{P1} \cdot \left(1 - \frac{\partial s_1}{\partial x_1}\right)^2 + \frac{\partial^2 s_1}{\partial x_1^2} + 2 \cdot \frac{U_{01}''}{U_1'} \cdot \left(1 - \frac{\partial s_1}{\partial x_1}\right) \cdot \left(\frac{\partial s_0}{\partial x_1}\right)}{\left(1 - \frac{\partial s_1}{\partial x_1}\right) - \gamma_{P1} \cdot \frac{\partial s_0}{\partial x_1}} \tag{72}$$

$$+ \frac{\alpha_{P0} \cdot \gamma_{P1} \cdot \left(\frac{\partial s_0}{\partial x_1}\right)^2 + \gamma_{P1} \cdot \frac{\partial^2 s_0}{\partial x_1^2}}{\left(1 - \frac{\partial s_1}{\partial x_1}\right) - \gamma_{P1} \cdot \frac{\partial s_0}{\partial x_1}}.$$

Anhang zu Abschnitt 5.3.4

Beweis, daß für (und nur für) $g_{0i} + g_{0j} = 1$ *und* $g_{1k} + g_{1m} = 1$ *die Bedingung der Anreizkompatibilität erfüllt ist:*

Für Gleichung

$$U'_0 \cdot \left(1 - \frac{\partial s_0}{\partial x_0}\right) - U'_1 \cdot \frac{\partial s_1}{\partial x_0} = a \cdot \left(V'_0 \cdot \frac{\partial s_0}{\partial x_0} + V'_1 \cdot \frac{\partial s_1}{\partial x_0}\right) \qquad (5.54)$$

kann man schreiben:

$$U'_0 = \left(U'_0 + a \cdot V'_0\right) \cdot \frac{\partial s_0}{\partial x_0} + \left(U'_1 + a \cdot V'_1\right) \cdot \frac{\partial s_1}{\partial x_0}. \qquad (73)$$

Werden $\frac{\partial s_0}{\partial x_0} = \frac{\partial s_0}{\partial x_{0i}} \cdot g_{0i}$ und $\frac{\partial s_1}{\partial x_0} = \frac{\partial s_1}{\partial x_{0j}} \cdot g_{0j}$ eingesetzt, so folgt unter Beachtung von (5.58) und (5.60):

$$U'_0 = U'_0 \cdot \left(g_{0i} + g_{0j}\right) \qquad \text{q.e.d.} \quad (74)$$

Das Analoge gilt für den Zeitpunkt t = 1. Für Gleichung

$$-U'_0 \cdot \frac{\partial s_0}{\partial x_1} + U'_1 \cdot \left(1 - \frac{\partial s_1}{\partial x_1}\right) = a \cdot \left(V'_0 \cdot \frac{\partial s_0}{\partial x_1} + V'_1 \cdot \frac{\partial s_1}{\partial x_1}\right) \qquad (5.55)$$

kann man schreiben:

$$U'_1 = \left(U'_0 + a \cdot V'_0\right) \cdot \frac{\partial s_0}{\partial x_1} + \left(U'_1 + a \cdot V'_1\right) \cdot \frac{\partial s_1}{\partial x_1}. \qquad (75)$$

Werden $\frac{\partial s_1}{\partial x_1} = \frac{\partial s_1}{\partial x_{1k}} \cdot g_{1k}$ und $\frac{\partial s_0}{\partial x_1} = \frac{\partial s_0}{\partial x_{1m}} \cdot g_{1m}$ eingesetzt, so ergibt sich unter Beachtung von (5.62) und (5.64):

$$U'_1 = U'_1 \cdot \left(g_{1m} + g_{1k}\right). \qquad \text{q.e.d.} \quad (76)$$

Anhang zu Abschnitt 5.4.3

Herleitung der Risikoaversionskoeffizienten bezüglich der Ergebnisse für t = 0 bei konstanten Zeitpräferenzen

Werden $V''_0 = \gamma_{A1} \cdot V''_{01}$ sowie $\alpha_{A0} = \gamma_{A1} \cdot \alpha_{A1}$ gemäß (5.83) in die allgemeine Bestimmungsgleichung

Anhang

$$\hat{\alpha}_{A0} = \frac{\alpha_{A0}\left(\frac{\partial s_0}{\partial x_0}\right)^2 - \frac{\partial^2 s_0}{\partial x_0^2} - 2\frac{V_{01}''}{V_0'}\frac{\partial s_1}{\partial x_0}\frac{\partial s_0}{\partial x_0} + \frac{\alpha_{A1}}{\gamma_{A1}}\left(\frac{\partial s_1}{\partial x_0}\right)^2 - \frac{1}{\gamma_{A1}}\frac{\partial^2 s_1}{\partial x_0^2}}{\frac{\partial s_0}{\partial x_0} + \frac{1}{\gamma_{A1}}\cdot\frac{\partial s_1}{\partial x_0}} \quad (5.39)$$

eingesetzt, so folgt:

$$\hat{\alpha}_{A0} = \frac{\alpha_{A0}\left(\frac{\partial s_0}{\partial x_0}\right)^2 - \frac{\partial^2 s_0}{\partial x_0^2} + 2\frac{\alpha_{A0}}{\gamma_{A1}}\frac{\partial s_1}{\partial x_0}\frac{\partial s_0}{\partial x_0} + \alpha_{A0}\left(\frac{1}{\gamma_{A1}}\frac{\partial s_1}{\partial x_0}\right)^2 - \frac{1}{\gamma_{A1}}\frac{\partial^2 s_1}{\partial x_0^2}}{\frac{\partial s_0}{\partial x_0} + \frac{1}{\gamma_{A1}}\cdot\frac{\partial s_1}{\partial x_0}}. \quad (77)$$

Hierfür kann man auch nach Umformung schreiben:

$$\hat{\alpha}_{A0} = \frac{\alpha_{A0}\left(\frac{\partial s_0}{\partial x_0} + \frac{1}{\gamma_{A1}}\cdot\frac{\partial s_1}{\partial x_0}\right)^2 - \left(\frac{\partial^2 s_0}{\partial x_0^2} + \frac{1}{\gamma_{A1}}\frac{\partial^2 s_1}{\partial x_0^2}\right)}{\left(\frac{\partial s_0}{\partial x_0} + \frac{1}{\gamma_{A1}}\cdot\frac{\partial s_1}{\partial x_0}\right)}. \quad (5.107)$$

Für den Prinzipal gilt entsprechend:

$$\hat{\alpha}_{P0} = \frac{\alpha_{P0}\cdot\left(1-\frac{\partial s_0}{\partial x_0}\right)^2 + \frac{\partial^2 s_0}{\partial x_0^2} - 2\cdot\alpha_{P0}\cdot\left(1-\frac{\partial s_0}{\partial x_0}\right)\cdot\frac{1}{\gamma_{P1}}\cdot\frac{\partial s_1}{\partial x_0}}{\left(1-\frac{\partial s_0}{\partial x_0}\right) - \frac{1}{\gamma_{P1}}\cdot\frac{\partial s_1}{\partial x_0}} \quad (78)$$

$$+\frac{\alpha_{P0}\cdot\left(\frac{1}{\gamma_{P1}}\cdot\frac{\partial s_1}{\partial x_0}\right)^2 + \frac{1}{\gamma_{P1}}\cdot\frac{\partial^2 s_1}{\partial x_0^2}}{\left(1-\frac{\partial s_0}{\partial x_0}\right) - \frac{1}{\gamma_{P1}}\cdot\frac{\partial s_1}{\partial x_0}}.$$

Dies läßt sich auch folgendermaßen ausdrücken:

$$\hat{\alpha}_{P0} = \frac{\alpha_{P0}\cdot\left(1-\frac{\partial s_0}{\partial x_0} - \frac{1}{\gamma_{P1}}\cdot\frac{\partial s_1}{\partial x_0}\right)^2 + \left(\frac{\partial^2 s_0}{\partial x_0^2} + \frac{1}{\gamma_{P1}}\frac{\partial^2 s_1}{\partial x_0^2}\right)}{\left(1-\frac{\partial s_0}{\partial x_0} - \frac{1}{\gamma_{P1}}\cdot\frac{\partial s_1}{\partial x_0}\right)}. \quad (5.109)$$

Anhang zu Kapitel III.6

Anhang zu Abschnitt 6.2

Herleitung des Diskont- bzw. des Zeitpräferenzfaktors bezüglich der Ergebnisse auf Grundlage der Entlohnung zum Zeitpunkt 1

Die Zeitpräferenz bezüglich der Ergebnisse aus Sicht des Agenten gemäß (5.48) vereinfacht sich bei *Risiko* und damit $\frac{\partial s_0}{\partial x_1} = 0$ zu:

$$\hat{\gamma}_{A1} = \frac{\gamma_{A1} \cdot \frac{\partial s_0}{\partial x_0} + \frac{\partial s_1}{\partial x_0}}{\frac{\partial s_1}{\partial x_1}}. \tag{79}$$

Für den entsprechenden Diskontfaktor folgt:

$$\frac{1}{\hat{\gamma}_{A1}} = \frac{\frac{\partial s_1}{\partial x_1}}{\gamma_{A1} \cdot \frac{\partial s_0}{\partial x_0} + \frac{\partial s_1}{\partial x_0}} = \frac{\frac{1}{\gamma_{A1}} \cdot \frac{\partial s_1}{\partial x_1}}{\frac{\partial s_0}{\partial x_0} + \frac{1}{\gamma_{A1}} \cdot \frac{\partial s_1}{\partial x_0}}. \tag{80}$$

Auf analoge Weise erhält man auf Basis von (5.50) für den Diskontfaktor aus Sicht des Prinzipals:

$$\frac{1}{\hat{\gamma}_{P1}} = \frac{\left(1 - \frac{\partial s_1}{\partial x_1}\right)}{\gamma_{P1} \cdot \left(1 - \frac{\partial s_0}{\partial x_0}\right) - \frac{\partial s_1}{\partial x_0}} = \frac{\frac{1}{\gamma_{P1}} \cdot \left(1 - \frac{\partial s_1}{\partial x_1}\right)}{\left(1 - \frac{\partial s_0}{\partial x_0}\right) - \frac{1}{\gamma_{P1}} \cdot \frac{\partial s_1}{\partial x_0}}. \tag{81}$$

Umformung ergibt unter Beachtung von $\hat{\gamma}_{A1} = \hat{\gamma}_{P1} = \hat{\gamma}_1$:

$$\left(\frac{\partial s_0}{\partial x_0} + \frac{1}{\gamma_{A1}} \cdot \frac{\partial s_1}{\partial x_0}\right) \cdot \frac{1}{\hat{\gamma}_1} = \frac{1}{\gamma_{A1}} \cdot \frac{\partial s_1}{\partial x_1} \tag{82}$$

bzw.

$$\left(\left(1 - \frac{\partial s_0}{\partial x_0}\right) - \frac{1}{\gamma_{P1}} \cdot \frac{\partial s_1}{\partial x_0}\right) \cdot \frac{1}{\hat{\gamma}_1} = \frac{1}{\gamma_{P1}} \cdot \left(1 - \frac{\partial s_1}{\partial x_1}\right). \tag{83}$$

Werden die beiden Gleichungen addiert, so erhält man:

$$\frac{1}{\gamma_{A1}}\cdot\frac{\partial s_1}{\partial x_0}\cdot\frac{1}{\hat{\gamma}_1}-\frac{1}{\gamma_{P1}}\cdot\frac{\partial s_1}{\partial x_0}\frac{1}{\hat{\gamma}_1}+\frac{1}{\hat{\gamma}_1}=\frac{1}{\gamma_{A1}}\cdot\frac{\partial s_1}{\partial x_1}+\frac{1}{\gamma_{P1}}\cdot\left(1-\frac{\partial s_1}{\partial x_1}\right) \qquad (84)$$

und schließlich für den *Diskontfaktor* bezüglich der Ergebnisse:

$$\frac{1}{\hat{\gamma}_1}=\frac{\dfrac{1}{\gamma_{A1}}\cdot\dfrac{\partial s_1}{\partial x_1}+\dfrac{1}{\gamma_{P1}}\cdot\left(1-\dfrac{\partial s_1}{\partial x_1}\right)}{1-\left(\dfrac{1}{\gamma_{P1}}-\dfrac{1}{\gamma_{A1}}\right)\cdot\dfrac{\partial s_1}{\partial x_0}}. \qquad (6.27)$$

Für den entsprechenden *Zeitpräferenzfaktor* folgt direkt:

$$\hat{\gamma}_1=\frac{1-\left(\dfrac{1}{\gamma_{P1}}-\dfrac{1}{\gamma_{A1}}\right)\cdot\dfrac{\partial s_1}{\partial x_0}}{\dfrac{1}{\gamma_{A1}}\cdot\dfrac{\partial s_1}{\partial x_1}+\dfrac{1}{\gamma_{P1}}\cdot\left(1-\dfrac{\partial s_1}{\partial x_1}\right)}. \qquad (6.26)$$

Anhang zu Kapitel III.8

Anhang zu Abschnitt 8.3

Zu dem Zusammenhang zwischen Zeitpunkt des Cash Flow-Anfalls und Zeitpunkt der Entlohnung und der Abhängigkeit der Grenzentlohnung von der Zeitpräferenz.

Fall a) Komponente x_{0i} wird *unmittelbar* und *ausschließlich* zum Zeitpunkt t = 0 entlohnt, d.h. $\frac{\partial s_0}{\partial x_{0i}} > 0$ und $\frac{\partial s_{1z}}{\partial x_{0i}} = 0$. Folglich gilt aufgrund von (8.21) für x_{0i}:

$$U'_{0z} \cdot \left(1 - \frac{\partial s_0}{\partial x_{0i}}\right) = a \cdot \left(V'_{0z} \cdot \frac{\partial s_0}{\partial x_{0i}}\right) \tag{85}$$

$$\Leftrightarrow \qquad \frac{\partial s_0}{\partial x_{0i}} = \frac{U'_{0z}}{U'_{0z} + a \cdot V'_{0z}}. \tag{86}$$

Fall b) Komponente x_{0j} wird *erst später* zum Zeitpunkt 1 entlohnt, d.h. $\frac{\partial s_{1z}}{\partial x_{0j}} = 0$ und $\frac{\partial s_{1z}}{\partial x_{0j}} > 0$. Aufgrund von (8.21) gilt:

$$U'_{0z} - U'_{1z} \cdot \frac{\partial s_{1z}}{\partial x_{0j}} = a \cdot \left(V'_{1z} \cdot \frac{\partial s_{1z}}{\partial x_{0j}}\right) \tag{87}$$

$$\Leftrightarrow \qquad \frac{\partial s_{1z}}{\partial x_{0j}} = \frac{U'_{0z}}{U'_{1z} + a \cdot V'_{1z}}. \tag{88}$$

Fall c) Komponente x_{1k} wird *unmittelbar* und *ausschließlich* um Zeitpunkt 1 entlohnt, d.h. $\frac{\partial s_0}{\partial x_{1zk}} = 0$ und $\frac{\partial s_{1z}}{\partial x_{1zk}} > 0$. Aufgrund von (8.22) gilt:

$$U'_{1z} - U'_{1z} \cdot \frac{\partial s_{1z}}{\partial x_{1zk}} = a \cdot V'_{1z} \cdot \frac{\partial s_{1z}}{\partial x_{1zk}} \tag{89}$$

$$\Leftrightarrow \qquad \frac{\partial s_{1z}}{\partial x_{1zk}} = \frac{U'_{1z}}{U'_{1z} + a \cdot V'_{1z}}. \tag{90}$$

Fall d) Komponente x_{1m} wird (falls möglich) *schon früher* zum Zeitpunkt 0 entlohnt, d.h. $\frac{\partial s_0}{\partial x_{1zm}} > 0$ und $\frac{\partial s_1}{\partial x_{1zm}} = 0$. Aufgrund von (8.22) gilt:

Anhang

$$U'_{1z} - U'_{0z} \cdot \frac{\partial s_0}{\partial x_{1zm}} = a \cdot V'_{0z} \cdot \frac{\partial s_0}{\partial x_{1zm}} \tag{91}$$

$$\Leftrightarrow \qquad \frac{\partial s_0}{\partial x_{1zm}} = \frac{U'_{1z}}{U'_{0z} + a \cdot V'_{0z}}. \tag{92}$$

Aus Fall b) und c) folgt:

$$\frac{\partial s_{1z}}{\partial x_{0j}} = \gamma_{P1z} \cdot \frac{\partial s_{1z}}{\partial x_{1zk}}. \tag{93}$$

Aus Fall a) und d) ergibt sich analog:

$$\frac{\partial s_0}{\partial x_{1zm}} = \frac{1}{\gamma_{P1z}} \cdot \frac{\partial s_0}{\partial x_{0i}}. \tag{94}$$

Es gilt: *Fallen Zeitpunkt des Cash Flow-Anfalls und Zeitpunkt der Entlohnung (teilweise) auseinander, dann muß dies grundsätzlich in Form einer Verzinsung zur zustandsabhängigen endogenen Zeitpräferenzrate des Prinzipals berücksichtigt werden.*

Ein Vergleich von Fall a) und c), d.h.

$$\frac{\partial s_0}{\partial x_{0i}} = \frac{U'_{0z}}{U'_{0z} + a \cdot V'_{0z}} \quad \text{und} \quad \frac{\partial s_{1z}}{\partial x_{1zk}} = \frac{U'_{1z}}{U'_{1z} + a \cdot V'_{1z}}, \tag{95}$$

zeigt:
Die Verhältnisse zwischen den Grenzentlohnungen zu den verschiedenen Zeitpunkten werden so gewählt, daß Unterschiede in den zustandsabhängigen Zeitpräferenzen der Beteiligten ausgeglichen werden.

Anhang zu Kapitel III.9

Anhang zu Abschnitt 9.4.2

Herleitung der Bedingung der Anreizkompatibilität,

$$u_t[\cdot] = a \cdot v_t[\cdot] + b_t, \qquad (9.64)$$

sofern sich der Gesamtnutzen aus den Periodennutzen additiv zusammensetzt.

Beweis:
Kann der Agent die Wahrscheinlichkeit für die Cash Flows zum Zeitpunkt t isoliert beeinflussen, muß (bei einer isolierten Erfolgsbeteiligung) analog zum Einperiodenfall gelten:

$$u_t[\cdot] = a_t \cdot v_t[\cdot] + b_t \quad \text{bzw.} \quad \Delta u_t = a_t \cdot \Delta v_t + b_t. \qquad (96)$$

Kann der Agent eine Maßnahme (z.B. Investition) durchführen, bei der sein Nutzen sowie der Nutzen des Prinzipals zum Zeitpunkt t jeweils erhöht und zum Zeitpunkt t* jeweils gesenkt wird und soll der Agent indifferent sein, gilt:

$$\Delta v_t = -\Delta v_{t^*}. \qquad (97)$$

Bei Anreizkompatibilität muß der Prinzipal ebenfalls indifferent sein:

$$\Delta u_t = -\Delta u_{t^*}. \qquad (98)$$

Werden (98) und (97) in Bedingung (96) eingesetzt, folgt:

$$\Delta u_{t^*} = a_t \cdot \Delta v_{t^*}. \qquad (99)$$

Ein Vergleich von (99) mit der Bedingung (96) für den Zeitpunkt t* zeigt:

$$a_{t^*} = a_t = a, \qquad (100)$$

d.h. der Faktor a muß für alle Perioden gleich sein.
  Die Bedingung (96) kann demnach präzisiert werden zu:

$$u_t = a \cdot v_t + b_t \qquad \text{q.e.d.} \quad (9.64)$$

Anhang zu Kapitel V.2

Anhang zu Abschnitt 2.1

Zum Zusammenhang Konsumnutzen und Einkommensnutzen bei sicheren Erwartungen und vollkommenem Kapitalmarkt

Betrachtet wird die Nutzenfunktion:

$$U[C_0, C_1] = C_0^{1/2} \cdot C_1^{1/2} = \sqrt{C_0 \cdot C_1} \qquad (101)$$

mit
$$U'_{C_0} = \frac{1}{2} \cdot \frac{C_1^{1/2}}{C_0^{1/2}} \quad \text{bzw.} \quad U'_{C_1} = \frac{1}{2} \cdot \frac{C_0^{1/2}}{C_1^{1/2}}. \qquad (102)$$

Die Budgetrestriktion lautet:

$$C_0 \cdot (1+r) + C_1 = x_0 \cdot (1+r) + x_1. \qquad (103)$$

Der optimale Konsumplan bei *Sicherheit* erfüllt:

$$\frac{U'_{C_0}}{U'_{C_1}} = \frac{C_1}{C_0} = 1 + r \qquad (104)$$

$$\Leftrightarrow \qquad C_1 = C_0 \cdot (1+r). \qquad (105)$$

Einsetzen von C_1 bzw. C_0 in die Budgetrestriktion ergibt:

$$C_0 = \frac{1}{2 \cdot (1+r)} \cdot [x_0 \cdot (1+r) + x_1] \qquad (106)$$

bzw.
$$C_1 = \frac{1}{2} \cdot [x_0 \cdot (1+r) + x_1]. \qquad (107)$$

Werden C_0 und C_1 in die Nutzenfunktion eingesetzt, folgt:

$$U[x_0, x_1] = \sqrt{\frac{1}{(1+r)}} \cdot \frac{1}{2} \cdot [x_0 \cdot (1+r) + x_1]. \qquad (108)$$

Damit erhält man bei *Sicherheit* eine konstante Zeitpräferenz und es gilt:

$$U[x_0, x_1] = \sqrt{\frac{1}{(1+r)}} \cdot \frac{1}{2} \cdot [x_0 \cdot (1+r) + x_1] = U^*[x_0 \cdot (1+r) + x_1]. \qquad (109)$$

Anhang zu Kapitel V.7

Anhang zu Abschnitt 7.3

Explizite Anreizgestaltung im Rahmen des CAPM

Fall a) Der Manager wird an allen Unternehmen am Markt beteiligt

Die Nutzenfunktion eines repräsentativen Anteilseigners im CAPM-Gleichgewicht kann folgendermaßen dargestellt werden:

$$U_P[\cdot] = -e^{-\alpha_P \cdot (G_{P0} \cdot (1+r) + s_P \cdot [(1-s_A) \cdot x_{M1} - S_A])} \tag{110}$$

$\Leftrightarrow$
$$U_P[\cdot] = e^{-\alpha_P \cdot G_{P0} \cdot (1+r)} \cdot -e^{-\alpha_M \cdot [(1-s_A) \cdot x_{M1} - S_A]}. \tag{111}$$

Für die Nutzenfunktion des Agenten gilt:

$$V[\cdot] = -e^{-\alpha_A \cdot (s_A \cdot x_{M1} + S_A)}. \tag{112}$$

Die Bedingung der Anreizkompatibilität ist dann und nur dann erfüllt, wenn gilt:

$$\alpha_M \cdot (1 - s_A) \cdot x_{M1} = \alpha_A \cdot s_A \cdot x_{M1} \tag{113}$$

$\Leftrightarrow$
$$s_A = \frac{\alpha_M}{\alpha_A + \alpha_M}. \tag{7.8}$$

Fall b) Der Manager wird nur explizit an dem Unternehmen n beteiligt

Die Nutzenfunktion des repräsentativen Anteilseigners kann wie folgt dargestellt werden:

$$U_P[\cdot] = e^{-\alpha_P \cdot G_{P0} \cdot (1+r)} \cdot -e^{-\alpha_M \cdot [x_{M1} - s_A \cdot x_{n1} - S_A]}. \tag{114}$$

Für die Nutzenfunktion des Agenten gilt:

$$V[\cdot] = -e^{-\alpha_A \cdot (s_A \cdot x_{n1} + S_A)}. \tag{115}$$

Die Bedingung der Anreizkompatibilität ist dann und nur dann erfüllt, wenn gilt:

$$\alpha_M \cdot [x_M - s_A \cdot x_n - S_A] = \alpha_A \cdot (s_A \cdot x_n + S_A) + b \tag{116}$$

Anhang

$$\Leftrightarrow \quad \alpha_M \cdot \left[(1-s_A) \cdot x_{n1} + \sum_{m \neq n} x_{m1} - S_A \right] = \alpha_A \cdot (s_A \cdot x_{n1} + S_A) + b. \quad (117)$$

Die Gleichung ist erfüllt, wenn der anreizkompatible Prämiensatz

$$s_A = \frac{\alpha_M}{\alpha_A + \alpha_M}, \quad (7.8)$$

gewählt und das Fixum zustandsabhängig festgesetzt wird.

Hierbei ergibt sich der variable Bestandteil des zustandsabhängigen Fixums $S_{A\,var}$ wie folgt:

$$S_{A\,var} = \frac{\alpha_M \cdot \sum_{m \neq n} x_{m1}}{\alpha_A + \alpha_M}. \quad (7.10)$$

Das zustandsabhängige Fixum wird dementsprechend so festgelegt, als ob der Agent mit dem anreizkompatiblen Prämiensatz s_A auch an allen anderen Unternehmen beteiligt wäre.

Literaturverzeichnis

ANTLE, R./DEMSKI J. (1988): The Controllability Principle in Responsibility Accounting. In: The Accounting Review, Vol. 64, S. 700- 708.

BAMBERG, G. (1986): The Hybrid Model and related Approaches to Capital Market Equilibria. In: Capital Market Equilibria, Bamberg, G.;Spremann, K. (Hrsg.), S. 7-54.

BAMBERG, G./COENENBERG, A. (1996): Betriebswirtschaftliche Entscheidungslehre, 9. Aufl., München.

BARTH, M./BEAVER, W./LANDSMAN, W. (2001): The relevance of the value relevance literature for financial accounting standard setting: another view. In: Journal of Accounting and Economics, Vol. 31, S. 77-104.

BELL, D. (1995): Risk, Return, and Utility. In: Management Science, Vol. 41, S. 23-30.

BIDDLE, G./BOWEN, R./WALLACE, J. (1999): Evidence on EVA: In: Journal of Applied Corporate Finance, Vol. 12, S. 8-18.

BORCH, K. (1960): The Safety-Loading of Reinsurance Premiums. In: Skandinavisk Aktuarietidschrift, S. 163-184.

BORCH, K. (1962): Equilibrium in a Reinsurance Market. In: Econometrica, Vol. 30, S. 424-444.

BORCH, K. (1984): Welfare Functions and Group Decisions. In: Theory and Decision, Vol. 17, S. 207-210.

CASS, D./STIGLITZ, J. (1970): The Structure of Investor Preferences and Asset Returns, and Separability in Portfolio Allocation: A Contribution to the Pure Theory of Mutual Funds. In: Journal of Economic Theory, Vol. 2, S. 122-160.

CHRISTENSEN, P./FELTHAM, G./WU, M. (2002): "Cost of Capital" in Residual Income for Performance Evaluation. In: The Accounting Review, Vol. 77, S. 1-23.

DEANGELO, H. (1981): Competition and Unanimity. In: American Economic Review, Vol. 71, S. 18-27.

DYBVIG, P./SPATT, C. (1985): Agency and the Market for Portfolio Managers: The Principle of Preference Similarity, unveröffentlichtes Manuskript, Yale University/Carnegie-Mellon University.

EWERT, R./WAGENHOFER, A. (2003): Interne Unternehmensrechnung, 5. Aufl., Berlin et al.

EWERT, R./WAGENHOFER A. (2000): Rechnungslegung und Kennzahlen für das wertorientierte Management. In: Wertorientiertes Management, Wagenhofer, A.; Hrebicek, G. (Hrsg.), Stuttgart.

FAMA, E./MILLER, M. (1972): The Theory of Finance, New York.

FELLINGHAM, J./NEWMANN, D./SUH, Y. (1985): Contracts without Memory in Multiperiod Agency Models. In: Journal of Economic Theory, Vol. 37, S. 340-355.

FELTHAM, G./OHLSON, J. (1995): Valuation and Clean Surplus Accounting for Operating and Financial Activities. In: Contemporary Accounting Research, Vol. 11, S. 689-731.

FELTHAM, G./OHLSON, J. (1999): Residual Earnings Valuation With Risk and Stochastic Interest Rates. In: The Accounting Review, Vol. 74, S. 165-183.

FISHER, I. (1930): The Theory of Interest, New York.

FREUND, R. (1956): The Introduction of Risk into a Programming Model. In: Econometrica, Vol. 24, S. 253-263.

GILLENKIRCH, R. (1997): Gestaltung optimaler Anreizverträge: Motivation, Risikoverhalten und beschränkte Haftung, Wiesbaden.

GILLENKIRCH, R. (1999): Anreizwirkungen und Bewertung von Erfolgsbeteiligungen im Fonds-Management. In: ZfB, Ergänzungsheft 3/1999, S. 61-85.

GILLENKIRCH, R. (2003): Gewinn- und aktienkursorientierte Managementvergütung, Habilitationsschrift, Frankfurt am Main.

GILLENKIRCH, R./SCHABEL, M. (2001): Investitionssteuerung, Motivation und Periodenerfolgsrechnung bei ungleichen Zeitpräferenznen. In: ZfbF, 53. Jg., S. 216-245.

GILLENKIRCH, R./VELTHUIS, L. (1997): Lineare Anreizverträge für Manager bei systematischen und unsystematischen Risiken. In: ZfbF, 49. Jg., S. 121-140.

GJESDAL, F. (1981): Accounting for Stewardship. In: Journal of Accounting and Economics, Vol. 19, S. 208-231.

GROSSMAN, S./HART, O. (1983): An Analysis of the Principal Agent Problem. In: Econometrica, Vol. 51, S. 7-45.

GROSSMAN, S./STIGLITZ, J. (1977): On Value Maximization and Alternative Objectives of the Firm. In: Journal of Finance, Vol. 32, S. 389-402.

GROSSMAN, S./STIGLITZ, J. (1980): On Stockholder Unanimity in Making Produktion and Financial Decisions. In: Quarterly Journal of Economics, May 1980, S. 543-566.

HAKANSSON, N. (1970): Optimal Investment and Consumption Strategies under Risk for a Class of Utility Functions. In: Econometrica, Vol. 38, S. 525-607.

HARRIS, M./RAVIV, A. (1978): Some Results on Incentive Contracts with Applications to Education and Employment, Health Insurance, and Law and Enforcement. In: American Economic Review, Vol. 68, S. 20-30.

HARRIS, M./RAVIV, A. (1979): Optimal Incentive Contracts with Imperfect Information. In: Journal of Economic Theory, Vol. 20, S. 231-259.

HART, O. (1979): On Shareholder Unanimity in Large Stock Market Economies. In: Econometrica, Vol. 47, S. 1057-1083.

HOLMSTRÖM, B. (1977): On Incentives and Control in Organizations, unveröffentlichte Dissertation, Stanford.

HOLMSTRÖM, B. (1979): Moral hazard and observability. In: Bell Journal of Economics, Vol. 10, S. 74-91.

HOLTHAUSEN, R./WATTS, R. (2001). The relevance of the value-relevance literature for financial accounting standard setting. In: Journal of Accounting and Economics, Vol. 31, S. 3-75.

HORST, M./SCHMIDT, R. H./TERBERGER, E. (1982): Risikoteilung durch Prämiensysteme. In: ZfB, 52. Jg., S. 942-958.

HUANG, C./LITZENBERGER, R. (1985): On the Necessary Condition for Linear Sharing and Seperation: A Note. In: Journal of Financial and Quantitative Analysis, Vol. 20, S. 381-384.

HUANG, C./LITZENBERGER, R. (1988): Foundations for Financial Economics, New Jersey.

INGERSOLL, J. (1987): Theory of Financial Decision Making, Maryland.

ITTNER, C./LARCKER, D. (2001): Assessing empirical research in manegerial accounting: a value-based management perspective. In: Journal of Accounting and Economics, Vol. 32, S. 349-410.

KIHLSTOM, R./MATTHEWS, S. (1990): Managerial Incentives in an Entrepreneurial Stock Market Model. In: Journal of Financial Intermediation, Vol. 1, S. 57-59.

LAFFONT, J./MARTIMORT, D. (2002): The Theory of Incentives, Princeton.

LAUX, H. (1979): Grundfragen der Organisation, Berlin et al.

LAUX, H. (1990): Die Irrelevanz erfolgsorientierter Anreizsysteme bei bestimmten Kapitalmarktbedingungen: Der Einperiodenfall. In: ZfB, 60. Jg., S. 1341-1358.

LAUX, H. (1991): Zur Irrelevanz erfolgsorientierter Anreizsysteme bei bestimmten Kapitalmarktbedingungen: Der Mehrperiodenfall. In: ZfB, 61. Jg., S. 477-488.

LAUX, H. (1999): Unternehmensrechnung, Anreiz und Kontrolle, 2. Aufl., Berlin et al.

LAUX, H. (2003): Wertorientierte Unternehmensführung und Kapitalmarkt, Berlin et al.

LAUX, H./LIERMANN, F. (2003): Grundlagen der Organisation, 5. Aufl., Berlin et al.

LAUX, H./SCHNEEWEIß, H. (1972): On the Onassis Problem. In: Theory and Decision 2, S. 353-370.

LINTNER, J. (1965): The Valuation of Risk Assets and the Selection of Risky Investment in Stock Portfolios and Capital Budgets. In: Review of Economics and Statistics, Vol. 47, S. 13-37.

LÜCKE, W. (1955): Investitionsrechnungen auf der Grundlage von Ausgaben oder Kosten. In: ZfbF, 7. Jg., S. 310-324.

MIRRLEES, J. (1974): Notes on Welfare Economics, Information and Uncertainty. In: Essays on Economic Behaviour under Uncertainty, Balch, M.; Mc Fadden, D.; Wu, S. (Hrsg.), Amsterdam et al.

MIRRLEES, J. (1976): The optimal structure of incentives and authority within an Organization. In: The Bell Journal of Economics, Vol. 7, S. 105-131.

MOSSIN, J. (1966): Equilibrium in a Capital Asset Market. In: Econometrica, Vol. 34, S. 768-783.

O' HANLON, J./PEASNELL, K. (1998): Wall Street's contribution to management accounting: the Stern Stewart EVA financial management system. In: Management Accounting Research, Vol. 9, S. 421-444.

PRATT, J. (1964): Risk Aversion in the Small and in the Large. In Econometrica, Vol. 32, S. 122-136.

PRATT, J. (2000): Efficient Risk Sharing: The Last Frontier. In: Management Science, Vol. 46, S. 1545-1553.

PRATT, J./ZECKHAUSER, R. (1989): The Impact of Risk Sharing on Efficient Decision. In: Journal of Risk and Uncertainty, Vol. 2, S. 219-234.

PREINREICH, G. (1937): Valuation and Amortization. In: The Accounting Review, Vol. 12, S. 209-226.

RAIFFA, H. (1973): Einführung in die Entscheidungstheorie, München et al.

RICHARD, S. (1975): Multivariate Risk Aversion, Utility Independence, and Separable Utility Functions. In: Management Science, Vol. 22, S. 12-21.

REES, R. (1985): The Theory of Principal and Agent, Part 1. In: Bulletin of Economic Research, Vol. 37, S. 3-26.

REICHELSTEIN, S. (1997): Investment Decisions and Managerial Performance. In: Review of Accounting Studies, Vol. 2, S. 157-180.

REICHELSTEIN, S. (1999), Providing Managerial Incentives: Cash Flow versus Accrual Accounting. In: Journal of Accounting Research, Vol. 38, S. 243-269.

ROBICHEK, A./MYERS, S. (1976): Conceptual Problems in the Use of Risk-Adjusted Discount Rates. In: Modern Developments in Financial Management, S. Myers (Hrsg.), New York, S. 306-309.

ROGERSON, W. (1985): Repeated Moral Hazard, In: Econometrica, Vol. 53, S. 69-76.

ROGERSON, W. (1997): Intertemporal Cost Allocation and Managerial Investment Incentives: A Theory Explaining the Use of Economic Value Added as a Performance Measure, In: Journal of Political Economy, Vol. 105, S. 243-269.

ROSS, S. (1973): The Economic Theory of Agency: The Principal's Problem. In: American Economic Revue, Vol. 63, S. 134-139.

ROSS, S. (1974): On the Economic Theory of Agency and the Principle of Similarity. In: Essays on Economic Behavior under Uncertainty, Balch, M.; McFadden, D.; Wu S. (Hrsg.), Amsterdam, S. 215-240.

ROSS, S. (1979): Equilibrium and Agency - Inadmissible Agents in the Public Agency Problem. In: American Economic Revue, Vol. 69, S. 308-312.

SCHABEL, M. (2003): Investitionssteuerung, Periodenerfolgsrechnung und Economic Value Added, Disseration, Frankfurt am Main.

SCHMIDT, R.H./TERBERGER, E. (1997): Grundzüge der Investitions- und Finanzierungstheorie, 4. Aufl., Wiesbaden.

SHAVELL, S. (1979): Risk Sharing and Incentives in the Principal and Agent Relationship. In: The Bell Journal of Economics, Vol. 10, S. 55-73.

STERN, J. (1993a): E.V.A. Share Options that Maximize Value. In: Corporate Finance, 7/1993, S. 31-32 .

STERN, J. (1993b): Value and People Management. In: Corporate Finance, 7/1993, S. 35-37.

STERN, J. (1994): No Incentive for Bad Management. In: Corporate Finance, 3/1994, S. 43-44.

VELTHUIS, L. (1998): Lineare Erfolgsbeteiligung: Grundprobleme der Agency-Theorie im Licht des LEN-Modells, Berlin et al.

VELTHUIS, L. (1999), On Necessary and Sufficient Conditions for Preferance Similarity: A Note. Unveröffentlichtes Manuskript, Frankfurt am Main.

VON NEUMANN, J./MORGENSTERN, O. (1944): Theory of Games and Economic Behaviour. Princeton, New Jersey.

WILSON, R. (1968): The Theory of Syndicates. In: Econometrica, Vol. 36, S. 119-132.

WILSON, R. (1969): The Structure of Incentives for Decentralization under Uncertainty. In: La Décision, hrsg. von Centre National de la Réchèrche Scientifique, Paris, S. 287-307.